MÉMOIRES
DE LA
SOCIÉTÉ ACADÉMIQUE INDO-CHINOISE
DE PARIS

TOME DEUXIÈME

L'OUVERTURE DU FLEUVE ROUGE AU COMMERCE
ET LES
ÉVÉNEMENTS DU TONG-KIN
1872-1873

Journal de Voyage et d'Expédition

DE

J. DUPUIS

MEMBRE DE LA SOCIÉTÉ ACADÉMIQUE INDO-CHINOISE DE PARIS

OUVRAGE ORNÉ D'UNE CARTE DU TONG-KIN D'APRÈS DES DOCUMENTS INÉDITS
ET PRÉCÉDÉ D'UNE PRÉFACE

par

M. le Mis de CROIZIER

PRÉSIDENT DE LA SOCIÉTÉ ACADÉMIQUE INDO-CHINOISE DE PARIS

PARIS
CHALLAMEL AINÉ, LIBRAIRE-ÉDITEUR
5, RUE JACOB, 5

1879
TOUS DROITS DE TRADUCTION RÉSERVÉS.

MÉMOIRES

DE LA

SOCIÉTÉ ACADÉMIQUE INDO-CHINOISE DE PARIS

TOME DEUXIÈME

LES ÉVÉNEMENTS DU TONG-KIN

1872-1873

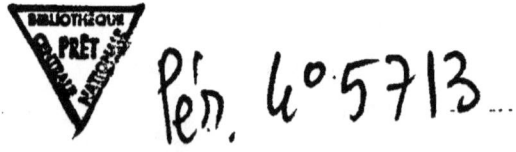

MÉMOIRES

DE LA

SOCIÉTÉ ACADÉMIQUE INDO-CHINOISE
DE PARIS

TOME DEUXIÈME

L'OUVERTURE DU FLEUVE ROUGE AU COMMERCE
ET LES

ÉVÉNEMENTS DU TONG-KIN
1872-1873

Journal de Voyage et d'Expédition

DE

J. DUPUIS
MEMBRE DE LA SOCIÉTÉ ACADÉMIQUE INDO-CHINOISE DE PARIS

OUVRAGE ORNÉ D'UNE CARTE DU TONG-KIN D'APRÈS DES DOCUMENTS INÉDITS
ET PRÉCÉDÉ D'UNE PRÉFACE

par

M. le Mis de CROIZIER
PRÉSIDENT DE LA SOCIÉTÉ ACADÉMIQUE INDO-CHINOISE DE PARIS

PARIS
CHALLAMEL AINÉ, LIBRAIRE-ÉDITEUR

4, RUE JACOB, 4

1879

Publications de la Société Académique Indo-Chinoise de Paris

MÉMOIRES DE LA SOCIÉTÉ ACADÉMIQUE INDO-CHINOISE DE PARIS
Tome I, 1878, un volume in-4°, avec planches, Prix : 25 fr.

SOMMAIRE. — *Ma visite aux ruines cambodgiennes en 1850*, par C.-E. Bouillevaux, membre correspondant, avec introduction par le M¹ˢ de Croizier, président. — *La langue hindoustanie en Indo-Chine*, par Garcin de Tassy, de l'Institut, membre du Conseil. — *Vocabulaire Lyssou recueilli à Tsé-Kou sur les rives du Lan-Tsan-Kiang*, par Alex. Biet, avec notes, introduction et un vocabulaire lyssou-francais, par le M¹ˢ de Croizier, président. — *E. Doudart de Lagrée et ses manuscrits*, par le commandant de Villemereuil, capitaine de vaisseau. — *Le Chant de l'Éléphant pour le 5ᵉ règne de la dynastie*, traduction du siamois avec introduction et notes par A. Lorgeau, interprète et chancelier du consulat de France à Bang-Kok. — *Histoire de l'architecture cambodgienne*, d'après James Fergusson, par le M¹ˢ de Croizier, président. — *Index des mots malais francisés*, par Aristide Marre, secrétaire général. — *Le Bouddhisme à Siam*, par Léon Feer, de la Bibliothèque nationale, membre du Conseil. — *Le Tcheng-La (Cambodge)*, d'après les historiens chinois, par le M¹ˢ de Croizier, président. — *Notice des manuscrits malais de la Bibliothèque nationale de Paris*, par Aristide Marre, secrétaire général. — *Notice des manuscrits birmans et des manuscrits cambodgiens de la Bibliothèque nationale de Paris*, par Léon Feer, de la Bibliothèque nationale, membre du Conseil. — *Notice des manuscrits malais de la Bibliothèque de la Société des Sciences de Batavia*, par le Cᵗᵉ Meyners d'Estrey, membre du Conseil. — *Notice des manuscrits siamois de la Bibliothèque nationale de Paris*, par le M¹ˢ de Croizier, président. — *L'alphabet cambodgien*, par Léon Feer, membre du conseil. — Planches : *L'abbé Bouillevaux, premier explorateur des ruines du Cambodge* (gravure sur bois); *Types lyssous* (gravure sur bois); *Le commandant de Lagrée* (gravure sur bois); *Monument élevé à la mémoire du commandant de Lagrée à Saïgon* (gravure sur bois); *Le roi de Siam* (gravure sur bois); *l'alphabet cambodgien* (planche typographique).

Annales de l'Extrême-Orient, Bulletin de la Société Académique Indo-Chinoise de Paris

PUBLIÉ SOUS LA DIRECTION DU Cᵗᵉ MEYNERS D'ESTREY
Docteur en médecine, membre du Conseil et membre de la Commission de publication
de la *Société Académique Indo-Chinoise*,
avec la collaboration de

MM. le M¹ˢ de CROIZIER, président; Ed. DULAURIER, de l'Institut, et l'abbé FAVRE, vice-présidents; A. MARRE, secrétaire-général; Commandant de LAGRÉE, secrétaire; Dʳ LEGRAND, archiviste; DELAPORTE, Léon FEER; M¹ˢ d'HERVEY DE SAINT-DENIS, de l'Institut; DE LONGPÉRIER, de l'Institut; Cᵗᵉ MARESCALCHI; A. DES MICHELS, Bᵒⁿ de RAVISI, membres du Conseil; l'abbé BOUILLEVAUX; J. DUPUIS; Dʳ HARMAND; Henri HOUSSAYE; Lieutenant de vaisseau MOURA; Louis VOSSION, etc., membres de la Société Académique Indo-Chinoise.

TOME I, un fort vol. gr. in-8, avec cart. et planch. : — TOME II, en cours de publication.

SOMMAIRE DU TOME PREMIER. — *Sumatra, le Djambi et le Korintji*. — *De Bidar-Alam à Djambi*, par Schouw-Santvoot. — *Les cultures de Deli*, par P.-J. Veth. — *La Nouvelle-Guinée, derniers voyages des Hollandais*. — *Mœurs et coutumes des Arfaks*, par von Rosenberg. — *Découverte du détroit d'Egeron*, par Veth. — *Les Gayos*. — *L'Art Khmer du M¹ˢ de Croizier et la Société Indo-Chinoise*, par le Dʳ Legrand. — *Richesses de l'Inde*, par le Cᵗᵉ Meyners d'Estrey. — *Les Tengerées*, par H. von Waey. — *Les explorateurs du Cambodge*, par le M¹ˢ de Croizier. — *Les monuments Khmers classés par provinces*, par le M¹ˢ de Croizier. — *L'empire de Bouton*, par Ligtvoet. — *Etats indépendants de Sumatra*. — *Archéologie javanaise*, par Frédérich. — *La baie de Telouati à Céram*, par H. von Rosenberg. — *Les Sekahs de Billiton*, par Ecoma Verstege. — *Etudes sur l'Indo-Chine*, par le M¹ˢ de Croizier, 5 articles : *Itinéraire de Bang-Kok à Siemréab*, par Prachim et Ka-bin. — *Cultures des Indes-Néerlandaises*, par Veth. — *Atchin*, par Wallon. — *Mines d'or de Sumatra*, par Verbeek. — *Nouvelle-Guinée*, par von Rosenberg. — *Djilolo*, par J. Teysmann. — *Les Hattams*. — *Temples bouddiques souterrains*, par le Cᵗᵉ d'Estrey. — *Paulo-Condorse*. — *Le Bouddhisme au Japon*, par le Dʳ Maget. — *M. Louis Vossion en Birmanie*. — *La question du fleuve Rouge*, par le M¹ˢ de Croizier. — *Iles Schouten*, par von Rosenberg. — *Sumatra*, par von Hasselt. — *Bibliographie relative à la Cochinchine*, par le chevalier Quarles von Ufford. — *Notes de voyage en Indo-Chine*, par le Dʳ Harmand. — *Chronique orientale*. — *Chronique géographique*. — *Informations*. — *Bibliographie*. — *Comptes-rendus des séances de la Société Académique Indo-Chinoise*.

CARTES : *Itinéraire à travers Sumatra*, par Schouw-Santvoot. — *Empire de Bouton*, par A. Ligtvoet. — *Sumatra*. — *Itinéraire de Djambi à Palembang*. — *Atchin*, par L. Wallon. — *Djilolo*. — *Lignes télégraphiques de Java*. — *Lignes télégraphiques de Sumatra*. — *Alahan Pandjang*, par Veth. — *Exploration du Tonlé-Repau, du Stung-Steng et des Pays Kouys*, par le Dʳ Harmand.
PLANCHES dans le texte et hors texte. — Types anthropologiques. — Portraits. — Reproduction de monuments. — Fac-simile d'inscriptions. — Vues, etc., etc.

La Société Indo-Chinoise, par le Dʳ LEGRAND, archiviste, bibliothécaire de la Société. Broch. in-8, pl., *Paris*, 1878. 2 fr. 50
Conférence sur le Bouddhisme à l'Exposition, faite au palais du Trocadéro, le 1ᵉʳ août 1878, par Léon FEER, membre du conseil de la Société. Broch. in-8, *Paris*. Impr. nationale. 1 fr. 50
Conférence sur le Tong-Kin et ses peuples, faite le 29 août 1878, au palais du Trocadéro, par M. DURAND, membre de la Société. Broch. in-8, *Paris*, 1879. Imprimerie nationale. 1 fr. 50
Rapport sur la possibilité d'établir des relations commerciales entre la France et la Birmanie, adressé au marquis de CROIZIER, président de la Société Académique Indo-Chinoise, par Louis Vossion, membre de la Société. 1 fr.

On peut se procurer ces publications et tous les ouvrages des membres de la Société Académique Indo-Chinoise,
à la Librairie CHALLAMEL, 5, rue Jacob, Paris.

EXTRAIT DE LA LISTE DES DERNIÈRES PUBLICATIONS
DES MEMBRES DE LA SOCIÉTÉ ACADÉMIQUE INDO-CHINOISE DE PARIS

BOUILLEVAUX (C.-E.), *premier explorateur contemporain des ruines de l'ancien Cambodge, membre correspondant.*

L'Annam et le Cambodge. 1 vol. in-8, cart., 4 fr.
Ma visite aux ruines cambodgiennes en 1850. (*Mémoires de la Société*, t. I.)

CROIZIER (Mis DE), *président de la Société.*

L'Art Khmer, Etude sur les monuments de l'ancien Cambodge, *avec un aperçu général sur l'architecture Khmer et une liste complète des monuments retrouvés, suivi d'un catalogue raisonné du musée Khmer.* Ouvrage orné de gravures et d'une carte. 1 vol. in-8. 10 »
Les explorateurs du Cambodge. 1 vol. gr. in-8, pl. 8 »
Les monuments de l'ancien Cambodge classés par provinces. Br. in-12. 2 »
Histoire de l'architecture cambodgienne, d'après JAMES FERGUSSON, 1 vol. in-4. 8 »
Le Tcheng-La, (Cambodge), *d'après les historiens chinois*, 1 vol. in-4. 3 »
Notice des manuscrits siamois de la bibliothèque nationale de Paris (avec caractères siamois). 1 vol. in-4. 4 »

DELAPORTE (LOUIS), *lieutenant de vaisseau, membre de la commission d'exploration du Mé-Kong, chef de la mission archéologique aux ruines Khmers, membre du Conseil.*

Album pittoresque du voyage d'exploration en Indo-Chine. 1 vol. in-folio, planches; *Paris*, Hachette, 1873.
Le Cambodge et les régions inexplorées de l'Indo-Chine centrale. Br. in-8; *Paris*, 1875.

DES MICHELS (ABEL), *professeur d'Annamite à l'école des langues orientales, membre du Conseil.*

Les six intonations chez les Annamites. Br. in-8. 1 »
Dialogues en langue cochinchinoise. Br. in-8. 2 50
Huit contes en langue cochinchinoise. Br. in-8. 3 »
Affinités de la civilisation chez les Annamites et chez les Chinois. Br. in-8. 1 50
Discours d'ouverture du cours de cochinchinois. Br. in-8.
Dialogues cochinchinois. 1 vol. in-8. 20 »

DULAURIER (ED.), *membre de l'Institut, Académie des Inscriptions et Belles-Lettres, professeur à l'Ecole des Langues Orientales, vice-président de la Société.*

Collection des principales chroniques malaises. 1 vol. in-8. Imp. Nat.
Chronique du royaume d'Atchin. 1 vol. in-8.
Code maritime du royaume de Malacca. 1 vol. in-8.
Chrestomathie malaise. 1 vol. in-8.

DUPUIS (JEAN), *explorateur du Fleuve Rouge, membre de la Société.*

Voyage au Yûn-Nân. Broch. in-8. *Paris*, 1877. 2 50

DURAND (l'abbé EDOUARD), *membre de la Société.*

Missions catholiques françaises. 1 vol. in-12, *Paris*, Delagrave. 4 »
Conférence sur le Tong-Kin et ses peuples, faite au Trocadéro, le 29 août 1878. Br. in-8. 1 50

FAVRE (l'abbé P.), *professeur de malais et de javanais à l'école des langues orientales, vice-président de la Société.*

Grammaire de la langue malaise. 1 vol. in-8; *Vienne*, Imp. Imp. 15 »
Grammaire javanaise. 1 vol. in-8; *Vienne*, Imp. Imp. 15 »
Dictionnaire malais-français. 2 vol. gr. in-8; *Vienne*, Imp. Imp. 50 »
An Account of the wild trib inhabiting the Malayou Peninsula, Sumatra, etc. 1 vol. in-4. Imp. Imp., *Vienne*. 5 »

FEER (LÉON), *attaché au département des manuscrits de la Bibliothèque nationale, membre du Conseil.*

Etudes Bouddhiques. 1 vol. 20 »
L'Ami de la vertu et l'Amitié de la vertu (pâli). Br. in-8. 2 50
La collection Hennecart de la Bibliothèque nationale. Br. in-8. 2 50
La Piété filiale. Br. in-8. 2 50
Entretien du Bouddha et de Brahma. Br. in-8. 3 »
Le Bhikkhuni sanyuttam. Br. in-8. 2 50
Le Sutra en 42 articles. 1 vol. in-8, éls. 3 »
Conférence sur le Bouddhisme à l'Exposition de 1878. Br. in-8, 1878. 1 50

† GARCIN DE TASSY, *membre de l'Institut, professeur d'hindoustani à l'école des langues orientales, membre du Conseil.*

La langue et la littérature hindoustanies en 1877. Br. in-8. 3 »
Bag o Bahar, le jardin et le printemps, poème hindoustani. 1 v. gr. in-8. 12 »

HARMAND, *docteur, explorateur du Cambodge et de l'Annam, membre de la Société.*

Aperçu pathologique sur la Cochinchine. Br. in-8; *Versailles*, 1874.
Souvenirs du Tong-Kin. Br. in-8, 1875.
Projet de voyage scientifique dans l'intérieur de l'Indo-Chine. Br. in-8, 1876.
Voyage au Cambodge. Br. in-8, 1876.
Les îles de Poulo-Condor. Br. in-8, 1877.
Les provinces du bassin méridional du Semoun. Br. in-8, 1877.
De Bassac à Attopeu. Br. in-8, 1877.
Rapport sur une mission en Indo-Chine de Bassac à Hué. Br. in-8, 1878.

HERVEY DE ST-DENIS (Mis D'), *membre de l'Institut, Académie des Inscriptions et Belles-Lettres, professeur de chinois au Collège de France.*

Recueil de textes faciles et gradués en chinois moderne. 1 vol. in-8. 6 »
Ethnographie des peuples étrangers à la Chine, de Ma-toua-lin. 2 vol. traduits du chinois.

LEGRAND, *docteur, archiviste.*

La Société académique Indo-Chinoise. Broch. in-8. Pl. 2 50
Traduction anglaise : *New Indo-Chinese Society*, etc. translated from the french by Arthur B. Stout. M. D. San Francisco, 1878. Broch. in-8.

MARESCALCHI (Comte), *membre du Conseil.*

Notes géographiques sur la Birmanie anglaise. Broch. in-8. 1875.

MARRE (ARISTIDE), *secrétaire général.*

Histoire des rois de Pasey et de Sumatra. Broch. in-8. 1 50
Une révolution de palais à Malâka. Br. in-8. 1 »
De l'arithmétique dans l'archipel indien. Broch. in-4. 2 »
Mémoires de Nakhoda Mouda, de Samangka. Broch. in-8. 1 50
Les Ecrivains officiels des Sultans malais. Broch. in-8. 1 50
Code des successions et du mariage en usage à Java. Broch. in-8. 1 50
Makôta Radja-Râdja (La Couronne des Rois), traduit du malais. 1 vol. in-12. 5 »

MOURA, *lieutenant de vaisseau, chef du protectorat français au Cambodge, membre de la Société.*

Vocabulaire français-cambodgien et cambodgien-français. 1 vol. in-8. 12 »

VOSSION (LOUIS), *explorateur en Birmanie, membre de la Société.*

Grammaire Birmane,1 vol. in-8, RANGOON,1873. 15 »
Rapport adressé à M. le marquis de Croizier, président de la Société Académique Indo-Chinoise, sur la possibilité d'amener des relations commerciales entre la France et la Birmanie. Broch. in-8. 1 »
Carte de Mandalay et des vieilles capitales. 2 »

PRÉFACE

La crise économique que subissent les marchés de l'Europe, depuis quelques années, a été l'objet de toute notre attention et nous avons toujours pensé, qu'au lieu de restreindre la production, il fallait, au contraire, sous peine d'irréparables désastres, chercher à l'étendre, en favorisant notre expansion extérieure et en ouvrant de nouvelles voies commerciales, non au milieu des pays sauvages de l'Afrique et de l'Océanie, mais au sein des régions si peuplées de l'Asie Orientale, dont les habitants, civilisés depuis des siècles, ont des besoins aussi multiples que leurs ressources sont inépuisables.

C'est autant pour atteindre ce but, que pour faire entrer dans le domaine de l'orientalisme l'Indo-Chine, où nous pouvons retrouver l'empire colonial qui nous a échappé dans l'Inde, que nous avons formé la Société Académique Indo-Chinoise, « instituée pour l'avancement et la propagation des études littéraires, scientifiques, artistiques et économiques relatives aux différentes contrées de l'Inde Transgangétique, de l'Inde Française et de la Malaisie, le développement de notre puissance coloniale et l'ouverture de nouveaux débouchés au commerce et à l'industrie dans l'Extrême Orient ».

C'est encore dans ce même but que nous avons accepté la tâche laborieuse d'organiser, en qualité de commissaire général, et sous le patronage du Gouvernement Français, le Congrès International de Géographie Commerciale qui s'est tenu pendant l'Exposition Universelle, du 23 au 30 septembre 1878, aux palais des Tuileries et du Trocadéro.

L'association des intérêts scientifiques et commerciaux nous semble nécessaire et nous croyons que, surtout dans les pays neufs de l'Orient, le commerce et la science peuvent se rendre des services réciproques.

L'exploration du Fleuve Rouge par notre collègue, M. J. Dupuis, est l'exemple le plus frappant de cette vérité : savants et économistes ont été unanimes à proclamer l'importance de ses résultats. M. Dupuis a fait connaître la géographie, l'hydrographie et l'ethnographie du Tong-Kin, tout en donnant la solution tant cherchée du grand problème économique que les Anglais étudient depuis si longtemps, et qui consiste dans l'établissement d'une route commerciale courte et facile entre la mer et les provinces du S.-O. de la Chine, de manière à éviter la voie longue, difficile et coûteuse du Yang-Tsé.

Hâtons-nous de dire que c'est pour servir les intérêts de la France que M. Dupuis a consacré des années d'efforts et de sacrifices (1).

Par le Yang-Tsé, les marchandises ont plus de 1.500 milles à parcourir pour parvenir du Se-Tchuen à la mer.

De Sueï-Fou, point *terminus* de la navigation de ce fleuve, à Shang-Haï, on compte deux mois et demi environ de navigation, et il ne faut pas moins de cinq mois pour remonter le fleuve.

Un autre obstacle s'oppose à l'établissement de relations régulières avec le littoral : ce sont les rapides que présente le Yang-Tsé, en amont de I-Chang-Fou, sur un parcours de plus de 100 milles.

Quand on considère que les marchandises ne peuvent passer

---

(1) « *M. Dupuis se montre plein de bon sens et de patriotisme* », écrivait F. Garnier à son frère dans une lettre datée de Ha-Noï, le 10 novembre 1873.

d'une province à une autre sans acquitter aux douanes, qui les circonscrivent, une taxe dont le montant peut s'élever en moyenne à 10 °/₀ *ad valorem* ; que, d'autre part, cette porte peut à tout moment se trouver fermée par l'une de ces rébellions si fréquentes en Chine, on reste frappé de la situation désavantageuse des pays limitrophes du Thibet, situés en amont du fleuve. On comprend que ces pays qui renferment des centres de production importants et des foyers de prodigieuse activité, prendraient bien vite une plus large place dans le mouvement commercial, s'ils pouvaient éviter le trajet du Yang-Tsé et en même temps échapper aux taxes provinciales.

La conquête d'un nouveau groupe de près de cinquante millions de consommateurs, qui ouvrirait à notre commerce des marchés où nos produits manufacturés s'échangeraient facilement contre des matières premières, est une question qui vaut assurément la peine qu'on s'en occupe. Les Anglais, nous l'avons dit, ont cherché les premiers à la résoudre à leur profit, à la suite des traités qui ont ouvert au commerce étranger une partie du vaste bassin du Yang-Tsé. Depuis cette époque, l'établissement d'une route entre l'Inde et la Chine, qui ferait dériver vers leurs possessions le courant commercial des provinces S.-O. du Céleste Empire, est devenu le projet favori de leurs explorateurs.

Après la tentative infructueuse de la mission Sarel et Blakiston pour trouver cette route, les Anglais mirent en avant plusieurs projets de tracé, utilisant tous plus ou moins les voies fluviales dont les embouchures, situées au golfe du Bengale et à celui de Martaban, sont en leur possession. Nous résumerons ici très-rapidement ces projets pour montrer toute l'importance de la question.

Le premier des tracés proposés remonte le cours de l'Iraouaddy jusqu'à Bhamo (1.162 mètres d'altitude) et de là se dirige, par Momeïn (1.844 mètres), sur Tali-Fou (2.120 mètres), à travers une région des plus accidentées. Les difficultés réelles de cette route se présentent au delà de Momeïn ou Teng-Yue-Tcheou. A partir de ce point, la traversée est rude et pénible, les transports ne peuvent s'effectuer qu'à dos de mulet, au milieu de pentes abruptes, par des sentiers qui serpentent de ravin en ravin jusqu'aux gorges profondes où le Lou-Tsé-Kiang ou Ngeu-Kio (Haute-Salouën) et le Lan-Tsang-Kiang ou Lakiou (Haut-Mě-Kong) roulent leurs eaux rapides.

Aux difficultés physiques déjà si grandes, qui s'opposent à l'établissement d'une voie ferrée dans cette région, vient s'ajouter celle qui provient de l'éloignement des centres de production du Se-Tchuèn. Pour rapprocher la distance il faudrait prolonger la ligne ferrée, et c'est alors que cette entreprise deviendrait tout à fait irréalisable.

De Bhamo à Tali, la distance est d'environ 380 milles, en tenant compte des courbes du parcours, et elle ne peut être franchie en moins de dix-neuf journées.

La situation de Tali, sur les confins du Thibet, pays fermé, place cette ville dans des conditions peu favorables pour un transit important. De ce côté, la frontière du Se-Tchuèn est difficilement accessible et ce n'est qu'après de nombreux détours et de grandes fatigues, qu'on arrive à la partie navigable du Yang-Tsé et aux centres importants.

Tout le pays compris à l'ouest de la rivière de Kia-Ting-Fou est couvert de hautes montagnes, il est pauvre et habité par des populations aborigènes indépendantes; il faisait autrefois partie du Thibet dont il a été détaché sous le règne de Kang-hi. Ce n'est qu'après avoir atteint la rivière qui vient de Tchèn-Tou et de Kia-Ting, qu'on entre dans la partie riche et peuplée du Se-Tchuèn, d'où partent ces masses énormes de matières premières qui ont éveillé l'attention du commerce européen.

De Tali, la route s'élève, à travers le Thibet, par Oué-Si-Fou,

A-Ten-Tse, Bathang (360 milles), bien connu par les récits de l'abbé Desgodins, où elle atteint environ 4.500 mètres d'altitude, puis elle chemine, toujours par des sentiers en zigzag taillés le plus souvent dans le roc, par Lithang, Ta-Tsien-Lou (665 milles) et Tchèn-tou (960 milles).

Si on évalue la journée de marche à 20 milles, on voit qu'il faudrait consacrer environ quarante-huit journées de Tali à Tchèn-Tou, ce qui met cette dernière ville à soixante-sept journées environ de Bhamo.

Le pays compris entre Tali, Li-Kiang et Ning-Yuèn est habité par les Lyssous et les Man-tse, sauvages qui ne laissent passer aucun étranger dans leurs montagnes.

Une autre route, dont la direction est un peu plus à l'E., offre peut-être moins de difficultés pour atteindre le Se-Tchuen ; de Tali, elle passe par Pin-Tchuèn (2.500 mètres d'altitude), Houey-Ly (1.900 mètres), Tong-Tchuèn (2.180 mètres) où mourut le commandant de Lagrée, et Tchao-Tong pour aboutir à Sueï-Fou (Sueï-tcheou-Fou) après quarante journées de marche. Sueï-Fou est la tête de la navigation du Yang-Tsé. Cette route a été suivie par les membres de la commission d'exploration du Më-Kong ; la partie comprise entre Houey-Li et Tong-Tchuen est particulièrement mauvaise ; MM. Francis Garnier, Delaporte, de Carné, Joubert et Thorel n'avaient pas accompli encore, depuis leur départ de Saïgon, un trajet aussi fatigant. Cette route, s'élevant jusqu'à 3.000 mètres, et se maintenant souvent entre 1.500 et 2.000 mètres, suit tantôt en corniche le bord d'un plateau taillé à pic et tantôt se change en un sentier pierreux qui s'accroche en lacets aux flancs des montagnes.

Une troisième route relie, par Tchou-Tchiong-Fou, Tali à la capitale du Yûn-Nân en treize journées, et de là gagne, en vingt-quatre journées, Pe-Saï qui marque sur le Si-Kiang le point *terminus* de la navigation.

Dans ces conditions, est-il possible que les Anglais parviennent à détourner sur Bhamo le commerce du Se-Tchuèn oriental? Il est bien évident que les produits de cette partie de la province ne viendront à ce marché que tout à fait accidentellement et que Bhamo pourra tout au plus avoir le commerce de la partie occidentale du Yûn-Nân et de quelques parties du Thibet; ce ne sera jamais qu'un commerce local, et les Anglais doivent renoncer à attirer à eux le transit général qui, actuellement, s'accomplit par le Yang-Tsé et le Si-Kiang, en attendant l'ouverture du Fleuve Rouge.

On a dit qu'avant l'insurrection des Musulmans du Yûn-Nân, survenue en 1855, des négociants chinois venaient du Se-Tchuèn dans la vallée de l'Iraouaddy et que ce trafic, dont l'importance n'a pas été évaluée à moins d'un demi-million de livres sterling (12.500.000 fr.), pourrait renaître, mais on a oublié de tenir compte de la nouvelle situation économique de ces contrées, telle que l'ont faite les traités ; alors, le port de Shang-Haï était à peine connu et celui de Han-Kéou n'était pas encore ouvert. Les conditions ne sont donc pas les mêmes et la voie de Bhamo n'offre plus aucun avantage.

Le docteur Clément Williams s'est beaucoup occupé de la route par Bhamo ; dès l'année 1864, il publiait sur cette question un mémoire qui eut la bonne fortune de fixer l'attention des Chambres de Commerce anglaises et du Parlement britannique. Une autre difficulté, d'ordre politique, se présentait : le gouvernement birman ne voyait pas sans inquiétude les Anglais pénétrer chaque jour plus avant sur son territoire, et leurs tentatives le portaient à une méfiance bien justifiée à l'égard de ses vainqueurs de la veille, conquérants de ses belles provinces de l'Arakan, du Pégu et du Martaban.

En 1866, une commission française fut formée pour explorer le Më-Kong et rechercher la possibilité d'établir par cette voie des relations entre la Cochinchine française et la vallée supérieure du fleuve ; il n'en fallut pas davantage pour stimuler l'ardeur de nos rivaux et, dès lors, nous avons à enregistrer de leur part une série nouvelle de projets et de tentatives.

Le colonel Phayre, aujourd'hui major général, gouverneur de la Birmanie anglaise, confie au capitaine Watson et à l'ingénieur Fedden l'exploration de la Salouën. Nous n'avons pas à nous arrêter sur les travaux de ces explorateurs dont les rapports démontrent l'impossibilité d'utiliser ce cours d'eau qui est plutôt, disent-ils, un immense torrent qu'un fleuve.

On revient ensuite à un ancien tracé, proposé par Gibson en 1824 et repris depuis, avec quelques modifications, par le capitaine Sprye ; ce projet consiste dans l'établissement d'une route entre Rangoon et le S.-O. du Yûn-Nân, à travers les bassins de la Salouën et du Mě-Kong.

Une reconnaissance est faite en 1867 par les capitaines Williams et Luard et leur rapport est imprimé par ordre de la Chambre des Communes ; il arrive à cette conclusion que l'établissement d'une semblable route serait aussi difficile que dispendieux.

Les regards se tournent alors vers le Bengale où le général Arthur Cotton, du corps royal des ingénieurs, indique un nouveau tracé, remontant le Bhramapoutre jusqu'à Suddya, et de là se dirigeant, parallèlement au 28° de latitude, jusqu'à la vallée du Yang-Tsé. Mais, pour entrer dans le réseau des rivières navigables et des centres de production, il faudrait ou bien traverser l'une des régions les plus montagneuses du Thibet, pour atteindre la route que nous avons indiquée plus haut, par Bathang, Ta-Tsien-Lou et Tchèn-Tou, ou Ta-Tsien-Lou et Sueï-Fou, par Ya-Tchéou et Kiâ-Ting-Fou, ou bien il faudrait descendre par Bathang, contourner les massifs qui se dressent dans la partie occidentale du Se-Tchuèn et emprunter la route de Tali à Sueï-Fou par Tong-Tchuèn.

Il est facile de voir qu'un semblable projet est irréalisable et, à plus forte raison, qu'il ne faut pas même penser à un tracé en ligne droite.

Les tracés anglais ont ce grand inconvénient d'être perpendiculaires à l'axe des vallées ; il en résulte des montées et des descentes perpétuelles.

Le docteur Clément Williams n'avait pas abandonné son projet ; il revient à la charge, en 1867, avec un nouveau mémoire sur la question ; les difficultés politiques qui avaient surgi à la cour de Mandalay avaient été aplanies en grande partie, et les Anglais ne parlaient rien moins que de commencer immédiatement les travaux d'une voie ferrée jusqu'à Tali. C'est le docteur Clément Williams lui-même qui dut modérer cette ardeur : « Procédez, dit-il, en hommes prudents et soyez plus soucieux des deniers de vos actionnaires ; commencez par ouvrir une bonne route, c'est suffisant, quant à présent ; ensuite, si le besoin s'en fait sentir, vous ferez un railway à partir de Bhamo ».

En 1868, une expédition est organisée sous la conduite de Sladen, pour reconnaître la route de Tali et préparer en même temps une entente avec les Musulmans, maîtres de la partie occidentale du Yûn-Nân, afin de permettre aux négociants chinois de venir trafiquer dans la vallée de l'Iraouaddy ; mais Sladen ne put dépasser Momeïn et se vit obligé de revenir en Birmanie, sans avoir pu étudier les hautes montagnes abruptes qui s'interposent, comme des barrières, entre les étroits bassins de la haute Salouën et du haut Më-Kong.

En sens inverse, c'est-à-dire du côté de la Chine, d'autres tentatives ont été faites : en 1868, à bord de l'escadre de l'amiral Hope, qui remontait le Yang-Tsé pour aller reconnaître les nouveaux ports ouverts au commerce par le traité de Pé-Kin, se trouvait la mission Sarel et Blakiston, envoyée à la recherche d'un passage de la Chine vers les Indes, mais l'insurrection régnait alors au Se-Tchuên et les voyageurs anglais durent s'arrêter à Ping-Chan-Hien.

Cooper reprit ce projet en 1868 ; il remonta le Yang-Tsé jusqu'à

Tchong-Kin, passant à Tchen-Tou, Ya-Tcheou, Ta-Tsien-Lou, Bathang et Oué-Si-fou, sur la frontière du Yûn-Nân, où il dut rétrograder devant la méfiance des mandarins.

Barrière redoutable que cette province reculée de l'empire ; c'est devant elle que Margary tombera un peu plus tard assassiné et que Brown, comme Sladen, viendra se heurter.

La mort de Margary n'a pas été sans profit pour l'Angleterre ; elle est devenue le point de départ de revendications plus impérieuses et plus pressantes et elle a eu comme résultat la convention de Tché-Fou, signée le 13 septembre 1876.

Par cette convention quatre nouveaux ports sont ouverts au commerce : Vou-Hou-Hien, I-Chang-Fou, Pè-Haï (Pa-Khoï) et Ouèn-Tchéou-Fou. Un consul anglais peut résider à Tchong-Kin, pour étudier le commerce de la contrée et un second à Tali, pendant une période de cinq ans ; on comprend dans quel but.

On le voit, tout a été prévu. Un article additionnel stipule que les autorités chinoises auront à prêter aide et assistance aux Anglais qui iraient reconnaître la route de Tali.

M. John Mac Carthy, missionnaire anglican, a été le premier à profiter de ces facilités ; parti de Shang-Haï en décembre 1876, il arrivait sain et sauf à Bhamo en août 1877 ; quelques jours après lui, en janvier 1877, le lieutenant Gill, accompagné de M. Mesny, employé des consulats anglais, quittait également Shang-Haï et, marchant sur les traces de Cooper, venait atteindre Rangoun, à la fin de novembre, après avoir passé par Tchèn-Tou, Bathang, Tali et Bhamo.

Enfin, tout récemment, dans le courant de l'année 1878, M. Colborne Baber s'est rendu, lui troisième, depuis la convention de Tché-Fou, des rives du Yang-Tsé sur les bords de l'Iraouaddy.

Ces dernières explorations ont servi à constater une fois de plus qu'il fallait renoncer à établir une route directe de quelque importence entre la Birmanie et le Yûn-Nân, à travers la région montagneuse et difficile que sillonnent les hauts affluents du Yang-Tsé-Kiang, le haut Mê-Kong, la haute Salouën, le haut Iraouaddy et le haut Brahmapoutre ; les Anglais cependant veulent tenter l'impossible et déjà la première section d'un chemin de fer allant de Rangoun à Prôme, sur une étendue de 180 milles, est terminée. De nouveaux tracés ont été proposés ; dans le nombre on peut citer celui de Mandalay à Yûn-Nân-Sèn par Thoungzie, Theibo, Theinnie, etc., et celui de l'Iraouaddy à Xieng-Tong.

Tels sont les efforts faits par les Anglais pour arriver à résoudre le problème dont nous avons succinctement exposé les données.

De leur côté les Français ne restaient pas inactifs ; ils accomplissaient, pendant les années 1866-67-68, cette magnifique exploration du Mê-Kong qui a illustré le nom de son chef, le commandant de Lagrée, et, pendant les années 1870-71 et 1872-73, l'un de nos nationaux, M. J. Dupuis, trouvait enfin la solution tant cherchée en démontrant, par deux expéditions successives, la navigabilité du fleuve du Tong-Kin, appelé par les Chinois Hong-Kiang ou fleuve Rouge, et Song-Koï ou fleuve Principal, par les Annamites.

Cette solution à la recherche de laquelle M. Dupuis a consacré des années d'efforts et à laquelle il a sacrifié sa fortune entière, avait été pressentie par les membres de la commission d'exploration du Mê-Kong, qui avaient descendu le Hong-Kiang, de Yuen-Kiang à Pou-Pio ; de cette localité jusqu'à la hauteur de Lin-Ngan, Francis Garnier avait continué à suivre le fleuve pendant quelques heures, mais arrêté par le refus de ses bateliers d'aller plus loin, il n'avait rien pu apprendre de précis dans cette rapide *excursion*, comme il appelle son essai de reconnaissance. Depuis, le vaillant officier s'est exprimé ainsi sur cet intéressant sujet :

« Il y avait à étudier là une question commerciale d'un grand avenir et d'un intérêt exclusivement français, puisque le Tong-Kin, par suite des traités qui nous lient à la cour de Hué, se trouve placé sous notre influence politique.

« La pacification du Yûn-Nân rendra au vaste bassin du Song-Koï la vie commerciale et la richesse que lui assurent ses produits si variés et précieux. La proximité de l'embouchure du fleuve et du port français de Saïgon leur offre un débouché facile et économique. Une politique jalouse a pu détourner jusqu'à présent de leur voie naturelle les denrées du S.-O. de la Chine : elles vont chercher à Canton ou à Shang-Haï un marché éloigné et onéreux. Il nous appartient d'user de notre influence auprès des cours de Pé-Kin et de Hué pour faire cesser cet état de choses. Notre colonie de Cochinchine est légitimement appelée, par la force même des choses, à recueillir l'héritage de Canton, et Saïgon offrira aux produits du Yûn-Nân et de l'Indo-Chine septentrionale un port de chargement mieux situé pour leur échange contre des marchandises européennes. *Malheureusement le manque d'interprètes et par suite la difficulté de recueillir des renseignements précis et sérieux empêchèrent M. de Lagrée de pousser ses investigations de ce côté aussi loin qu'il était nécessaire* ».

Ces lignes, qui empruntent une autorité indiscutable au nom de leur auteur, ne sont pas les seules que F. Garnier ait consacrées à la question du fleuve Rouge. Dans un autre passage de la publication du voyage d'exploration en Indo-Chine, il disait encore :

« L'ouverture par la vallée du Tong-Kin de relations commerciales avec le sud de la Chine est l'un des résultats les plus importants que la politique française doive chercher à obtenir en Indo-Chine ».

Ce résultat a été pleinement obtenu par les belles recherches de M. Dupuis qui a su atteindre le but vers lequel les Anglais ont vainement tendu pendant si longtemps.

C'est là un fait reconnu par les étrangers eux-mêmes et nous nous plaisons à reproduire les lignes suivantes empruntées à un voyageur, qui certes ne saurait être taxé de partialité pour les Français, au baron de Richthofen, ancien président de la Société de Géographie de Berlin :

« On doit désormais considérer comme résolu le problème qui depuis si longtemps occupait beaucoup d'esprits, et qui consistait à savoir si une route commerciale directe pouvait être établie avec la partie S.-O. de la Chine, et quelle était la direction qu'elle devait suivre. Celui qui étudie la question avec impartialité ne doutera pas un seul instant après un examen suffisant que tous les avantages ne soient pour la route qu'offre la rivière Song-Koï (fleuve Rouge), et tous les désavantages, non-seulement pour celle qui passe par Bhamo, mais pour toutes les autres routes qui ont été ou qui peuvent être projetées pour pénétrer dans le Yûn-Nân par sa partie ouest ou sud-ouest ».

La découverte de M. Dupuis a été malheureusement entravée par une intervention du gouvernement de la Cochinchine Française, dont il est résulté une situation qui ne saurait se prolonger sans causer le plus grand préjudice au commerce et à l'industrie. Les intérêts économiques réclament donc impérieusement l'ouverture de la voie du fleuve Rouge au commerce international ; c'est pour servir ces intérêts que la Société Académique Indo-Chinoise a décidé, dans sa séance du 29 mai 1878, qu'elle porterait la question du fleuve Rouge devant le Congrès International de Géographie Commerciale de l'Exposition ; M. Léon Feer, délégué de la Société, proposa au congrès, dans la séance d'inauguration du 23 septembre, de mettre la question à son ordre du jour. Renvoyée à l'examen de la première section, elle donna lieu à une intéressante discussion et fut, de la part de M. Georges Renaud, l'objet d'un très-remarquable exposé.

M. Renaud, après avoir résumé les deux expéditions de M. Dupuis et les événements du Tong-Kin, et après avoir montré que le Fleuve-Rouge n'a jamais été moins accessible au commerce que depuis la signature du traité intervenu le 15 mars 1874 entre la France et la cour de Hué, put facilement établir que l'ouverture du Tong-Kin et du fleuve Rouge, sérieusement et légalement acceptée, amènerait fort rapidement un courant d'affaires d'au moins *800 millions de francs* chaque année, et que notre port de Saïgon en profiterait presque exclusivement. Les membres de la section crurent nécessaire de résumer d'une façon pratique l'étude qu'ils venaient de faire, et, sur leur proposition, le Congrès, réuni en assemblée générale au palais du Trocadéro, le 28 septembre 1878, adopta, à l'unanimité, la résolution suivante, insérée au *Journal officiel* du 10 octobre 1878 :

« Considérant que la voie du Tong-Kin, découverte par M. Dupuis, est la voie la plus courte et la plus facilement accessible pour pénétrer dans les provinces du

S.-O. de la Chine, et qu'un traité du 15 mars 1874, conclu entre la France et l'Annam, ouvre cette voie au commerce de toutes les nations ;

« Le congrès émet le vœu.
« 1° Que cette voie soit signalée à l'attention du commerce international ;
« 2° Que la France prenne des mesures pour assurer l'exécution dudit traité ».

C'est pour donner suite à ce vœu que la Société Académique Indo-Chinoise, dans sa séance du 29 mai dernier, a voté l'impression du *Journal de voyage et d'expédition* de M. J. Dupuis, membre de la société.

Puisse cette publication faire comprendre l'absolue nécessité de l'ouverture définitive du fleuve Rouge et servir ainsi les intérêts économiques du pays, et puissent les patriotiques efforts de M. Dupuis ne pas rester stériles !

CROIZIER.

Château-Neuf (Gironde), 1er juillet 1879.

L'OUVERTURE DU FLEUVE ROUGE AU COMMERCE

ET

LES ÉVÉNEMENTS DU TONG-KIN

1872-73

JOURNAL DE VOYAGE & D'EXPÉDITION

DE

J. DUPUIS

INTRODUCTION

Mes efforts pour trouver une voie commerciale sur le S.-E. de la Chine. — Importance de la voie du Fleuve Rouge. — Mission Delaporte. — Mon voyage au Yûn-nân en 1868-69. — Ma visite aux industries minières et mon exploration du Fleuve Rouge en 1870-71. — Politique annamite. — Nos relations avec la cour de Hué. — Vassalité de l'Annam par rapport à la cour de Pé-Kin. — Mon voyage en France, 1872. — Reconnaissance du *Bourayne*. — Mes rapports avec le ministère de la marine. — Un navire de guerre est mis à ma disposition. — Entrevues avec le gouverneur de Cochinchine. — Départ de Saïgon.

La recherche, par le S.-E. de la Chine, d'une voie fluviale, pour atteindre le Yûn-nân, dont les richesses demeurent inexploitées, faute d'une voie de communication courte, rapide et économique, a été pour moi l'objet d'une constante préoccupation depuis l'année 1864.

A ce résultat j'ai consacré de longs efforts, couronnés enfin, en 1871, par la découverte de la navigabilité du fleuve Rouge, cours d'eau qui prend sa source dans le Yûn-nân, non loin de Tali-fou, et se jette à la mer dans le golfe du Tong-Kin.

Cette voie répond non-seulement aux besoins du Yûn-nân, mais à ceux d'une partie du Tibet, du Se-tchuen, du Koueï-tcheou, du Kouang-si, du Laos et du Tong-Kin.

L'ouverture de cette voie met en relations directes avec la civilisation européenne plus de cinquante millions d'individus, crée un nouveau et immense débouché à nos produits et établit, à proximité de Saïgon, une communication facile et peu coûteuse, avec les plus riches contrées du monde jusqu'ici entièrement fermées au commerce étranger.

On était, en France, tellement pénétré de l'importance de cette voie, qu'au commencement de l'année 1873, une exploration du fleuve, à la tête de laquelle devait se trouver M. Louis Delaporte, lieutenant de vaisseau, avait été décidée. La colonie de Cochinchine avait offert 30,000 francs, le ministère de l'instruction publique 20,000 et la Société de Géographie de Paris 6,000 ; le ministère de la marine s'était engagé à fournir le matériel et le personnel ; mais les événements qui suivirent empêchèrent cette exploration.

Je ne reviendrai pas ici sur mon voyage au Yûn-nân, en 1868-69, mes rapports avec les autorités de la province, ma visite aux industries minières et mon exploration du fleuve Rouge en 1870-1871. Toutes ces notes se trouvent en partie consignées dans la communication que j'ai faite à la Société de Géographie, le 7 février 1877.

Aujourd'hui je tiens plus particulièrement à parler de mes efforts pour ouvrir la nouvelle route et à raconter comment les Français ont pris pied au Tong-Kin.

On se souvient que, le 5 juin 1862, la cour de Hué avait accepté un traité en vertu duquel les trois provinces de Saïgon, Mitho et Bienhoa, étaient données à la France, ainsi qu'une indemnité de guerre de 4 millions de piastres, payable en dix années à dater du 5 juin 1862. Mais le gouvernement annamite ne cessant d'entretenir des troubles dans nos nouvelles possessions, l'amiral de La Grandière se trouva entraîné à s'emparer, les 20, 22 et 24 juin 1867, des citadelles de Vinh-Long, Chaudoc et Hatièn, afin de pouvoir mieux exercer son autorité.

« Mes représentations, sous quelque forme que je les aie adressées », disait l'amiral, à cette époque, en parlant de la cour de Hué, « n'ont amené que des réponses évasives que j'ai dû considérer comme un aveu d'impuissance ou comme un refus de me satisfaire.....

« En ne tenant aucun compte de mes avertissements réitérés, en ne donnant que des satisfactions dérisoires à mes réclamations les plus justes, le gouvernement annamite a violé l'une des clauses fondamentales du traité de 1862... »

Et, en effet, pour quiconque connaît un peu les mandarins annamites, tergiverser et attendre tout du temps, quand ils ne sont pas les plus forts, est le résumé de leur politique.

Le traité de 1862 se trouvait donc brisé par la conquête des trois provinces de l'Ouest. Les Annamites, dès ce moment, cessèrent tout versement sur ce qui restait dû de l'indemnité, soit, 2,200,000 piastres, dont la moitié devait revenir à l'Espagne.

Un an après mon entrée au Tong-Kin, la *Revue maritime et coloniale* (octobre 1873) donnait, sur l'état de nos relations avec l'Annam, les détails suivants :

« L'occupation des trois provinces occidentales par l'amiral de la Grandière a complétement modifié la situation créée par le traité de 1862. Depuis plus de trois ans, nous demandons au gouvernement annamite de reconnaître franchement le nouvel état de choses, moyennant des concessions que nous sommes disposés à faire. L'amiral Ohier n'a autant prolongé son séjour en Cochinchine que dans l'espoir de conclure cet arrangement définitif ; il a payé de sa vie son dévouement. Peu après l'arrivée de son successeur intérimaire, la guerre désastreuse de 1870 a éclaté ; elle a eu dans l'extrême Orient un très-grand retentissement, et nos voisins en ont prudemment attendu les conséquences, pour régler d'après elles leur ligne de conduite.

« M. le contre-amiral Dupré vient d'être investi de pleins pouvoirs pour traiter au nom du gouvernement de la République. Il s'est hâté d'en informer la cour de Hué, en insistant pour la reprise immédiate des négociations ; il attend encore la réponse ».

Les concessions que nous étions disposés à faire, celles dont nous entretient la *Revue Maritime*, étaient l'abandon aux Annamites, à titre de compensation, des sommes importantes qui nous étaient dues en exécution du traité de 1862. Les Annamites fermèrent l'oreille à toute entente. On verra, dans la suite, le changement que ma venue au Tong-Kin allait faire naître dans leur attitude à notre égard.

J'ignorais, alors en 1871, que les rapports entre la France et l'Annam fussent aussi tendus ; je n'eus connaissance de ce fait qu'un peu plus tard. Il est certain, qu'après la guerre désastreuse de 1870, le gouvernement annamite pensa nous chasser de la Basse-Cochinchine en recherchant quelque alliance en Europe. Il s'agissait alors pour moi de prendre un parti pour ouvrir le fleuve.

La province de Yûn-nân pouvait, une fois le pays pacifié, renouer ses anciennes relations avec le Laos et la vallée de l'Iraouaddy ; mais ses communications du côté du Tong-Kin restaient interrompues.

Depuis la conquête de cette dernière contrée par les Cochinchinois, le commerce du Yûn-nân utilisait à peine la voie du fleuve Rouge. Les tribus sauvages du Haut-Tong-Kin qui se reconnaissaient tributaires de la cour d'Hâ-noï, s'étaient affranchies dans la suite de tout vasselage de la cour de Hué; puis des rebelles chinois, venant de la province du Kouang-si, s'étaient installés sur les bords du fleuve et prélevaient sur le peu de marchandises qui s'aventuraient de ce côté des droits énormes. Avec la sécurité, les relations entre le Tong-Kin et le Yûn-nân avaient disparu. Telle était la voie qu'il me fallait rouvrir. Je n'avais qu'un seul moyen en mon pouvoir pour atteindre ce but, il consistait à associer à cette œuvre les autorités mêmes de la province. L'Annam étant vassal de la Chine, la vice-royauté du Yûn-nân avait le droit d'utiliser la voie du fleuve Rouge, et les pouvoirs des autorités de la province me conféraient les mêmes droits.

On a contesté, en ces derniers temps, la suzeraineté de la Chine sur l'Annam. Ce droit existe: l'investiture a été accordée par la cour de Pé-Kin à l'avénement du dernier souverain de l'Annam, *Tu-Duc*, comme elle l'avait été à l'avénement des autres souverains. Les détails de la cérémonie nous ont été conservés par Mgr Pellegrin, dans une lettre datée de Hué, le 16 décembre 1849, et dont voici les principaux passages :

« A la 6° lune, les ambassadeurs chinois, après avoir été annoncés plusieurs fois, entrèrent dans le royaume, par la partie septentrionale du Tong-Kin. Ils ont mis plus d'un mois pour se rendre jusqu'à Hué. La caravane se composait de cent quarante personnes environ, ayant à sa tête un mandarin du second ordre..... Le 17 de la 7° lune, les ambassadeurs arrivèrent à la capitale et furent reçus par plusieurs mandarins de différents grades en grande tenue. Ils montèrent ensuite dans des palanquins portés par des soldats, et entrèrent dans la ville en grande cérémonie, escortés par 3,000 hommes de troupes, portant des armes et des étendards; il y avait aussi des éléphants et des chevaux; tout cela allait en assez bon ordre, et on arriva ainsi au palais de réception qui était préparé avec beaucoup de soin dans la ville extérieure ».

« Le 22° jour de la 7° lune était fixé pour la cérémonie de l'investiture et le lieu était la maison où le roi reçoit ses mandarins. Le matin, six coups de canon annoncèrent que les ambassadeurs partaient de leur hôtel, et peu après neuf autres coups de canon firent savoir qu'ils étaient arrivés à la porte de la ville intérieure. *Tu-Duc* y était déjà rendu; il s'avança hors de la porte pour recevoir les ambassadeurs ; dès que ceux-ci l'aperçurent, ils descendirent de leurs palanquins et tous entrèrent ensemble, le roi à la droite, les ambassadeurs à la gauche.

Le diplôme impérial fut déposé sur une espèce d'estrade ou d'autel, au milieu des parfums ; alors le mandarin chargé des cérémonies avertit le roi de s'avancer, et *Tu-Duc* vint en face de l'autel où il se prosterna cinq fois, puis il resta à genoux. Le premier ambassadeur prit le diplôme, et, se levant au milieu de l'estrade, il le lut tout entier et le remit au roi, qui, le tenant élevé au-dessus de sa tête, fit une solennelle *prostration ;* puis le diplôme fut confié à un des princes et le roi le salua de nouveau en se prosternant cinq fois. Cela fait, *Tu-Duc* reconduisit les ambassadeurs jusqu'en dehors de la porte, et ils revinrent chez eux dans le même ordre qu'ils étaient partis..... »

Maintenant, que l'on conteste, si on veut, c'est une affaire personnelle. Je me proposais donc, afin d'éviter au Tong-Kin, les entraves des mandarins, de me faire conduire sur un navire de guerre français, à Hué, pour faire connaître au gouvernement annamite les pouvoirs des autorités du Yûn-nân.

Mon voyage en France, au commencement de l'année 1872, avait un double but : d'une part, je désirais d'obtenir du ministère de la marine, qu'un navire de guerre fût mis à ma disposition, pour me conduire de Saïgon à Hué, capitale de l'Annam ; de l'autre, je tenais à mettre le gouvernement français au courant d'une affaire aussi considérable, et le bien fixer sur l'objet de ma mission, afin que, comprenant bien le but d'une telle entreprise, conçue uniquement dans l'intérêt du commerce français et non d'un pays étranger, le gouvernement de la Cochinchine ne vînt pas, à un moment donné, entraver son cours.

Mais tel était encore alors l'état des renseignements sur la situation politique du Tong-Kin, que l'on fut persuadé au ministère de la marine de l'échec de mon entreprise. A ce sujet, je raconterai comment on jugeait alors la question.

Le gouverneur de la Cochinchine, le contre-amiral Dupré, suivait pas à pas le résultat de mes efforts, depuis l'année 1870. A cette époque, et quelque temps avant mon départ pour le Yûn-nân, le comte Méjean, consul général de France à Shang-haï, qui s'intéressait particulièrement au but que je poursuivais dans le S.-O. de la Chine, m'avait fait promettre de l'aviser au moment de me mettre en route, pour qu'il pût en donner avis au contre-amiral Dupré, gouverneur de la Cochinchine et son ami intime, au cas où quelque péril me menacerait durant le voyage. Je m'étais engagé aussi à lui faire parvenir de mes nouvelles. Le 5 mai 1871, de retour à Lao-kaï, après avoir reconnu le fleuve jusqu'aux avant-postes annamites, j'adressai une lettre au comte Méjean, par la voie de Macao et l'intermédiaire des Pavillons Noirs. Dans cette lettre, j'annonçais la navigabilité du fleuve Rouge et l'ouverture avec des vapeurs, de concert avec les autorités du Yûn-nân, pour l'automne 1872.

Lorsque, le 9 janvier 1872, j'arrivai à Shang-haï, pour me rendre en France, j'appris du comte Méjean qu'il possédait ma lettre depuis deux mois à peine, et qu'aussitôt reçue, il en avait donné communication à l'amiral Dupré.

Le paquebot passait à Saïgon et le comte Méjean s'offrit à me donner une lettre d'introduction auprès de l'amiral, qui, me disait-il, serait enchanté de me voir. Mais, par suite de mon prompt départ et d'un malentendu qu'il serait trop long d'expliquer ici, la lettre alla directement aux mains du gouverneur. Quand celui-ci eut pris connaissance de la lettre du comte Méjean, qui l'entretenait de mes projets, du motif de mon voyage en France et de plusieurs autres choses qui avaient une certaine importance pour les intérêts de la colonie, il dépêcha aussitôt un officier d'ordonnance pour me retrouver; mais il était trop tard, le paquebot avait déjà quitté le port. L'amiral Dupré fut vivement contrarié de ce fait, lui qui était si *désireux* d'avoir des renseignements sur une contrée vers laquelle était tournée toute son attention. C'est alors qu'il se décida, afin de suppléer aux informations qui lui faisaient défaut, d'envoyer le « Bourayne » en reconnaissance dans le golfe du Tong-Kin. Le « Bourayne » vint mouiller à la Cat-ba. C'est dans cette reconnaissance que des pêcheurs désignèrent au commandant Senez l'entrée du Cua-Cam et la position d'Haï-Phong qu'il a été le premier à reconnaître. M. Legrand de la Liraye, qui était à bord comme interprète, se mit aussitôt en communication avec les gens du pays, qui lui rapportèrent une foule d'histoires sur les rebelles, qui tenaient tout le fleuve, et sur le gouvernement annamite qui se trouvait aux abois. A peu de distance du « Bourayne », on apercevait les cases encore fumantes d'un village auquel des pirates venaient de mettre le feu. Quelques habitants, questionnés sur cet événement, répondirent, sans doute comme ils répondent toujours, par des paroles empreintes d'une grande exagération: à les entendre, le feu était dans tout le pays.

Six semaines après, le contre-amiral Dupré arrivait en France, imbu de ces idées. On conçoit qu'il s'empressa de faire son rapport au ministre. Je le vis pour la première fois, au ministère de la marine, le 9 avril 1872, à la veille de mon embarquement. Il me dit qu'après mon départ, voulant savoir ce qui se passait au Tong-Kin, il avait envoyé le « Bourayne ». On avait vu un village en feu. On avait aussi pris des renseignements ; il me serait impossible de remonter le fleuve : le pays était en pleine insurrection, les rebelles, qui formaient deux bandes, ravageaient toute la contrée, les armées annamites n'avaient pu leur tenir tête, les mandarins étaient battus, c'était terrible ! Que sais-je encore ?.....

Lorsque le contre-amiral Dupré eut ainsi parlé, je lui dis que j'arrivais du Tong-Kin, que j'avais vu les rebelles, qu'en effet il y en avait deux bandes, mais que ces derniers n'étaient pas dangereux : les « Pavillons Noirs » possédaient seize fusils de chasse à deux coups et quelques mauvais fusils à mèche, que d'ailleurs je savais qu'ils ne me susciteraient aucune difficulté. Quant aux Annamites, je ne m'en effrayais pas, devant tenir le milieu du fleuve avec mes navires et n'ayant sur leur territoire que le delta à traverser, que l'on me tirerait peut-être quelques coups de canon en passant devant les villes, mais que je passerais outre et qu'une fois le fait accompli, on serait bien obligé de l'accepter.

Avec quatre hommes et un caporal, lui dis-je en terminant, on peut passer facilement. Il y avait dans le bureau où nous étions, assistant à l'entretien, un vieillard, un vieux marin, je suppose, qui appuyé, à la cheminée, ne pouvait s'empêcher de rire en m'entendant raconter de quelle façon j'entendais surmonter tous les obstacles accumulés devant moi par l'imagination du contre-amiral Dupré. Peut-être riait-il de ce qu'il pensait être une témérité ou une folie. Quant à l'amiral Dupré, je ne sais trop quel était le fond de sa pensée ; mais il me dit alors, après quelques minutes de réflexion :

« Eh bien ! d'après ce que vous me dites, je fais des vœux pour le succès de votre entreprise ; mais je croyais... on m'avait dit, le pays est à feu et à sang. J'étais persuadé que vous seriez égorgé... »

Mon langage était fait pour étonner des hommes qui étaient imbus des idées erronées ayant cours dans la marine sur cette question. Avant la prise de Saïgon, on avait songé un moment à la conquête du Tong-Kin, mais l'éloignement de ce pays des grandes routes de l'Océan avait fait juger le ravitaillement difficile, on préféra la Basse-Cochinchine ; puis, plus tard, on songea de nouveau au Tong-Kin ; mais alors, on n'évaluait pas à moins de vingt mille hommes les troupes de débarquement nécessaires pour faire la conquête du pays. Survint le Mexique et on sembla guéri pour quelque temps des aventures.

Le Ministre de la marine, déjà prévenu par le rapport du gouverneur de la Cochinchine, ne croyait guère non plus à la possibilité de remonter le fleuve Rouge, aussi me répondit-il :

« Dans la situation présente de la France, nous ne pouvons que faire des vœux pour le succès de votre entreprise. Nous ne pouvons intervenir ni pour ni contre dans cette affaire, qui demeure entièrement à vos risques et périls. Si vous éprouvez de la résistance et si vous croyez pouvoir l'emporter, frayez-vous un passage par la force, c'est votre affaire ; mais si vous ou vos gens êtes tués, nous ne pourrons intervenir pour vous venger. Nous ferons officieusement pour vous tout ce que nous pourrons sans nous engager ».

Ce langage signifiait que, si les Annamites m'empêchaient de passer, entravaient ou ruinaient mon entreprise, je ne pourrais compter sur le gouvernement français pour obtenir réparation auprès du gouvernement annamite, la situation de la France lui faisant un devoir de ne point s'engager. De même si j'étais tué, ainsi que mes gens, le gouvernement n'y ferait rien.

Ceci donne au moins une idée de l'état de nos relations avec le gouvernement annamite et des illusions que l'on entretenait sur la puissance de celui-ci.

Néanmoins, j'obtins qu'un navire de guerre fût mis à ma disposition pour me conduire de Saïgon à Hué, et je quittai la France avec une lettre de recommandation pour le gouverneur de la Cochinchine. Le général d'Arbaud faisait l'intérim, en l'absence de l'amiral Dupré. Je reçus un excellent accueil de toute la colonie, et aussitôt après avoir pris connaissance de mes dépêches, le général d'Arbaud donna ordre au « Bourayne » qui était en réparations de se préparer. J'avais de fréquents entretiens avec les principales notabilités de la colonie, avec M. de Monjon, directeur de l'Intérieur, avec Mgr Miche et principalement avec M. Legrand de la Liraye, interprète officiel du gouvernement, qui devait à ses fonctions de connaître d'une manière toute particulière l'état de nos relations avec les Annamites. Ce fut lui le premier qui me dissuada de mon dessein de me rendre à Hué sur un navire de guerre français.

« Nous ne connaissons que trop », me dit-il, « le mauvais vouloir de la cour de Hué à notre égard. L'insolence des Annamites ne connaît plus de bornes depuis les malheureux événements de 1870. Voilà deux ans que nous sollicitons, mais en vain, auprès de ce gouvernement l'autorisation pour M. Pierre, directeur du Jardin zoologique de Saïgon, d'aller dans les provinces voisines rechercher des plantes pour cet établissement. Croyez-moi, dès que la cour de Hué verra notre intervention dans cette affaire, elle donnera aussitôt des ordres aux mandarins du Tong-Kin pour vous empêcher de passer. Le mieux est de partir directement pour le Tong-Kin et de surprendre les mandarins par la rapidité de vos mouvements ».

M. de Monjon, Mgr Miche et d'autres notabilités influentes de la Colonie se rallièrent également à cette idée. Quant au général d'Arbaud, il ignorait la situation, il suivait les avis de M. de Monjon, qui en réalité, était le véritable gouverneur. Contre-ordre fut donc donné au « Bourayne », qui continua ses réparations, mais il fut entendu qu'il serait envoyé au Tong-Kin pour me faciliter le passage auprès des mandarins annamites et que j'aviserais le Gouverneur, par une dépêche, de mon départ de Hong-Kong, point où mon expédition devait se rallier. Le rendez-vous était donné à Haï-Phong.

« Vous ne serez pas abandonné », me dit le général d'Arbaud, au moment où je quittais Saïgon ; « chaque mois j'enverrai un navire pour entretenir mes communications avec vous ».

CHAPITRE I

De Hong-Kong à Hâ-noï

26 OCTOBRE-22 DÉCEMBRE 1872

Départ de Hong-Kong. — Baie de Saint-John. — Haïnan. — Arrivée au Tong-Kin. — Rencontre du *Bourayne*. — Recherche des passes du fleuve Rouge. — Réception du commissaire Ly à bord du *Bourayne* devant Haï-Phong. — Intervention du commandant Senez. — Départ du *Bourayne*. — Ma visite au commissaire Ly à Quang-yen. — Mon voyage à Haï-dzuong et réception par le vice-roi. — Etablissement de barrages par les Annamites. — Réception du vice-roi à bord du *Son-tay*. — Incident de Tchên. — Départ de Haï-Phong. — Démonstrations par les troupes annamites. — Mouillage dans le Thaï-Binh. — Reconnaissance du canal Song-ki. — Attitude de la population. — Reconnaissance du Thaï-Binh. — Faux bruits. — Reconnaissance du Cua-loc. — Dao-son. — Ninh-dzuong. — Milices annamites. — Entrée dans le fleuve Rouge. — Flottille annamite. — Démonstrations par les troupes d'Haï-dzuong. — Hong-yen. — Arrivée à Hâ-noï.

J'arrive maintenant rapidement à mon départ de Hong-Kong et à mes notes de voyage, les préparatifs de mon expédition n'ayant qu'une importance très-secondaire ici.

26 Octobre 1872. — Nous quittons aujourd'hui, à 6 heures du matin, notre mouillage devant Hong-Kong, en route pour le golfe du Tong-Kin où nous devons trouver le « Bourayne ». L'expédition se compose de deux canonnières à vapeur, le « Hong-Kiang » et le « Lâo-Kaï », d'une chaloupe à vapeur, le « Son-tay », et d'une grande jonque à la remorque. Nous venons mouiller à 8 h. 20 du soir entre Cou-cock et Tylon, par 7 brasses d'eau, nous avons marché très-lentement toute cette journée, à cause du Hong-Kiang, qui a cassé trois fois ses remorques.

27 Octobre. — Départ à 5 h. 40 pour mouiller à 11 heures dans la baie de Saint-John. C'est la seconde baie que l'on trouve en venant de l'Est. Elle est cachée du large par trois petites îles qui avancent dans la mer sur la même ligne; celles-ci établissent une séparation avec la grande baie au fond de laquelle est situé un village servant de marché aux barques nombreuses qui fréquentent ces parages. La chapelle Saint-François-Xavier, bâtie sur le tombeau de l'apôtre de la Chine, sur le flanc gauche de la montagne, attire tout d'abord les regards, ainsi que la magnifique habitation des Missionnaires. C'est un lieu de pèlerinage pour les chrétiens du Sud de la Chine, surtout pour les missionnaires qui s'y rendent de Hong-Kong et de Canton. Pendant la mousson du S.-O. la baie de Saint-John devient le refuge des barques des pêcheurs qui ne peuvent plus tenir dans le golfe du Tong-Kin. Nous trouvons ici un missionnaire français qui nous fait donner, par ses chrétiens, les remorques dont nous avons besoin. Ce sont des remorques en bambou, car celles en chanvre offrent moins de résistance. Ce missionnaire se met entièrement à notre disposition : il est si heureux de voir des vapeurs français devant l'île Saint-John qu'il ne sait que faire pour nous être agréable, surtout quand nous lui apprenons que nous allons ouvrir une route qui passera en vue de sa mission. Il a voulu nous reconduire jusqu'à bord du « Lâo-Kaï ».

A 3 heures du soir, nous quittons la rade de Saint-John et deux heures après nous rejoignons le « Hong-Kiang » qui nous attend mouillé derrière la montagne Chang-Cheun.

28 *Octobre*. — Nous avançons lentement dans la direction de l'île d'Haï-nan, tant à cause de la jonque que du redoublement d'attention que nous impose le défaut d'exactitude des cartes hydrographiques françaises ou anglaises. Nous stoppons la nuit par prudence. Après avoir jeté l'ancre dans le port d'Haï-Kéou (bouche de la mer), nous allons rendre visite aux autorités de la ville, dont nous obtenons l'autorisation de faire un dépôt de charbon dans l'un des forts qui gardent l'entrée de la rivière, faveur que nous devons exclusivement au caractère spécial dont m'investit la mission que m'ont confiée les mandarins du Yûn-nân.

(Le port d'Haï-Kéou vient d'être ouvert au commerce, à la demande des Anglais, c'est une étape sur la route du Tong-Kin). Au moment où nous nous disposons à partir, un grand vent N.-E. s'élève soudainement, et nous sommes retenus au port pendant six jours. Nous arriverons en retard au rendez-vous donné au « Bourayne ».

8 *Novembre*. — Partis le 7 novembre au matin, nous venons aujourd'hui jeter l'ancre vers minuit à la Cat-bâ, derrière la ville de Quang-yen.

9 *Novembre*. — Nous explorons l'horizon à la naissance du jour, pour reconnaître la présence du « Bourayne ». Nous levons l'ancre

pour mouiller près d'Haï-Phong, dans le Bac d'Agian d'où nous apercevons très-bien l'aviso français.

Rendu bientôt à bord de celui-ci, j'apprends que le commandant Senez est parti pour Hâ-noï, et personne ne pouvant me renseigner sur la voie qu'il a prise, je forme le projet d'aller à sa rencontre par un des bras du fleuve. Je rejoins mes navires et nous levons l'ancre pour aller, au S., nous présenter au *Balat* que le *Livre Jaune* signale avec le Lak et le Daï, comme les trois seules embouchures du fleuve. Une fois arrivés en vue du Balat, nous essayons de mettre notre projet à exécution ; mais les bancs de sable nous tiennent constamment à six milles au large. En cherchant un passage parmi ces bancs, nous manquons de nous perdre. Le « Lâo-Kaï » engagé avec trop de témérité, ne peut pendant un instant, ni avancer ni reculer, et le capitaine d'Argence commence à être inquiet ; soulevé avec effort par la vague, le « Lâo-Kaï » retombe de tout son arrière sur le fond sablonneux qu'il talonne d'une façon peu rassurante. Enfin, nous parvenons, non sans peines, à nous tirer de ce mauvais pas : il était temps, car une tempête s'annonce. Nous nous empressons de suivre les barques de pêcheurs qui fuient devant la grosse mer, pour aller nous abriter dans une anse à l'abri des vents du large, formée par les bancs du Daï et du Balat. Nous restons là trois jours retenus par un vent du N.-E. des plus violents.

17 Novembre. — Ne pouvant découvrir le passage du fleuve Rouge nous nous décidons le soir, à retourner auprès du « Bourayne ». Au cap Dao-son, un chrétien de la mission espagnole d'Haï-dzuong qui nous attend sur la colline, me remet une lettre du commandant Senez. Le commandant venait d'apprendre mon arrivée et me prévenait qu'il allait rentrer à bord où il m'invitait à l'aller rejoindre pour m'entendre avec lui. Il ajoutait qu'il pourrait peut-être me donner des indications pour rejoindre le fleuve Rouge par l'intérieur.

18 Novembre. — Ce matin nous quittons le cap Dao-son, pour entrer dans le Cua-Cam et venir mouiller auprès du « Bourayne » à Haïphong. Le commandant Senez est à bord depuis une heure à peine. Je passe la journée à conférer avec lui ; dans l'intervalle il envoie chercher le commissaire royal Ly, à Quang-yen, par ma chaloupe le « Son-tay ».

19 Novembre. — Vers 9 heures du matin, le « Son-tay » est de retour, remorquant deux jonques portant le commissaire Ly, gouverneur des trois provinces maritimes et son personnel. Le « Bourayne » est aménagé de manière à éblouir notre hôte. Bientôt nous assistons à un branle-bas de combat ; tout Haï-Phong tremble sous les formidables détonations du « Bourayne » ; les vergues sont couvertes de matelots qui font des charges à tout rompre. On nous sert ensuite un splendide festin.

Le reste de la journée se passe à conférer sur l'objet de ma mission. Mon secrétaire Ly-ta-lâo-yé s'entretient avec le commissaire Ly en traçant sur le papier ce qu'il doit lui dire ; la réponse se fait de même. Toutes mes pièces pour la cour de Hué sont communiquées et des copies en sont prises.

Le commissaire Ly, qui a mission de garder l'entrée du fleuve Rouge, ne se dissimule pas la gravité de sa situation. La cour de Hué ne manquera pas de faire peser sur lui toutes les responsabilités. Il tente de me détourner de mon entreprise : « Le fleuve n'est pas navigable, me dit-il ; et puis les rebelles vous massacreront dans le haut du fleuve ».

Le pauvre commissaire paraît fort surpris, lorsque je lui réponds que je suis descendu en 1871 jusqu'aux avant-postes annamites et que je lui donne, sur la navigabilité du fleuve et sur les rebelles, les détails les plus circonstanciés.

D'un autre côté, le commandant Senez s'entremet officieusement en ma faveur, par l'organe de Mgr Gauthier, évêque du Tong-Kin méridional, qui lui sert d'interprète. Il fait valoir les intérêts qui s'attachent à l'ouverture du fleuve Rouge, pour le peuple et pour le gouvernement annamite, en faisant ressortir les revenus considérables que la cour de Hué retirerait des douanes. Le gouvernement français ajoute-t-il, lui saurait en outre le plus grand gré de ne pas entraver ma mission, qui intéresse aussi la colonie de Saïgon. Il est très-catégorique sur ce dernier point. Le commissaire Ly répond qu'il est convaincu des avantages que présente l'ouverture de la nouvelle route, mais qu'il ne sait pas comment on appréciera ma mission à la cour. Il demande en conséquence que j'attende la réponse de Hué, à l'arrivée de laquelle il fixe un délai de quinze jours. Le commandant Senez m'engage à accepter les quinze jours de délai que demande le commissaire Ly ; j'y consens. En attendant, il est entendu que j'aurai le droit de circuler avec ma chaloupe dans l'intérieur. Le délai passé, je remonterai le fleuve.

Avant de partir, le commandant Senez me recommande chaleureusement au commissaire Ly, en le priant de me seconder dans mes efforts pour me procurer des vivres, et tout ce dont nous pouvons avoir besoin.

Vers 5 heures du soir, le commissaire Ly se retire.

Avant de quitter Haï-phong, le commandant Senez me donne un de ses interprètes annamites, le nommé Sam, puis je le quitte le soir, à 11 heures pour rentrer à bord du « Lâo-kaï », emportant ses vœux, pour le succès de mon voyage.

20 *Novembre*. — Au petit jour le « Bourayne » lève l'ancre, pour faire route sur Hong-Kong. J'envoie le « Son-tay » le précéder jusqu'au cap Dao-son (tête de la montagne), pour sonder la passe.

Le « Bourayne » emporte une grande quantité de bois pour économiser son charbon ; il reste encore trois jonques chargées de ce combustible qu'il n'a pu prendre faute de place. Il avait été convenu, avec le commissaire Ly, que ce bois me serait remis le lendemain, après le départ du « Bourayne ». Pendant qu'on décharge la première jonque, les deux autres, sous prétexte d'aller s'abriter du vent dans la petite crique qui nous fait face, disparaissent pour toujours.

Malgré mes réclamations, les vivres promis la veille à bord du « Bourayne » n'arrivent pas. Le vide commence à se faire autour de nous et les petits bateaux de pêche, déjà très-rares, ne répondent plus à notre appel. Cependant le soir, au milieu de l'obscurité, on nous apporte des fruits, des légumes et du poisson, en nous disant qu'il y a défense, sous les peines les plus sévères, de nous fournir quoi que ce soit.

21 *Novembre*. — Le vide se fait de plus en plus. Nous n'apercevons presque plus de barques. Nous descendons à terre pour aller réclamer des vivres au commandant du fort de Haï-Phong. La peur lui fait promettre de nous envoyer des provisions et il nous dit qu'il n'est pour rien dans la fuite des jonques chargées de bois, ni dans la peur que le peuple a de nous.

Il n'empêche pas le peuple de nous procurer ce dont nous avons besoin ; au contraire, il fait tout son possible pour engager les bateliers à nous vendre des vivres ; enfin, il fera venir du bois, mais il faut du temps, car ce bois vient de loin.

22 *Novembre*. — Je reçois, aujourd'hui, une dépêche du commis-

saire Ly, qui me fait connaître qu'il a adressé, en date du 21 novembre, un rapport à la cour de Hué, au sujet de ma mission ; mais il craint de s'être trop avancé en demandant 15 à 18 jours pour recevoir la réponse ; elle pourrait bien se faire attendre de 3 à 5 mois : il pense qu'il vaudrait mieux, pour moi, aller l'attendre à Saïgon.

23 *Novembre*. — Je pars aujourd'hui pour Quang-yen, rendre visite au commissaire Ly et l'entretenir de sa dépêche d'hier.

En arrivant, je me fais annoncer au mandarin qui commande un fort élevé, en terre, à l'entrée des faubourgs ; du reste, nous sommes signalés à l'avance par le sifflet du « Son-tay ». Bien entendu, tout le monde est en l'air pour nous voir ou plutôt pour voir un bateau qui marche tout seul. En attendant que le commissaire Ly nous reçoive, on nous conduit chez un Chinois au service de l'Annam qui commande la flottille. Après deux heures d'attente, une escorte vient nous prendre pour nous conduire auprès du commissaire royal, qui a mis toutes ses troupes sur pied, avec leurs plus beaux habits et leurs meilleures armes, pour me faire croire à quelque chose d'imposant et de redoutable. Il y a là de 800 à 1,000 hommes, avec des costumes bariolés de rouge, vert, jaune et blanc, toutes couleurs voyantes. Les mieux équipés ont des fusils à pierre d'un vieux modèle ; les autres, des fusils à mèche, des piques, une grande variété de lances, ayant la forme de fourches ou de croissants, avec une pique au milieu, des coutelas, etc. La garde particulière de Ly a d'immenses boucliers. Tous ces hommes font une foule de contorsions et se livrent à des gambades comme peu de jongleurs seraient capables de les faire.

Au milieu de sa troupe s'avance le commissaire Ly, qui fait ensuite quelques pas au-devant de nous d'un air majestueux. Il parodie le « Bourayne » en ce moment et cherche à nous faire croire qu'il commande à une armée redoutable.

Les premiers compliments d'usage échangés, je lui dis avoir reçu sa dépêche d'hier, concernant le rapport qu'il a adressé, le 21 novembre, à la cour de Hué, sur ma mission. L'invitation d'aller attendre, à Saïgon, la réponse du gouvernement annamite est en tout point contraire à ce qui a été convenu en présence du commandant du « Bourayne ». Il est question, maintenant, de 3 à 5 mois, nous sommes loin des 15 jours qui ont été fixés. Il m'est de toute impossibilité d'attendre aussi longtemps.

J'attendrai que les quinze jours dont on est convenu soient expirés et pas un jour de plus. Je lui demande ensuite de me fournir les moyens de transports nécessaires pour remonter au Yûn-nân : je laisserai mes grands bateaux ici, puisqu'il semble craindre des complications à cause d'eux.

Je reviendrai avec un délégué du Yûn-nân, qui aura pleins pouvoirs pour régler cette affaire avec le gouvernement annamite, si toutefois celui-ci a des doutes sur la valeur des pièces dont je suis porteur. Il me répond qu'il y a des rebelles dans le haut du fleuve et que je ne pourrai pas atteindre le Yûn-nân. Je réplique que les rebelles auxquels il fait allusion ne me font pas peur. Je lui propose alors d'envoyer des troupes avec moi, pour chasser ces rebelles de leur position le long du fleuve. Il paraît très-satisfait de cette proposition ; mais il me dit que ce n'est pas lui qui commande dans la partie N.-O., il faudrait proposer cela au général Fang, qui est à Son-tay. Nous décidons d'écrire tous les deux au général Fang pour lui faire cette proposition, et le petit mandarin Huên portera nos deux lettres.

Je crois avoir quelque chance de réussir par ce moyen ; les Annamites seraient enchantés, en effet, de se débarrasser des rebelles de Laô-kaï, qu'ils redoutent. Toute la conversation avec Ly roule sur ce sujet ; mais, de temps à autre, il revient sur la réponse de Hué, et a une peur terrible qu'elle ne parvienne pas dans le délai de quinze jours, car alors il lui faudra prendre un parti. La cour de Hué rendra naturellement responsables tous les mandarins qui m'auront laissé passer : c'est à eux de trouver un moyen de me faire renoncer à mon entreprise ; mais la cour de Hué ne prendra, pour le moment, aucune initiative en apparence, j'en suis bien persuadé. Le pauvre Ly se prend tout à coup d'un vif intérêt pour notre santé. Ici l'eau est mauvaise, nous serons très-mal à Haï-Phong, il serait bien préférable d'aller attendre à Hong-Kong ou à Saïgon.

Toujours la même chose.

Il nous retient le soir pour nous donner un dîner avec des chanteuses au dessert, comme cela se pratique en Chine. Ce dîner, comme tous les dîners annamites, qui ne diffèrent pas sensiblement des dîners chinois, n'a rien d'extraordinaire.

Je rentre à bord du « Son-tay » le soir, à 11 heures.

La ville de Quang-yen a peu d'importance : les faubourgs, où végètent quelques familles de pêcheurs, sont des plus misérables. Le palais de Ly n'est pas dans la citadelle comme dans les autres villes, il est placé en dehors des murs, comme pour surveiller tout le pays. La citadelle, qui se trouve sur une petite élévation, a des proportions très-restreintes : elle a la forme d'un carré, comme dans toutes les villes de l'Annam. Bien entendu, on ne nous a pas permis de la visiter.

24 *Novembre*. — Nous quittons Quang-yen à 8 heures du matin, sur le « Son-tay », pour rentrer à Haï-Phong. Je fais écrire une très-longue lettre au général Fang par Ly-ta-lâo-yé, au sujet des rebelles de Lâo-kaï, qui gênent la navigation du fleuve et que je lui propose de chasser, de concert avec lui.

Dans l'après-midi arrive le petit mandarin Huên, porteur de la lettre du commissaire Ly et qui vient prendre la mienne ; il couche à bord de la jonque, chez Ly-ta-lâo-yé, et ne partira que demain matin. Je me plains à Huên, du mandarin du fort d'Haï-Phong, qui, malgré sa promesse d'hier, ne m'a pas encore envoyé de provisions ; cependant, c'est une chose convenue avec le commissaire Ly. Je l'adresse au commandant du fort pour lui rafraîchir la mémoire.

29 *Novembre*. — Je pars pour Haï-dzuong, à bord de la chaloupe, dans le but de rechercher le passage qui doit me conduire au fleuve Rouge, et en même temps pour rendre visite au vice-roi de cette province. Nous remontons le Cam, qui forme des méandres incroyables jusqu'au Lou-to-kiang (les six bras ou les six rivières), où nous entrons dans les eaux du Thaï-Binh.

30 *Novembre*. — Nous descendons le Thaï-Binh jusqu'à Haï-dzuong, après un court arrêt d'un instant à la mission espagnole, qui se trouve à mi-chemin. A une heure du soir, nous arrivons devant la ville d'Haï-dzuong. Une demi-heure à peine s'écoule, et deux mandarins viennent me chercher pour me conduire au logement qui m'est destiné. Une heure après, le vice-roi arrive dans un magnifique palanquin, entouré d'une nombreuse escorte chamarrée de jaquettes rouges, vertes, jaunes, toujours comme à Quang-yen. Les hommes sont armés de grands sabres, piques, lances et coutelas ; quelques-uns possèdent des fusils à pierre et à mèche, mais surtout, il y a profusion de pavillons. Le vice-roi est on ne peut plus gracieux ; il veut absolument me retenir à déjeuner pour demain matin. Il me procure immédiatement le bois et

les provisions dont j'ai besoin, puis il me fait cadeau d'une certaine quantité de riz, d'un porc, de poulets et de canards. De mon côté, je lui fais remettre une carabine Lefaucheux, 12 millimètres, à 6 coups, avec 100 cartouches, une jumelle de poche et quelques menus objets qui l'ont beaucoup flatté. Cependant je ne me fais pas illusion sur l'accueil du vice-roi ; ces dehors d'apparence débonnaires cachent une arrière-pensée : il a peur.

Ce matin, on travaillait à un barrage, quelques milles au-dessus d'Haï-dzuong, et, bien entendu, j'ai dispersé les travailleurs, en leur faisant dire, par mon interprète, que, si je les reprenais encore à semblable ouvrage, je les exterminerais jusqu'au dernier. Ils étaient au moins cinq cents occupés à enfoncer des pieux dans la rivière.

Evidemment, c'est par ordre du vice-roi qu'ils sont commandés.

Il est donc très-important, pour moi, de reconnaître immédiatement ma route et de la surveiller avec ma chaloupe, pour empêcher toute tentative de ce genre, et il me faut opérer très-rapidement ; car, avec le temps, les Annamites peuvent accumuler les obstacles, mon personnel se démoraliser et ma tentative échouer complétement.

1ᵉʳ *Décembre*. — Le vice-roi arrive avec son escorte pour le déjeuner, seulement il est à cheval, aujourd'hui ; il a mis, pour la circonstance, une robe dorée par-dessus ses habits. Le déjeuner qui nous est servi par des Cantonnais n'offre rien d'extraordinaire. Nous invitons ensuite le vice-roi à venir visiter la chaloupe et je lui montre nos armes qui l'étonnent beaucoup comme précision et portée.

Après une longue inspection du « Son-tay », le vice-roi rejoint sa barque dans laquelle il se tient debout pour voir partir toute seule la chaloupe. Les gens de sa suite, malgré notre invitation, ne s'empressant guère de quitter le bord, un coup de sifflet, pour nous débarrasser d'eux, leur fait tellement peur, qu'ils se jettent à l'eau en voulant sauter dans leurs barques. C'est un sauve qui peut général. Le pauvre vice-roi, qui était debout, est tombé à la renverse, en criant à ses gens de regagner la rive au plus vite ; revenu de son émotion, une fois sur la plage, il nous regarde partir.

2 *Décembre*. — A 5 heures du soir, nous sommes de retour à notre mouillage de « Haï-Phong ».

Le Chinois au service de l'Annam, dont j'ai parlé plus haut dans mon voyage à Quang-yen, avait témoigné le désir de venir avec nous ; mais il fallait obtenir l'autorisation du commissaire Ly, chose difficile. Pendant mon absence ce dernier m'a écrit que ce Chinois, du nom de Tchèn, n'avait aucun désir de venir avec nous et qu'il ne voulait pour rien au monde quitter le service du gouvernement annamite. A l'appui de son dire, il a inclus, dans sa lettre, le refus même de Tchèn; mais cette prétendue lettre est écrite de la main du secrétaire de Ly.

3 *Décembre*. — Nous faisons nos préparatifs de départ. Je réponds à Ly au sujet de Tchèn et je le préviens que, les quinze jours de délai pour la réponse de Hué étant expirés aujourd'hui, je partirai demain pour remonter un peu plus haut à cause de l'*eau qui est mauvaise*.

Je tiens à remonter au plus vite au Thaï-Binh, pour empêcher les barrages qu'on commence sur plusieurs points.

4 *Décembre*. — Départ de Haï-phong, avec toute mon escadrille, à 5 h. 15 du matin, pour venir mouiller à midi 45 au-dessus de Kin-mênn, petite préfecture, située sur la rive gauche à un kilomètre dans l'intérieur. Nous apercevons, à 1,000 ou 1,200 mètres de nous, toute une forêt de pavillons qui s'agitent en tous sens. Les porteurs de ces épouvantails de guerre, bons tout au plus pour des oiseaux, s'agitent de toutes façons. Il y a là un millier d'hommes qui ont au moins 5 à 600 pavillons et qui viennent pour nous couper la route. Nous restons bien tranquilles à bord de nos navires, sans nous préoccuper d'eux. Ils n'osent s'approcher de la rivière à plus de 5 ou 600 mètres. Dans l'après-midi, sans plus nous inquiéter de la présence de ces guerriers, nous descendons à terre pour chasser; aussitôt, les pavillons de battre en retraite, dès que nous faisons mine de nous approcher de leur côté. Ils avaient certainement plus peur d'être attaqués par nous que nous n'avions peur d'eux.

5 *Décembre*.— Nous arrivons au Lou-to-Kiang à 11 heures du matin. Nous mouillons dans le Thaï-Binh, à un mille au-dessus de la branche Cam, par 3 brasses 1/2 d'eau. Nous avons marché doucement pour étudier la rivière, nous n'avons pas trouvé moins de 2 brasses d'eau jusqu'ici. Les soldats aux nombreux pavillons ont disparu à nos regards depuis ce matin.

Je ne crois pas qu'il y ait beaucoup plus de 45 à 48 milles, par le Cam, de Haï-Phong au Lou-to-Kiang; le capitaine du « Lâo-Kaï », M. d'Argence, estime qu'il y a 54 milles.

A une heure, je pars sur ma chaloupe, avec deux Français, quatre Chinois et mon interprète annamite pour explorer le canal Song-ki (ou Song-chi) qui communique avec le fleuve Rouge au-dessus d'Hâ-noï.

A 6 heures 45, nous venons mouiller vis-à-vis un grand village, où les habitants se livrent à la fabrication spéciale des cercueils. Nous voyons là un barrage en construction. Je fais dire au maire que, si le barrage n'est pas détruit lors de mon retour, je l'emmènerai lui et le petit mandarin qui est venu porter les ordres des autorités annamites et qui assiste aux travaux, à bord de mes grands navires.

La navigation est très-facile jusqu'ici : nous n'avons pas trouvé moins de 2 brasses 1/2 d'eau. Le peuple, qui semble fuir à notre approche, nous paraît très-sympathique ; mais l'ordre des mandarins est de se sauver ou de se cacher à notre arrivée, car la vue de nos bateaux porte malheur.

6 Décembre. — Hier, personne ne voulait nous aider à couper le bois dont nous avons besoin pour la chaloupe ; mais ce matin, sur l'autorisation du maire, ces braves gens se disputent l'honneur de nous aider. A 10 heures du matin, nous trouvons un fond plat sur toute la largeur du canal, par une brasse d'eau. Un peu plus loin les difficultés recommencent et nous finissons par ne plus trouver que 4 pieds d'eau dans le chenal qui est alors très-étroit. On nous dit qu'un peu plus haut il y a encore moins d'eau et qu'il existe un fort courant. Nous sommes à 7 ou 8 milles du fleuve Rouge, et il nous faut rebrousser chemin ; notre chaloupe, qui tire près de 5 pieds, ne peut plus avancer. La marée monte jusqu'ici et accuse plus d'un pied ; nous éprouvons d'abord quelque difficulté pour nous dégager, car la marée baisse peu à peu. A 4 heures 40 du soir, nous repassons devant le village des fabricants de cercueils ; on travaille à démolir le barrage, et à 9 heures 25 du soir nous sommes auprès du « Lâo-kaï ». J'estime qu'il y a du Lou-to-Kiang à Hâ-noï de 42 à 45 milles. Près du Thaï-Binh, le Song-ki a une moyenne de 80 mètres, mais dans le haut, en de certains endroits, il va se resserrant jusqu'à ne compter que de 40 à 50 mètres.

Pendant ma reconnaissance du Song-ki, Ly-ta-lâo-yé a reçu du commissaire Ly une longue lettre en réponse à celle par laquelle je lui faisais connaître mon intention de quitter Haï-Phong, pour remonter le fleuve. Il me supplie de rester à Haï-Phong où il me fournira tout ce dont j'aurai besoin. Toujours la même question, ne pas bouger, attendre la réponse de Hué. Je serais encore à l'attendre.

N'ayant pu trouver le passage par le Song-ki, je me décide à remonter le Thaï-Binh, avec ma chaloupe.

Le commandant Senez m'avait rapporté de son entretien avec Mgr Colomer, évêque des missions espagnoles, qu'en remontant le Thaï-Binh, il me serait possible d'atteindre le fleuve Rouge bien au-dessus d'Hâ-noï. De cette façon, ajoutait-il, vous éviterez de passer par la capitale et de vous créer de nouvelles difficultés.

Je ne décrirai pas cette reconnaissance, qui se trouve rapportée tout au long dans le *Bulletin de la Société de Géographie,* pour m'occuper plus particulièrement de la route commerciale.

J'étais de retour au Lou-to-Kiang, le 10 décembre, à 4 heures du soir, après avoir reconnu qu'il n'existait, de ce côté, aucun passage pour remonter avec mes navires du Thaï-Binh au fleuve Rouge.

Pendant mon absence, on avait fait courir le bruit que les Annamites allaient faire descendre 2,000 Chinois en garnison à Bac-ninh et Thaï-nguyen, pour nous attaquer et qu'on levait des troupes partout dans le Tong-kin. Cette nouvelle colportée par la rumeur publique avait grossi d'importance en passant par les missionnaires espagnols. Je trouve tout le monde en émoi en rentrant à bord. Ceux qui par l'importance de leur commandement devraient être les premiers à faire fi de tous ces cancans, sont les premiers à les propager ; alors les imaginations travaillent et on semble voir partout des corps d'armées qui marchent sur nous. Je suis obligé d'user d'autorité pour faire cesser tous ces bruits qui jettent la démoralisation dans mon personnel.

Je ne crains pas les Chinois, et c'est justement eux que craignent mes Européens. Avec les pouvoirs en mains des autorités du Yûn-nán, je suis parfaitement tranquille. En somme, comme je le dis à mes gens, que pouvons-nous craindre à bord de nos navires armés comme ils le sont, quand nous aurions contre nous, même les 2,000 Chinois et tous les Annamites de l'Annam?

Comme Ly-ta-lâo-yé, je suis persuadé que les 2,000 Chinois seraient au besoin avec nous et non avec les Annamites.

11 *Décembre.* — Je descends le Thaï-Binh à bord du « Son-tay ». Les missionnaires espagnols m'assurent que je vais être obligé de

descendre à la mer pour prendre le Tali, qui est le seul passage pour pénétrer dans le fleuve Rouge.

Nous passons devant Haï-dzuong, à 3 heures du soir. Un peu au-dessous de la ville, le fleuve renferme un groupe d'îles au milieu desquelles nous cherchons un passage pour nos gros navires. Immédiatement après ce groupe d'îles, le fleuve est très-large et très-profond. Dans certains endroits, il y a au moins 2000 mètres d'une rive à l'autre et nous ne pouvons trouver le fond avec une ligne de 12 brasses. A 6 h. 1/2 du soir, nous mouillons à 10 milles au-dessous d'Haï-dzuong. Nous avons eu deux marées en 24 heures.

12 *Décembre*. — Partis à 6 h. 1/2 du matin, nous atteignons à 7 h. 1/2 une crique qui se dirige au nord sur Haï-phong.

Vers 9 h. 1/2 nous arrivons au confluent du Cua-loc. Nous sommes enfin en présence du passage tant désiré, qui doit nous conduire au fleuve Rouge. Nous nous y engageons. D'ici, nous apercevons le cap Dao-son, qui nous démontre que le Thaï-Binh a son embouchure tout proche. Pendant 45 minutes nous contournons une boucle que fait en cet endroit le Cua-loc et qui nous ramène à 400 mètres de notre point de départ. A midi nous passons devant un petit canal qui vient de Haï-dzuong, puis plus loin devant une petite crique qui va rejoindre l'embouchure du Thaï-Binh et dont l'entrée est obstruée par un barrage. Sur la rive gauche se dresse un village qui autrefois avait une certaine importance, mais qui aujourd'hui est ruiné; il y reste cependant encore quelques négociants chinois qui attendent des jours meilleurs. Un peu retirée dans l'intérieur comme toutes les villes de l'Annam, on aperçoit la préfecture de Ninh-dzuong. La ville marchande est toujours au premier plan pour soutenir le premier feu et donner aux mandarins le temps de prendre la fuite. Ce sont les villes ouvertes qui protègent ici les citadelles. La ville de Ninh-dzuong, comme tous les chefs-lieux de département ou d'arrondissement, n'est, en somme, qu'un camp retranché où demeurent les mandarins et leurs soldats. Celle-ci n'a qu'un fossé de 2 à 3 mètres de largeur et peu profond pour défendre l'approche de ses murs en terre.

A quelques centaines de mètres de la rive, nous apercevons dans la plaine de nombreux pavillons. Sous prétexte d'exercice, ils sont là, peut-être 5 ou 600 hommes, qui se démènent en poussant des cris et en agitant leurs lances et leurs pavillons. J'apprends que c'est la milice du département qui a été convoquée pour nous combattre. Nous entendons quelques coups de feu, mais nous ne remarquons pas qu'on tire sur nous. Nous continuons notre route sans plus nous inquiéter. Ces malheureux paysans improvisés en guerriers pour la circonstance semblaient avoir grande peur.

A 1 h. 15, nous trouvons une autre crique du nom de Tuanh-Bach qui va rejoindre le petit canal venant de Haï-dzuong dont il a été parlé plus haut. A 2 h. 1/2, nous passons une petite île située au milieu de la rivière, non loin de laquelle nous apercevons un grand nombre de pêcheurs chrétiens qui sont si heureux de voir notre chaloupe *marcher toute seule* qu'ils sautent de joie dans leurs sampans. Nous mouillons à 6 h. 15 du soir, contents de notre navigation jusqu'ici; la rivière n'étant pas large, il n'y a pas de bancs de sable dans le chenal et à marée basse nous avons plus d'une brasse et demie d'eau.

13 *Décembre*. — A 6 h. 20 du matin, nous passons devant la crique qui conduit à Nam-dinh ; là nous ne trouvons qu'une brasse un quart d'eau ; la marée ne marne ici que d'un mètre au plus. Enfin nous atteignons une petite île, au-dessus de laquelle il y a peu d'eau, et à 9 heures du matin nous entrons dans le fleuve Rouge.

Nous nous trouvons en présence de tout une flottille de barques montées en guerre et, bien entendu, couvertes de pavillons. Le mandarin du grade de général, qui commande à tous ces valeureux guerriers, fait sonner du cor à tout rompre et aussitôt les pavillons de s'agiter frénétiquement comme pour nous épouvanter. Quelques coups de feu partent, mais pour nous intimider seulement : on se serait bien gardé de nous atteindre.

Nous traversons le fleuve aux deux tiers et nous revenons droit sur ces braillards, à toute vapeur ; ils poussent encore de plus grands cris, mais cette fois-ci d'un air suppliant. Nous stoppons tout près d'eux et je leur ordonne de baisser immédiatement tous ces pavillons, sinon je les mitraille tous. Ils ne se le font pas dire deux fois et aussitôt les pavillons sont couchés sur les barques.

De l'endroit où nous sommes, nous saluons le fleuve Rouge, qui se déroule magnifiquement devant nous, d'un coup de canon et de quelques coups de chassepot. Nos fameux miliciens sont saisis de crainte à la vue de la puissance de nos armes. Leur général avait reçu mission de garder le passage et de nous empêcher de pénétrer dans le fleuve. Il ne se vantera guère de son succès.

Je pense qu'il y a du Thaï-Binh au fleuve Rouge par le Cua-loc, 45 milles, et 40 de cette dernière rivière à notre mouillage du Lou-to-Kiang, soit en tout 85 milles.

Nous avons quelques difficultés à nous procurer le bois dont nous avons besoin pour la chaloupe. Il y a beaucoup de villages le long des rives, mais tout le monde se sauve pour obéir aux mandarins, et nous ne voulons pas prendre le bois de force ; nous sommes obligés d'en couper nous-mêmes, mais il est entièrement vert. A 8 h. 40 du soir, nous mouillons dans la petite crique qui conduit à Haï-Phong ; car nous n'avons plus de bois. J'envoie l'interprète Sam avec mes Chinois dans les villages voisins pour faire notre provision, mais au bout de quelque temps ils reviennent les mains vides ; tout le monde se sauve.

Nous descendons à terre pour couper des branches d'arbres, et à minuit, notre bois étant fait, nous nous mettons en route.

Nous sommes de retour au Lou-to-Kiang, le 14 décembre, à 6 heures du matin.

14 Décembre. — Pendant ma reconnaissance du Cua-loc, les mêmes bruits sur une attaque combinée des Chinois et des Annamites se sont reproduits à bord des navires. Il est vrai aussi que l'inaction à laquelle sont condamnés mes gens est pour quelque chose dans cette surexcitation des esprits, aussi faisons-nous nos préparatifs pour demain.

Je me rends à bord du « Son-tay » jusqu'à la douane, située un peu au-dessus de notre mouillage et où stationnent des radeaux de bois qui attendent un acquéreur. Je prie le mandarin de cette douane de me vendre de ce bois ; il s'exécute par peur ; mais il le fait d'assez mauvaise grâce, je le lui paie plus qu'il ne me demande.

Je reviens à notre mouillage, traînant à la remorque mon petit radeau, et tout le monde se met à couper le bois au plus vite pour être prêt à partir demain matin.

15 Décembre. — Départ de l'expédition à 10 heures du matin pour descendre le Thaï-Binh et remonter au fleuve Rouge par le Cua-loc. Vers 1 heure et demie, le « Lâo-Kaï » touche en passant les îles à hauteur de Haï-dzuong et nous sommes obligés d'attendre la marée de cette nuit. La ville de Haï-dzuong que nous avons devant nous est la troisième ville du Tong-Kin dans le bassin du fleuve Rouge, après

Hâ-noï et Nam-dinh. Elle est construite à 6 ou 700 mètres du fleuve sur un canal qui la met en communication avec le Cua-loc, mais qui en ce moment est barré à son embouchure, près de la ville. Les fortifications sont faites d'après le système Vauban et ont été élevées au commencement du siècle sous le règne de Gia-Long. La ville marchande, qui occupe également le troisième rang au point de vue commercial, se trouve située entre le canal et la citadelle. Elle renferme une population d'environ 25 à 30.000 âmes.

Mon ami le vice-roi, qui m'a si bien reçu la première fois, me fait supplier de ne pas traverser le fleuve pour aller lui faire une visite, car il aurait la tête coupée. Pour lui laisser la tête sur les épaules, je reste à bord de mes navires. Malgré cela, il ne paraît pas bien rassuré de voir tous nos navires mouillés devant sa ville. Les remparts sont couverts de pavillons ainsi que les jonques de guerre qui tiennent toute la crique. Tout ce monde s'agite beaucoup.

Le pauvre vice-roi, qui craint sans doute que nous n'ayons l'intention de prendre sa ville, nous fait assister à une canonnade des plus vives, pensant nous intimider.

16 Décembre. — Nous flottons ce matin à 5 heures ; mais nous laissons passer les plus gros flots avant de nous mettre en route. Arrivé à hauteur du canal qui conduit à Haï-Phong, je me détache des navires avec ma chaloupe pour m'assurer s'il n'y aurait pas moyen de passer par cette voie à l'avenir.

A 8 h. 50 du soir, je suis de retour près du « Lâo-Kaï », qui a éteint ses feux, nous le prenons à la remorque du « Son-tay » pour rejoindre le « Hong-Kiang » qui doit nous attendre à l'entrée du Cua-loc et auprès duquel nous arrivons à minuit.

17 Décembre. — Départ aujourd'hui à 4 heures du matin ; à midi et demie nous éprouvons quelques difficultés pour passer à la hauteur de la crique de Nam-dinh ; nous ne trouvons que 2 m. 30 d'eau, la marée a déjà baissé de 15 à 20 centimètres.

18 Décembre. — Nous éprouvons encore quelques difficultés à la hauteur de la petite île que j'ai signalée, en approchant du fleuve. Le « Hong-Kiang » a touché, mais il était sorti du chenal.

A 11 heures 45, l'expédition entre dans le fleuve Rouge, qu'elle salue d'une salve d'artillerie.

Le fameux général et ses pavillons ne sont plus là pour nous arrêter.

Vers 1 heure 20, nous venons mouiller devant la ville de Hong-yen, capitale de la province de ce nom. Cette ville est à un kilomètre environ dans l'intérieur. Nous avons fait cinq milles, depuis la sortie du Cua-loc jusqu'ici. A moitié du chemin, nous avons vu un arroyo assez large, qui doit aller au Cua-Daï.

Nous recevons à bord la visite de plusieurs mandarins de la ville : le gouverneur ne vient pas ; mais il nous envoie quelques cadeaux, un porc, des poulets et des canards. Je lui fais remettre une montre, une carabine de salon Lefaucheux à six coups, et quelques petits objets. Nos visiteurs nous demandent tout ce qu'ils voient à bord comme des enfants. Après leur départ, nous nous apercevons qu'ils ont fait main basse sur une foule de petits objets. Le gouverneur autorise un Chinois à nous fournir le bois et les provisions dont nous avons besoin ; ce sont les mandarins qui font toucher la note et qui en gardent le montant pour eux, ainsi que je l'apprends plus tard.

La ville de Hong-yen avait, il y a deux siècles environ, des factoreries portugaises et hollandaises. A cette époque, la ville était près de la mer. Elle en est maintenant à 60 milles.

19 *Décembre*. — Départ de Hong-yen à 11 heures du matin. Nous marchons lentement pour chercher le chenal et à cause du courant qui est assez fort. Nous mouillons à 6 heures et demie du soir. La marée ne se manifeste ici que par un léger gonflement de 30 à 40 centimètres, c'est le point le plus élevé qu'elle atteigne pendant les fortes marées. Le fleuve possède une largeur moyenne de 1000 à 1500 mètres, mais tout son cours est parsemé de nombreux bancs de sable qui rendent, pour la première fois, la navigation difficile.

20 *Décembre*. — Nous restons au mouillage pour nous mettre en quête de combustible. Le bois qu'on nous a procuré à Hong-yen est tellement mouillé que nous ne pouvons l'utiliser. Je pars avec la chaloupe à la recherche de combustible. J'ai mille peines à en trouver et je ne rapporte encore que du bois vert.

21 *Décembre*. — Nous partons à 7 heures et demie du matin pour venir mouiller à un village du nom de Bat-truong, situé à environ trois milles au-dessous de Hâ-noï. Ce grand village n'est en quelque sorte qu'une grande fabrique de poteries, genre d'industrie auquel tout le monde s'adonne ici. Le bois qui nous a fait tant défaut ces jours derniers n'est pas rare dans cette contrée, on ne voit partout que

piles de bois. Nous avons fait peu de route aujourd'hui, car nous avons eu un fort courant.

22 *Décembre.* — Les navires lèvent l'ancre à 7 h. 20 du matin, pour venir mouiller aussitôt un peu plus loin, sous prétexte qu'il n'y a pas assez d'eau. Je suis malade, je reste dans ma cabine et laisse faire. On reste ainsi toute la matinée et personne ne se préoccupe de chercher le chenal. On finit par passer avec 7 à 8 pieds d'eau. A 3 heures et demie du soir, nous venons enfin mouiller devant Hâ-noï, au milieu du fleuve, par cinq brasses d'eau.

CHAPITRE II

Premier séjour à Hâ-noï

23 décembre 1872 - 17 janvier 1873

Réception par la communauté cantonnaise. — Attitude de la population. — Les mandarins font faire le vide autour de nous. — Exploration du fleuve en amont d'Hâ-noï. — Le commissaire Ly invoque un défaut de forme dans la notification de mes pouvoirs. — Entrevue avec les autorité d'Hâ-noï. — Arrivée de Mgr Puginier. — Je me réserve de demander des indemnités. — Visite des mandarins à bord. — La citadelle. — Les troupes chinoises en garnison au Tong-Kin. — Le général chinois somme les mandarins de me laisser partir. — Les Pavillons Noirs. — Les Pavillons Jaunes. — Perplexités du vice-roi. — Préparatifs de départ.

23 *Décembre*. — Hier soir, les chefs de la communauté cantonnaise sont venus nous souhaiter la bienvenue, en nous apportant quelques cadeaux, et nous ont invités, aujourd'hui, à une réception dans leur Koueï-Kouang (maison commune).

Hier et avant-hier il nous est arrivé, à chaque instant, des petits mandarins, se disant envoyés par le vice-roi d'Hâ-noï et les principaux mandarins, pour nous souhaiter la bienvenue, et qui nous engageaient à attendre un peu pour donner aux autorités le temps d'organiser une réception digne de nous. Bien entendu, je ne m'arrête pas pour écouter ces dires.

Depuis notre arrivée, les mêmes petits mandarins vont et viennent de la citadelle à la jonque, où Ly-ta-lâo-yé leur donne copie des dépêches du Yûn-nán. Ly-ta-lâo-yé leur demande des jonques pour pouvoir remonter au Yûn-nán, dans cette saison des basses eaux; les petits mandarins disent qu'il faut attendre la réponse de Hué; dès que le roi aura donné ses ordres, ils se mettront à notre disposition pour tout ce dont nous aurons besoin.

Grande panique dans la ville, tous les gens riches partent précipitamment. Les mandarins ordonnent de quitter Hâ-noï, pour faire le vide autour de nous et nous faire croire que le peuple a peur.

Nous assistons à la réception des Cantonnais dans leur Kouëi-Kouang, où tous les principaux notables sont réunis. On nous sert le dîner chinois de rigueur en pareil cas.

24 Décembre. — Je pars, avec ma chaloupe, pour explorer le fleuve en amont d'Hâ-noï, dans la direction de Son-tay, et reconnaître le point extrême où nous pouvons remonter avec les navires, puisqu'il n'y a pas une seule barque, en ce moment, à Hâ-noï; les mandarins ont fait cacher celles-ci avant notre arrivée, ou fait détruire celles qui ne partaient pas assez vite. Si je puis remonter, avec mes navires, au-dessus de Son-tay, il me sera plus facile de me procurer des barques et des gens pour les conduire; car, de ce côté, la surveillance des mandarins ne peut s'exercer aussi rigoureusement; nous pourrons aussi, plus facilement, communiquer avec le Yûn-nân.

Un mille au-dessus de notre mouillage, vis-à-vis l'entrée du Song-ki, commence une île d'une assez grande étendue, qui laisse un passage assez large du côté de la rive gauche; mais à peine y sommes-nous engagés avec le « Son-tay », que nous nous voyons contraints de revenir sur nos pas, pour prendre le petit passage de la rive droite, que nous suivons pendant près d'une heure et demie avant d'atteindre à l'extrémité de l'île. Un peu plus loin nous contournons, par la rive droite, une autre île qui coupe le fleuve en deux. Deux ou trois milles au-dessus de cette île, nous trouvons de grands bancs de sable partagés par quatre passes, dont la plus profonde longe la berge de la rive droite, mais possède un assez fort courant et renferme des tourbillons. Une fois parvenus à l'extrémité des bancs, nous éprouvons quelques difficultés à trouver un passage pour revenir au milieu du fleuve. Ce passage contient, en ce moment, juste la quantité d'eau nécessaire pour le « Lâo-kaï », le « Hong-Kiang » et la jonque; au delà, il n'y a plus de difficultés jusqu'à Son-tay, où nous arrivons à 6 h. 29 du soir. Depuis les bancs nous avons fait O. et O. 1/4 S.

25 Décembre. — Nous partons de Son-tay à 8 heures du matin, pour retourner à Hâ-noï. A 9 heures 15, nous arrivons en face du petit canal qui communique avec le Thaï-Binh, et auquel les missionnaires espagnols faisaient sans doute allusion; mais, en ce moment, il ne renferme pas une goutte d'eau dans la partie qui communique au fleuve. Du côté opposé, sur la rive droite, nous apercevons un des nombreux bras du fleuve, qui forme le Daï et passe près la ville de Ninh-Binh.

Nous venons mouiller à l'entrée des bancs que j'ai signalés plus haut, pour reconnaître s'il n'y aurait pas une passe plus profonde que celle par où nous sommes montés hier. L'un de mes hommes m'assure que la passe du milieu n'a pas moins de 3 mètres d'eau. Nous nous y aventurons, mais, au bout de quelques instants, nous ne pouvons plus en sortir, nous passons la nuit échoués au milieu de sables mouvants, qui nous entraînent, sans que nous puissions nous dégager.

26 *Décembre*. — Nous finissons par sortir des bancs. Cette fois, je ne suis que trop convaincu que le seul passage convenable pour faire pénétrer mes navires en ce moment est le premier que nous avons pris pour remonter à Son-tay. Nous sommes de retour à Hâ-noï à midi 35. Il y a, d'ici Son-tay, 30 à 32 milles.

Une lettre du commissaire Ly est parvenue à bord pendant mon absence. Il y est question du général Fang et de la fameuse réponse de Hué, qui se fait toujours attendre.

Le général Fang a répondu à Ly qu'il adresse un rapport à la cour de Hué, sur la proposition que je lui ai faite de chasser les bandits de Lâo-kaï; mais il ne peut prendre sur lui une telle décision.

Quant à la réponse de Hué, au sujet de mon passage, Ly ne dit ni oui, ni non, mais le gouvernement annamite n'a pas été informé officiellement par le vice-roi de Canton, qui est l'intermédiaire officiel entre la Chine et l'Annam. Le pauvre Ly se raccroche à tous les moyens pour m'empêcher de remonter en Chine.

27 *Décembre*. — Les autorités d'Hâ-noï me font demander une entrevue pour aujourd'hui; le vice-roi fait dire qu'il ne pourra y assister, mais qu'il y aura le trésorier et le chef militaire de la province. On doit nous prévenir quand les mandarins seront prêts. Vers 11 heures, on vient nous dire que les mandarins nous attendent au *Kouëi-Kouang* des Cantonnais. MM. Millot, Bégaud, Fargeau, les capitaines du « Lâo-Kaï » et du « Hong-Kiang » et mon secrétaire Ly-ta-lâo-yé m'accompagnent, ainsi que les deux lieutenants, ayant avec eux chacun 10 hommes. Nous arrivons au Kouëi-Kouang, devant lequel on a disposé une haie de soldats armés de piques, de lances, de grands sabres et de quelques mauvais fusils à pierre et à mèche : c'est l'escorte de nos mandarins. Après les banalités d'usage, j'entre en matière par la demande de barques pour remonter au Yûn-nân, et tout l'entretien roule sur ce sujet. Le trésorier, qui parle au nom du vice-roi, répond à

toutes mes demandes par un refus, étant sans ordres du roi, mais proteste contre les menaces que les autorités auraient faites aux populations pour les empêcher de nous louer des barques ou de nous fournir des équipages. Véritablement, ce sont de grands fourbes que les mandarins annamites. Il est décidé que je ferai une demande officielle au vice-roi. Je prends de nouveau le trésorier à partie sur les préparatifs militaires faits à mon intention, en levant partout des troupes dans le Tong-Kin et sur les menaces de mort que l'on profère contre ceux qui entreraient en relations avec nous pour nous fournir des vivres ou des renseignements.

Bien entendu, il se met à rire, en disant que ce n'est pas possible, et, comme toujours, se confond en protestations de toutes sortes et en courbettes les plus obséquieuses.

Je demande ensuite quelqu'un pour m'accompagner chez Mgr Puginier, évêque français, qui a sa résidence à peu de distance d'Hâ-noï; on me répond qu'on portera ma demande au vice-roi et qu'on m'avisera ce soir, mais qu'il vaudrait peut-être mieux que l'évêque vînt ici, puisque je tiens à le voir. On ne veut pas que je visite le pays, car on redoute les dispositions des populations, qui sont tenues dans le plus grand esclavage. Vers 8 heures du soir, l'interprète des mandarins, surnommé *l'homme à la plaque* par mes officiers, parce qu'il portait une espèce de médaille de cuivre, vient, en rampant, me prévenir qu'un officier est en route pour aller chercher Mgr Puginier. Je lui témoigne mon mécontentement de n'avoir pas été avisé du départ du courrier, car j'avais à écrire à l'évêque. L'homme à la plaque me répond qu'on dépêchera un second courrier, qui portera ma lettre et qui arrivera aussi vite que le premier. Je m'empresse d'écrire à Mgr Puginier pour lui témoigner tout le plaisir que nous aurions à le voir, mes compagnons et moi, soit que nous nous rendions auprès de lui, soit qu'il préfère venir à Hâ-noï pour visiter nos navires.

L'homme à la plaque est un métis chinois au service des Annamites; c'est lui qui est chargé de nous communiquer tout ce que ces derniers ont à nous dire.

Je fais faire ma demande de barques au vice-roi, par Ly-ta-lâo-yé, en une lettre chinoise seulement, sur laquelle j'appose mon sceau, et j'y joins une copie de la dépêche du Yûn-nân sur ma mission.

28 *Décembre*. — Je suis malade et garde le lit toute la journée.

Les mandarins me font dire que ma lettre à Mgr Puginier est partie hier soir. Ils nous prodiguent les sourires et les paroles mielleuses ; mais ils défendent au peuple de venir voir nos navires, et, afin de faire le vide autour de nous, répandent le bruit qu'on va se battre.

29 *Décembre*. — Mgr Puginier est arrivé aujourd'hui, vers 4 heures du soir. M. Millot est allé au-devant de lui et l'amène à bord pour dîner. Je me lève pour recevoir l'évêque, car je suis toujours aussi malade qu'hier.

Mgr Puginier est parti le 28 décembre, à 4 heures du soir, de sa résidence de Ké-so, et a fait deux fortes journées en 24 heures, en voyageant toute la nuit. Il était venu, pour la première fois, à Hâ-noï, il y a quatre ans, mais seulement dans les faubourgs et en se cachant. Ce voyage, accompli à la demande des autorités de la capitale, fait le plus grand plaisir à l'évêque, sans compter celui de voir des compatriotes. Il est accompagné de M. Dumoulin, son grand-vicaire, qui est né comme moi, dans l'arrondissement de Roanne.

Les mandarins craignaient que je ne partisse, sans rien dire, pour la résidence de l'évêque, avec ma chaloupe, ainsi que je l'avais fait pour le voyage à Son-tay : aussi des ordres avaient-ils été donnés sur toute la ligne pour qu'à chaque relai les hommes fussent prêts à partir sans retard. Ma lettre était parvenue à la résidence épiscopale par le second courrier, au moment où l'évêque se mettait en route. Nous passons une charmante soirée avec l'évêque et M. Dumoulin, tout heureux de retrouver des français. Malheureusement, je suis obligé de laisser mes hôtes de bonne heure pour me reposer, et ces messieurs nous quittent à 11 heures du soir, pour aller coucher à terre.

J'ai reçu aujourd'hui la réponse du vice-roi à ma demande, au sujet des barques dont j'ai besoin pour remonter au Yûn-nân. Toujours refus formel, accompagné de flagorneries de tout genre et de raisonnements à la façon annamite.

30 *Décembre*. — Je garde le lit une partie de la journée, l'évêque et M. Dumoulin viennent passer quelques moments au milieu de nous.

31 *Décembre*. — L'évêque, qui déjeune et dîne à bord, avec M. Dumoulin, nous fait un cadeau de fruits et de gâteaux du pays.

Les mandarins travaillent notre compatriote pour me persuader que je ne puis remonter au Yûn-nân par le fleuve Rouge ; il n'y a pas d'eau, et puis toujours les fameux rebelles aux « Pavillons Noirs », qui sont établis à Lâo-kaï.

1*" *Janvier* 1873. — Les équipages et le personnel européen, en grande tenue, assistent à la messe dite par Mgr Puginier dans une petite chapelle située à l'entrée de la ville. — C'est une occasion de montrer nos forces aux Annamites. — Or, les matelots sont armés de leur chassepot. J'ai dû garder le lit pendant toute la matinée retenu par la fièvre et n'ai pu assister à cette cérémonie.

2 *Janvier*. — Je suis mieux dispos aujourd'hui et je puis commencer à m'occuper un peu des affaires. A 4 heures du soir, je descends à terre.

3 *Janvier*. — J'écris aujourd'hui au vice-roi, en lui retournant sa lettre du 29 décembre et je lui réitère ma demande contenue dans ma lettre du 27, au sujet des barques dont j'ai besoin. Je le préviens, qu'il aura à me payer 10,000 taëls d'indemnité par mois, pour les frais qu'il m'occasionne en me retenant ici ; quant au préjudice qu'il porte à l'entreprise en retardant la livraison des armes dont les autorités du Yûn-nân ont le plus grand besoin et en ajournant le transport des métaux, il n'appartient qu'aux autorités de cette province d'en fixer le chiffre, mais il sera lourd.

Les mandarins répandent depuis quelque temps le bruit, que nos navires tiennent cachés dans leurs flancs de nombreux soldats et que quelques-uns de ceux-ci seulement montent sur le pont ; il y a aussi dans ces bateaux des machines infernales que nous ne montrons pas, mais dont nous allons nous servir pour incendier la ville et exterminer les habitants ! Cela dans le but de faire évacuer la ville pour faire le vide autour de nous. D'un autre côté, les mandarins sont persuadés que nous ne sommes qu'une avant-garde de Saïgon et que nous venons conquérir le Tong-Kin.

L'intervention du « Bourayne » en ma faveur les entretient dans cette idée.

L'homme à la plaque et tous les Annamites qui viennent à bord cherchent bien à glisser leurs regards dans la machine et dans les panneaux, mais comme il y a toujours des hommes occupés à travailler dans la machine et que, du dehors on ne distingue pas très-bien, ils aperçoivent des choses impossibles, bien entendu.

Cependant la panique que les habitants d'Hâ-noï, ont éprouvée à notre arrivée, se calme un peu ; quelques-uns reviennent.

Les mandarins sont bien désireux de voir nos navires ; aussi voulant leur en donner l'occasion sans avoir l'air de satisfaire leur curiosité, j'invite à une collation à bord, les trois plus hauts fonctionnaires de la ville.

L'évêque nous quitte aujourd'hui à 3 heures du soir, pour retourner dans sa mission. Je fais cadeau à M. Dumoulin, du dictionnaire de M. Legrand de la Liraye, qu'il n'avait pas.

4 *Janvier*. — A midi sonnant nos mandarins arrivent ; chaque navire les salue de trois coups de canon. Nous avons plus de visiteurs que nous n'en souhaitons. — Il y a le trésorier, le général, le secrétaire du vice-roi (lui-même ne vient pas, prétextant une indisposition), et deux autres mandarins avec une suite nombreuse. Nous les faisons d'abord assister à un branle-bas de combat pour leur faire voir la puissance de nos canons et de nos fusils, puis nous leur montrons en détail nos machines, afin qu'ils puissent bien se convaincre qu'il n'y a là-dedans rien de diabolique ; malgré cela ils se figurent que tout n'est que magie dans ces machines qu'ils s'obstinent à prendre pour des engins de guerre.

Nous passons à table ensuite et ils nous font l'honneur de trouver le champagne excellent ; les vins doux d'Espagne leur plaisent aussi ; le vin rouge ne leur convient pas ; ils ont le goût des Chinois sous ce rapport. Ils nous quittent vivement impressionnés de tout ce qu'ils ont vu et nous les saluons de nouveau de 3 coups de canon.

Ils ne se sont évidemment rendus à mon invitation que dans le but de se rendre compte de ce qu'il y a à bord de ces fameux navires qui ont l'audace de venir mouiller devant leur capitale.

J'ai profité de la circonstance pour réclamer encore les barques nécessaires à mon voyage au Yûn-nân. Je ne demande pas que les autorités me les procurent, mais seulement que le vice-roi par une proclamation annonce aux négociants qu'ils sont libres de me fournir les barques et les bateliers dont j'ai besoin pour effectuer mon voyage. Ils m'ont répondu, comme toujours, qu'il n'y a pas d'ordres du roi et qu'il faut attendre. Je leur demande s'ils ont attendu l'ordre du roi pour défendre au peuple de nous procurer des vivres et les barques en question. « Ce sont les lois de notre pays, me disent-ils, d'empêcher par tous les moyens l'envahissement de notre territoire à tout étranger ».

Des lois comme celles-là dont le but est d'interdire le pays aux étrangers uniquement pour permettre aux mandarins d'exercer avec plus de sécurité leur oppression sur un peuple, sont rayées du Code de la civilisation. D'ailleurs, c'est en vertu de ces mêmes lois qui permettent aux Chinois l'entrée du pays, que je suis au Tong-Kin.

6 Janvier. — Nous allons ce matin, faire le tour de la citadelle, les capitaines du « Lâo-Kaï » et du « Hong-Kiang », M. Bégaud et moi, suivis d'une escorte de dix Chinois. Comme nous passons devant les portes, on s'empresse de les fermer, comme si l'on craignait que nous n'ayons l'intention de pénétrer dans la citadelle de vive force. Les remparts sont aussitôt couverts de pavillons et de soldats qui s'agitent comme pour repousser une attaque.

La ville marchande qui se trouve devant la citadelle, s'étend le long du fleuve sur une espace d'environ deux kilomètres, et peut avoir un kilomètre en profondeur en partant du fleuve ; j'estime sa population à 100.000 âmes. Pour faire les 900 à 1.000 mètres qui séparent le fleuve de la citadelle et atteindre la porte de l'E., en traversant en ligne droite la ville marchande, il faut compter dix à douze minutes.

La citadelle a la forme d'un carré et peut mesurer environ 3.500 mètres de tour. Construite d'après le système Vauban, les murailles sont percées de cinq portes surmontées de toits superposés comme ceux des pagodes.

Les fossés sont larges, mais en beaucoup d'endroits il y a peu d'eau. Les approches de chaque porte sont défendues par une demi-lune, entourée d'un fossé qui communique avec les fossés des remparts. Les quelques canons qui garnissent les remparts ne pourraient faire feu sur l'assiégeant, une fois celui-ci parvenu dans les fossés. Ce sont des vieux canons en fonte pour la plupart, montés sur des affûts de marine en très-mauvais état.

7 Janvier. — Nous recevons la visite du colonel Tsaï, qui vient avec une escorte de cinquante soldats de la part du général Tchèn (Tchèn-Tong-Lin), commandant des troupes chinoises en garnison à Bac-ninh et Thaï-nguyen. Il nous dit qu'il est envoyé par son général à la suite des nombreuses dépêches que celui-ci reçoit des Annamites qui nous présentent comme l'avant-garde des « *brigands de Saïgon* », venant pour conquérir le Tong-Kin, tout en nous disant chargés d'une mission par les autorités du Yûn-nân. Loin de prêter son appui aux Annamites qu'il connaît fort bien, le général Tchèn, veut au contraire se mettre à ma disposition pour me faciliter le passage, si réellement j'ai une mission des autorités du Yûn-nân.

Il est vrai, en effet, que depuis notre arrivée au Tong-Kin, les Annamites s'adressent partout pour qu'on les aide à nous chasser. Ils ont écrit lettres sur lettres à Canton et au Kouang-si pour obtenir le concours des troupes chinoises. Il est résulté de tout cela que le Foutaï (gouverneur) du Kouang-si a donné ordre au général Tchèn de prendre des renseignements sur cette affaire et de lui adresser un rapport. Les Annamites ont aussi travaillé Tchèn, en lui disant que je veux me faire passer pour l'agent des mandarins du Yûn-nân, mais que les dépêches dont je suis porteur ont été fabriquées par moi. Le colonel Tsaï vient donc pour faire une enquête à ce sujet et savoir ce qu'il y a de fondé dans le dire des Annamites. Ly-ta-lâo-yé lui communique mes pouvoirs et lui en donne une copie pour le général Tchèn. Ces infamies de la part des Annamites n'étonnent guère le colonel Tsaï; mais il est indigné de l'audace que ceux-ci montrent en cette circonstance, aussi se propose-t-il d'aller trouver le vice-roi, auquel il fait demander une entrevue pour demain. Je l'invite à dîner avec nous à bord du « Lâo-Kaï », et nous voilà au bout d'un instant, les meilleurs amis du monde ; il se trouve précisément en relations avec plusieurs de mes connaissances.

8 *Janvier*. — Le colonel Tsaï (Tsaï-tâ-jen) n'a rien pu obtenir du vice-roi; mais il lui a dit de dures vérités. Il est furieux de sa manière d'agir à notre égard et aussi pour des réclamations qu'il avait à faire au sujet de vivres pour ses soldats, vivres qu'on ne lui fournit pas.

9 *Janvier*. — Le colonel Tsaï nous invite à un grand dîner qu'il donne aux principaux notables de la colonie chinoise d'Hâ-noï. Je crois plutôt que c'est la colonie chinoise qui donne cette fête, mais que c'est lui qui en fait les honneurs. Nous y allons, M. Millot et moi, accompagnés des deux capitaines et de Ly-ta-lâo-yé. Il y a là une dizaine de chanteuses et autant de musiciens.

Le colonel Tsaï me dit qu'il n'y a rien à espérer des Annamites qui tiennent les malheureuses populations du Tong-kin sous le joug comme des esclaves. Il me dit aussi que la province du Kouang-si a l'intention de s'emparer du delta du fleuve et de toute la partie du Tong-Kin qui s'étend du Yûn-nân à la mer, afin de se débarrasser de cet importun voisin.

10 Janvier. — Le colonel Tsaï nous quitte aujourd'hui pour aller rendre compte de sa mission au général Tchèn. Il nous promet de revenir bientôt pour contraindre les Annamites à nous laisser circuler sur le fleuve. Je crois que si Tchèn l'écoutait, il viendrait prendre immédiatement la ville d'Hâ-noï.

13 Janvier. — Depuis plusieurs jours nous ne cessons de faire des démarches auprès des autorités annamites toujours pour obtenir les fameuses barques.

Du 23 décembre au 7 janvier, le fleuve a baissé de 0^{m}30; il est resté stationnaire depuis cette date jusqu'à ce jour.

Nous n'avons pu apercevoir le soleil depuis le 5 janvier, le temps étant toujours couvert; les brumes qui nous enveloppent la nuit tombent en pluie fine dès le matin. Le thermomètre est quelquefois descendu la nuit à 10 degrés centigrades au-dessus de zéro, mais il remonte à 15 pendant le jour. Aujourd'hui le temps est plus doux et moins couvert, le thermomètre a monté à 17°.

14 Janvier. — Je me décide à quitter le mouillage d'Hâ-noï, avec tous mes navires, pour remonter plus haut et éviter les tracasseries des Annamites. Si nous pouvons atteindre un peu au-dessus de Sontay, nous trouverons barques et bateliers très-facilement; les Chinois promettent de me fournir tout ce dont j'aurai besoin.

A 8 heures du matin, nous sommes obligés de mouiller à un mille et demi au-dessus d'Hâ-noï. Le passage de la première île, sur la rive droite, n'a que 8 pieds d'eau; le fleuve a beaucoup baissé la nuit dernière. Il est inutile d'aller plus loin, avant de savoir si nous pourrons passer aux bancs de sable en aval de Son-tay. Je pars avec ma chaloupe pour m'assurer du fait. Impossible de passer, il n'y a que 2 mètres d'eau, il nous manque 0^{m}25.

15 Janvier. — Au point du jour, je pars de nouveau avec ma chaloupe et quelques matelots pour aller chercher des jonques cachées dans une crique près de Son-tay, que les propriétaires viennent à l'instant de m'indiquer. Nous ramenons 4 jonques à la remorque, une grande et trois petites, et, sans perdre de temps, nous en commençons l'installation et le chargement. Une des petites jonques se trouve mauvaise; nous partirons seulement avec trois, et puis c'est tout ce que l'on pourra distraire de matelots des navires, pour les conduire.

16 *Janvier*. — Le colonel Tsaï arrive porteur de trois dépêches du général Tchèn, pour les vice-rois d'Hâ-noï et de Son-tay et pour moi. Le général Tchèn somme les vice-rois de ces deux villes d'avoir à me laisser librement circuler pour le compte des mandarins du Yûn-nân et de me fournir les barques et les bateliers dont je puis avoir besoin. Dans le cas où l'on refuserait d'obéir à son ordre, il viendra lui-même, à la tête de ses troupes, pour me faire donner des barques et protéger mon passage pour remonter au Yûn-nân.

Nous avons beaucoup à faire pour gréer les jonques qu'on nous a livrées, dépourvues de tout, même de gouvernail.

Des fournisseurs tongkinois ne demandent pas mieux que de nous vendre tout ce qu'il nous faut, mais ils voudraient avoir l'air en apparence de céder à la force, pour échapper au châtiment que les mandarins ne manqueraient pas de leur infliger. Nous avons recours à ce moyen pour ne pas les compromettre.

17 *Janvier*. — Malgré la menace du général Tchèn, les mandarins annamites ne se montrent pas plus accommodants ; ils déploient une très-grande activité, surtout le vice-roi Tchine, craignant que nous n'ayons l'intention de les attaquer. Le vice-roi cherche à gagner du temps, en nous priant d'attendre les ordres du roi, 5 à 6 jours au plus, mais il ne peut rien faire d'ici là, il perdrait sa tête. En attendant nous sommes l'objet, de la part des mandarins, d'un espionnage en règle. On prévient M. Millot que plusieurs d'entre eux sont cachés dans une maison qui leur permet de voir tout ce qui se passe à bord des navires ; il envoie quelques Chinois pour vérifier le fait, mais à l'approche des hommes, nos espions s'échappent par une croisée de derrière en laissant une partie de leurs vêtements et leurs boîtes à bétel pour mieux courir. Ils courent encore.

Nos jonques sont prêtes à partir demain. Vers le soir, le vice-roi me fait dire qu'il lui est impossible de me faire fournir quoi que ce soit par ses mandarins — question de vie ou de mort ; — mais il a fait dire secrètement à Long-sieou-yé de se mettre à ma disposition dès que j'aurai dépassé Son-tay.

Evidemment c'est la peur qu'il a du général Tchèn qui lui fait tenir ce langage, et puis il me voit décidé à partir quand même.

Ce Long-sieou-yé est le premier lieutenant de Lieou-yûen-fou, chef des « Pavillons Noirs, » et commande un détachement de ces derniers chez les Annamites à Kouen-ce. Il viendra, me dit-on, pendant la nuit et secrètement, pour s'entendre avec moi.

Comme j'aurai souvent occasion de parler « des Pavillons Noirs » je crois bon de donner ici quelques détails à leur sujet :

Vers 1865, les mandarins de la province du Kouang-si, aidés des troupes de la province du Kouang-tong, se rendirent maîtres de l'insurrection qui depuis 1849 désolait leur province. C'était de là qu'étaient partis les *Taï-pin* qui allèrent en 1851 s'établir à Nan-Kin.

Lors de la défaite de l'insurrection du Kouang-si, un des principaux chefs, nommé *Oùa-Tsong,* s'échappa de cette province et pénétra dans le Tong-Kin à la tête de sa bande forte de 3 à 4,000 hommes. Il parcourut toute la partie N.-E. jusqu'au fleuve Rouge, et campa plus d'un an sur la rive gauche du fleuve en face d'Hâ-noï. Il mourut en 1866.

Les Annamites, vassaux de la Chine, s'empressèrent de réclamer le concours des troupes chinoises pour chasser ces hôtes incommodes, et voilà ce qui explique la présence du général chinois Tchèn, à Bac-ninh et à Thaï-nguyen, avec 10,000 soldats.

A la mort de *Oùa-Tsong*, ses deux lieutenants *Lieou-yûen-fou* et *Hoang-Tsong-in,* obligés de fuir devant les troupes chinoises envoyées à leur poursuite, remontèrent le fleuve Rouge jusque chez les sauvages indépendants et s'établirent dans leurs forêts. Bientôt après, les deux chefs allèrent mettre le siège devant la ville de Lâo-kaï, alors entre les mains d'un chef cantonnais du nom de *Hô-yên-fan,* lequel depuis 9 ans s'était rendu maître de la ville avec le concours des Cantonnais de Mang-hao.

Après la prise de Lâo-Kaï, vers la fin de l'année 1868, Lieoù-yuenfou, chef des *Pavillons Noirs*, resta en possession de la ville, et Hoang-tsong-in, chef des *Pavillons Jaunes*, choisit Hô-yang, sur la rivière Claire, pour sa résidence.

Les « Pavillons Jaunes » cherchèrent dans leur pays d'adoption à vivre en bonne intelligence avec les montagnards et établirent des postes chez ces derniers pour les protéger contre les dévastations des bandits. Ils espéraient d'ailleurs obtenir leur grâce dans la suite et rentrer en Chine. Quant aux « Pavillons Noirs », ils se faisaient remarquer par leurs exactions et ils enrôlaient une foule de gens de toutes les espèces, pirates ou bandits pour la plupart, qui semaient la terreur au milieu des tribus sauvages.

Les « Pavillons Noirs » et les « Pavillons Jaunes » ne vécurent pas longtemps en bonne intelligence. Les revenus des douanes établies sur le fleuve Rouge et la rivière Claire devaient, dès le principe, être partagés entre les deux chefs, mais comme les revenus de Lâo-Kaï étaient plus considérables que ceux de Hô-yang, Lieou-yuen-fou voulut tout garder pour lui et ne plus rendre de comptes. La question s'envenima bientôt entre les deux chefs, et Hoang-Tsong-in vint attaquer Lâo-Kaï; mais, ne pouvant s'en emparer d'assaut, il fit établir un camp à Touenhia, sur le fleuve, afin de couper aux « Pavillons Noirs » toute communication avec le Tong-Kin et arrêter leurs revenus.

Dans une attaque du poste de Touen-hia, par les « Pavillons Noirs », 300 de ceux-ci, se trouvant enveloppés par les « Pavillons Jaunes », se laissèrent dériver au courant qui les porta aux avant-postes annamites de Kouen-ce, ne trouvant dans l'intervalle aucun moyen d'existence. Ils offrirent alors aux Annamites de les aider à combattre les « Pavillons Jaunes ». Les Annamites acceptèrent leurs services un peu par crainte et aussi pour les employer contre les montagnards et les alliés des montagnards, les « Pavillons Jaunes »; mais ils ne voulurent pas laisser descendre les « Pavillons Noirs » dans le delta où ils craignaient qu'ils ne devinssent les maîtres.

Telle est la situation entre les deux camps au moment où je remonte le fleuve Rouge.

Pour fêter mon départ, je donne ce soir un festin à nos amis. Le colonel Tsaï, notre ami Kin, le *Hè-tzang* ou chef de la communauté cantonnaise y assistent, ainsi que les capitaines des canonnières et d'autres personnes. Comme tout se passe à Hâ-noï, je préviens de faire attendre Long-Sieou-yé, s'il se présente. La soirée se prolonge fort tard; mais je ne peux pas laisser là mes invités. Nous avons eu chanteuses et musiciens, selon l'usage; j'avais chargé Ly-ta-lâo-yé d'organiser la fête et il a fait bien les choses. Enfin mes invités sont contents et c'est tout ce que je désire : Comme je dois quitter Hâ-noï demain matin au point du jour, pour remonter au Yûn-nân, je fais à ces derniers mes adieux. Je remets à Tsaï, pour le général Tchèn, un grand sabre de cavalerie, deux revolvers 12 m^m avec deux cents cartouches, et une jumelle; à lui-même, un revolver 7 m^m et cent cartouches; enfin, à Kin, une carabine 12 m^m. Il est quatre heures du matin quand je rentre à bord; je m'informe de Long-sieou-yé; personne n'est venu. On croit cependant que celui-ci est descendu à Hà-noï. Le vice-roi aurait dit au *Hè-tzang* de s'entendre avec le lieutenant des « Pavillons Noirs » pour me fournir des jonques. D'après ce que je vois, il a terriblement peur, il ne sait trop que faire d'après la dépêche de Tchèn, et d'un autre côté il ne voudrait pas avoir l'air de céder officiellement.

CHAPITRE III

NAVIGATION DU FLEUVE ROUGE

De Hâ-noï à Mang-hâo

18 JANVIER-4 MARS 1873

Départ pour le Yûn-nân. — Intervention du vice-roi de Son-tay. — Démonstration de la population de Son-tay. — Rivière Claire. — Les mandarins défendent aux riverains de nous assister. — Tchang-Hô. — La chaloupe redescend à Hâ-noï — Hung-hoá. — Les Pavillons Noirs. — Mê-y — Cultures. — Jour de l'an chinois. — Yuen-tsen-tan. — Les Pavillons Jaunes. — Kin-tchi-hien. — Forêts. — Kouen-ce. — Le camp du général Ong. — Le chef des Pavillons Noirs m'envoie des présents. — Barrages. — Rencontre de jonques de guerre. — Rapides. — Rivière du Ouëi-chi-hô. — Sauvages. — Pagode de Vatdin. — Minerai de cuivre. — Poudre d'or. — Minerai de fer. — Premier poste des Pavillons Jaunes. — Marbre blanc. — Touen-hia. — Réception au camp des Pavillons Jaunes. — Mines d'or. — Eléphants. — Charbon de terre. — Camp des Pavillons Noirs. — Tigres. — Láo-kaï. — Aspect de la contrée. — Plomb, argent, fer. — Mines de cuivre. — Chefs montagnards. — Rivière de Pa-châ-hô. — Pa-châ-koï. — Mines de fer. — Le chef des Yaô-jln. — Frontière chinoise. — Transbordement des marchandises. — Mines d'or. — Réception par Yang-Ming. — Rencontre du mandarin envoyé par le Tital du Yû-nân. — Rochers de fonte pure. — Rivière de Mang-tang-hô. — Arrivée à Mang-hâo.

18 Janvier. — Départ à 7 heures du matin, avec la chaloupe et les trois jonques. Celles-ci sont armées et montées par trente Chinois et neuf Européens, non compris mon mandarin Ly-ta-laô-yé, son secrétaire, ses domestiques et les miens. Nous comprenons au total un effectif de cinquante personnes. Nos navires, qui sont mouillés devant l'île, doivent aller reprendre leur position devant Hâ-noï; nous étions mieux ici pour nos préparatifs et pour les Tong-Kinois qui pouvaient venir à bord sans être vus.

Ces jours derniers, les mandarins, me voyant décidé à remonter le fleuve, me disaient qu'il n'y avait pas une goutte d'eau dans le haut et que je ne pourrais passer. D'ailleurs, les sauvages et les rebelles sont là qui ne feraient qu'une bouchée de nous. Je leur ai répondu que je connaissais tout cela et que rien ne pouvait me faire peur; ce que voyant, les mandarins m'ont donné à entendre que le général Ong, qui commande dans le haut un corps d'armée contre les rebelles et les montagnards, pourrait bien m'empêcher de passer et qu'il avait des ordres à cet égard. A les entendre, ce fameux général est un homme terrible.

Aujourd'hui nous mouillons au-dessous de la deuxième île, à 4 heures du soir. Nous n'avons pas fait beaucoup de chemin, il faut que nos hommes fassent connaissance avec leurs barques.

19 Janvier. — A 6 heures du soir nous mouillons à 4 milles au-dessous de Son-tay. Amoy et un autre qui ont manqué le départ nous rejoignent et nous disent que Fang, vice-roi de Son-tay, vient d'arriver à Hâ-noï pour me voir. Je pense que c'est pour arranger l'affaire avec le vice-roi. Une lettre que M. Millot m'a écrite un peu plus tard, pour me rendre compte de ce qui s'est passé après mon départ, me dit que le vice-roi de Son-tay espérait encore retarder mon départ. Il avait fait venir Mgr Puginier à Hâ-noï et voulait qu'il m'écrivît pour m'engager à redescendre et attendre les ordres du roi. Il avait, d'ailleurs disait-il, donné des ordres au général qui commande à Kouen-ce pour m'empêcher de passer, il était donc inutile que j'allasse plus loin. L'évêque répondit qu'il n'avait aucune autorité pour me donner des conseils et que mieux que personne je savais ce que j'avais à faire.

20 Janvier. — Nous arrivons devant Son-tay à 9 heures du matin. La citadelle, qui est située à 7 ou 800 mètres du fleuve, est reliée à celui-ci par des faubourgs dont la population peut atteindre 15,000 âmes environ. La citadelle est de second ordre et chaque côté mesure à peu près cinq cents mètres, mais elle est la résidence du chef militaire du Tong-Kin, le prince Hoang-Kévien.

Malgré la défense faite au peuple, par les mandarins, de nous regarder passer, il y a foule sur les berges. Tout ce monde nous regarde et ne peut cacher la joie qu'il a de nous voir : ce sont des démonstrations et des exclamations joyeuses continuelles. Une grande partie de la population nous accompagne ainsi très-loin, puis d'autres groupes reprennent ; mais on ne veut pas nous aider à tirer à la cordelle, les mandarins sont là.

Cependant ces derniers ont fait les morts jusqu'ici.

Probablement qu'en l'absence du vice-roi qui est descendu à Hâ-noï, il n'y a pas d'ordre, je ne m'en plains pas.

Nous avons beaucoup d'eau, et la route est facile. Si nous avions pu franchir les bancs avec nos canonnières, tous nos navires auraient pu monter jusqu'ici et même jusqu'à la rivière Claire. C'était bien mon rêve de conduire ma flottille en cet endroit pour rester maître du haut du fleuve et pour pouvoir communiquer avec le Yûn-nân.

21 *Janvier*. — Nous traversons quelques bancs pour venir accoster sur la rive gauche au village de Oûen-tcheou où nous nous procurons trois sampans en bambou. Un peu plus haut, nous atteignons l'embouchure de la rivière Claire. On lui donne généralement ici le nom d'un grand village, Sun-Ki, qui se trouve vis-à-vis Tuyen-Kouang. Tuyen-Kouang est la citadelle, et Sun-Ki la ville marchande. Au-dessus de cette dernière ville, les bateliers donnent à la rivière le nom de Hô-yang, parce qu'elle vient de cette localité ; mais son véritable nom sur tout son parcours est Tsin-hô ou rivière Claire. A l'embouchure de cette rivière se trouve une douane annamite et un petit village qui porte le nom de Tuyen-hô.

Il nous est arrivé, aujourd'hui, deux mandarins de Son-tay, venant de la part du vice-roi. Ils me demandent pourquoi je suis parti sans les prévenir. Je leur dis qu'il y a assez longtemps qu'ils sont prévenus, beaucoup trop longtemps même. C'est que le vice-roi, disent-ils, voulait nous faire accompagner. Je leur réponds que je n'ai aucun besoin de leur escorte, mais seulement de barques et de bateliers. Aujourd'hui, que je suis en route, je n'ai même plus besoin de barques, mais il me faudrait des coolies pour tirer à la cordelle. Il me disent d'attendre deux jours et le vice-roi me donnera tout ce qu'il me faudra. Je n'attendrai pas une minute ; ils n'auraient qu'à donner des ordres dans les villages qui sont devant nous, et je trouverai autant de monde que je voudrai pour m'aider, le peuple ne demande pas mieux ; mais ce sont eux qui le défendent sous les peines les plus sévères. Voyant que je continue ma route sans les écouter, ils regagnent la terre à bord de leurs sampans, pour rejoindre les soldats qui leur servent d'escorte. Nous apercevons bientôt ceux-ci, qui suivent la même direction que nous et qui font évacuer tous les vilages, dans la crainte que nous ne trouvions quelqu'un pour tirer à la cordelle. J'ai bien un moment l'intention d'aller leur donner la chasse ; mais nous avons notre route à faire (1).

(1) Voir le *Bulletin de la Société de géographie*, n° de juillet 1877, pour les notes relatives à la rivière Claire et à la rivière Noire.

22 *Janvier*. — Nous traversons de grands bancs pour venir mouiller à l'embouchure de la Rivière Noire. Les riverains nomment ici cette rivière, Tsong-pô du nom d'un grand village qui est le *point terminus* de la navigation pour les barques du Fleuve Rouge. Nous avons fait bien peu de route jusqu'ici, le vent nous a complétement fait défaut et, d'un autre côté, il est impossible de tirer à la cordelle au milieu des grands bancs.

Nos soldats d'hier nous suivent toujours en observant nos mouvements ; les mandarins ne doivent pas être éloignés.

23 *Janvier*. — Nous restons toute la journée, mouillés, contre le grand banc qui se trouve à l'embouchure de la Rivière Noire. La chaloupe, qui a un tirant d'eau de 1 m. 50, s'est échouée, ce matin, sur un banc de sable mouvant qui s'est formé cette nuit ; hier soir, à ce même endroit, il y avait cinq mètres d'eau, en ce moment elle glisse, avec le banc, par trois pieds d'eau.

Au confluent de la Rivière Noire et du fleuve, le passage est très-difficile, le chenal se trouve déplacé, en moins d'une journée, par des bancs de sable mouvants, qui descendent lentement entraînés par le courant. Lorsque, après les crues, les eaux se retirent, elles découvrent, en cet endroit, des bancs énormes et très-élevés qui tiennent toute la largeur du fleuve, et dans lesquels elles se creusent des passages qui deviennent, chaque jour, plus profonds. Du côté où porte le courant, le banc forme une berge de cinq à six mètres de haut que l'eau mine par sa base : aussi est-il dangereux de passer trop près.

Cette nuit nous avons été obligés de changer de mouillage pour éviter les éboulements.

Ce matin, il nous est encore arrivé deux mandarins de Son-tay pour nous prier d'attendre un peu, les autorités étant décidées à nous faire escorter et à nous fournir des matelots. Le vice-roi aurait reçu des dépêches, l'une du vice-roi d'Hà-noï, l'autre du général Tchèn, qui le prient de s'occuper de nous. Je fais aux mandarins l'accueil que méritent ces ouvertures. Vers midi, il m'arrive deux nouvelles dépêches, celles-ci de Hung-hôa, qui me préviennent qu'il est tout-à-fait impossible de remonter plus haut. Nous le verrons bien.

24 *Janvier*. — Notre chaloupe est toujours retenue sur son banc ; elle a descendu, pendant la nuit, de 4 à 500 mètres.

Je gagne la terre pour aller acheter du bois et quelques provisions, dans un grand village du nom de Tchang-hô, qui se trouve sur la rive droite de la rivière Noire, et qui sert de marché aux radeaux de bambous qui viennent du haut de la rivière, et à quelques autres produits. J'éprouve quelques difficultés, de la part des chefs, à me faire donner ce que je demande, en offrant de payer le prix qu'ils veulent. Le peuple est très-sympathique ; mais il a peur de se compromettre.

Pendant les quelques instants que je reste à terre, la chaloupe se dégage toute seule des bancs qui l'entraînaient ; craignant de rencontrer d'autres passages semblables, je me décide à renvoyer, à Hà-noï, la chaloupe, qui nous fait perdre du temps. Je profite de l'occasion pour écrire à M. Millot.

25 Janvier. — Nous nous arrêtons jusqu'à midi devant Hung-hôa. On me dit que le fameux *Long-sieou-yé* est ici avec cent « Pavillons Noirs », mais il ne vient pas me voir. Un mandarin annamite se présente de la part des autorités de la ville et nous prie d'attendre un peu, on pourra nous faire accompagner et nous fournir des coolies. Bien entendu, il ne nous conseille pas de remonter beaucoup plus haut, d'abord, il n'y a pas d'eau, et puis, les rebelles !

La citadelle est à 3 ou 400 mètres du fleuve et peut avoir 5 à 600 mètres de tour. Les murs en briques, qui n'ont guère plus de dix pieds de haut, sont entourés d'un fossé peu large ; quelques chevaux de frise en défendent les approches. La ville marchande consiste uniquement en un faubourg de peu d'importance où quelques Chinois, peu fortunés, tiennent des boutiques. En somme, cette ville n'est qu'un camp retranché où demeurent les mandarins et quelques soldats.

Les « Pavillons Noirs », qui sont ici au nombre d'une centaine avec Long-Sieou-yé, ont été demandés en hâte pour garder la ville et nous empêcher de passer. Cependant, le vice-roi d'Hà-noï disait avoir donné des ordres à Long-Sieou-yé pour me fournir des barques. Je reconnais bien là la politique annamite.

Quelques « Pavillons Noirs » viennent d'un air honteux, sur la rive, pour examiner nos jonques ; mais je leur dis que si quelqu'un d'entre eux a le malheur de lever la main sur nous, je profiterai de l'occasion pour les exterminer jusqu'au dernier.

26 Janvier. — Favorisés par une petite brise, nous venons mouiller, à 5 heures 1/2, au-dessus du grand village Mê-y.

De chaque côté du fleuve commencent de petites collines boisées.

On passe toujours d'une rive à l'autre, au milieu de bancs qui n'offrent aucune difficulté ; le courant n'est pas fort et il y a assez d'eau.

Nous avons enfin trouvé quelques coolies pour tirer à la cordelle.

Des champs de canne à sucre, qui ont très-belle apparence, s'étendent depuis la rivière Claire jusqu'ici. Il y a aussi du ricin en quantité et beaucoup de tabac.

27 *Janvier*. — Nous avons fait peu de route aujourd'hui, le vent est peu favorable et nous n'avons cessé de longer les bancs d'une rive à l'autre.

La navigation est facile pour de petits vapeurs. La plaine s'étend toujours sur la rive gauche. A notre droite, une chaîne de montagnes, boisée et assez élevée, apparaît dans l'intérieur.

28 *Janvier*. — Le brouillard tombe en pluie fine toute la journée.

Nous avons moins de bancs de sable et le fleuve est aussi large ; quelques monticules font leur apparition sur la rive gauche ; à notre droite, on voit toujours des collines assez rapprochées et parallèles au fleuve. Le soir, nous franchissons un passage où le fleuve est resserré.

29 *Janvier*. — C'est le premier jour de l'an chinois et annamite, aussi laissons-nous nos Chinois célébrer cette fête dans le petit village devant lequel nous sommes mouillés. Nous allons passer la journée au grand village Yuen-tsen-tan, qui se trouve sur la rive opposée.

Malgré ce jour de fête, nous faisons quelques provisions ; car on nous assure que plus haut nous ne trouverons rien.

L'influence des mandarins annamites est déjà très-faible ici. Le village de Yuen-tsen-tan, ainsi que celui qui lui fait face, sur l'autre rive, étaient occupés, en juillet 1872, par les troupes de Hoang-tsong-in, chef des « Pavillons Jaunes ». L'officier qui commandait ce village l'a remis aux mains des Annamites, en septembre dernier, moyennant une indemnité.

Le brouillard intense que nous avions ce matin s'est dissipé pour faire place au soleil, avec la fin de la dernière lune. Du 1er au 24 de cette même lune, le thermomètre a varié entre 10 et 15° ; mais il s'est plus fréquemment tenu entre 12 et 15°. Depuis le 24, il a été de 15 à 20°. Le temps favorable pour naviguer nous a presque continuellement fait défaut depuis notre départ d'Hà-noï. La navigation est également facile, à partir de la rivière Noire, pour des vapeurs ; le courant est faible en cette saison.

30 *Janvier*. — Nous quittons Yuen-tsen-tan, à 8 heures du matin, avec 6 matelots que nous avons engagés jusqu'à Láo-kaï, à raison de 20 ligatures chacun. Les petits mandarins de la localité ont bien cherché à mettre obstacle au départ de ces hommes, mais la peur paralyse leurs efforts.

A 1 heure du soir, nous passons devant la petite ville de Kin-tchi-hien, entourée d'un mur en terre; ce n'est qu'un petit camp retranché. Un fort, espèce de blockhaus construit en bambou, et qui lui fait face, à l'embouchure d'une petite rivière, ne renferme que quelques soldats. Nous avons bon vent et marchons très-bien.

Nous passons devant plusieurs camps installés sur des collines, pour servir de postes d'observation et, vers 6 heures du soir, nous entrons dans la région des forêts, après avoir rencontré une île assez élevée qui se présente au milieu du fleuve et dont le passage, rive gauche, n'a pas d'eau en ce moment. A partir d'ici, le fleuve est resserré de chaque côté par des collines et ne compte plus que 250 à 300 mètres de large, au lieu de 6 à 800 mètres que nous avions trouvés jusqu'à présent.

Pendant toute cette journée, le vent nous a favorisés, aussi avons-nous fait 70 à 80 lis.

31 *Janvier*. — Le vent est tombé et nous cheminons lentement pour atteindre Kouen-ce à deux heures du soir. Le fleuve est étroit, 200 mètres de largeur en moyenne, et n'offre pas de chemin pour tirer à la cordelle. De chaque côté, des collines boisées et des roseaux partout. La navigation est facile pour de petits vapeurs ; car le courant est faible et même, en ce moment, il y a encore six à sept pieds d'eau avec un fond de sable.

En approchant de Kouen-ce, nous apercevons une quantité considérable de pavillons qui s'agitent pour nous inviter à nous arrêter. Loin de tenir compte de cet avertissement, nous marchons droit sur le camp avec une pièce de canon braquée à l'avant de chaque jonque. Ce que voyant, le fameux général qui devait nous couper en tout petits morceaux perd la tête et dépêche bien vite au devant de nous son chef d'Etat-major. Nous apercevons ce dernier qui vient à notre rencontre, en suivant le bord de l'eau avec une nombreuse escorte et qui nous souhaite la bienvenue en faisant toutes sortes de salamalecs. Mais nous n'y prenons garde et nous venons mouiller juste au milieu du camp vis-à-vis la tente du pauvre général.

Le général Ong a été autrefois vice-roi de la province de Bac-Ninh ; depuis, il a été disgracié. Il fait mettre ses troupes sous les armes pour nous recevoir, puisqu'il n'ose nous combattre. Ses hommes au nombre de 3,000 sont bien mal armés, je ne remarque pas un seul fusil européen, et il n'y a que peu de fusils à mèche. Le plus grand nombre possède des lances, des piques et autres engins de ce genre, mais, par contre, beaucoup de pavillons. Tout ce monde n'est guère dangereux. Le général fait passer devant nous deux éléphants armés en guerre, très-bien dressés et auxquels il fait exécuter toutes sortes d'exercices.

Kouen-ce n'a jamais été qu'un poste de douaniers et de soldats. Il y a quelques paillottes de chaque côté du fleuve, une pagode en mauvais état et un vieux bâtiment qui servait autrefois à la douane et qui tombe en ruines.

De l'autre côté du fleuve se trouve le camp de Long-Sieou-yé avec 250 ou 300 *Pavillons Noirs*. Quelques chefs viennent de sa part nous faire un petit cadeau. Le général Ong ne reste pas en arrière et nous donne quelques provisions. Je lui donne à mon tour, un revolver, une carabine Lefaucheux et quelques objets.

Un barrage, auquel il ne manque plus que la porte, existe sur toute la largeur du fleuve au-dessus du camp.

1er *Février*. — On nous avait promis une jonque et des coolies, mais rien n'arrive : c'est un officier de Lieou-yuên-fou, nommé Kouang, qui devait nous procurer cela de la part du général Ong, qui ne peut se compromettre lui-même. On nous dit que barque et coolies nous rejoindront dans la journée.

A 7 ou 8 lis de Kouen-ce, il y a encore un autre barrage qu'on n'a pas eu le temps d'achever ; trois jonques de guerre avec quelques mauvais canons sont là pour défendre le passage. Nous avons quelque peine à faire passer nos jonques ; il est nuit lorsque l'opération est terminée et nous mouillons là.

Nous sommes ici entièrement dans la région des forêts.

2 *Février*. — Nous venons mouiller aujourd'hui au pied du premier rapide contre un petit banc. Jusqu'ici nous avons marché bien lente-

ment ; mais nous n'avons pas eu de vent et le temps est toujours couvert; nous n'avons pas fait plus de 25 à 30 lis.

A partir de notre mouillage, les premières roches font leur apparition dans le fleuve et déterminent un petit rapide.

3 *Février*. — Nous passons aujourd'hui le premier rapide du nom de *Seau-tan*. Ce rapide est formé par un banc de roches qui se trouve placé au milieu du fleuve et un grand banc de galets qui tient à la rive. Par suite de la résistance que rencontre le cours du fleuve, le courant est fort dans le chenal ménagé entre ces deux obstacles.

A 4 heures 1/2 du soir, nous arrivons sur la rive droite à hauteur de la jolie rivière du Oueï-chi-hô qui vient de Muong-lou, centre principal d'une tribu de ce nom. Cette rivière est navigable pour de petits bateaux pendant trois jours.

Depuis ce matin, nous rencontrons quelques roches qui émergent çà et là, mais ne gênent pas la navigation.

Nous n'avions pas encore vu âme qui vive, depuis hier, au milieu de ces immenses forêts, quand tout à coup nous apercevons sur un banc de sable une douzaine de sauvages armés de magnifiques fusils à mèche. Ces sauvages, grands, bien faits et proprement habillés, nous regardent venir avec étonnement ne sachant guère d'où nous sortons. A notre approche, ils disparaissent. Ne voyant aucune trace de sentier dans la forêt, je cherche partout mes hommes, et en bien cherchant, j'aperçois dans le lit d'un petit ruisseau l'empreinte encore fraîche de leurs pieds, sur le sable humide. Ce petit ruisseau est entièrement couvert par les arbres de la forêt, et ce n'est qu'en se courbant en deux qu'on peut pénétrer sous cette voûte de verdure. Nous mouillons à 6 heures du soir après avoir fait 30 lis.

4 *Février*. — Nous nous mettons en route à 7 heures du matin. Nous rencontrons toujours quelques roches dans le fleuve, mais qui ne gênent pas la navigation. A 5 heures et demie du soir, nous n'avons fait que 26 à 28 lis ; mais nous avons passé deux rapides du nom de Pè-tan et de Hô-tan.

5 *Février*. — Nous ne faisons que 4 à 5 lis dans notre journée. Nous avons passé tout notre temps à franchir les deux rapides de Kant-ze-tan et Ki-tan.

6 *Février*. — Nous avons passé plusieurs rapides ces jours-ci, qui nous ont pris beaucoup de temps. A hauteur du rapide de Ki-chuie-tan,

caché dans la forêt, se trouve une vieille pagode du nom de Vatdin (1), où les bateliers vont invoquer le dieu favorable à la navigation. En face de cette pagode, je remarque du minerai de cuivre. Nous avons mis toute notre matinée à franchir le rapide de Ki-chuie-tan.

7 *Février*. — Nous employons une grande partie de la journée pour franchir les trois rapides. L'endroit est difficile en ce moment, car on ne trouve rien pour placer des amarres dans la direction nécessaire et pour rester dans le chenal. D'un autre côté, le courant est très-fort. Au bas de ce rapide, on trouve dans le sable beaucoup de poudre d'or.

8 *Février*. Au-dessus de la petite rivière le Oute-hô, on trouve dans le fleuve une succession de roches isolées qui émergent plus ou moins, mais laissent toujours entre elles un passage suffisamment large. Nous arrivons ainsi au rapide Tchan-tan, puis à un second nommé Kin-kaï-tan. Nous avons aujourd'hui, sur notre route, beaucoup de minerai de fer qui m'a paru très-riche. Nous n'avons fait que 17 lis.

9 *Février*. Nous trouvons encore quelques rapides, mais peu difficiles à passer. Vers 3 heures une jonque de guerre de Hoang-tsong-in vient au-devant de nous et nous salue de trois coups de canon ; nous rendons le salut. Nous arrivons au premier poste des « *Pavillons Jaunes* » et aussitôt le chef du poste vient se mettre à ma disposition, par ordre de son chef hiérarchique, qui commande à Touen-hia, dont nous sommes peu éloignés.

Nous venons mouiller à 5 heures du soir au-dessus du rapide Yong-tsen-tan, après avoir fait aujourd'hui 35 lis.

De même qu'hier, j'ai vu aujourd'hui du minerai de fer sur notre route ; il y a aussi du marbre blanc au-dessus de notre mouillage, sur la rive droite.

10 *Février*. — Nous arrivons à Touen-hia, à 2 heures du soir, après avoir franchi les rapides Fan-tan, Tchang-tan et Tao-tan, et un parcours de 18 lis.

On nous fait une brillante réception ; Fa-ce-yé, qui est le bras droit de Hoang-tsong-in et qui commande dans toute cette partie du fleuve, vient sur le bord de l'eau pour nous recevoir et nous conduire à son camp. Nous rendons le salut par 3 coups de canon comme il est d'usage en Chine. Nous dînons, Ly-ta-lâo-yé et moi avec Fa-ce-yé, qui

---

(1) Le mot *Vât* est siamois.

est charmant et fait tout son possible pour nous rendre le séjour de son camp agréable. Il nous donne un dîner comme on pourrait l'avoir dans une ville de Chine.

Nos provisions fraîches sont épuisées, et mes hommes, réduits au riz, au poisson et à la viande salée commençaient à se plaindre. Immédiatement, on nous fait remettre un bœuf qu'on abat de suite, un porc, de la volaille et des légumes ; aussi mes hommes font bombance.

Fa-ce-yé nous dit qu'il y a beaucoup de mines d'or chez les Muong-là-Kouëï qui sont établis sur la rivière Noire. De Touen-hia, il faut 7 jours pour s'y rendre par terre.

Depuis trois ans, les « *Pavillons Jaunes* » entretiennent des troupes dans ce pays. Il y a treize mines d'or très-riches dont six sont exploitées en ce moment. On trouve aussi l'or en pépites dans les sables de la rivière Noire. Il paraît que les Muongs sont très-riches ; car il me dit que les femmes qui vont au marché jouent à perdre ou à gagner 2 ou 300 taëls à la fois (taëls = 8 francs). Il y a un grand centre qui sert de marché à ces tribus et, d'après Fa-ce-yé, il contiendrait autant de monde que la ville de Hâ-noï. Je pense que c'est un peu exagéré. Il y a aussi dans cette direction, à une journée d'ici, de nombreux troupeaux d'éléphants.

Un grand banc de roche qui est sur la rive droite, au-dessous de Touen-hia, est formé de minerai de cuivre.

Nous sommes allés visiter un petit ruisseau, dont le sable renferme de la poudre d'or.

11 *Février*. — Fa-ce-yé nous comble de provisions de toutes sortes. Je lui fais cadeau d'une montre, d'une jumelle, d'un revolver, d'une carabine Lefaucheux et autres objets.

Les montagnes sur le bord du fleuve atteignent ici le point le plus élevé de Kouen-ce à Lâo-Kaï. Il n'y a pas de vallée comme au-dessus ; sur les rives se dressent des pics aux pentes abruptes.

Touen-hia est uniquement une position militaire pour commander le fleuve. On n'y trouve absolument rien : tout provient des tribus de l'intérieur.

A midi nous nous mettons en route. Grand salut d'adieu. Fa-ce-yé a fait venir des montagnards pour tirer à la cordelle. Nous trouvons les rapides Pô-tan, Kaï-tchieou ; et nous mouillons, après avoir fait 11 lis, au-dessous du rapide Koueï-tan, formé par un banc de galets qui tient toute la largeur du fleuve.

12 Février. — Nous employons toute la journée à passer le rapide de Koueï-tan, au bas duquel nous remarquons une grotte qui se trouve sur la rive gauche.

13 Février. — Nous venons mouiller à 11 lis de notre rapide d'hier, après avoir passé les rapides de Tsong-tan et Fan-tan.

14 Février. — Nous avons franchi aujourd'hui les rapides de Yá-tan, Niay-tan et Kouen-tan et nous arrivons aux avant-postes de Fa-ce-yé du côté de Lâo-kaï. — Le chef de ce poste me fait une brillante réception. Il me dit qu'il y a beaucoup de charbon de terre dans l'intérieur. Je le prie de préparer un radeau pour mon retour, nous chargerons du charbon. Le camp se trouve à 7 lis au-dessous de la rivière Ngay-nicau, qui a quelque importance. Un li au-dessous de la rivière, il y a un banc dans le fleuve qui forme le rapide Nieau-tan.

Nous venons mouiller à 4 lis au-dessus de la rivière Ngay-nicau ou Tsin-choueï-hô, contre une île qui se trouve au milieu du fleuve. Nous avons parcouru 18 lis aujourd'hui.

15 Février. — Nous avons mis toute la journée pour faire passer nos jonques au rapide de Tche-tan qui se trouve à hauteur de l'île où nous avons mouillé hier. Avec un pied d'eau de plus sur le banc, nous eussions passé sans difficulté.

3 lis nous séparent encore du premier camp des « *Pavillons Noirs* ».

16 Février. — Nous arrivons aux avant-postes de Lieou-yuen-fou, chef des « *Pavillons Noirs* ». On nous reçoit en tirant quelques coups de fusil, sans ordre, par-ci, par-là, puis on me donne un porc et une chèvre, on nous fournit aussi des coolies. Nous trouvons là beaucoup de femmes et d'enfants, mais peu de combattants. Je fais cadeau à tout ce monde de sel et de quelques objets européens.

Nous quittons le camp des « *Pavillons Noirs* » à midi. 3 lis au-dessus du camp, nous trouvons le rapide Tchen-tan, puis, 3 lis plus loin, le rapide Mei-tan. Ce dernier rapide n'offre d'autre difficulté qu'un courant un peu plus fort. Nous mouillons 4 lis plus haut, au pied du rapide Nam-tan, en face la rivière le Mou-ma-hô, qui débouche sur la rive droite. Nous avons fait aujourd'hui 13 lis.

17 Février. — Hier soir, après avoir mouillé au pied du rapide Nam-tan, et comme j'allais m'assurer si le rapide était difficile à franchir, j'ai aperçu un animal de la grosseur d'un mulet, mais trapu et ayant la tête du cheval, qui traversait un petit bras pour aborder dans une île. Je suis revenu à bord pour prendre mon fusil et suis parti à la recherche de la bête; mais elle avait déjà quitté l'île.

Les tigres abondent dans ces parages.

Nous passons le rapide de Tcha-tan pour venir mouiller au-dessus du rapide To-tan, après avoir fait 12 lis.

18 *Février*. — 1 li au-dessus de notre mouillage d'hier, nous avons rencontré le rapide de Ngain-ngân-tan, d'un passage facile. Un peu plus haut, nous trouvons le rapide Tsaï-tan avec un chenal très-étroit et, 200 mètres au-dessus, la petite rivière Oueï-po-hô ou Pè-hô qui est navigable pendant deux jours. Pendant 15 lis de la rivière Pè-hô, au rapide Kan-ton-tan, le fleuve ne présente aucun obstacle. Nous mouillons au-dessus du rapide, après avoir parcouru 20 lis aujourd'hui.

19 *Février*. — Nous trouvons une île, 4 lis au-dessus de notre dernier mouillage, qui forme, avec un grand banc y attenant, le rapide de Tong-tan. Nous venons mouiller 14 lis plus haut, après avoir rencontré les rapides de Tien-tan et de Long-tan, distants l'un de l'autre de 6 lis seulement.

20 *Février*. — Au-dessus de notre mouillage, que nous quittons ce matin à 9 heures 15 minutes, nous passons le rapide Tsien-tan, formé par un grand banc au milieu du fleuve.

A 10 heures 1/2 nous venons mouiller devant Lâo-kaï après 4 lis de route. Les *Pavillons Noirs* ne nous voient pas arriver d'un bon œil. Ils savent bien que leur règne de brigandage ne durera pas longtemps, une fois le fleuve ouvert au commerce du Yûn-nán; mais que faire, puisqu'ils ne sont pas les plus forts ? Ils sont polis, mais voilà tout.

Depuis Touen-hia la navigation est plus facile pour de petits vapeurs. Il y a peu de roches dans le fleuve et seulement des barres de graviers et galets ayant peu d'eau.

Il ne faut pas attacher trop d'importance ici au mot rapide. Celui-ci est généralement formé d'un grand banc, provenant d'un amas de galets dans le milieu du fleuve ou sur un côté et qui refoule l'eau; il laisse toujours un passage étroit où le courant est plus ou moins fort.

Dans certains entroits quelques travaux peu importants sont à faire pour débarrasser le chenal des roches ou des pierres qui s'y trouvent et permettre à des vapeurs de passer plus facilement ; ces travaux n'entraîneraient pas de grandes dépenses.

Cet amas de roches et de galets proviennent de nombreux torrents qui les roulent à leur embouchure jusqu'au milieu du fleuve.

L'aspect du paysage est ravissant par la végétation luxuriante qui se dégage au milieu de cette contrée, très-mouvementée de mamelons et de pics.

21 *Février*. — Deux de mes hommes d'Han-Kéou sont partis ce matin pour prévenir Yang-ming, les chefs de Mont-ze, les autorités du Yûn-nán et le Titaï de mon arrivée.

On me dit qu'en remontant le Nan-si-hô, on trouve, à deux journées d'ici, du plomb argentifère très-riche. Il y a aussi d'abondantes mines de cuivre du côté de Ho-yang, à 4 journées de marche. Ces mines étaient exploitées par le gouvernement chinois, il y a environ deux siècles ; toute cette partie était alors soumise à la Chine et dépendait du département de Kaï-hôa-fou.

Lâo-kaï est triste depuis que le chef des *Pavillons Jaunes* a coupé les communications du fleuve. Les marchands ont abandonné la ville en liquidant leurs marchandises à tout prix. Lieou-yuên-fou, privé de ses revenus, emprunte de force à ceux-ci leur argent, en les menaçant s'ils ne s'exécutent pas. Aussi le marché de Lâo-kaï est-il désert aujourd'hui.

Nous prenons ici cinq petites jonques de Mang-hâo pour alléger les nôtres et transborder le chargement de la plus grande que nous laissons ici.

Avant de partir, j'écris à M. Millot pour lui faire connaître la cause de la longueur de notre voyage occasionnée par le manque de toutes choses : trop peu de monde, pas assez de cordages et de gréement.

Au dernier moment, des chefs montagnards viennent pour s'entretenir avec moi. Ils me prennent à part, dans un coin de ma chambre, pour qu'on ne les entende pas, et me dépeignent la triste situation qui leur est faite par Lieou-yuên-fou. Ils me disent, les larmes aux yeux, combien ils comptent sur moi pour les délivrer des griffes de ce bandit. Puis, tout haut, pour qu'on les entende, ils font des éloges pompeux de Lieou-yuên-fou, le grand homme ! Je leur pose des questions sur la conduite de ce dernier que je ne ménage guère. Ils me répondent en le défendant de leur mieux. Pauvres gens ! Cependant le langage que je tiens de Lieou, devant les hommes mêmes de celui-ci, manque d'amener une rixe, que je cherche, du reste, pour en finir avec ces bandits, en les chassant de Lâo-kaï.

24 *Février.* — Nous quittons Lâo-kaï à 11 heures 1/2 du matin, en route pour Mang-hâo. Pour effacer la mauvaise impression que j'emporte des *Pavillons Noirs*, ceux-ci nous gratifient d'une grande canonnade d'adieu. Les deux lieutenants de Lieou-yuên-fou nous font la conduite avec une barque armée pour se recommander à nous auprès des autorités du Yûn-nân, en me faisant toutes les promesses possibles pour me faciliter à l'avenir le passage du fleuve. Comme ils ont connaissance de l'accueil que m'a fait Hoang-tsong-in, leur adversaire, à qui je pourrais remettre Lâo-kaï, ils se voient entre l'enclume et le marteau ; car il m'est bien facile de faire descendre des troupes du Yûn-nân pour occuper cette ville.

Le fameux Lieou-yuên-fou a fait dire, comme en 1871 (1), qu'il était absent, pour ne pas avoir à s'humilier en présence de ses gens qui le regardent comme un grand homme.

Vers 4 heures du soir, nos prétendus amis nous quittent pour retourner à Lâo-kaï, après s'être confondus en courbettes des plus significatives.

Nous mouillons à 6 heures du soir, après avoir fait environ 16 lis.

Nous n'avons rencontré d'autres difficultés qu'un courant un peu plus fort, en deux endroits, que nous avons baptisés du nom de *rapides*.

25 *Février.* — Nous quittons notre mouillage à 8 heures du matin et à midi nous passons devant la petite rivière de Pa-châ-hô qui arrose une jolie petite vallée. Le village qui lui donne son nom, Pa-châ-kaï, se trouve à 20 minutes du fleuve et on y parvient par un sentier qui débouche à 50 mètres au-dessus de la rivière. Je me rends à Pa-châ-kaï avec Ly-ta-lâo-ye et quelques-uns de mes hommes, pour voir les chefs de cette tribu, qui appartient aux Paï-y, et pour me procurer quelques provisions. Les chefs s'empressent autour de nous et se mettent à notre disposition pour nous procurer tout ce dont nous pouvons avoir

---

(1) En 1871, j'étais déjà descendu à Lâo-kaï, en venant du Yûn-nân. Voir le *Bulletin de la Soc. de géogr.*, juillet 1877.

besoin. Ils n'oublient pas de commencer par m'entretenir des infamies dont ils sont victimes de la part des bandits de Lâo-Kaï. Je leur fais espérer un avenir meilleur et les assure que je mettrai ordre aux rapines et aux actes de brigandage des *Pavillons Noirs*.

Cette petite vallée, d'une grande fertilité, entourée de hautes montagnes boisées, est un vrai chef-d'œuvre de la nature. Il y a des mines de fer, à Pa-châ-kaï, qui étaient autrefois exploitées.

A 2 heures 1/2, nous nous mettons en route pour venir mouiller, à 5 heures du soir, à hauteur de la petite rivière Oueï-kouen-hô, au pied du rapide du même nom et contre une petite île qui se trouve à l'embouchure de la rivière.

26 *Février*. — Nous avons mis beaucoup de temps ce matin à passer le rapide de Oueï-kouen. Ce sont les barques tongkinoises, trop longues, qui nous ont retardés ; celles de Mang-hâo ont passé sans difficulté.

4 lis au-dessus de ce rapide nous trouvons le petit ruisseau Kouen-keou-kaï, et, un peu plus haut, de gros rochers poreux et calcinés qui se dressent de chaque côté du chenal. Nous venons mouiller à 6 heures 15 du soir, à 300 mètres au-dessous de l'île Hô-kéou-châ-tchâo, en faisant O. 1/8 S. Nous avons passé quelques petits rapides sans importance.

27 *Février*. — 100 mètres avant d'atteindre l'île Hô-kéou-châ-tchâo, nous apercevons, sur la rive droite, la petite rivière Ba-ma-ti-nan-hô. Les coolies de Lâo-kaï et de Pa-châ-kaï, qui nous accompagnaient, nous quittent ici.

Un chef sauvage, de la tribu des Yaô-jîn, qui vient avec 30 hommes pour nous souhaiter la bienvenue, nous accompagne jusque chez Yang-ming, chefs des Paï-y, riverains du fleuve de Mang-hâo à Lâo-kaï. Ces montagnards, un peu timides, sont forts et grands de taille ; ils sont plus robustes que les Paï-y qui habitent le fond des vallées.

Nous passons devant le petit ruisseau Siao-y-hô, qui a son entrée obstruée par un grand amas de galets et de roches, puis devant un autre ruisseau du nom de Nap-kia-hô, situé 300 mètres au-dessus, qui a son embouchure libre. Nous trouvons ensuite le ruisseau Na-ko-hô, devant lequel s'est formé un banc de roches et de galets qui a 200 mètres de long. Avant d'atteindre le ruisseau Ten-Sian-hô, on trouve des roches sur la rive gauche qui s'avancent jusqu'au milieu du fleuve ; les mêmes roches font leur apparition au-dessus de Ten-Sian-hô, mais sur la rive droite, la rive opposée laisse un passage suffisamment large.

En prenant la direction O. 1/4 N. on entre dans une passe très-étroite bordée de rochers noirs qui laissent à peine entre eux un espace de 30 à 40 mètres. Ce passage est facile en tout temps. Nous nous arrêtons un instant au-dessus de ces rochers, entre les rivières Tsaï-hô et Tsin-hô, distantes l'une de l'autre d'un li et demi ou 800 mètres, pour attendre les jonques. J'ai cru tout d'abord que le Tsaï-hô n'était qu'un ruisseau ; c'est bien une petite rivière, mais ses eaux arrivent dans le fleuve entre de gros rochers qui masquent un peu son embouchure.

Tous ces gros rochers noirs sont du minerai de cuivre. Le Li-kiang ou chef montagnard, qui nous accompagne, me dit qu'il y a aussi plus bas des mines de cuivre.

La rivière Tsin-hô ou Tsin-chouie-hô sert de frontière au Yûn-nân sur la rive droite du fleuve. Avant d'atteindre son embouchure, elle décrit une boucle très-prononcée autour d'un petit massif formé d'un pic et d'un mamelon reliés par une arête et qui longe le fleuve. Parvenue à hauteur de cette arête, sur laquelle se trouvent bâties les quelques maisons de Long-pô, le Tsin-hô, qui ne se trouve en cet endroit qu'à 20 mètres du fleuve, suit le massif, contourne le mamelon et débouche dans le fleuve à 1,500 mètres au-dessous de son point de jonction avec le massif. Le poste de Long-pô, occupé par Yang-mîng, est au confluent de cette rivière avec le fleuve Rouge. Il y a là une cinquantaine de soldats pour garder la frontière chinoise. La position est facile à défendre, puisqu'il y a un rapide entre l'embouchure du Tsin-hô et la rivière Tsaï-hô. Long-pô possède d'importantes mines de cuivre, dans le ravin profond où coule la rivière, mines qui ont été exploitées autrefois.

28 *Février*. — Nous nous mettons en route après avoir fait quelques provisions chez nos amis les Yang-mîng. A 11 heures 25, nous atteignons la rivière Ma-lou-tsen-hô, à hauteur de laquelle se trouve le rapide du même nom, formé par un amas de galets et de roches recouvert de broussailles. Un peu plus haut, sur la rive gauche, nous trouvons le ruisseau Ma-lou-tan-hô, qui forme un rapide comme le précédent. Le fleuve prend un moment la direction N.-O. jusqu'au ruisseau Tien-fan-hô ou Tien-san-hô qui forme le rapide de ce nom. Tant que le fleuve garde cette direction, il est un peu plus large et ne présente aucun obstacle dans le chenal ; mais il faut suivre celui-ci dans le

milieu du fleuve, car il y a toujours quelques roches le long des rives. Nous mouillons à 4 heures 15 du soir, pour attendre les jonques du Tong-Kin, au-dessus du ruisseau Tien-san-hô qui a formé, à son embouchure dans le fleuve, une vraie montagne de grosses roches et de galets, couverte en partie de broussailles. — La vallée d'où sort ce ruisseau est charmante. En face de cette montagne de galets, le chenal est très-étroit et le courant plus fort ; mais il y a beaucoup d'eau, ce qui rend le passage plus facile. — Nous avons vu du minerai de fer sur toute notre route aujourd'hui et qui a l'aspect de fonte de fer pure.

1ᵉʳ *Mars*. — A hauteur du petit ruisseau Nun-tè-hô, rive gauche, et du rapide de ce nom situés à 2 lis de notre mouillage d'hier, nous rencontrons deux hommes, Mâ-in et un autre, envoyés, par le Titaï du Yûn-nân, au-devant de nous avec trois jonques. Pendant qu'ils transbordent à leur bord le contenu de nos jonques du Tong-Kin, je descends à terre et je trouve là, dans les rochers qui bordent le fleuve sur la rive gauche, du minerai d'or très-riche contenu dans du calcaire.

Nous repartons à midi, pour atteindre une heure après la petite rivière Nep-tèn-hô. Cette rivière forme dans le chenal, en face de son embouchure, un grand banc de gros galets et de roches qui ferment le passage : quoique de peu d'étendue ce rapide est difficile à passer entre les roches, qui déterminent en ce moment une petite chute. Il est 4 heures du soir, quand toutes nos jonques sont passées. Une demi-heure après, nous sommes à la petite rivière Tsin-sien-hô qui forme à son embouchure le rapide du même nom et à 5 heures 45 nous arrivons à Sin-kaï.

Mon ami Yang-mîng est sur le rivage avec tous ses gens pour nous souhaiter la bienvenue. Il envoie de suite des provisions de toutes sortes pour mes gens qui sont enchantés. Ly-ta-lâo-yé et moi nous allons dîner à terre et passer la soirée avec lui. Il veut nous donner un bœuf, mais le difficile est de le prendre ; il y en a une cinquantaine en liberté dans la montagne et à l'état demi-sauvage. Nous partons de suite pour leur faire la chasse, avec dix Européens et quelques Chinois ; mais la nuit nous surprend et nous rentrons *bredouille*. Mes hommes comptaient bien avoir du bœuf pour dîner ce soir et ils ne sont pas contents.

Je rencontre ici un de mes amis, mandarin au service du Titaï, qui m'attend depuis quatre mois. Il était descendu jusqu'à Mang-haô et s'est décidé à pousser jusque chez l'ami commun Yang-mîng pour être plus près. Il n'osait descendre plus bas à cause des bandits de Lâo-kaï. Des vingt personnes qui l'accompagnaient, dix sont mortes à Mang-hâo, cinq autres sont remontées au Yûn-nân en mauvaise santé et cinq sont mortes ici.

2 Mars. — Ce matin, nous retournons faire la chasse aux bœufs, et ce n'est pas sans peine que nous finissons par en abattre un. C'est une jeune bête de trois ans et d'une dimension énorme. Mes hommes sont contents ; du reste Yang-mîng leur envoie deux porcs, des poules, des canards, des légumes et du vin de riz.

Je lui fais, bien entendu, mes petits cadeaux, ainsi qu'à ses gens ; montres, armes, jumelles et autres objets européens. Je n'oublie pas non plus mon ami Nâ-tien, qui est descendu jusqu'ici au-devant de moi.

Yang-mîng n'aime pas Lieou-yuên-fou et fait des vœux pour que Hoang-tsong-in prenne Lâo-kaï ; ils s'entendraient ensemble parfaitement.

Nous quittons Sin-kaï à 11 heures. Yang-mîng vient avec nous jusqu'à Mang-hâo pour nous accompagner et aussi pour nous aider avec ses gens. Je renvoie le Li-kiang, le chef sauvage de la tribu des Yâo-jîn qui était venu le 17 février se mettre avec quelques-uns de ses hommes à notre disposition ; je le paie largement ainsi que ses gens et lui fais un petit cadeau pour lui et sa famille.

A midi et demie, nous parvenons au petit ruisseau Tsin-ton-hô qui forme le rapide de ce nom. Un peu au-dessus, du même côté sur la rive gauche, nous trouvons des rochers de fonte de fer pure. A 2 heures, nous sommes à hauteur du petit ruisseau Gê-chouïe-hô alimenté par une source d'eau chaude, comme son nom l'indique ; il forme à son embouchure le rapide Gê-chouïe-tan. Au-dessus de ce rapide, à 4 ou 500 mètres, nous trouvons sur la rive gauche du calcaire tendre, de même apparence que celui que nous avons vu, au-dessous de Sin-kaï, et dans lequel nous avons découvert de l'or.

Après avoir passé le petit ruisseau Sin-hôa-tan-hô et la petite pagode qui se trouve à côté, nous voulons mouiller le soir, à 5 heures 40, au pied du rapide Lon-chouïe-tang-tan qui est formé sur la rive gauche par un simple banc de galets ; il est facile à passer.

3 Mars. — Nous franchissons cinq petits rapides de peu d'importance pour arriver à midi 45 au grand rapide de Lô-pô-y qui se trouve à l'embouchure de la petite rivière Lô-pô-y-hô. Ce rapide forme une chûte. Le passage entre l'amas de roches et la berge de la rive gauche, qui offre déjà peu de largeur, se trouve obstrué par de grosses roches qui refoulent l'eau et il y règne un fort courant. Pendant la saison sèche, il y a à peine où passer une jonque. Lorsque les jonques ont une charge ordinaire, on les décharge en partie pour les rendre plus légères, mais pendant la saison des basses eaux seulement. Il serait très-facile de faire disparaître ces grosses roches et c'est ce que nous allions faire dès le premier hiver, sans l'intervention de l'administration coloniale au Ton-Kin.

Aujourd'hui, il nous arrive encore deux jonques de Mang-hâo; mais nous n'en avons plus besoin. A 5 heures 45 du soir, toutes nos jonques sont en haut du rapide et nous continuons notre route pour venir mouiller, à 6 heures 50, en face du petit ruisseau Kin ou Che-tong-hô, qui forme un petit barrage à son embouchure et détermine le rapide du même nom.

4 Mars. — Lorsque nos jonques arrivent en vue du village des Païy-che-tong, Yang-mîng me dit qu'il y a beaucoup d'or dans le sol de ce village. Il me conduit dans un endroit où, selon lui, il en existe une grande quantité à une certaine profondeur. Nous atteignons la rivière Manton-hô, à l'embouchure de laquelle se trouve un barrage, puis un banc élevé qui se trouve au-dessus sur la rive opposée. Pour suivre le chenal qui passe entre ces deux bancs, il faut traverser obliquement le fleuve. Un peu au-dessus de la petite rivière Man-tong-hô qui n'est qu'un fort ruisseau, se présente un autre petit ruisseau, sur la rive gauche, qui possède également un barrage à son embouchure. Sur la rive opposée, presque en face de ce ruisseau, commence le grand banc qui se trouve au-dessous de la rivière Kou-tcheou-y-hô. Nous passons encore devant la rivière Lou-chouïe-hô et, à 1 heure, nous arrivons enfin à Mang-hâo, point *terminus* de la navigation du fleuve.

CHAPITRE IV

De Mang-hâo à Yûn-nân-sèn — Séjour à Yun-nân-sèn

4 mars - 28 mai 1873

Mang-hâo. — Renseignements sur les mines. — Départ pour Yûn-nân-sèn. — Chouïe-tien. Mon-tze. — Etat de la contrée. — Enthousiasme soulevé par l'ouverture du fleuve Rouge. — Kouè-kiéou. — Mines d'étain, de cuivre et d'argent. — Sa-tien. — Démonstration à l'occasion de l'ouverture du fleuve. — Mien-Tien. — Mines de charbon. — Paï-châ-pou. — Rencontre des fonctionnaires envoyés au-devant de moi par le Titaï. — Kouang-y. — Nien-kin-pou. — Tong-haï. — Tong-kéou. — Hô-si. — Tâ-in. — Fonderies. — Kouên-yang. — Navigation du lac. — Arrivée à Yûn-nân-sèn. — Accueil que me font les autorités. — Le Titaï veut faire occuper le fleuve par dix mille hommes. — Dépêche du vice-roi de Canton. — Le Titaï me donne cent cinquante hommes de sa garde. — Des mandarins sont attachés à mon expédition. — Le vice-roi me donne des lettres pour les autorités annamites. — Départ de Yûn-nân-sèn.

Dans l'étroit ravin où coule la rivière Lou-chouïe-hô, il y a beaucoup de charbon de terre qui a été mis à découvert par des éboulements.

L'entrée de cette rivière est libre de tout obstacle.

Les deux hommes que j'avais adressés au Titaï sont de retour ici depuis hier. Ils ont trouvé à Sa-tien deux petits mandarins qui m'attendent depuis trois mois ; ce sont les nommés Ly et Mà que je connais particulièrement. Après m'avoir attendu avec leurs hommes à Mang-hâo, ils sont remontés à Sa-tien dans la crainte que leurs hommes ne soient éprouvés, comme ceux de mon ami Nâ-tien, dont ils n'ont pas eu de nouvelles depuis longtemps et qu'ils croient mort. M. Rocher (1) qui était venu au-devant de moi avec 500 hommes, sous les ordres de Mâ-tsong-tong, chef de Ta-tchouang, et qui est resté aussi à m'attendre pendant près de trois mois, est remonté avec Mâ-tsong-tong à Yûn-nân-sèn pour les fêtes du nouvel an chinois.

Mang-hâo est aussi triste en ce moment que Lâo-Kaï. Quel changement depuis deux ans ! Une grande partie des maisons et magasins

(1) Européen que j'avais engagé au service des autorités du Yûn-nân.

sont vides. Beaucoup de chinois sont retournés à Canton en passant par Pè-saï et le Si-kiang.

Jusqu'ici, un grand nombre de chefs montagnards, entraînés par l'exemple de notre ami Yang-mîng, dont ils sont tributaires, sont venus jusqu'au fleuve pour me souhaiter la bienvenue.

5 *Mars*. — Je fais débarquer tout le matériel que j'amène de France dans les magasins de la maison Tchong-hô.

On me dit qu'à deux ou trois journées au-dessus de Mang-hâo, il y a des mines d'argent et de cuivre de toute richesse. Dans le S., chez les *Peuples indépendants,* à deux journées au plus, il y a aussi des mines d'or et d'argent qu'on dit être très-riches.

6 *Mars*. — Après le déjeuner, Yang-mîng prend congé de nous pour redescendre à Sin-kaï, toutefois en emportant les cadeaux que nous lui réservions. Les deux hommes qui sont venus nous rejoindre au-dessous de Sin-kaï, et les deux hommes que nous avons trouvés ici, doivent faire route avec nous.

Je pars de Mang-hâo à 1 heure du soir, pour aller à Yûn-nân-sèn, rendre compte au Titaï de ma mission. Je prends seulement avec moi Ly-ta-lâo-yé, son secrétaire et quelques domestiques. Je laisse tout le monde ici. — Les trois Européens (des Français) qui doivent monter au Yûn-nân et qui sont engagés dans les fonderies par les autorités de la province viendront avec le matériel, quand on le prendra ; ce sont MM. Bégauld, Fargeau et Légier. Comme il n'y a pas de chaises à porteur ici, Ly-ta-lâo-yé est obligé de monter à cheval comme moi : ce qui lui fait faire la grimace, car il n'a pas l'habitude d'employer ce mode de transport ; aussi prend-il à cheval une posture vraiment burlesque. Nous avons dix chevaux, trois que nous montons et sept pour porter nos bagages ; les domestiques feront la route à pied jusqu'à Mon-tze, car il n'y a pas d'autres chevaux à Mang-hâo pour le moment et je ne veux pas retarder mon départ pour en attendre. Nous sommes au sommet de la première montagne à 3 heures 35 du soir. Ly-ta-lâo-yé, qui fait tenir par un domestique son cheval par la bride, est en retard ; il faut l'attendre 10 minutes. Je pars ensuite pour aller préparer le logement au village de Chouïe-tien. Comme je pousse mon cheval, accompagné de mon petit Yû qui me suit à pied, j'arrive à Chouïe-tien à 5 heures 35, après 40 lis de mauvaise route ; mais je suis familier avec ce chemin que j'ai déjà parcouru plusieurs fois.

Les chevaux de charge arrivent vers 7 heures ; mais nous attendons en vain Ly-ta-lâo-yé. J'apprends que son cheval est tombé et que lui-même s'est blessé contre des pierres et ne peut ni marcher ni supporter sa monture. J'envoie au-devant de lui avec un teou-tze (chaise de montagne) pour le porter. Le pauvre Ly nous arrive enfin dans un état déplorable.

7 *Mars*. — Nous quittons Chouïe-tien à 8 heures et demie du matin en route pour Mon-tze, en passant en vue de Pou-ta-shi et à Sin-ngan-seau. On porte Ly-ta-lâo-yé sur une litière. A 4 heures du soir, j'arrive à Mon-tze et j'y trouve mes deux petits mandarins Ly et Mâ qui m'attendent, et viennent se mettre à mes ordres. Je les reçois mal, en leur disant qu'ils auraient bien pu descendre à Mang-hâo et que maintenant je n'ai plus besoin d'eux.

Tous les chefs de Mon-tze viennent au-devant de moi pour me souhaiter la bienvenue.

Le pays est bien changé depuis 1871 ! Tous les chefs ont fait leur soumission à la capitale ; cependant ils sont encore en réalité les maîtres, car le pouvoir du sous-préfet n'est que nominal, et ils administrent le pays pour le compte du Fou-taï (gouverneur).

8 *Mars*. — Ce matin je vais faire visite à Tchang-lâo-pan, Ly-tsen-kou, Lou-ta-jên et Montze-hien, les chefs de Mon-tze. Ils sont tous enthousiasmés de l'ouverture du fleuve Rouge et comprennent très-bien toute l'importance que va prendre leur ville. Ils veulent tous entreprendre des exploitations de mines.

Départ à 9 heures du matin pour Kouè-Kiéou ; Ly-tsen-kou me donne deux hommes pour m'accompagner et une lettre de recommandation pour son frère qui habite la localité.

Nous arrivons à destination à 4 heures 25 du soir, après avoir parcouru 60 lis et avoir fait une halte de 25 minutes.

Kouè-Kiéou est admirablement situé dans une petite vallée, séparée de la plaine de Mon-tze par une chaîne de montagnes.

Je suis fort bien reçu par le frère de Ly-tsen-kou qui est charmant pour nous et se met à ma disposition pour tous les renseignements dont je puis avoir besoin. Les mines d'étain de Kouè-Kiéou sont les plus considérables de tout l'empire chinois.

Le droit sur le *tchang* ou 25 piculs d'étain (1 picul = 60 kgr.) est de 22 taëls 50 qui sont touchés par Hô-Sieô-lîn, *tchen-taï* de Lîn-ngan-fou, puis 5 taëls 50 par Mon-tze et 2 taëls 40 pour divers droits locaux, ce qui fait, sur un *tchang*, 30 taëls 40 de droits à payer par l'acheteur. On prélève en outre une brique ou barre sur douze pour le *Fou-taï*. Il existe dix fourneaux qui peuvent produire 250 piculs par jour ; mais ils ne fonctionnent pas souvent. En ce moment il n'y en a que deux qui travaillent pour le compte de Tchang-lâo-pan.

Les ressources en minerai paraissent inépuisables, et cependant, la première mine a été ouverte à Kouè-kiéou, il y a près de 200 ans. Celle-ci a d'abord été exploitée comme mine d'argent, puis l'argent est devenu moins abondant que l'étain.

C'est dans cette région favorisée qu'est bâtie la ville de Kouè-kiéou, autour de laquelle se trouvent des mines d'étain, de cuivre et d'argent dont l'extraction est facile et d'une richesse incroyable. Dans la direction du fleuve Rouge, vers le S.-E., les mines sont aussi riches et n'ont pas encore été exploitées. Le manque d'eau de puits aux environs oblige à transporter le minerai à dos de mulets, jusqu'au petit cours d'eau sur lequel se trouve bâti Kouè-kiéou. C'est là que sont les fourneaux et que s'opèrent les lavages et bocardages nécessaires. On charge ensuite le minerai dans un fourneau primitif, par couches alternées de charbon de bois. Ce fourneau a trois mètres environ de hauteur. La soufflerie est obtenue au moyen d'un piston dont la tige est mue à bras. C'est, du reste, le mode de soufflerie qu'on emploie dans toute la Chine pour toutes les industries. L'opération dure de 20 à 24 heures, pendant lesquelles on consume 120 kilogr. de charbon pour 100 kilogr. de métal obtenu.

L'étain est reçu dans un réservoir et transporté de là, au moyen de *poches,* dans des moules qui lui donnent la forme sous laquelle on le trouve dans le commerce. Ce sont généralement des barres ou de longues briques du poids d'un picul (60 kilogr.) que l'on coupe en deux pour faire la charge d'un mulet et faciliter le transport.

Le but de mon voyage ici est de voir l'agent de Mâ-Titaï qui est chargé de faire préparer les 10,000 piculs d'étain qui doivent m'être remis, d'après mon contrat, pour les frais de l'ouverture du fleuve Rouge.

L'agent de Titaï, nommé Suên-kouang, n'avait à payer que la main-d'œuvre et il était affranchi de toutes redevances en nature ou en espèces. Comme on était sans nouvelles de moi depuis longtemps et qu'on faisait courir le bruit que nous avions tous été massacrés par les pirates du golfe du Tong-Kin, Suên-kouang avait autorisé les fondeurs à vendre au commerce, en acquittant les droits, une partie des 10,000 piculs d'étain. Cependant, il en reste encore une grande quantité et on va s'occuper de suite à compléter ce qui manque, avant même que je n'aie à ma disposition les moyens de transport.

9 *Mars*. — Parti de Kouè-kiéou à 9 heures 15 du matin, j'arrive à Sa-tien à 3 heures du soir après 50 lis de route et une halte d'une demi-heure. Je trouve ici Ly-ta-lâo-yé, qui est arrivé en chaise à 11 heures venant de Mon-tze ; à peine suis-je arrivé, que Ly-tsen-kou vient me rejoindre pour causer d'affaires.

Tout le monde est enthousiasmé de l'ouverture du fleuve et chacun pense pouvoir faire des spéculations de toutes sortes.

Les notables de l'endroit donnent ce soir un grand festin pour fêter ma venue ; mais il n'y a pas de salle assez grande pour contenir les invités et on est obligé de placer une dizaine de tables dans la cour. Chacun apporte des provisions, un bœuf, des porcs et quantité de volailles, etc.

Sa-tien et Ta-tchouang forment deux groupes de mahométans tout dévoués au Titaï. En 1871, ceux-ci étaient indépendants comme les chefs de Mon-tze avec lesquels ils étaient en guerre ; mais depuis, ils ont reconnu, comme leurs voisins, l'autorité de la capitale. Ils espèrent donc trouver une compensation très-large dans le commerce et l'industrie, en profitant de l'ouverture de la nouvelle voie qui est à leur portée.

Sa-tien est sur la route de Mon-tze à Lîn-ngan et à 50 lis de la première de ces deux villes, comme Koué-kiéou est également a 50 lis de Sa-tien ; ces trois points, Sa-tien, Mon-tze et Koué-kiéou forment un triangle régulier.

Le chef de Ta-tchouang est Mâ-tsong-tong, qui m'est aussi tout dévoué. La famille de ce chef habite ce village depuis 300 ans.

10 *Mars*. — Nous quittons Sa-tien à 9 heures du matin avec treize chevaux et des coolies pour porter la chaise de Ly-ta-lâo-yé et le *teou-tze* (chaise de montagne) que j'ai pu me procurer. Nous arrivons à Mien-tien à 3 heures après avoir fait 55 à 60 lis ; mais nous sommes obligés de coucher ici, car l'étape suivante est trop éloignée. Nous logeons dans une pagode ouverte à tous les vents ; — des portes et des cloi-

sons de bois, il n'existe plus rien, elles ont été brûlées. Dans ce grand village, il ne reste que des pans de murs. La pagode que nous habitons est le seul bâtiment qui soit un peu couvert. Cette route est libre depuis peu de temps, seulement depuis que Lîn-ngan et les chefs de la région de Mon-tze ont fait leur soumission ; mais par suite des exactions de ceux-ci, dont les ruines qui couvrent la contrée attestent les exploits, le vide s'est fait dans cette partie du pays et les populations n'osent pas encore revenir ; mais aujourd'hui que tout est rentré dans l'ordre, ce pays redeviendra prospère comme autrefois.

De Mon-tze à Sa-tien, le pays est entièrement plat ; quelques petites collines de Sa-tien à Mien-tien coupent seules l'horizon. Le pays ici est d'une grande richesse agricole.

On voit du charbon de terre dans les collines, et à la surface même, dans les environs de Mien-tien.

Nous n'avons pas rencontré une seule personne isolée sur notre route, mais deux bandes de soldats.

11 *Mars*. — Nous nous mettons en route à 6 heures et demie. A 9 heures et demie nous quittons la route qui conduit a Lîn-ngan, au commencement de la plaine qui se trouve devant cette ville, à 10 lis environ, pour aller prendre la route de Lîn-ngan à Yûn-nân-sèn et abréger notre étape de 10 lis. Nous arrivons ainsi au petit village de Paï-châ-pou à 3 heures 45 du soir. Nous avons fait halte pendant 1 heure 45 et marché 7 heures et demie, pendant lesquelles nous avons parcouru environ 70 lis. De Mien-tien au point ou nous avons quitté la route de Lîn-ngan, il y a 25 lis, soit 30 lis jusqu'à cette ville. La route presque partout en plaine, excepté dans la dernière partie où l'on entre dans les collines, est excellente. Paï-châ-pou possède une grande auberge pour les chevaux, c'est là sa seule importance ; à part cela il n'y a que quelques maisons.

Quelques lis avant d'atteindre Paï-châ-pou, j'ai reçu une lettre de M. Rocher qui m'annonce son départ de Tâ-in-tô le 9 mars. Mon courrier de Lâo-kaï était parvenu à Yûn-nân-sèn et le Titaï avait immédiatement donné des ordres pour qu'on vînt au-devant de moi et qu'on prît le matériel à Mang-hâo, en faisant des réquisitions de chevaux à Montze et dans les environs.

Ce matin nous avons vu une caravane composée de 3 à 400 bœufs, portant du fer en barre, des bassines en fonte, des socs de charrues, des marmites, etc., et se dirigeant sur Mon-tze. Ces animaux portent leur charge sur le dos à l'aide d'un bât comme le feraient des mulets. Ces pauvres bêtes couchent à la belle étoile et prennent leur nourriture à travers champs, comme elles peuvent ; elles avaient campé la nuit dernière près de Mien-tien.

12 Mars. — Je pars ce matin à 3 heures, afin de pouvoir rencontrer M. Rocher qui vient au-devant de moi, entre Kouang-y et la demeure de Mâ-tsong-tong, où je pense qu'il doit passer la nuit; car nous avons longuement à nous entretenir ensemble et je ne veux pas le rencontrer au milieu des bois. Je prends avec moi mon petit boy et un guide pour nous conduire à travers les bois par un étroit sentier. Le temps était très-couvert ; il faisait noir comme dans un four. Notre guide s'égare dans le bois et nous conduit dans un précipice d'où nous avons la plus grande peine à sortir.

Je trouve, vers 8 heures et demie, M. Rocher en compagnie de Mâ-tsong-tong et de Yang, fils adoptif du Titaï, qui viennent tous trois au-devant de moi et doivent se diriger ensuite sur Mang-hâo pour prendre le matériel destiné aux autorités de la province. — Nous rebroussons chemin jusqu'à la demeure de Mâ-tsong-tong, qui n'est qu'à quelques lis, pour déjeuner. Ly-ta-lâo-yé vient nous rejoindre avec les chevaux à 3 heures, au village Nien-Kin-pou, et je passe la journée et une partie de la nuit à m'entretenir avec M. Rocher. — Demain matin, nos amis continueront leur route sur Mang-hâo et nous pour Yûn-nân-sèn.

J'ai passé ce matin en vue de Kouang-y. Ce village n'est plus qu'une ruine, les habitants ont transporté leurs pénates ailleurs, à 10 lis de là, de l'autre côté d'un ravin ; l'emplacement doit être rasé par ordre du Fou-taï. — Kouang-y était un village musulman qui se gouvernait avec le territoire qui en dépend, depuis l'insurrection du Yûn-nán, comme toutes les autres villes du sud de la province. Cette localité avait vu naître le Titaï; celui-ci avait encore des parents et des propriétés à Kouang-y, avant que ce village ne fût réduit en cendres. Depuis quelques années le Titaï faisait tous ses efforts pour engager ses concitoyens à reconnaître l'autorité de la capitale et à rentrer dans le devoir; car ces Messieurs de Kouang-y n'étaient pas sans reproches à ce qu'il paraît. Pendant que le Titaï faisait le siége de Tong-Kéou, les chefs de Kouang-y venaient souvent le voir, et chaque fois le Titaï ne manquait jamais de leur prêcher la soumission, leur disant qu'il en était encore temps ; mais qu'une fois qu'il en aurait fini avec Tong-kéou, ce serait le tour de Kouang-y, puis de Po-si. Il ne serait plus temps alors de se soumettre, et il leur faudrait rendre compte du passé. Comme je me trouvais au camp du Titaï à cette époque, et que j'assistais à ces entrevues, ayant mon franc-parler dans ces occasions, je tenais aux chefs de Kouang-y un langage encore plus sévère. Je leur disais, et cela avec raison, que le Fou-taï se chargerait lui-même de leur affaire ; car il craignait que le Titaï ne fût trop indulgent pour eux. Le Fou-taï me l'avait dit plusieurs fois et jurait de les exterminer tous. Je cherchais à leur faire comprendre qu'une fois les choses en cet état, le Titaï ne pourrait plus rien faire pour eux. Mais rien n'y fit. Un jour, le Fou-taï, voyant le Titaï, retenu devant Tong-Kéou, vint, sous prétexte d'aider celui-ci, mettre le siége devant Kouang-y, avec 50,000 hommes. A ce moment, Kouang-y n'avait pas plus de 2,000 combattants, mais ceux-ci se défendirent en désespérés et tinrent pendant un an en échec les troupes du Fou-taï. Dans toute cette insurrection, d'ailleurs, les musulmans ont déployé un courage et une bravoure extraordinaires qui auraient étonné bien des européens. Après un an de siége, toutes les fortifications de Kouang-y avaient été détruites par la mine ainsi que les maisons proches des remparts et il restait encore au milieu de ces décombres 6 à 700 combattants qui continuaient la lutte et étaient décidés à mourir jusqu'au dernier. Tant de valeur fut récompensée : le Fou-taï pressé d'en finir pour se diriger sur Tali-fou, le boulevard de l'insurrection, dans le Yûn-nân, où sa présence était nécessaire, accepta la capitulation de Kouang-y à de certaines conditions ; mais la ville devait être rasée. Le fameux Mâ-tsong-tong chez qui nous sommes en ce moment a pour mission de veiller à ce que les conditions de la capitulation soient bien remplies par les habitants de Kouang-y qui ont le droit de prendre leurs matériaux et de les transporter de l'autre côté d'un ravin où il leur a été permis de s'établir. Les habitants de Po-si, voyant ce qui arrivait à leurs amis et craignant que leur tour ne vînt ensuite, se sont empressés, en gens bien avisés, de faire leur soumission.

De Paï-châ-pou au village en ruines de Kouang-y il y a 40 lis, et 15 lis de ce dernier village à Nien-Kin-pou, soit 55 lis pour cette étape. La première partie jusqu'à Kouang-y se fait au milieu de bois qui sont très-ravinés, et les 15 derniers lis dans la vallée de la branche occidentale du fleuve de Canton qui vient de Sin-shin et porte sur son parcours le nom de chaque localité qu'elle traverse, comme la plupart des cours d'eau en Chine.

De Nien-Kin-pou, pour atteindre Tong-haï, nous avons à traverser des montagnes boisées et assez élevées.

13 Mars. — Nous nous mettons en route à 5 heures 50 du matin. Nos amis partent, de leur côté, pour Mang-hâo. A 10 heures 35, nous passons Tong-haï ; à 1 heure et demie, nous sommes devant Hô-Si et à 2 heures 40 nous arrivons à Tong-Kéou. Il y a, de Nien-Kin-pou à Tong-haï, 40 lis de route assez mauvaise ; il faut toujours monter et descendre à travers les bois.

De Tong-haï à Tong-Kéou, en contournant le lac par Hô-Si, il y a également 40 lis, ce qui fait, pour notre journée, 80 lis.

Quelques lis au-dessus de Nien-Kin-pou, nous avons passé la rivière de Ning-tcheou, que l'on trouve à 20 lis de cette ville, en se dirigeant sur Hôa-si ; elle se jette dans la rivière de Kouang-y, à hauteur de Nien-kin-pou.

En passant au-dessus de Kouang-y, ce matin, j'ai aperçu une pierre de savon très-tendre que l'eau creuse d'une façon bizarre, et aussi un grès tendre violet, dont on se sert dans la poterie ; j'ai remarqué aussi des roches volcaniques.

Nous logeons ici chez Mâ-Hà-Hong, une vieille connaissance. Tous les notables me connaissent aussi et s'empressent de venir me souhaiter la bienvenue. Mâ-Hà-Hong les invite tous à dîner ce soir en mon honneur.

14 Mars. — Nous partons de Tong-Kéou à 7 heures du matin, pour arriver à Tâ-in à 4 heures du soir, après avoir fait 80 lis et une halte de 50 minutes. En partant, nous remontons la vallée de Tong-Kéou pour nous enfoncer bientôt dans les bois. Nous nous engageons ensuite dans un ravin profond que nous descendons, pour gravir un plateau qui va s'abaissant graduellement jusqu'à la plaine de Sin-Shin, qui nous conduit jusqu'ici.

Nous allons rendre visite, Ly-ta-lâo-yé et moi, au Lâo-baba, qui est encore très-vigoureux, malgré ses 82 ans, puis à Tsong-tong et à d'autres notables que je connais particulièrement. Enthousiasme général et grand dîner ce soir, pour me souhaiter la bienvenue.

M. Rocher, qui dirige ici les fonderies de Tâ-in, pour le compte des autorités du Yûn-nân, a énormément produit depuis mon départ. Il a fondu des canons et des mortiers que l'on croirait venus d'Europe ; il a aussi plus de 10,000 projectiles prêts pour ces pièces. Je remarque une pièce de 10 sur le tour, fort bien réussie. M. Rocher est un ouvrier très-habile que j'ai engagé au service des autorités du Yûn-nân, en 1870.

15 *Mars*. — A 10 heures 25, nous nous mettons en route, et nous atteignons Kouên-yang à 5 heures du soir ; 3 heures après nous nous embarquons sur le lac pour la capitale du Yûn-nân (1).

16 *Mars*. — Arrivée à Yûn-nân-sèn à 8 heures du matin. Le Titaï éprouve une joie indescriptible de tout ce que je lui apprends. Dans l'après-midi nous commençons nos visites par le vice-roi et le Fou-taï et les premiers fonctionnaires. Le Fou-taï n'est pas encore de retour de Tali-fou. Les mandarins voient tous de grandes fortunes à faire dans l'exploitation des mines et désirent s'y intéresser, puis la facilité de pouvoir se rendre facilement à Pé-Kin par la voie de Canton est pour eux une grosse affaire.

17 *Mars*. — Nous continuons nos visites chez les principaux mandarins et nous trouvons partout le même empressement.

18 *Mars*. — Le Titaï, craignant de nouvelles entraves de la part des Annamites, me propose d'envoyer immédiatement des troupes pour occuper le fleuve et protéger la nouvelle voie : il enverra 10,000 hommes au besoin. Mais il y a au Tong-Kin d'autres intérêts que je ne perds pas de vue ; je réponds au Titaï que les Annamites finiront par comprendre qu'il est de leur intérêt de laisser le passage libre ; j'accepterai donc seulement une petite escorte pour protéger les convois. Il insiste de nouveau pour envoyer au moins 2 à 3,000 hommes ; ce sont surtout les mandarins qui poussent à cela pour avoir un commandement. — Lèn-ta-jîn se rend tous les jours chez le vice-roi pour traiter du fermage des mines situées dans le district de Mont-tze et le département de Kaï-hoa-fou.

19 *Mars*. — Le vice-roi communique au Titaï une dépêche qu'il vient de recevoir du vice-roi de Canton, au sujet de ma mission et des démarches que font les Annamites auprès de lui. Cette dépêche est des plus flatteuses pour moi. On va lui répondre immédiatement en le

(1) Voir mon article du *Bulletin de la Société de géographie*, juillet 1877.

priant de m'accréditer officiellement auprès du gouvernement annamite pour les besoins de la province du Yûn-nân, et d'inviter celui-ci à me laisser librement circuler sur son territoire avec mes navires chargés d'armes ou d'autres marchandises à destination du Yûn-nân et de métaux ou autres produits provenant de cette province, et de plus à adresser des reproches au sujet des mandarins du Tong-Kin, pour les entraves qu'ils ont apportées à mon premier voyage. Comme le vice-roi de Canton me connaît particulièrement, cette affaire ne souffrira aucune difficulté.

20 *Mars.* — La réponse au vice-roi de Canton part aujourd'hui.

Je ne cesse de recevoir des invitations à déjeuner et dîner ; j'en ai toujours une demi-douzaine à l'avance, et souvent le même jour, chez tous les hauts fonctionnaires de la ville. Je préférerais tenir un peu plus souvent compagnie au Titaï et à mes amis intimes pour causer de nos affaires.

24 *Mars.* — Il est convenu aujourd'hui avec le Titaï que je prendrai une escorte de 150 hommes seulement, choisis parmi les meilleurs soldats de sa garde. Ce sont tous des hommes de haute taille, forts et courageux, qu'on me destine. Ils doivent être commandés par un cousin du Titaï, du nom de Mâ-tsaï, et qui a le grade de capitaine. C'est un tout jeune homme, ayant à peine vingt-deux ans. Ces hommes, armés de fusils chassepot, valent mieux pour moi que 1,000 soldats chinois.

J'obtiens encore qu'un nommé Kin, lettré chinois résidant à Hâ-noï, soit nommé agent de l'expédition dans cette ville.

25 *Mars.* — Nous réglons aujourd'hui, avec le Titaï, la question des fonds nécessaires à l'entreprise. Il m'offre des sommes considérables, mais 15,000 taëls me suffiront pour attendre la vente des métaux.

L'affaire de concession de mines dans le district de Mon-tze et le département de Kaï-hôa-fou est terminée. Lèn-ta-yên s'engage à payer 10,000 taëls par mois. Le vice-roi en demandait 8,000, mais le Titaï a été de mon avis de fixer un compte rond.

C'était mon secrétaire Ouang-pé-tsen qui m'accompagna dans mon voyage au Yûn-nân en 1868-1869, puis dans mon voyage d'exploration du fleuve Rouge, en 1870-1871, qui, ayant arrangé toutes mes affaires avec les mandarins, devait m'accompagner dans mon expédition. Il vint avec moi à Saïgon, en 1872, et me suivit à Hong-Kong ; mais là, il fut obligé de rentrer au Hou-pé pour des affaires de famille. Ce fut

Ly-ta-lào-yé qui fut seul chargé de toute la besogne. Nous étions amis intimes depuis douze ans, je l'avais fait le confident de tous mes projets, et il était désireux de participer à la grande œuvre que je poursuivais avec acharnement; puis il y avait une grosse affaire d'argent une fois la route ouverte, et un peu de gloire. Arrivé à Yûn-nân-sèn, je présentai celui-ci aux autorités chinoises, en remplacement de Ouang. Il fut attaché à mon expédition par les autorités du Yûn-nân, sur ma demande et avec le consentement des autorités de la province du Hou-pé, où il avait administré la préfecture de Té-ngan-fou et qui le comptait toujours au nombre de ses fonctionnaires. Au Tong-Kin, il était délégué officiellement par le vice-roi du Yûn-nân pour aplanir les difficultés avec les Annamites.

26 *Mars*. — C'est aujourd'hui l'anniversaire de la mort du vice-roi Pou, assassiné par Mà-yong : aussi est-ce le jour des grandes cérémonies dans tous les Yâ-mêns du Yûn-nân et les pagodes dédiées à Confucius.

27 *Mars*. — Je fais mes préparatifs de départ. Je fais dire aux Mahométans qui vont à la Mecque et qui voudront descendre avec moi par le fleuve Rouge de se trouver du 13 au 15 avril à Mang-hâo.

Je reçois de nombreuses visites à l'occasion de mon départ.

28 *Mars*. — Aujourd'hui, le vice-roi me remet trois lettres destinées aux autorités annamites et portant son sceau, pour leur faire connaître que le vice-roi de Canton est avisé de ma mission et qu'il est prié de m'accréditer auprès de la cour de Hué; en attendant la dépêche du vice-roi de Canton, ces lettres invitent les mandarins à ne plus mettre d'entraves à ma mission. Le Titaï me remet en outre quelques petits objets pour donner en cadeaux à quelques chefs que je dois rencontrer en chemin, ainsi qu'une lettre pour Hoang-tsong-in, car, dans mes conversations avec lui, nous parlions souvent des *Pavillons Jaunes* et de la demande qu'ils faisaient par mon intermédiaire, pour obtenir leur grâce et rentrer en Chine. Le Titaï penchait pour l'amnistie pleine et entière à l'égard de ces derniers, et je ne désespérais pas que celle-ci ne fût décrétée par les autorités chinoises. Je pensais occuper les *Pavillons Jaunes* dans l'exploitation des mines. La lettre qui m'est remise pour Hoang-tsong-in traite de cette question.

Mes 150 hommes d'escorte partent aujourd'hui de Yûn-nân-sèn, pour aller m'attendre à Kouên-yang, à l'autre extrémité du lac. Quant à nous, nous faisons nos dernières visites d'adieu, pour être prêts à partir demain matin pour Mang-hâo. Les cadeaux nous arrivent en foule : ce sont des provisions pour la plupart et du thé de Pou-eul-fou. Comme de juste, nous passons notre dernière soirée chez le Titaï, où vient nous rejoindre le plus grand nombre de nos amis. On cause toujours de nos projets.

Je vais voir le Tche-hien pour lui faire mes adieux. Il me montre les enfants de Teou-ouên-shio, un petit garçon et une petite fille ; l'aîné, qui avait onze ans, est mort en route. On doit envoyer les deux autres à Pé-Kin (1).

(1) La mort de Teou-ouên-shio, de celui qu'on a nommé le sultan de Tali, et qui fut un moment à la veille de fonder un royaume musulman dans la partie occidentale du Yûn-nân, cette mort est si dramatique, qu'on en lira peut-être avec quelque intérêt les détails ici :

Le général Yang-yu-ko qui combattait Teou-ouên-shio, depuis trois ans, dans la partie N.-O. du Yûn-nân, était parvenu à organiser un corps d'armée fort de 50,000 hommes, qu'il entretenait avec le produit de certaines mines d'or situées au N. de Tali, dans les départements de Li-kiang et de Yong-pé. Refoulant chaque jour les musulmans devant lui, il était venu, au commencement de 1872, mettre le siége devant Tali, boulevard de la résistance.

Au mois de septembre de la même année, il se ménageait des intelligences dans la place et parvenait à gagner le premier lieutenant de Teou-ouên-shio, Yang-yong, surnommé Yang-piao-ki. Ce dernier intriguait à son tour auprès de Tsaï-tin-tong, gendre du sultan de Tali, et de divers autres chefs, auxquels il promettait, au nom de Yang-yu-ko, des récompenses pécuniaires et des grades équivalents à ceux qu'ils occupaient dans l'armée de la rébellion.

Le 3 décembre, les principaux chefs, au nombre de 33, se prononcèrent ouvertement pour la soumission et firent arborer les couleurs des autorités impériales, tout en continuant à parlementer.

Pour décider Teou-ouên-shio à se rendre, ses officiers lui représentèrent qu'en se livrant lui-même à Yang-yu-ko, il sauverait la vie à tout le monde et obtiendrait même que personne ne fût inquiété dans la suite.

Teou-ouên-shio répondit qu'il était prêt à faire le sacrifice de sa vie ; mais qu'il était persuadé que sa mort ne sauverait personne. Voyant d'ailleurs qu'il était trahi par ses officiers et même par son propre gendre et son secrétaire et que, s'il ne s'exécutait pas de bonne volonté, il y serait contraint par la force, il se résigna, pensant toutefois pouvoir se soustraire au supplice qui l'attendait.

Au moment de partir pour le camp des Impériaux, Teou-ouên-shio fit prendre du poison à toute sa famille, excepté à ses trois plus jeunes enfants, un garçon de onze ans, un autre de neuf ans et une petite fille de sept ans, pensant qu'ils seraient épargnés à cause de leur jeune âge.

Pendant le trajet, porté dans sa chaise verte (ce n'est qu'à partir du grade d'officier général que les mandarins ont droit à la chaise verte) par ses principaux officiers qui voulaient par là lui rendre un dernier hommage, Teou-ouên-shio s'empoisonna avec des feuilles d'or.

Arrivé devant Yang-yu-ko, il pria celui-ci d'épargner le peuple; lui seul, dit-il, était coupable. Pour toute réponse, Yang-yu-ko lui demanda s'il était bien Teou-ouên-shio, et, sur sa réponse affirmative, il l'enferma dans une chambre en attendant le Fou-taï Tchèn qui s'acheminait en toute hâte, sur Tali.

Peu d'instants après, Yang-yu-ko s'étant aperçu que son prisonnier s'était empoisonné et allait lui échapper pour le supplice, lui fit immédiatement couper la tête qu'il envoya au Fou-taï à Tchou-shiong-fou.

Le 27 décembre, Yang-yu-ko fit son entrée dans Tali, avec une escorte de 100 hommes et alla s'installer dans le mirador de la porte de l'Est en signe d'occupation.

Puis, sous prétexte qu'il faisait froid dans une pagode ouverte à tous les vents, qu'il occupait, il demanda d'aller s'établir avec 50 hommes au yâmen de Taï-hohien (sous-préfecture).

Le soir, 80 de ses soldats vinrent le prendre au yâmen pour le conduire à son camp situé en dehors de la ville où il se rendait pour dîner, mais il ne prit qu'un petit nombre de ces soldats, et il fit entrer les autres dans le yâmen.

A la faveur de la nuit, il fit entrer dans la place un certain nombre d'hommes sans éveiller les soupçons des soldats musulmans chargés de garder la porte de l'E., et pendant plusieurs jours il renouvela la même manœuvre.

Le 5 janvier 1873, le soir, par un temps sombre, il se fit encore accompagner en revenant de son camp où il avait été prendre son repas, par 200 hommes qui, joints à ceux qu'il était parvenu à rassembler secrètement, s'emparèrent de la porte de l'E. Aussitôt 10,000 hommes, qui se tenaient prêts, pénétrèrent dans la ville. — Le lendemain, il entrait dans Tali 40 à 50,000 hommes qui furent logés chez tous les habitants, soi-disant pour les protéger contre un prétendu soulèvement des soldats musulmans. — Toute la population avait été désarmée, et, pour détourner les soupçons, Yang-yu-ko fit même exécuter un certain nombre de soldats convaincus de pillage.

Le 8 janvier, le Fou-taï qui venait d'arriver, invita, le 9 au matin, les 33 chefs qui avaient fait leur soumission, à venir chercher leur récompense; d'un autre côté, il ordonnait à Yang-yu-ko de commencer le massacre dans la ville dès qu'il entendrait six coups de canon.

Les chefs se rendirent chez le Fou-taï, mais à peine furent-ils entrés que celui-ci fit fermer les portes et les apostropha dans les termes du plus profond mépris. Désarmés et pris à l'improviste, ils furent décapités séance tenante. Pendant ce temps, les six coups de canon avaient retenti et le massacre commençait dans la ville. Le 10 et le 11, on fit des perquisitions pour rechercher ceux qui s'étaient cachés.

Trente à quarante mille hommes furent ainsi égorgés. Cinq ou six mille musulmans, protégés par des soldats musulmans de Yang-yu-ko, parvinrent à faire une trouée et gagnèrent la campagne par la porte du S.

Les jeunes femmes et les enfants furent seuls épargnés, mais firent partie du butin. Celui-ci fut considérable. Je vois encore en ce moment à Yûn-nân-sèn des soldats en possession de sommes importantes et traînant derrière eux des femmes et des enfants, qu'ils viennent vendre ici. Cependant ordre avait été donné de remettre à Yang-yu-ko et au Fou-taï Tchèn les sommes les plus importantes.

On a apporté ici les têtes de Teou-ouên-shio, de son gendre Tsaï-tin-tong, de son secrétaire Ma-tson-sun, et celle de Mâ-Koueï-sy.

Ainsi s'est terminé ce drame sanglant, après dix-huit années de luttes qui ont dépeuplé le Yûn-nân de la moitié de sa population. On frémit à la pensée que cette insurrection a occasionné la mort de cinq à six millions d'individus !

CHAPITRE V

De Yûn-nân-sèn à Hâ-noï

29 mars-30 avril 1873

Navigation sur le lac de Yûn-nân-sèn à Kouên-yang. — Tâ-in. — La-Kia-in. — Les chefs veulent s'associer à mes affaires. — Tong-haï. — Commerce de fruits. — Yang-tien-pou. — Paï-châ-pou. — Mien-tien. — Rizières. — Sa-tien. — Ta-Tchouang. — Mâ-tsong-tong, chef de Ta-Tchouang. — Assassinat de Liang-ce-meï. — Mon-tze. — Mon contrat avec Tchang-lào-pan. — Mines de cuivre de Sin-chan. — Mon contrat avec Lou-ta-jên. — Les femmes Long-jèn. — Projet d'association pour l'exploitation des mines d'étain. — Mon contrat avec Ly-tsen-kon. — Hâ-chan-tchaï. — Ya-tô. — Mang-hâo. — Embarquement du cuivre et de l'étain. — Mon contrat avec le chef de la maison Tchong-Hô. — Association des négociants de Mang-hâo qui traitent avec moi. — Charbon pour les vapeurs. — Départ de Mang-hâo. — Rapide de Lô-pô-y. — Fonte de fer. — Sin-Kaï. — Long-Pô. — Mines de cuivre. — Pa-châ-kaï. — Cristal de roche. — Nouvelles d'Hâ-noï. — Les Pavillons Noirs. — Lâo-kaï. — Les Pavillons Jaunes. — Entrevue avec des chefs montagnards. — Touên-hia. — Mines d'or et mines d'argent. — Le Cù-nân. — Kouen-ce. — Barrage. — Camps annamites. — Pavillons Noirs. — Rebelles et miliciens. — Arrivée à Hâ-noï.

29 *Mars*. — Nous nous embarquons de bonne heure au canal de Yûn-nân-sèn; mais les vents contraires nous retiennent et ce n'est qu'à 3 heures du soir que nous entrons dans le lac.

30 *Mars*. — Nous arrivons devant Kouên-yang au milieu de la nuit; mais nous ne débarquons qu'au point du jour. Nous trouvons ici notre escorte. Le Tche-tcheou, nous procure 13 chevaux et des coolies jusqu'à Tâ-in où nous arrivons à 6 heures du soir. Je trouve là une lettre de mon ami Oû-kouen-ce, qui me prie de lui faire connaître le jour de mon passage à Tâ-in et de lui assigner un autre rendez-vous, puisque je passe si près de lui, sans aller le voir et sans demeurer quelques jours dans sa maison, ce qui l'aurait rendu bien heureux. Je lui réponds que je ne puis même pas l'attendre; car il faut que je continue ma route demain; quand ma lettre lui parviendra, je serai déjà loin. Je lui promets qu'à mon retour, dans deux mois au plus, je ne manquerai pas d'aller passer quelques jours auprès de lui.

31 *Mars*. — Nous ne partons qu'à 10 heures du matin. Nous avons été retardés par les chevaux qui n'arrivaient pas, et encore, ce sont

des ombres de chevaux qu'on nous amène. Nous cheminons pendant 9 heures et demie, jusqu'à une grande pagode qui se trouve voisine d'un petit village Lo-Lo, à environ 12 lis au-dessus de La-Kia-in. La nuit nous entoure depuis plus d'une demi-heure et nous ne pouvons plus suivre le sentier à travers les broussailles ; nous renonçons à atteindre La-Kia-in ; les chevaux et les hommes buttent à chaque instant dans les ornières ; nous devons bivouaquer. On nous avait engagé à prendre cette route, dont la distance à l'étape suivante, 100 lis, pouvait être aisément franchie dans la journée, aussi n'avions-nous emporté aucune provision avec nous ; nous avions compté sans le retard des chevaux. Il fait froid et nous n'avons rien à nous mettre sous la dent. Nos hommes s'en vont tâtonnant au milieu des broussailles en quête de combustible ; à force d'appeler, les habitants du village Lo-Lo, tout proche, viennent à notre aide. Ly-ta-lâo-yé et une partie de l'escorte sont restés en arrière et ne peuvent nous rejoindre ; craignant qu'ils ne soient égarés dans les broussailles, j'envoie quelques hommes avec des lanternes au-devant d'eux et on finit par les trouver installés dans un village Lo-Lo perdu dans ces montagnes et nullement inquiets. Cette route est bonne, surtout pour les chevaux ; mais elle est plus longue que celle de Tong-Kéou. J'ai vu du minerai de cuivre sur la route aujourd'hui.

1ᵉʳ *Avril.* — Nous nous mettons en route à 6 heures du matin. A la pagode, nous sommes presque à l'extrémité du plateau ; bientôt nous commençons à descendre sur La-Kia-in par une pente très-rapide. Nous déjeunons là, et les chevaux ont aussi leur part ; car, hier soir, les pauvres Lo-Lo ont eu beaucoup de peine à nous procurer ce dont nous avions besoin ; on comprend d'ailleurs qu'un village de vingt à trente personnes ne soit pas préparé à recevoir deux cents hommes qui arrivent à l'improviste. Les chefs de La-Kia-in, qui administrent ce village musulman et qui sont amis du Titaï, veulent nous retenir au moins pour la journée. Ils sont enthousiasmés de nos projets et pensent, comme tout le monde, faire fortune (1). Nous arrivons à Tong-haï à 2 heures et demie.

L'aspect de la campagne, autour du lac, est magnifique, on ne voit partout qu'arbres fruitiers : aussi l'industrie de Tong-haï est-elle tout

---

(1) Voir les détails, *Bulletin de la Société de géographie*, juillet 1877.

entière dans les confitures et les fruits secs qu'elle exporte dans les provinces voisines.

2 Avril. — Partis de Tong-haï à 7 heures et demie du matin, nous arrivons à Yang-tien-pou à midi 50, après 40 lis de route et une halte de quarante minutes. La route est assez mauvaise. Nous avons beaucoup de peine à loger tout notre monde ; il y a déjà plus de cent chevaux et quantité de gens qui couchent dehors. C'est le moment des examens militaires à Lîn-ngân, c'est ce qui explique qu'il y ait tant de monde sur la route. Depuis l'insurrection du Yûn-nân, les jeunes gens jouent tous, plus ou moins, au soldat. Il est d'usage que les jeunes gens de famille passent leur examen militaire, afin de pouvoir commander leurs miliciens eux-mêmes ; cela leur vaut aussi certains priviléges.

La route que je prends de Yûn-nân-sên à Tong-haï n'est pas celle que suivent ordinairement les voyageurs ; mais je l'utilise pour m'arrêter aux établissements du Titaï à Tâ-in. L'autre route passe par T'sin-lîn-tcheou, à 2 journées de Tong-haï ; puis de ce point on arrive en une nuit à Yûn-nân-sên. Je crois cette route meilleure, c'est celle qu'à suivie la commission du Mé-Kong.

3 Avril. — Nous quittons Yang-tien à 5 heures et demie du matin ; à 7 heures et demie nous sommes sur les ruines de Kouang-y. Les gens de Kouang-y vendent leurs matériaux pour partir, il n'y a que ceux qui n'ont pas le moyen de quitter la contrée qui transportent les leurs de l'autre côté du ravin.

Nous arrivons à Paï-châ-pou, après avoir fait 55 lis dans notre journée et nous être arrêtés 40 minutes. On aperçoit partout du charbon de terre à la surface du sol. On nous donne pour nous abriter la grande pagode située au-dessus du village, et où nous sommes fort bien. Comme à Yang-tien, il y a beaucoup de monde couchant à la belle étoile.

4 Avril. — Départ de Paï-châ-pou à 5 heures 15 du matin, pour arriver à Mien-tien à 2 heures et demie, après un parcours de 75 lis et un arrêt de 2 heures.

Depuis la plaine de Lîn-ngan, jusqu'à Mien-tien, on suit une vallée entre deux chaînes de montagnes parallèles, dont l'une, celle du N., établit une séparation avec la plaine de Hâ-mi-tcheou. La vallée est très-large et le terrain presque plat. Depuis Paï-châ-pou, à l'exception de la plaine de Lîn-ngan, le pays est pauvre, il produit quelques graminées, mais possède peu ou point de rizières. Nous avons passé une petite rivière qui vient du S. et se dirige au N.-E. sur la rivière d'Hâ-mi-tcheou. Ce n'est en cet endroit qu'un petit ruisseau.

5 *Avril*. — Partis de Mien-tien à 6 heures du matin, nous sommes arrivés à Sa-tien à 2 heures après avoir perdu 1 heure, dans un parcours de 60 lis.

Au-dessus de Mien-tien, la vallée est fermée par des collines tenant aux deux chaînes qui encaissent la vallée plus bas. Les petites vallées situées entre ces collines sont assez riches, s'il faut en croire les nombreuses rizières que l'on aperçoit partout.

A mi-chemin de Mien-tien à Sa-tien, nous passons une petite rivière qui sort des montagnes du S. et qui possède assez d'eau en ce moment. Cette rivière traverse la plaine de Mon-tze et contourne les montagnes pour aller rejoindre la rivière de Lîn-ngan. A 15 lis de Sa-tien, on passe un petit ruisseau qui vient du S. et suit la même direction que les deux autres ; puis à 5 ou 6 lis, un nouveau petit ruisseau qui sort de la vallée de Sa-tien et s'enfonce dans une gorge étroite où jadis on avait fait un barrage pour refouler l'eau sur Sa-tien et inonder le village ; mais, sous la pression de l'eau, la digue s'est rompue.

6 *Avril*. — M. Rocher est arrivé ici hier soir de Mang-hâo un peu souffrant. Je quitte un moment Sa-tien, en excursion vers le N.-E. sur Ta-tchouang, à 40 lis. Sur tout ce parcours, je ne trouve que des plaines assez arides et ne produisant que quelques graminées.

Je suis très-chaleureusement reçu à Ta-Tchouang. A 8 heures et demie du soir, je suis de retour à Sa-tien.

7 *Avril*. — M. Rocher s'est mis en route ce matin pour Tâ-in. Comme je dois repartir pour Ta-Tchouang dans un moment pour voir Ly-tsen-kon, mon secrétaire, avec les bagages, suivra la route de Mon-tze où je dois le rejoindre.

Parti à 10 heures du matin, j'arrive à 2 heures et demie à Ta-Tchouang, en chaise. Ma-hè-tan possède environ soixante chevaux à Kouè-Kieou, et les gens de Sa-tien en ont quarante à ma disposition, ce qui fait cent chevaux pour transporter l'étain à Mang-hâo.

Je m'entretiens longuement des Pavillons Noirs et des Annamites, avec Mâ-tsong-tong, chef de Ta-Tchouang.

8 *Avril*. — On me raconte avec détails l'assassinat de Liang-ce-

meï (1). Après avoir terminé mes arrangements avec Mâ-tsong-tong, je quitte Ta-Tchouang à 3 heures 45 du soir, en route pour Mon-tze, où je parviens au bout de 60 lis, vers neuf heures.

9 *Avril.* — Le matin, je fais visite à Tchang-lâo-pan. Il me fait promettre qu'à mon prochain voyage, je descendrai chez lui. Il faut, me dit-il, se partager entre ses amis. Voilà deux fois en effet que je loge chez mon ami Ly-tsen-kon.

Celui-ci, qui n'a plus à s'occuper de l'administration du pays, puisqu'il a rendu l'autorité, dont il s'était emparé, au Fou-taï, va faire exploiter des mines de cuivre et d'étain, dont il me remettra le produit, et nous partagerons les bénéfices. Il se chargera de l'exploitation, et moi

(1) J'ai déjà donné quelques détails sur cet incident, V. *Bulletin de la Société de géographie*, juillet 1877. Je les compléterai par les renseignements suivants :
Celui qui assassina Liang-ce-meï se nommait *Chêne-tchao-fou*. L'assassinat eut lieu en 1872, au commencement de la 8ᵉ lune (premiers jours de septembre). Le Fou-taï qui voulait depuis longtemps se débarrasser de cet ennemi, mais n'osait pas l'attaquer ouvertement, avait résolu de le faire assassiner. L'assassinat eut lieu à la pagode de Tin-Kin-miào. Chêne, qui était le premier lieutenant de Liang-ce-meï, alla lui rendre visite comme de coutume accompagné de trois de ses parents, deux cousins et un neveu, qui étaient aussi ses officiers. Ceux-ci, qui avaient sous leurs vêtements des sabres-poignards qu'on ne pouvait apercevoir, se jetèrent à l'improviste sur Liang-ce-meï et lui coupèrent la tête. Grâce à son escorte qui l'attendait au dehors et à ses officiers qui arrivaient au même instant à la tête de leurs troupes, Chêne prit lui-même le titre de Tchên-taï (général de division) et personne ne protesta, soit indifférence ou impuissance. Le Fou-taï laissa faire ; mais il laissa croire à Chêne qu'en rendant compte de cette affaire à Pé-Kin, il le présentait comme un grand patriote, qui avait rendu un service signalé au pays en le délivrant d'un ennemi dangereux et qu'il proposait à la cour de donner à Chêne le poste de Lîn-ngan, comme *Tchèn-taï*. Au lieu de cela, le Fou-taï demandait des instructions à Pé-Kin, en insinuant que l'un ne valait pas mieux que l'autre, et il prenait plutôt la défense de Liang-ce-meï, maintenant que ce dernier n'était plus à craindre. On répondit au Fou-taï de punir le coupable et celui-ci chargea Hô-siô-lîn, qui était déjà Tchên-taï, d'aller prendre le poste de Lîn-ngan et de faire exécuter la sentence de Pé-Kin.

Hô-siô-lîn arriva à Lîn-ngan à la tête d'un grand nombre de troupes et fit une proclamation aux habitants et aux soldats à la suite de laquelle une grande partie des troupes de Chêne l'abandonnèrent : Hô-siô-lîn, demandait qu'on lui livrât l'assassin de Liang-ce-meï pour le faire décapiter selon les ordres de la cour. Lorsque la ville de Lîn-ngan fut livrée à l'envoyé du Fou-taï, il restait encore à Chêne un millier de soldats fidèles, avec lesquels il chercha à se frayer passage. Acculé contre le pont de Siau-Kouï-Kiao, il ne lui restait plus que quelques centaines de braves, lorsqu'il fut blessé. Ce fut le signal de la déroute. Chêne fut décapité séance tenante. Depuis ce jour, Lîn-ngan est rentrée sous l'autorité de la capitale et a, bien entendu, comme chef militaire Hô-siô-lîn.

du transport et de la vente. Nous passons un petit contrat ; mais, comme le dit Tchang-lâo-pan, notre parole vaut mieux qu'un morceau de papier, utile seulement à favoriser notre mémoire. Il me donne une note des marchandises qu'il désire avoir : beaucoup de coton en bourre, du drap de fabrication française, des cotonnades, du sel, etc.; une partie sera remise en paiement aux entrepreneurs des mines. Il pense pouvoir produire 2.000 piculs d'étain par mois, en commençant, et du cuivre en plus grande quantité. Il fera les premières avances pour les frais d'exploitation et je me charge de faire les achats des marchandises à importer au Yûn-nân.

Les mines de cuivre de *Sin-chan* se trouvent à 80 lis de Mon-tze et à 40 lis de Koue-Kiéou, entre cette dernière localité et la route de Mon-tze à Mang-hâo. On trouve dans la même montagne beaucoup d'étain.

Tchang-lâo-pan est ennemi juré de Lyt-sen-kon, chez qui je suis logé ; mais il comprend parfaitement qu'en ma qualité d'étranger je ne puis prendre parti dans leurs querelles.

Le soir grand dîner chez Lyt-sen-kon en mon honneur dîner auquel assistent Loù-ta-jèn, Mon-tze-hien, Lieou, Kong et un grand nombre d'autres notabilités.

10 *Avril*. — Comme, depuis longtemps, il n'y a aucun transport à opérer sur la route de Mang-hâo, on trouve dans ces parages peu de chevaux : ceux-ci sont occupés sur d'autres routes. Les chevaux de Tchang-lâo-pan sont aussi au dehors ; mais il doit lui en rentrer demain une centaine qu'il mettra immédiatement à ma disposition pour porter du cuivre ou de l'étain à Mang-hâo.

J'ai terminé aujourd'hui avec le représentant du Fou-taï, Lou-ta-jèn, une affaire pour la vente de cuivre de première fonte. Celui-ci avait d'ailleurs reçu une lettre du Fou-taï qui l'autorisait à traiter cette affaire comme il l'entendrait, en échange de sel ou autres marchandises. Je traite seulement pour 12.000 piculs. Il y a en ce moment plus de 50.000 piculs sur place. Ce cuivre a été extrait des mines avant l'insurrection du Yûn-nân. Notre marché est bien simple : je donne un picul de sel pour un picul de cuivre, les frais de transport par terre, de Mang-hâo ici, sont de moitié, c'est-à-dire que je paierai ceux du cuivre et lui paiera ceux du sel. Je rendrai le sel à Mang-hâo et prendrai le cuivre à Mon-tze ou à la mine.

Nous dînons ce soir chez Tchang-lâo-pan, qui nous donne un splendide festin, et nous sommes invités demain chez Lou-ta-jèn.

J'ai vu aujourd'hui, dans les rues de Mont-tze, des femmes habillées comme des européennes ; elles ont une jupe plissée qui touche presque à terre et un corsage qui descend à la ceinture et boutonne par devant ; mais c'est là leur unique vêtement. Elles appartiennent à la tribu des Long-jên.

11 *Avril*. — En sortant de dîner chez Lou-ta-jên, j'entre chez Yang, collègue de Ly-tsen-kon, ancien chef de Mon-tze comme lui. Cet homme, d'une forte encolure, a le regard farouche du taureau ; le cas est très-fréquent dans cette partie de la province. Il parle avec Ly-tsen-kon de faire une association pour exploiter les mines d'étain qui se trouvent plus rapprochées de Mang-hâo que celles de Kouè-Kieou.

Il y a ici un autre Yang, qui est sous l'autorité de Hô-siô-lîn ou, pour mieux dire, du Fou-taï. C'est le *Teou-ce* de Mon-tze, qui est ici depuis quelques mois. Les anciens chefs de Mon-tze ont encore conservé une petite escorte, et ils ne sortent pas dans les rues sans se faire suivre d'elle comme par le passé.

12 *Avril*. — Je suis allé faire ma visite d'adieu à Tchang-lâo-pan. Il est enchanté de nos projets ; nous pourrons faire des affaires considérables ensemble. Il me donne quelques lettres pour son ami Hoang-tsong-in et aussi pour son ennemi Lieou-yuen-fou.

Je passe un contrat avec Ly-tsen-kon pour 60 tchangs d'étain, à livrer en échange de coton et autres marchandises. Toutes les personnes en situation veulent passer des contrats.

13 *Avril*. — Toutes mes affaires sont terminées ; nous nous préparons à aller rejoindre nos jonques à Mang-hâo, où l'étain et le cuivre sont arrivés déjà en assez grande quantité.

Nous partons de Mon-tze à 2 heures 15 du soir, pour venir coucher à Hâ-chan-tchaï, petit village Teou-laos, situé à 25 lis de Mon-tze, dans le haut de la vallée de Sin-ngan-seau.

14 *Avril*. — Nous sommes en route à 7 heures du matin, et nous atteignons, vers 2 heures et demie, le village de Ya-tô, situé à 60 lis. Nous avons rencontré en chemin, à Chouïe-tien, l'un des cinq chefs de Mon-tze, le nommé Fang.

La route directe pour Mon-tze passe à Lèn-chouïe-kêo, situé à 40 lis de Ya-tô, 30 de Mon-tze et 40 de Kouè-kiéou. Sin-chan, où se trouvent les mines de cuivre et d'étain, se trouve entre Lèn-chouïe-kêo et Kouekiéou. Cette route n'est plus pratiquée depuis longtemps, à cause des voleurs ; mais on pourrait y passer aujourd'hui. L'autre route est plus longue et plus mauvaise.

Par la route de Lèn-chouïe-kêo, il n'y a que 100 lis de Mon-tze à Mang-hâo. Fang, que nous avons rencontré aujourd'hui, touche encore les droits de cette partie du district de Mon-tze-hien.

15 Avril. — Parti ce matin de Ya-tô à 5 heures et demie, je suis arrivé à Mang-hâo trois heures après, à 8 heures et demie. Je trouve là tout mon monde en bonne santé. Les trois européens, que j'ai amenés avec moi pour le service des autorités du Yûn-nân, partiront demain matin, en profitant des chevaux qui nous ont amenés ici. Les hommes de Ta-Tchouang, qui viennent avec nous au Tong-Kin, sont arrivés.

16 Avril. — Tchèn me dit qu'il y a très-près d'ici, en face de Lâo-Mang-hâo, du minerai de cuivre de toute richesse.

On commence l'embarquement du cuivre et de l'étain sur les barques qui sont prêtes.

17 Avril. — Aujourd'hui j'ai passé un contrat avec le chef de la maison Tchong-hô de Mang-hâo, le nommé Tchèn-yang-kin, pour que cette maison se charge de recevoir, d'emmagasiner et de réexpédier tout ce qui arrivera pour le compte du Titaï, en attendant les moyens de transport. On lui paiera les frais de coolies et elle recevra pour ses peines et soins et pour l'emmagasinage une commission de 2 1/2 pour cent.

Les principaux négociants de Mang-hâo forment une association sous la direction de la maison Tchong-hô pour traiter immédiatement d'affaires avec moi. Je passe avec celle-ci un nouveau contrat pour 1.000 piculs d'étain qu'elle s'engage à me fournir à partir du mois de juin jusqu'au 15 juillet, à Mang-hâo, à bord des barques. Elle prend également l'engagement d'avoir, à la fin du mois de mai, vingt jonques pour faire le service entre Mang-hâo et Lâo-kaï ; ce sont de vieilles jonques qu'elle fera réparer, mais qui doivent être en bon état pour le transport de toutes sortes de marchandises. Pour le mois de septembre, elle s'engage à mettre à ma disposition trente autres jonques toutes neuves. Nous nous entendrons pour le fret à payer de Mang-hâo à Lâo-kaï, et la maison Tchong-hô restera propriétaire des barques, à moins que nous ne tenions à lui rembourser ses dépenses ; dans ce cas les barques navigueront pour le compte du Titaï. Les 1.000 piculs doivent être payés en coton et en sel au prix fixé entre nous.

Tchèn me dit qu'un picul d'étain coûte 11 taëls (taëls = 8 francs) de transport de Kouè-kiéou à Macao par la route de Pè-saï. Il devient donc impossibble de faire du commerce par les routes du Sé-tchuen et de Pè-saï en présence d'une voie plus économique.

18 *Avril*. — Je vais visiter aujourd'hui des mines de charbon situées près du fleuve, sur une petite rivière, à vingt minutes de Mang-hâo. La surface du sol présente l'aspect de mine de plomb grasse ou sèche, suivant les endroits. Près des parois de quartz, on trouve du charbon brillant; mais le filon est une matière grasse et tendre qui se coupe facilement à la pioche. Je suis persuadé qu'en creusant horizontalement dans la montagne on trouverait, à cinquante mètres, du charbon passable pour les vapeurs.

21 *Avril*. — Nous quittons Mang-hâo, à 5 heures du matin, avec douze jonques, dont deux tongkinoises, plus une jonque que Tchong-hô nous prie de prendre et que, bien entendu, il remplit de marchandises pour son propre compte cette jongue; porte aussi des gens de sa maison qui veulent aller à Canton avec nous.

Mon escorte est répartie sur chaque jonque.

Nous sommes obligés de décharger en partie nos jonques au rapide de Lô-pô-y où nous arrivons au bout de trois heures et demie de navigation, et de faire transporter les métaux au bas de celui-ci pour les recharger ensuite.

Ce passage peut être canalisé facilement dans les basses eaux en détournant l'eau du chenal. A 2 heures, nous avons passé toutes nos jonques et nous continuons notre route. A 3 heures 1/2, nous arrivons en présence de rochers bleuâtres qui paraissent être de la fonte de fer presque pure. J'en prends un picul environ pour l'envoyer à Hong-Kong comme échantillon.

Arrivée à 5 heures du soir à Sin-Kaï; Yang-mîng vient de suite à bord; il nous fait préparer une jonque qui descendra avec nous à Hà-noï, conduite par ses gens qui nous aideront pour remonter. Nous descendons à terre pour nous procurer un bœuf. Nous en poursuivons un dans la montagne qui, au premier coup de feu, tombe foudroyé.

22 *Avril*. — Départ de Sin-kaï à 6 heures du matin. Yang-mîng descend avec nous jusqu'à Long-pô pour me montrer des mines de cuivre

qui se trouvent à une demi-lieue de l'embouchure de la petite rivière Tsin-hô, sur le territoire de la Chine et des peuples indépendants.

Nous arrivons à Long-pô au bout de trois heures, et nous allons avec Yang-mîng visiter les mines en question. Ces mines ont été exploitées il y a vingt-cinq ou trente ans, mais on n'y remarque pas de grands travaux. Les galets que charrie le Tsin-hô renferment une quantité notable de minerai de cuivre. Nous repartons de Long-pô à 10 heures et demie ; les autres jonques sont devant nous.

A 4 heures 55, nous arrivons à la hauteur de Pa-châ-kaï. Un peu au-dessous de Pa-châ-kaï se trouve un petit ruisseau conduisant à une montagne qui renferme du cristal de roche de toute beauté. On peut se rendre en sampan à cette montagne qui n'est située qu'à 30 lis du fleuve. Nous mouillons à 6 heures 35, avant d'atteindre Lâo-kaï ; nous n'y voyons plus : le temps est très-sombre.

23 *Avril*. — Nous arrivons à Lâo-kaï à 6 heures du matin ; quelques-unes de nos jonques y sont arrivées hier soir ; mais les *Pavillons Noirs* n'ont pas voulu qu'elles vinssent mouiller du côté de Lâo-kaï ; ils craignent que, aidés des soldats du Yûn-nân, nous n'ayons l'intention de nous y installer pour tout de bon. Lors de notre dernier passage, Lieou-yuen-fou a reçu une dépêche d'Hâ-noï qui le priait de faire connaître tout ce qui descendrait du Yûn-nân, en cuivre, étain et autres métaux. On me dit ici qu'après mon départ d'Hâ-noï on a mis en prison les propriétaires des jonques que nous avons prises pour remonter le fleuve. Je n'en crois rien, car il me semble que mes hommes auraient empêché cela.

On me parle encore du cristal de roche qui abonde dans la montagne dont j'ai parlé plus haut ; d'après Ly-ce-yé, il faut de Lâo-kaï deux jours pour y parvenir. L'échantillon de minerai de plomb argentifère, que les chefs montagnards m'avaient promis, n'arrive pas. Lieou-yuen-fou a défendu à ceux-ci de me donner aucun renseignement quel qu'il fût, sur les mines et à plus forte raison de me donner des échantillons.

Chaque fois que je passe à Lâo-kaï, Lieou-yuen-fou se cache, et Siè-ce-yé, son représentant, ne veut pas prendre l'engagement de laisser passer devant Lâo-kaï mes jonques en franchise ; pour le cuivre, c'est bien, mais pour le sel, il faudrait leur en donner un peu pour leur usage. Il me dit qu'il faudra m'entendre à ce sujet avec son chef. Il faudra tout simplement qu'au mois d'octobre prochain je mette ces bandits à la raison.

En ce moment l'eau est plus haute d'un pied que lorsque nous montions en février dernier. Le fleuve grossit maintenant rapidement depuis que la saison des pluies a commencé. D'un autre côté, le Nan-si-hô, qui a son embouchure à Lâo-kaï, apporte au fleuve une quantité d'eau assez considérable.

24 Avril. — Nous avons retrouvé notre grande jonque tongkinoise laissée ici en remontant au Yûn-nân ; aussi dédoublons-nous le chargement des deux autres que nous avions fait suivre. Nous prenons aussi une autre jonque tongkinoise, retenue ici depuis deux ans par suite de l'interception de la voie.

La petite citadelle de Lâo-kaï se trouve sur la rive gauche, à l'angle formé par le confluent du Nan-si-hô avec le fleuve Rouge, à 130 lis de Long-pô. Cette rivière sert de limite à la province du Yûn-nân, et la ville est, du côté du Tong-Kin, bien située sur un petit monticule pour commander le fleuve. La citadelle n'a que la porte donnant sur le fleuve qui soit ouverte. Les autres portes sont constamment fermées. Pour prendre possession de ce repaire de bandits, il n'est pas besoin de grands efforts. Il faut commencer par enlever le bastion qui forme l'angle à gauche de la porte, puis monter rapidement sur la place. De là on enfile la rue qui conduit, par une petite place, à la tour dont il faut se rendre maître. De ce point, on domine la position ; il devient facile alors de prendre le bastion qui se trouve au bas de la tour et d'enfiler la rue principale ainsi que la place que l'on découvre parfaitement. En enlevant ces positions par un mouvement rapide, c'est à peine si les « *Pavillons Noirs* » auraient le temps de se mettre sur la défensive et de tirer un coup de fusil.

25 Avril. — Nous quittons Lâo-kaï à 7 heures du matin avec huit jonques, pour venir mouiller à 5 heures 20 du soir au camp de Hoang-tsong-in. Les « *Pavillons Jaunes* » avaient un poste plus en amont, lors de notre dernier passage ; mais les Pavillons Noirs sont venus se fixer sur la rive gauche et les « *Pavillons Jaunes* » ont cru prudent de ne pas rester isolés et sont descendus pour s'installer en face de leurs ennemis, afin de mieux les surveiller.

Nous avons perdu au moins 2 heures en nous arrêtant au camp de Lieou-yuen-fou. On nous avait dit à Lâo-kaï que ce *Monsieur* était à son camp, sur le fleuve, et que nous pourrions le voir en descendant ; mais, après des pourparlers sans fin avec ses officiers qui sont venus à bord, on finit par me dire qu'il est à un camp situé dans l'intérieur et que je ne pourrai le voir que demain. Décidément, ce *grand homme* ne veut pas se montrer devant moi.

Vers 11 heures du soir, il m'arrive deux chefs montagnards qui viennent de l'intérieur pour me voir en secret. Naturellement toute la conversation roule sur le chef des « *Pavillons Noirs* ». Celui-ci va jusqu'à faire enlever leurs filles pour les envoyer vendre à Lâo-kaï à des traitants chinois qui viennent du côté de Kaï-hoa-fou. Il leur enlève également leurs fils pour les enrôler dans sa bande ou pour lui servir d'otages, après quoi il faut les racheter ou il les traîne dans ses camps comme des esclaves.

Je promets à ces braves gens de les délivrer bientôt et leur assure que le farouche Lieou-yuen-fou ne troublera pas longtemps leur sommeil. Hélas ! grâce à notre administration coloniale, ce bandit est plus puissant aujourd'hui que jamais et les pauvres montagnards paient cher leurs sympathies pour la France.

Au moment de partir, on tire sur les deux rives de nombreux coups de fusils. Les « *Pavillons Jaunes* » ont commencé au point du jour à tirer un peu ; mais au moment où nous nous mettons en route la poudre parle de tous les côtés. Je fais signe à tous ces combattants de cesser le feu, pour nous laisser passer. Les « *Pavillons Jaunes* » cessent immédiatement, mais les « *Pavillons Noirs* » continuent en tirant par dessus nos barques ; comme leurs armes ont une faible portée, des biscaïens viennent tomber sur nos jonques, mais fort heureusement sans blesser personne. Nos jonques entraînées par la vitesse du courant ne restent pas longtemps, d'ailleurs, sous le feu de ces incomparables guerriers. Je n'ai pas voulu faire arrêter les jonques pour demander aux « *Pavillons Noirs* » l'explication de cette conduite, qu'ils auraient naturellement attribuée à la maladresse des tireurs.

26 *Avril*.— Nous arrivons à Touên-hia à 6 heures du matin. Fa-ce-yé qui est prévenu par ses gens de notre arrivée nous attend au bord de l'eau. Je lui donne communication des dépêches du Yûn-nân concernant la question d'amnistie : il paraît très-satisfait de la tournure que prennent les choses. Je lui donne à entendre que nous chasserons Lieou-yuen-fou de Lâo-kaï vers la neuvième ou dixième lune (vers

octobre). Il me remet deux petits ours âgés de deux mois que je destine au Jardin zoologique de Saïgon, et il doit me procurer encore divers animaux sauvages en bas âge. Il m'avait fait préparer, ainsi que je l'en avais prié en montant, un radeau de bois pour le chauffage de mes vapeurs. Il doit aussi me faire préparer des madriers et de longues planches pour bordages; car j'ai l'intention de faire construire une grande quantité de jonques pour la navigation du fleuve Rouge. Le tout sera prêt dans deux ou trois mois.

Dans notre conversation d'aujourd'hui, Fa-ce-yé me dit, qu'indépendamment des mines d'or, il y beaucoup de mines d'argent chez les Muong-là de la rivière Noire. Il y a aussi des mines d'argent très-riches dans les environs de Hô-yang, sur la rivière Claire.

Fa-ce-yé nous fait faire ses adieux par toute son artillerie. Il a, avec lui, cinq ou six petites barques armées de jolies pièces de bronze, mais tout cela est plus beau que bon.

Les eaux du fleuve montent de jour en jour. La plupart des rapides que nous avions rencontrés en montant ont disparu sous les eaux dans beaucoup d'endroits.

Dans la région que nous traversons, recouverte de forêts, il y a en quantité un tubercule que les chinois nomment *cû-nân*, qui sert en Chine pour la teinture jaune et que les Européens désignent sous le nom de faux-gambier. Il ne coûte presque rien ici, 3 à 4 francs le picul (60 kilog.).

27 Avril. — A 5 heures du soir nous arrivons aux avant-postes annamites, dont on a augmenté l'importance depuis notre passage. Sur la rive gauche, on a établi un petit camp au sommet d'un petit monticule. On nous dit ici que le général Ong, qui avait été chargé de nous arrêter à Kouen-ce, a été dégradé.

Nous sommes en présence du premier barrage, et nous passons la nuit là; car il nous faut faire sonder l'étroit passage qui existe entre les pieux avant de nous y engager. Il reste encore une porte où nos jonques ont tout juste la place nécessaire pour passer en touchant de chaque côté.

28 Avril. — A 5 heures 15 du matin, nous quittons notre mouillage; nous passons devant Kouen-ce à 6 heures, sans nous arrêter. Le barrage est presque détruit par les eaux qui montent et par le courant qui est fort en cet endroit. Le camp où était venu s'installer le fameux général Ong, sur la rive droite, n'existe plus. Sur la rive gauche, près de Kouen-ce, nous voyons trois petits camps situés au sommet de collines, qui renferment beaucoup de pavillons. Beaucoup de monde sur le rivage pour nous regarder passer. A 11 heures 15, nous arrivons en vue de la petite ville de Kin-tchi-hien, espèce de camp retranché, entouré de talus en terre, sur lesquels nous apercevons quelques pavillons qui s'agitent. De temps en temps, nous passons devant de petits camps qui n'existaient pas lors de notre premier passage. A 1 heure 25, nous atteignons le grand village Yuên-tsen-tong, où nous avons pris 6 matelots en montant. Il n'y a plus personne dans ce grand village, tout le monde a passé sur la rive droite ; on dit que des bandes de rebelles sont près d'ici. Il y a un petit camp de « *Pavillons Noirs* » au-dessous ; je crois que le peuple a plus peur de ces derniers que des rebelles en question. A 5 heures 25, nous mouillons le long d'un grand banc de sable, pour nous garantir contre un orage qui survient à l'improviste et menace de faire chavirer nos jonques. Sur la rive droite, nous apercevons de temps en temps quelques pavillons derrière des palissades en bambous. Ce sont des miliciens des villages de l'intérieur qui viennent sur le bord du fleuve pour empêcher les rebelles de passer.

29 Avril. — Partis de notre mouillage à 4 heures 45 du matin, nous passons en vue de Hung-hôa à 10 heures 45 et devant la ville de Son-tay à 7 heures 10, pour venir mouiller à 8 heures du soir.

30 Avril. — Nous perdons le moins de temps possible à faire notre route ; car je suis impatient d'arriver à Hâ-noï et de connaître ce qui s'est passé depuis mon départ. Nous quittons notre mouillage à 4 heures 10 du matin et à midi et demie nous sommes de retour à Hâ-noï.

CHAPITRE VI

LUTTES AVEC LES ANNAMITES

PREMIÈRE PHASE

De mon retour du Yûn-nân jusqu'au départ
de mon mandataire pour Saïgon

1ᵉʳ MAI - 15 JUIN 1873

Remise aux autorités annamites des dépêches du Yûn-nân. — Sévices exercés contre les indigènes qui m'ont assisté. — Les mandarins écrivent au Fou-taï du Kouang-Si. — Je réclame les indigènes arrêtés à cause de moi. — Installation à terre. — J'arrête le chef de la police. — Je débarque deux canons pour aller chercher les prisonniers. — Les prisonniers me sont remis. — Je rends le chef de la police. — J'indemnise les prisonniers. — Ma proclamation. — Remerciements du commissaire Ly. — Duplicité des Annamites. — Lettre du prince Hoàng. — Défenses au peuple de m'assister. — Je prends, d'accord avec les armateurs, douze jonques chargées. — Dépêche du vice-roi. — J'userai de représailles. — Entrevue avec les mandarins. — On me menace des Pavillons Noirs. — Arrivée et proclamation du maréchal Nguyen. — La proclamation est enlevée par mes officiers. — Enthousiasme, puis panique des Tongkinois. — Dépêche du vice-roi. — Le maréchal tergiverse. — J'affiche ma réponse au vice-roi. — Guet-apens. — Départ de mon courrier de Chine. — Les Annamites arrêtent mes hommes. — Je m'empare du nouveau chef de la police. — Le pavillon français est arboré. — Jonques de guerres. — J'envoie huit jonques chargées de sel au Yûn-Nân. — Dépêche du Fou-taï du Kouang-si. — Je fais partir M. Millot pour Saïgon ; il fera connaître la situation au gouverneur et demandera les intentions de la France. — J'accompagne le Lào-Kaï et la jonque jusqu'au Cua-Loc. — Je reconnais l'embouchure du Thaï-Binh. — Retour à Hà-noï.

1ᵉʳ Mai. — Aujourd'hui je fais porter au commissaire royal Ly, au vice-roi d'Hà-noï et à celui de Son-tay, les dépêches du Yûn-nân qui m'ont été remises pour eux et je les accompagne toutes d'une lettre particulière.

Pendant mon absence, le vice-roi d'Hà-noï a fait emprisonner les propriétaires des jonques que j'ai prises au-dessous de Son-tay, sous prétexte que ceux-ci m'ont indiqué l'endroit où elles étaient cachées. L'un d'entre eux est mort en prison des mauvais traitements qu'il a subis, les autres sont toujours incarcérés. La famille du chinois Ly-tsaï-ki, qui nous avait fourni des provisions a été également emprisonnée et son habitation a été pillée.

Plusieurs autres personnes, convaincues d'avoir entretenu des relations avec nous, ont été aussi arrêtées. Un des propriétaires des jonques, le cousin de notre ami Kin, ne doit d'avoir conservé la vie qu'à l'argent que lui ont soutiré les mandarins. On le mettait à la torture, et moyennant une forte somme que ses amis s'empressaient d'apporter, on le laissait tranquille pendant quelques jours. Pour obtenir trois jours de liberté, au nouvel an chinois, il a été obligé de payer 500 taëls (4.000 francs) et on me dit que, pour avoir conservé sa tête jusqu'à ce jour, il lui en coûte déjà à lui ou à ses amis 15.000 francs.

Pendant mon absence, les Annamites ont écrit au Fou-taï du Kouang-Si toutes sortes d'infamies contre le général Tchen et le colonel Tsaï qui m'ont prêté leur concours. Ils ont cherché également auprès de lui à me faire retirer mes pouvoirs, en disant que je trompe les mandarins du Yûn-nân et que j'abuse de leur nom pour porter des armes aux rebelles. A l'heure qu'il est, le Fou-taï est bien fixé sur la valeur de ces ignominies.

2 Mai. — J'ai écrit aujourd'hui au vice-roi pour lui réclamer les prisonniers et je lui demande, s'il est vrai qu'on ait fait donner à ceux-ci, de l'argent en les soumettant à des tortures, dont l'un d'eux serait mort. Je lui dis que dans le cas où les personnes qui ont été mises en prison pour avoir eu des relations avec moi, ne seraient pas rendues à la liberté demain, j'irai moi-même les chercher dans la citadelle.

J'ai occupé aujourd'hui la grande maison habitée par le colonel Tsaï, et que celui-ci a mise à ma disposition, pour y loger mon escorte. Le loyer en est payé encore pour plus de six mois au gouvernement annamite à qui elle appartient. Pour compléter notre installation à terre, nous louons les deux autres maisons qui lui font face. La rue, en cet endroit; est assez large, elle a dix mètres environ et débouche sur le fleuve en face de notre mouillage. Cette rue va, en rétrécissant ensuite à quelque distance de nos maisons ; aussi pour éviter tout guet-apens, sommes-nous obligés de nous bien garder.

Le soir, le chef de la police, vient d'un air tout embarrassé, me communiquer la réponse verbale du vice-roi au sujet des prisonniers. Il demande du temps, il ne peut pas mettre des prisonniers en liberté sans ordre du roi. Je me fâche et la peur lui fait dire que les prisonniers seront en liberté demain matin ; mais bien entendu c'est le chef de la police qui prend seul l'engagement. Je le rends personnellement responsable et lui dis que, s'il ne tient pas parole, il sera mon premier prisonnier.

4 Mai. — On n'a pas encore délivré les prisonniers.

Le soir, nous arrêtons le chef de la police et nous l'amenons à bord du « Lâo-kaï ». Plusieurs petits mandarins viennent ensuite à bord, avec le chef de la communauté cantonnaise, pour s'entendre sur une combinaison avec le chef de la police et arranger l'affaire.

Chaque fois que les mandarins annamites veulent obtenir quelque chose de moi, ils envoient le chef de la communauté cantonnaise, avec lequel j'entretiens de bonnes relations. Le pauvre homme est obligé de se soumettre ainsi aux corvées les plus désagréables et il doit se prêter à toutes les combinaisons qu'intérieurement son esprit repousse ; mais il est obligé d'agir sous les peines les plus sévères. Les mandarins pensent, qu'à cause de l'amitié qui nous lie et pour lui éviter des désagréments, je consentirai à lui accorder ce qu'ils seraient impuissants à obtenir de moi.

On me demande de faire écrire une deuxième lettre au vice-roi par Ly-ta-lâo-yé, mais de ne pas mentionner dans celle-ci, l'argent que les mandarins ont reçu des prisonniers. J'invite mon secrétaire à écrire cette lettre dans le sens que l'on désire ; car la liberté des hommes que l'on retient vaut mieux que ces détails, et j'accorde comme dernier délai jusqu'à demain matin 8 heures.

J'ai fait écrire aujourd'hui au Fou-taï du Yûn-nân et à celui du Kouang-Si, au sujet des calomnies que les Annamites répandent contre nous. Je fais connaître au Fou-taï du Yûn-nân la conduite des Annamites à notre égard et lui dis le peu de compte qu'ils tiennent des dépêches que j'ai apportées pour eux et toutes les persécutions dont ils ont abreuvé nos partisans pendant notre absence. Je prie le Fou-taï du Kouang-Si de faire parvenir la lettre à son collègue du Yûn-nân.

5 Mai. — Comme je ne compte pas sur les prisonniers pour ce matin, nous nous préparons à aller les chercher nous-mêmes. Au moment où nous descendons à terre avec les équipages armés et deux pièces de canon pour nous joindre aux 150 soldats de la garde du Titaï qui nous attendent, voilà qu'on arrive en courant nous dire de nous arrêter : les prisonniers arrivent. Nous attendons. Un quart d'heure se passe et rien ne vient. Alors nous nous engageons sur la chaussée qui conduit tout droit à la porte de l'Est ; mais il nous arrive courrier sur courrier à pied et à cheval qui se jettent à plat ventre devant nous, en criant : Les voilà ! les voilà ! mais je ne vois rien et nous avançons toujours. Enfin, j'aperçois des parasols de mandarins qui aparaissent au-dessus de la foule ; cette fois-ci, ce sont bien nos prisonniers qui arrivent. Les mandarins m'accompagnent jusqu'à bord, pour me remettre les prisonniers et délivrer le chef de la police, qui n'était pas trop mécontent de son sort, car nous le traitions en ami plutôt qu'en ennemi. Je reconnais les onze prisonniers qu'on m'amène pour ceux qui m'ont été signalés et après avoir versé un verre de champagne aux amis du chef de la police qui viennent le chercher, nous nous séparons les meilleurs amis du monde; mais nos deux pièces de canon ne rentrent pas à bord, je les laisse dans notre maison sous la garde des soldats du Titaï, ce qui fait faire la grimace aux mandarins.

Après le départ des mandarins, je questionne nos prisonniers qui ont tous subi des tortures plus ou moins affreuses ; je fais donner à ceux qui sont nécessiteux une petite indemnité ; pour les autres cette affaire se réglera plus tard.

La démonstration de ce matin a mis toute la ville en émoi; mais la population nous donne entièrement raison ; elle est de tout cœur avec nous.

6 *Mai*. — Je reçois aujourd'hui une dépêche du vice-roi au sujet des maisons que j'occupe dans la ville et des deux pièces de canon qui sont restées à terre, et cela dans le but de pouvoir envoyer une copie de sa lettre à la cour de Hué pour se justifier. Il se gardera bien d'y faire connaître mes lettres au sujet des prisonniers et de leur mise en liberté.

J'ai fait afficher aujourd'hui une longue proclamation pour expliquer au peuple tongkinois, l'affaire des prisonniers et le but de ma mission. Une foule de monde lit et commente cette proclamation, mais dans un sens favorable pour nous ; quelques hommes en prennent une copie. On entend partout la foule dire que j'ai raison.

J'annonce que l'affaire des prisonniers n'est pas assez grave pour me décider à agir par la force contre les mandarins et que j'espère encore que ceux-ci finiront par comprendre leur propre intérêt, en me laissant librement circuler sur leur territoire pour le compte des autorités du Yûn-nân et dans l'intérêt des populations du Tong-Kin. Je recommande au peuple de s'occuper paisiblement de ses travaux et de ne point s'inquiéter de ce que les mandarins peuvent dire de nous. Nous ne lui voulons aucun mal, nous sommes ses amis.

8 Mai. — Le Commissaire royal Ly, m'écrit de Kouang-Yen une longue lettre pour me remercier de la proposition que je lui ai faite d'intervenir auprès des mandarins du Yûn-nân pour faire gracier les « *Pavillons Jaunes* » et leur permettre de rentrer en Chine. Il me dit qu'il écrit tout de suite au vice-roi de Son-tay et au maréchal Nguyen a ce sujet.

Je demande au vice-roi d'Hà-noï de proclamer que tous les négociants seront libres de me fournir des barques et tout ce dont j'aurai besoin. Il me fait répondre, par l'intermédiaire du chef de la police, qu'il ne peut donner cette autorisation par écrit, mais qu'il donnera des ordres aux négociants à ce sujet. Je fais aussitôt assembler ceux-ci au Koueï-kouang des cantonnais et je fais venir le chef de la police qui se voit ainsi forcé de déclarer devant tous les notables ce qu'il m'a dit.

Mais quelques instants après, un petit mandarin passe chez ces mêmes négociants avec un papier portant le sceau du vice-roi qu'il leur fait lire et dans lequel on défend, sous les peines les plus sévères de me fournir quoi que ce soit.

9 Mai. — Le chef de la police vient me trouver au Koueï-kouang des cantonnais et me dit que le prince Hôang, chef militaire du Tong-Kin, vient d'écrire au vice-roi pour lui demander s'il est vrai que j'aie l'intention d'acheter du sel pour expédier au Yûn-nân. Le Titaï ne parle cependant pas de sel dans sa dépêche. Je réponds au chef de la police que les mandarins du Yûn-nan n'ont pas besoin de désigner chaque article qui ne fait que passer en transit au Tong-Kin et surtout du sel.

Le soir, on vient me prévenir qu'un mandarin du prince Hôang désire me voir et qu'il est porteur d'une lettre de ce dernier à mon adresse. Ce mandarin qui est l'aide de camp du prince Hôang, me prie d'excuser le prince s'il n'a pu venir lui-même, mais il est malade. Cette lettre du prince Hôang est véritablement extraordinaire. Il me témoigne son admiration pour avoir pu traverser le territoire occupé par les « *Pavillons Noirs* », hommes terribles dont leurs plus grands généraux n'ont jamais pu venir à bout et me compare à *Li-kouen*, fameux général annamite dont le nom est légendaire dans l'Annam. Il me félicite ensuite et me remercie d'avoir conseillé aux rebelles de rentrer en Chine et d'être intervenu pour eux auprès des mandarins du Yûn-nân à l'effet d'obtenir leur grâce.

Enfin, je suis un grand *Poussah* qui plane dans les airs pour faire du bien à l'humanité souffrante, etc, etc.

10 *Mai*. — J'apprends que les mandarins de la citadelle viennent de donner de nouveaux ordres au peuple pour lui défendre de nous vendre du sel ou autres marchandises et de nous fournir des barques. Le soir, je fais venir le chef de la police et le chef de la communauté cantonnaise pour prier le premier de rappeler en présence du second, la déclaration qu'il a faite au nom du vice-roi et lui demander l'explication des nouveaux ordres des mandarins. Il me répond que le vice-roi était de bonne foi lorsqu'il lui fit tenir le premier langage, mais que depuis, il a reçu des ordres du maréchal Nguyen et du prince Hôang, pour empêcher par tous les moyens possibles que nous puissions nous procurer des vivres, du sel et des barques. Après une longue discussion, il est convenu que demain, je prendrai de force en apparence les barques en question, chargées de sel; car le vice-roi ne peut pas y consentir, sans s'exposer à perdre la tête. D'un autre côté, l'aide de camp du prince Hôang proteste des bonnes intentions de celui-ci à mon égard et assure que tout ce qui arrive est le fait du vice-roi d'Hâ-noï.

11 *Mai*. — J'ai fait prendre ce matin douze jonques chargées de sel, que les propriétaires m'ont indiquées eux-mêmes.

Je reçois dans la journée une dépêche du vice-roi qui me fait connaître que le commissaire royal Nguyen lui ordonne de me défendre d'acheter du sel, que du reste le Titaï n'en fait pas mention dans sa dépêche. Dans le cas où je voudrais remonter le fleuve avec des jonques chargées de sel, on m'en empêchera par la force.

12 *Mai*. — Les chrétiens nous ont amené aujourd'hui un petit mandarin qui vient de Hué pour prendre des renseignements sur ma mission. Ces chrétiens nous préviennent que le mandarin en question n'est qu'un espion. M. Millot a bien voulu passer son temps à lui narrer toute l'affaire.

Je réponds aujourd'hui à la lettre d'hier du vice-roi et je le fais dans les termes les plus sévères. J'écris aussi au commissaire Ly et au prince Hôang-ké-vien, pour les entretenir de la conduite du vice-roi d'Hâ-noï que je juge sévèrement.

J'ai une longue entrevue ce soir avec Tchang, l'aide de camp du prince Hôang-ké-vien. Cet homme est certainement le plus aimable et le plus intelligent que j'aie rencontré jusqu'ici dans l'Annam ; on dit que c'est lui qui dirige le prince, qui est très-ignorant. Nous nous entretenons longtemps des rebelles: je crois qu'il nourrit quelque projet à ce sujet et qu'il n'ose me le communiquer, car il revient bien souvent sur cette question. Je lui parle des embarras que me suscite en ce moment le vice-roi avec le sel : il me dit qu'il n'a pas été chargé par le prince d'aborder cette affaire, mais que certainement il n'est pas vrai que le prince ait écrit au vice-roi pour m'empêcher d'acheter ce dont j'ai besoin et qu'au contraire si cela ne dépendait que de lui, il ferait tout son possible pour m'être agréable.

14 Mai. — Ce matin, j'ai fait étudier le rapide du Song-ki pour savoir s'il était possible de passer par ce canal.

Le petit ourson qui nous restait est mort cette nuit.

Ly-ta-lâo-yé a rencontré chez le chef cantonnais un envoyé du maréchal Nguyen qui est venu pour prendre des renseignements sur mes affaires. Il a dit que Nguyen n'avait rien fait pour nous nuire. C'est toujours ainsi avec les Annamites ; personne n'a jamais rien fait.

15 Mai. — Les mandarins de la citadelle font courir le bruit dans le peuple qu'ils vont nous attaquer le 24 de la lune avec des forces considérables. C'est donc pour le 20 mai.

Le soir, nous allons, M. Millot et moi, voir le sous-préfet pour l'engager à donner des ordres au petit mandarin chargé de la navigation, afin que nous ne subissions plus d'entraves pour nous procurer des matelots et des ouvriers pour réparer nos jonques, ainsi que le bois dont nous avons besoin et qu'on puisse nous vendre sans se compromettre. Il nous répond qu'il n'a fait aucune défense à cet égard et qu'il ne peut donner d'ordre sans y être autorisé.

16 Mai. — Ce matin, nous allons M. Millot et moi, voir le petit mandarin chargé de la navigation. Il nous répond qu'il ne fera pas d'opposition à nous laisser prendre les matelots dont nous aurons besoin pour conduire nos barques.

Le délégué du prince Hôang est venu au Koueï-kouang toujours pour m'entretenir des rebelles. Il me prie à ce sujet d'écrire au maréchal Nguyen pour lui dire tout ce que j'en pense et lui parler aussi de mes difficultés avec le vice-roi d'Hâ-noï. Je lui réserverai une copie de cette lettre qu'il remettra lui-même au prince Hôang.

17 Mai. — Le vice-roi m'écrit au sujet de mon chargement de sel pour le Yûn-nân. Il est d'une insolence extrême ; il déclare qu'il punira ceux qui nous vendront du sel ou nous fourniront des barques, et qu'il fera arrêter mes bateaux au besoin. Je montre cette dépêche du vice-roi au délégué du prince Hôang. La séance est très-orageuse. Je lui dis que, dans le cas où le vice-roi punirait des gens pour avoir eu des relations avec moi, j'agirais de même contre lui.

Dans le cas où mes barques ne pourraient pas remonter le fleuve pour une raison ou pour une autre, j'arrêterais toutes les barques chargées pour le compte du gouvernement annamite. Cela l'impressionne beaucoup.

Il est nécessaire que j'agisse ainsi; car, si je parais intimidé ou reculer, c'en est fait de mon entreprise.

Il demande ensuite à voir mes navires. Nous partons ensemble du Kouëi-kouang, accompagnés de sa garde. Chaque bateau le salue à son arrivée de trois coups de canon.

18 Mai. — Il est revenu aujourd'hui me voir avec le chef de la police et a demandé à visiter la caserne où loge la garde du Titaï, à laquelle je fais faire l'exercice devant eux. Il me demande si le mandarin du Titaï qui doit descendre est français ; il veut parler de Lèn. Il me demande aussi si le gouverneur de Saïgon a connaissance que nous sommes au Tong-Kin, si j'ai d'autres bateaux et combien ; je lui dis que j'en ai quatre qui sont en ce moment à Hong-Kong.

20 Mai. — Hier, j'ai reçu des lettres du général Tchèn et du colonel Tsaï. Nous attendons, de pied ferme, l'attaque annoncée pour aujourd'hui : ce que voyant, les mandarins de la citadelle font dire au peuple, par les chefs de quartier, de ne pas fuir et de rester tranquillement dans la ville.

Une proclamation a été faite par le vice-roi et affichée dans l'après-midi sur les murs de la ville. Il est vrai, dit le vice-roi dans cette proclamation, que j'ai une mission des mandarins du Yûn-nân pour transporter un matériel de guerre dans cette province, mais que cela ne nous autorise pas à faire du commerce et à acheter du sel. Ceux qui nous vendront du sel ou nous fourniront des barques ainsi que les bateliers qui entreront à notre service, seront punis de mort comme des conspirateurs contre l'Etat ainsi que leur famille.

28 Mai. — M. Millot doit partir sous peu avec le « Lâo-Kaï » pour Hong-Kong et Saïgon. Il a principalement pour mission de faire connaître au gouverneur de la Cochinchine les difficultés que les Annamites suscitent chaque jour à l'expédition, les préjudices considérables qu'ils lui causent et sur lesquels nous nous basons pour réclamer une indemnité à la cour de Hué. Comme, de plus, nous serons amenés, par la force des choses, à repousser les attaques des mandarins et à forcer le passage que ceux-ci se préparent à fermer, il est bon que le Gouverneur connaisse cette situation ; car, à un moment donné, les populations, qui sont de tout cœur avec nous et qui désirent ardemment se voir délivrées de leurs oppresseurs, feront certainement cause commune avec nous. De là à chasser du Tong-Kin les mandarins de la cour de Hué, il n'y a qu'un pas. C'est pourquoi, avant que la lutte commence et prenne un caractère plus aigu, je tiens à être fixé sur les intentions du gouvernement français. Le peuple nous tend les bras, que le gouverneur décide. Je prie M. Millot d'insister particulièrement sur ce point : que si le gouverneur préfère me voir agir seul, il me sera facile de rétablir l'ancienne dynastie des Lê et de placer le Tong-Kin sous le protectorat français, sans qu'il en coûte à la France ni un centime ni un homme. Dans le cas où le Gouverneur préférerait agir lui-même, 200 hommes, encadrés dans les milices tongkinoises, suffiront à faire de ce pays une colonie française. Tel est le résumé de mes instructions à M. Millot pour le gouverneur de la Cochinchine.

À Hong-Kong, M. Millot doit faire l'achat d'un navire de rivière à roues et à fond plat, afin de pouvoir remonter le fleuve Rouge jusqu'aux avant-postes annamites de Kouen-ce.

On m'assure aujourd'hui que le fameux maréchal Nguyen-tri-phuong, *grand Commissaire royal* et ennemi juré des Français, viendra le 2 de la prochaine lune, c'est-à-dire le 27 mai, pour s'entendre avec moi.

Le petit Nguyen est aussi venu nous faire ses adieux, mais, en même temps, pour nous demander quelle route nous pensions suivre pour sortir du Tong-Kin, afin que son maître, nous dit-il, puisse donner des ordres sur notre passage. On lui répond, bien entendu, que nous ne savons pas encore quelle route nous prendrons, mais que de toute manière il n'ait pas à s'en préoccuper, puisque son maître ne peut rien faire pour nous en ce moment.

Les Chinois qui, par suite des bruits alarmants de ces temps derniers, craignaient de se compromettre en ayant des relations avec nous, semblent plus rassurés depuis quelques jours. Hier soir, me trouvant chez Kin, ou quelques négociants chinois étaient rassemblés, j'ai profité de la présence de ces derniers pour leur dire que ceux qui se tenaient à l'écart en ce moment le regretteraient bientôt.

24 *Mai*. — On me demande pour midi une entrevue avec le chef de la justice accompagné d'un haut fonctionnaire qui arrive exprès de Hué. Comme cette entrevue doit avoir lieu au Koueï-kouang des Cantonnais, on me prévient que les mandarins viendront avec une nombreuse escorte. Je réponds que je n'ai aucune objection à faire à cela. De mon côté, je prends cinquante hommes bien armés, commandés par deux officiers, et, suivi de M. Millot, de Ly-ta-lâo-yé.et des capitaines du « Lâo-kaï » et du « Hong-kiang », je me rends au Koueï-kouang à l'heure indiquée.

Nous nous trouvons bientôt en présence d'une masse considérable de soldats qui obstruent toutes les rues conduisant au Koueï-kouang ; mais le flot s'ouvre pour nous livrer passage. Nos hauts personnages se font attendre près d'une heure ; enfin ils arrivent en faisant beaucoup de bruit, avec une escorte magnifique qui a grand'peine à se frayer un passage au milieu des soldats qui encombrent les rues. J'ai devant moi le chef militaire et le trésorier d'Hâ-noï, et un personnage borgne qui m'est inconnu, mais, de chef de justice, point. Une fois les banalités d'usage échangées, je demande lequel des trois mandarins a une communication à me faire ; on me désigne le nouveau personnage. Je fais observer que celui-ci ne m'a pas été annoncé et qu'il est pour moi un inconnu ; toutefois je veux bien écouter ce qu'il doit me dire. Le personnage en question se prépare dès lors à s'entretenir par écrit avec Ly-ta-lâo-ye ; mais je lui fais dire par l'interprète de me faire sa communication de vive voix et de façon à ce que tout le monde puisse entendre. La pagode est pleine de curieux, principalement de négociants chinois, anxieux de connaître les résultats de cette entrevue et pour lesquels mon attitude doit décider de leur conduite. L'envoyé annamite entre alors en matière par des récriminations de toutes sortes, me demandant de quel droit, malgré leur défense, j'ai pénétré au Tong-Kin et monté jusqu'à leur capitale ? On m'a cependant dit de m'en retourner ; mais, au lieu de cela, j'ai pris des barques et je suis monté au Yûn-nân, d'où je suis revenu avec des soldats chinois et des métaux pour m'installer dans des maisons à terre malgré leur défense, et, aujourd'hui, je veux prendre du sel pour l'envoyer encore au Yûn-nân ! J'ai mis aussi en prison les mandarins qui voulaient m'empêcher de commettre ces iniquités..., A ce moment je coupe la parole à mon interlocuteur pour lui dire que je ne peux plus lui permettre de tenir plus longtemps un pareil langage. Je ne demande qu'une chose, c'est la libre circulation sur le fleuve, pour les besoins de la province du Yûn-nân, de tous mes navires, en vertu des pouvoirs que m'ont confiés les autorités de cette province et le vice-roi de Canton. Ces pouvoirs me donnent le droit d'être au Tong-Kin aussi bien qu'eux-mêmes, mandarins de la cour de Hué. Si je me suis installé à terre, c'est à cause de leur mauvaise foi et pour assurer ma sécurité contre leurs entreprises. Qu'ils n'attentent ni à notre liberté, ni à celle du peuple, et tout se réglera à la satisfaction de tous ; autrement je saurai faire respecter mon droit, ainsi que j'en ai mission. Là-dessus je déclare la séance levée. Les hommes de mon escorte qui avaient formé les faisceaux dans la cour et s'étaient retirés à l'ombre des galeries, me voyant lever sur ces paroles, accourent aux faisceaux pour se préparer au départ. Le cliquetis occasionné par le dégagement des fusils et la manœuvre du port d'arme produit un effet extraordinaire. Les soldats annamites, qui étaient grimpés partout, sur les murs, les grilles et jusque sur les toits, pris d'une terreur folle, dégringolent au plus vite, se figurant qu'on va les fusiller. Parmi ceux qui se trouvent dans la rue, beaucoup, pour voir quelque chose, étaient juchés sur les épaules des autres ; voyant leurs camarades tomber de leur place plutôt qu'ils n'en descendent, ils prennent peur à leur tour et les voilà tous se sauvant dans toutes les directions, renversant tout sur leur passage. Quant à nous, sans plus nous préoccuper de ce sauve qui peut général, nous sortons du Koueï-kouang au milieu de notre escorte massée en bon ordre pour rentrer chez nous. Il n'y a plus un seul homme dans la rue, et nous ne faisons qu'entrevoir, à plus de 200 mètres, les jambes des derniers fuyards qui disparaissent promptement. Cependant les terribles soldats ont fini par s'apercevoir que nous nous retirons très-tranquillement. Les derniers s'arrêtent, et, après notre disparition, s'empressent non moins promptement de revenir prendre leurs maîtres abandonnés dans le Koueï-kouang. On nous dit qu'il y avait dans les environs de celui-ci et dans les rues avoisinantes six à sept mille de ces guerriers ; toutefois je pense que ce chiffre est exagéré et j'estime pour ma part qu'il devait se trouver là trois à quatre mille hommes.

Mais l'honneur de l'Annam demandait à être vengé et pendant toute la nuit, le maréchal a fait bâtonner tout son monde. Le pauvre général commandant la place d'Hâ-noï, qui était à la fameuse entrevue, a reçu pour sa part cent cinquante coups de bâton. Le vice-roi en a reçu aussi !...

25 Mai. — On fait courir le bruit que dans le cas où mes convois remonteraient au Yûn-nân, on les ferait piller par les « Pavillons Noirs » de Long-Seau-yé, dans les provinces de Son-tay ou de Hung-Hoa. Les Hâ-hongs (5 prêtres musulmans qui étaient venus du Yûn-nân avec moi pour se rendre à la Mecque) et Mâ-taï (petit chef de Ta-Tchouang qui était venu du Yûn-nân avec ses hommes pour m'escorter) viennent en prévenir Ly-ta-lâo-yé. Je fais répondre que je serai très-content de me trouver face à face avec Long-Séau-yé et d'en purger la contrée.

26 Mai. — Il semble que les bruits répandus hier se calment un peu aujourd'hui. On annonce toujours pour demain l'arrivée du grand maréchal Nguyen. Kîn nous invite à dîner ce soir, et bien entendu, nous avons les chanteuses et la musique obligatoires en pareil cas.

27 Mai. — On dit que le maréchal Nguyen est arrivé hier au milieu de la nuit ; mais rien ne transpire de ses projets de voyage ici. Nous allons nous assurer avec la chaloupe, que la barre située au-dessous de notre mouillage a encore assez d'eau pour laisser passer le « Lâo-Kaï ».

28 Mai. — Je reçois aujourd'hui une lettre du vice-roi des plus insolentes. Elle contient des menaces à l'adresse de tous ceux qui ont eu des relations avec nous et nous annonce que le maréchal Nguyen a donné des ordres pour empêcher, par tous les moyens possibles, nos jonques de remonter.

Des cantonnais, propriétaires de jonques de sel, disent de façon à compromettre ceux qui nous prêtent leur concours, que nous n'avons pris que les jonques de nos amis, que leur résistance n'est que supposée et qu'au fond ils sont d'accord avec nous. Pour couper court à ces mauvais propos et les retourner contre eux, je pars avec ma chaloupe à la demande de Kîn, pour prendre les jonques de sel de ces négociants qui ne demandent pas mieux sans doute que de vendre leur sel.

Après cette petite expédition, d'où nous avons ramené trois jonques, pendant le dîner, on vient me dire que le capitaine du « Hong-Kiang », Georges Vlaveanos vient de faire enlever une proclamation incendiaire faite par le maréchal Nguyen contre nous. Elle menaçait des peines les plus sévères tous ceux qui ont eu et qui ont encore des relations avec nous. Le maréchal disait, en propres termes : *J'exterminerai leur famille jusque la racine.* Il disait aussi, qu'il empêchera mes barques de remonter au Yûn-nân et que si nous ne partons pas tout de suite, *il nous fera couper en tout petits morceaux.*

Cette fois-ci, c'est le maréchal Nguyen, l'homme le plus puissant de l'Annam, après le roi, qui entre en scène et nous n'avons plus d'illusions à conserver sur ses intentions pacifiques. Assurément, il est venu à Hâ-noï, pour prendre lui-même la haute main dans la lutte qu'il dirige contre nous et dans laquelle nous sentons qu'il faut qu'un des deux succombe. Il n'y a pas à reculer, il y va de notre sécurité et il nous faut prendre une décision prompte et énergique pour intimider Nguyen et le rendre moins entreprenant à notre égard.

Il faut savoir qu'au Tong-Kin, lorsqu'une proclamation émane directement d'un haut personnage, elle est surmontée du parasol de ce dernier pour inspirer plus de déférence au peuple. C'est comme si l'auteur parlait de vive voix à la foule et toucher à une semblable proclamation ou au parasol, qui sont d'ailleurs gardés par des soldats, est un crime aussi grand que de s'en prendre au personnage lui-même.

Le capitaine du « Hong-Kiang » auquel on avait signalé cette proclamation, était donc allé avec quelques-uns de ses hommes enlever proclamation et parasol. Les soldats annamites qui en avaient la garde, s'étaient sauvés au plus vite à l'approche de ces derniers.

Nous n'en restons pas là. Pour bien montrer le peu de cas que nous faisons du maréchal et de ses menaces, nous portons le parasol et la fameuse proclamation en grande pompe dans les principaux quartiers de la ville, au bruit des clairons et des tambours et suivis des hommes du « Hong-Kiang » et d'une partie des soldats de la garde du maréchal Mâ du Yûn-nân, qui me servent d'escorte au Tong-Kin. Puis, après avoir déposé la proclamation chez Ly-ta-lâo-yé, nous venons allumer un grand feu devant la maison où logent les soldats du Yûn-nân et nous y précipitons le parasol de Nguyen-tri-phuong. Il faut entendre les acclamations du peuple d'Hâ-noï ! Devant cet acte de vigueur qui dénote une grande confiance dans nos forces, la population fait éclater sa joie ; il y a cependant quelques personnes, qui, tout en partageant l'enthousiasme général, redoutent encore pour nous les conséquences d'une lutte ouverte avec Nguyen.

On nous signale une autre proclamation près la porte du Nord ; le capitaine Georges et quelques-uns de ses hommes partent pour l'enlever. Dans celle-ci, le maréchal Nguyen cite le nom de ceux auxquels il veut faire subir le dernier supplice et dont il veut *exterminer la famille jusqu'à la racine ;* c'est d'abord Ly-tsaï-ki, chinois établi autrefois à Lâo-kaï, où il remplissait les fonctions de Li-kiang (maire), du temps du chef cantonnais Hô-yèn-fan et qui, ayant été ruiné depuis la prise de la ville par les « Pavillons Noirs », s'était mis au service des Annamites à Quang-yên, puis était entré au nôtre ensuite. — Après viennent Mâ, Yassèn et Amoy : les deux premiers sont des Chinois métis, qui nous servent d'intermédiaires avec les populations ; Yassèn surtout, qui a eu de très-grandes relations avec les chefs des « Pavillons Jaunes » nous rend de très-grands services ; quant à Amoy, c'est un Annamite sous les ordres de Ly-tsaï-ki, qui est employé à bord de nos bateaux. Tous ces hommes nous sont très-dévoués. La proclamation ajoute qu'il y a encore deux autres maisons dont la *famille sera exterminée jusqu'à la racine ;* mais elle ne donne pas leurs noms. Une de ces maisons est certainement celle de notre ami Kîn, une des principales maisons de commerce d'Hâ-noï. Le pauvre Kîn, a une peur si terrible qu'il ne sait où se cacher, malgré tout ce que je lui dis pour le rassurer.

Le bruit court, qu'on fait venir des troupes de toutes les provinces pour nous attaquer.

Vers minuit, la panique est si grande dans la ville, qu'on déménage de partout, croyant que Nguyen va nous attaquer demain matin avec de nombreuses troupes qui arriveront aux environs d'Hâ-noï pendant la nuit.

29 *Mai*. — Toute la nuit dernière, il y a eu déménagement général dans la ville ; la partie située, entre notre mouillage et la citadelle, a été entièrement évacuée, il ne reste plus personne dans les deux rues principales qui conduisent du fleuve à la porte de l'E. Depuis minuit, ce n'a été sur le fleuve qu'un continuel va et vient de bateaux pour passer les habitants sur l'autre rive, ainsi que les objets les plus précieux.

Aujourd'hui je reçois une nouvelle dépêche, écrite par le vice-roi au nom du maréchal Nguyen. Cette dépêche est la répétition de toutes les précédentes et énumère sous forme de griefs tout ce que j'ai fait jusqu'ici pour ouvrir la voie commerciale du fleuve Rouge. Elle ajoute seulement un autre grief relatif à la proclamation et au parasol de Nguyen, que j'ai détruits, ce qui, dit la dépêche, est le plus grand sacrilége qu'on puisse imaginer. Le vice-roi dit, pour terminer, avoir reçu, il y a quelques jours, une dépêche de Saïgon, qui lui fait connaître que nos navires sont des bateaux de commerce, et que par conséquent, nous n'avons pas le droit de porter des armes au Yûn-nân, ni celui d'acheter du sel.

Le soir, une députation de notables cantonnais vient, de la part du maréchal Nguyen, nous prier de retarder le départ des jonques de sel pour le Yûn-nân. Elle nous dit que le maréchal n'a fait la fameuse proclamation que contre ceux qui passeraient du sel en même temps que nous. Ce que je vois dans tout cela, c'est que le maréchal ne se croit plus en force pour nous attaquer et qu'il veut gagner du temps.

30 *Mai*. — J'ai répondu aux dépêches du vice-roi en lui rappelant les étranges raisonnements qu'il me tient. Je lui dis qu'il parle comme un tout petit enfant.

J'ai fait afficher une proclamation qui reproduit la dépêche que j'adresse au vice-roi, en réponse à ses accusations. Il y a foule pour lire cette proclamation et en prendre des copies jusqu'à la nuit.

Le soir, le chef de la police, le premier secrétaire du vice-roi et le chef de la garde du maréchal Nguyen viennent à bord du « Lâo-Kaï » pour nous inviter à déjeuner demain matin de la part même du vice-roi et de Nguyen ! Ceux-ci ne se rendront pas personnellement à la réunion ; mais ils enverront des délégués et le trésorier y assistera avec d'autres fonctionnaires. Le rendez-vous est donné dans la maison qu'a habitée Senez, lors de son excursion au Tong-Kin, et qui est encore le lieu où logent les mandarins de passage. Bien entendu, nous déclinons l'honneur qu'on veut bien nous faire. Ce n'était ni plus ni moins qu'un guet-apens dans lequel on aurait cherché à nous faire disparaître, soit par le poison, soit d'une autre manière, mais, franchement, il était trop grossier pour s'y laisser prendre.

31 *Mai*. — J'ai préparé, aujourd'hui, un volumineux courrier pour le Yun-nân que j'expédie par deux voies différentes, par le Kouang-Si, et par Hô-Yang. J'écris principalement au Titaï, au Fou-taï et au vice-roi.

M. Millot qui est effrayé des préparatifs des Annamites et qui se voit déjà coupé en tout petits morceaux, se monte l'imagination comme autrefois au Lou-to-Kiang. Il se figure que le pavillon français fera peur aux Annamites et il insiste de toutes ses forces pour l'arborer sur nos bateaux comme nous en avons le droit. Moi, qui ne crois pas à l'attaque des Annamites, je me ris de ses terreurs et je me refuse à prendre cette détermination qui peut amener des complications bien inutiles. Une forte discussion s'engage sur ce sujet, et M. d'Argence, bien entendu, se range à l'avis de M. Millot. Pour me forcer la main, M. Millot court d'un navire à l'autre, pour mettre tout le monde de son côté. Il a déjà pour lui tout le personnel du « Lâo-Kaï », mais le « Hong-Kiang » reste neutre.

1er *Juin*. — La panique est de nouveau grande dans la ville. Tous les chefs des maisons de commerce, qui craignent d'être compromis, se sauvent secrètement pour aller se cacher dans d'autres villes ; quelques-uns même partent pour le Kouang-Si. Le pauvre Kîn vient me dire qu'il va se cacher jusqu'au départ du « Lâo-Kaï », sur lequel il s'embarquera pour se rendre à Hong-Kong.

Aujourd'hui encore, la question du pavillon est revenue en discussion. M. Millot croit à tous les bruits que l'on fait courir sur l'attaque des Annamites et il n'ose plus descendre à terre depuis deux jours. M. d'Argence, au fond, n'est guère plus rassuré que M. Millot, mais il laisse moins voir sa frayeur. Le personnel du « Hong-Kiang » et tous mes soldats chinois rient de tout cela et ils ont bien raison.

2 *Juin*. — Ce matin, les matelots de la jonque de Kaï-hôa, ont été arrêtés en allant faire des provisions. L'ancien chef de la police a été mis aux fers dans la citadelle, hier soir, pour n'avoir pas montré assez d'énergie envers nous. Le nouveau chef, qui est en fonctions depuis ce matin, a voulu faire immédiatement du zèle, en arrêtant nos matelots.

On vient me prévenir en toute hâte que ce dernier est dans la petite rue qui longe le fleuve, tout près de nos jonques, et à la tête d'une centaine de soldats armés de lances, piques, croissants et autres engins de guerre, à la piste de ceux de mes hommes qui descendent isolément à terre. Sans passer à la caserne, pour prendre avec moi quelques soldats du Yûn-nân, de crainte que le lascar ne m'échappe, je pars au pas de course, suivi de quatre hommes qui se trouvent sous ma main. Mon revolver à la main, je m'ouvre un passage au milieu des soldats annamites pour aller empoigner leur chef, tout en menaçant de faire feu sur le premier qui lèvera la main sur moi ; mais ils prennent aussitôt la fuite, m'abandonnant le chef de la police qui n'a pas joui longtemps de sa place et que nous conduisons prisonnier à bord des jonques.

Pendant que j'étais à terre occupé à traquer les mandarins, on a hissé le pavillon français sur les canonnières, sur l'ordre de M. Millot. Le « Hong-Kiang » a fini aussi par l'arborer sur les instances de ce dernier.

Jusqu'ici nous n'avions pas arboré de pavillon à la corne qui indiquât notre nationalité, bien que tous les papiers du bord fussent visés par les autorités françaises ; seul, le pavillon du Titaï, affréteur des bateaux, flottait au grand mât.

Une jonque de guerre a passé sur le fleuve chargée de soldats et portant pavillon à l'arrière. Je suis allé avec quelques-uns de mes chinois pour la capturer, mais on m'a dit qu'elle venait de Son-tay et se rendait à Nam-dinh. Je lui ai laissé poursuivre sa route. Puisque les mandarins veulent nous faire la guerre, je ne permettrai pas qu'ils viennent faire les fanfarons devant nous avec des armes et des pavillons.

Enfin, ce soir, vers 4 heures et demie, huit jonques chargées de sel ont fait route pour le Yûn-nân ; les quatre autres manquent de matelots.

Les chefs cantonnais ont été envoyés par les mandarins à différentes reprises pour prier Ly-ta-lâo-yé de faire relâcher le chef de la police. J'ai fait répondre : « Lorsque mes jonques auront passé Son-tay ».

L'ancien chef de la police a été mis aux fers par ordre du maréchal, pour n'avoir pas empêché le départ de mes jonques. Pour moi, je trouve qu'il ne s'est que trop bien débrouillé, puisque mon convoi était composé de seize jonques et qu'il n'y en a que huit qui partent. Les Tongkinois, qui montaient les huit autres et auxquels j'avais payé d'avance le voyage d'aller et de retour, ont déserté hier et aujourd'hui sur la menace qu'aussitôt après leur départ *leurs familles seraient exterminées jusqu'à la racine*. Les huit jonques qui partent sont conduites par des hommes de Mang-Hâo et des Chinois d'Han-Kéou.

Il est arrivé aujourd'hui une dépêche du Fou-taï du Kouang-Si, qui blâme très-sévèrement les agissements des Annamites contre moi.

3 *Juin*. — J'ai passé toute la journée à courir de tous côtés, afin de trouver des équipages pour les quatre jonques qui n'avaient pas assez de matelots pour partir hier. Aujourd'hui, il n'en reste plus un seul, tous se cachent, même Ly-tsaï-ki et Amoy.

4 *Juin*. — Ce matin je suis monté avec la chaloupe pour rejoindre les jonques que j'ai mises en route puisqu'il faut renoncer aux autres.

On nous dit qu'on a arrêté hier le propriétaire des jonques que j'ai prises. Kîn nous annonce que les mandarins ont fait dire au peuple de ne plus déménager, que l'on ne se battra pas.

J'ai fait acheter des sapèques, hier à 109, et aujourd'hui à 108. Ce soir on ne veut plus vendre à ce prix, ce qui prouve que la panique se calme un peu (1).

Vers 11 heures et demie du soir, par une pluie battante, je vais prendre Kîn pour le conduire à bord du « Laô-Kaï » qui doit partir pour Hong-Kong. Quoique costumé en Européen, et malgré l'heure attardée, le pauvre Kîn se cramponne à mon bras de toutes ses forces et tremble comme une feuille. Ma voix, au milieu de la nuit, produit sur lui un effet terrifiant ; il me faisait signe de ne pas parler, en roulant des yeux tout autour de lui. Une fois à bord du « Laô-Kaï », il est heureux comme un roi.

5 *Juin*. — Départ du « Laô-Kaï » et de la jonque pour Hong-Kong, à 6 heures du matin. L'eau monte rapidement : le fleuve a subi une crue de 0ᵐ 50 dans la journée d'hier.

Je pars avec ma chaloupe pour accompagner le « Laô-Kaï » jusqu'au canal du Cua-loc, où nous arrivons à 2 heures du soir et où nous mouillons.

6 *Juin*. — Nous nous mettons en route à 7 heures du matin. A 9 h. 15, nous nous échouons, comme c'est du reste l'habitude de d'Argence, et nous restons là toute la journée.

8 *Juin*. — Nous venons mouiller dans le Thaï-Binh.

(1) La barre d'argent est de 10 taëls ou 80 francs environ (10 onces d'argent) ; en temps ordinaire elle vaut environ de 80 à 90 ligatures. (La ligature est de 600 sapèques en plomb et cuivre.) Lorsque les événements se compliquent la monnaie de cuivre se vend meilleur marché et s'échange contre l'argent plus portatif.

9 Juin. — Je pars avec la chaloupe, pour l'embouchure du Thaï-Binh, reconnaître le passage où le « Laô-Kaï » pourra franchir la barre.

10 Juin. — Nous rejoignons le « Laô-Kaï ». Le passage est praticable, il y a deux brasses et demie d'eau sur la barre; et même trois à la pleine mer; mais le chenal n'est pas très-large.

11 Juin. — Nous mouillons en dedans de la barre, car d'Argence veut aller lui-même s'assurer du passage avant d'y engager le « Laô-Kaï ».

12 Juin. — Je remets mon courrier et mes dernières instructions à M. Millot, avec les proclamations du maréchal pour les montrer au gouverneur de la Cochinchine. Vers 3 heures du soir, nous quittons le « Laô-Kaï », qui entre en pleine mer. Un dernier adieu, puis nous nous tournons le dos. Nous venons de nouveau mouiller en dedans de la barre pour suivre des yeux le « Laô-Kaï » et la jonque jusqu'au moment où ils disparaissent à l'horizon.

13 Juin. — Nous faisons route pour Hâ-noï, mais nous avons quelque difficulté à nous procurer du bois pour la machine.

14 Juin. — Nous rencontrons aujourd'hui le petit mandarin Nguyen, envoyé par le commissaire Ly, qui, ayant appris que nous passions de ce côté, voudrait nous faire prendre la route de Haï-Phong. Notre mandarin est fort étonné lorsque je lui apprends que le « Laô-Kaï » et la jonque sont sortis par le Thaï-Binh.

15 Juin. — Nous arrivons à Hâ-noï à 7 heures du soir. Nous avons perdu beaucoup de temps à la recherche du bois nécessaire à nos machines.

CHAPITRE VII

LUTTES AVEC LES ANNAMITES

DEUXIÈME PHASE

Du départ de mon mandataire pour Saïgon
à la première intervention de l'amiral Dupré

15 JUIN - 19 JUILLET 1873

Mes jonques ont été attaquées et sont revenues. — Dépêche du vice-roi. — Nouvelle proclamation des mandarins. — Deux de mes matelots sont arrêtés. — Emprisonnement des indigènes qui m'ont assisté. — Capture d'un mandarin qui faisait bâtonner mes hommes. — Des prisonniers me sont rendus. — Je rends le mandarin. — Le chef des Cantonnais est bâtonné à cause de nous. — Représailles contre un mandarin. — Mes soldats sont attaqués. — Mon interprète est assailli. — Capture d'une jonque. — La belle-mère de mon interprète est arrêtée. — Un de mes hommes meurt de ses blessures. — Je refuse une dépêche du vice-roi. — Entrevue avec le sous-préfet. — Les troupes du Kouang-Si se mettent à ma disposition. — Je réponds que je ne veux pas attaquer les Annamites et j'accepte seulement cent hommes. — Le fleuve grossit. — La garnison d'Hâ-noï est renforcée. — Des troupes occupent les environs. — Les *Pavillons Noirs* arrivent. — Massacre de deux de mes hommes. — Ma dépêche au vice-roi. — Escarmouche. — Proclamation de Nguyen. — Mécontentement du peuple contre les Annamites. — Désertions. — Craintes d'insurrections. — Offres de services que me font les chefs tongkinois. — Dépêche de l'amiral Dupré. — Enrôlement des *Pavillons Noirs*. — Redoublement de jactance de la part des mandarins. — Je réclame une indemnité de 200,000 taëls. — Ma dépêche à l'amiral Dupré.

15 *Juin*. — J'apprends que les huit jonques de sel sont redescendues hier.

A une journée au-dessous de Kouen-ce, on commença par leur tirer quelques coups de canon à blanc ; mais, un peu plus haut, on leur envoya des boulets et quelques-uns tombèrent près des jonques. On leur criait de descendre les voiles et de rallier le bord du fleuve, sans quoi le feu allait continuer. Elles passèrent outre. Un peu plus haut, un autre camp les accueillit par une vive canonnade dont plusieurs coups portèrent et blessèrent un homme. Depuis les premiers camps, de nombreux soldats annamites suivaient les jonques sur les deux rives du fleuve. Le convoi n'était pas en force pour descendre à terre et prendre l'offensive. D'un autre côté, j'avais recommandé aux deux Européens qui accompagnaient le convoi de se défendre seulement à bord et de ne pas descendre à terre. Si on les attaquait et qu'ils ne pussent passer outre, ils devaient revenir. Aussi ont-ils suivi ces instructions à la lettre, en se laissant dériver au courant.

Presque en même temps, le capitaine Georges recevait du vice-roi une dépêche pour moi, dans laquelle celui-ci disait que j'étais bien prévenu que mes jonques ne passeraient pas ; il n'y a donc pas de sa faute. Le vice-roi semble considérer comme une victoire d'avoir empêché de passer des jonques sans défense et ayant à remonter un courant.

Il y a eu, pendant mon absence, plusieurs proclamations des Annamites et le capitaine Georges en a fait arracher un grand nombre. Elles sont toujours rédigées dans le même sens, et peuvent se résumer en quelques mots : défense au peuple d'avoir des relations avec nous.

Le capitaine Georges a aussi relâché le chef de la police, à la prière des Cantonnais, qui lui ont promis, au nom des mandarins annamites, que, de leur côté, ces derniers mettraient en liberté leurs prisonniers. Malheureusement, le capitaine Georges n'a pas exigé que ces prisonniers lui fussent amenés à bord pour s'assurer de leur mise en liberté.

16 Juin. — Aujourd'hui, j'ignore encore si les prisonniers ont été retenus dans la citadelle ; car défense est faite à leur famille de me le faire savoir sous les peines les plus sévères et *d'extermination jusqu'à la racine*. Un négociant cantonnais est resté ainsi assez longtemps en prison, sans que sa famille osât, non-seulement m'en prévenir, mais encore avouer le fait, lorsque, sur des bruits qui étaient venus jusqu'à moi, je la questionnai sur ce sujet. C'est sur l'indication d'autres personnes que j'ai pu le faire mettre en liberté en menaçant les mandarins.

17 Juin. — Hô-ce-yé (petit mandarin du Yûn-nân attaché à ma mission et qui accompagnait le dernier convoi de jonques de sel) me prévient que les Annamites ont arrêté hier, deux de mes matelots ; ce sont deux Tongkinois engagés pour monter les jonques de sel et, qui effrayés des menaces des mandarins, se sont cachés au dernier moment. Il me dit aussi qu'il reste encore en prison deux hommes de la jonque de Kaï-Hôa-Fou, qui, contrairement à la promesse faite au capitaine Georges, n'ont pas été rendus à la liberté.

18 *Juin*. — Aujourd'hui je fais prévenir les mandarins que je vais prendre des mesures pour en finir avec cette comédie.

19 *Juin*. — J'ai donné ordre ce matin à mes hommes d'Han-Kéou, d'aller par les rues, bien armés, et d'administrer des coups de rotin à tous les soldats de Hué qui tenteraient de prendre mes matelots. Ayant emmené avec eux un matelot tongkinois, ils ont rencontré, au bout de quelques instants, un petit mandarin suivi d'un certain nombre de soldats qui n'eurent rien de plus pressé que de courir sur le matelot tongkinois pour s'en emparer ; mais mes hommes sont tombés sur eux à coups de rotin et les soldats se sont enfuis, laissant aux mains de mes hommes le petit mandarin qu'ils m'ont amené.

A peine cette capture est-elle faite qu'arrive, en toute hâte, le chef des Cantonnais, dépêché par les mandarins, pour me faire savoir que le petit mandarin n'était plus en fonctions ; et il me supplie de le mettre en liberté, car ce n'est que par hasard, dit-il, qu'il s'est trouvé là au milieu des soldats. Je lui réponds que je ne ferai pas comme le capitaine Georges qu'on a trompé en venant lui demander la mise en liberté du chef de la Police. Il me supplie avec tant d'instance que, pour lui être agréable je veux bien accéder à sa demande, mais à la condition qu'on rendra à la liberté les quatre prisonniers dont j'ai connaissance. Le malheureux retourne en tremblant porter la réponse aux mandarins de la citadelle, qui emploient ce notable commerçant pour leurs mauvaises affaires. Ils savent que j'ai de bonnes relations avec lui et que je consentirai pour lui être agréable à des concessions qu'aucun mandarin ne serait capable d'obtenir. Le pauvre Kaï-tchang revient avec plusieurs notables cantonnais pour avoir le mandarin ; mais on ne veut absolument me rendre que deux prisonniers : deux Tongkinois. D'ailleurs, disent-ils, il n'y a pas d'autre prisonnier pour mes affaires dans la citadelle. Malgré toutes leurs supplications, je tiens bon pour avoir mes quatre prisonniers et, en conscience, je ne puis faire autrement. Mes négociateurs finissent par me dire que les deux matelots de la jonque de Kaï-Hoâ ont été mis en liberté. Je demande seulement qu'on me les montre, car je les connais, et s'ils n'étaient pas sequestrés quelque part, ils viendraient me voir. Enfin vers sept heures du soir arrivent, avec le Kaï-tchang et les notables cantonnais, mes quatre prisonniers, en piteux état c'est vrai, mais enfin libres. Je leur rends le petit mandarin qui en est quitte cette fois pour quelques coups de rotin que lui administrent mes hommes en guise de leçon.

20 *Juin*. — J'apprends ce matin que le malheureux Kaï-tchang auquel j'ai remis hier le petit mandarin sur ses supplications, a reçu la bastonnade pour n'avoir pu empêcher mes hommes de fustiger le mandarin. Plusieurs autres personnes, des chefs de quartier, ont aussi reçu la bastonnade pour la même raison. Il faut que ce petit mandarin soit un personnage important pour qu'on y tienne tant.

C'est à la protection des soldats que les mandarins doivent avoir recours ; pourquoi rendre responsables des gens qui n'y peuvent rien ? Le petit mandarin n'avait qu'à laisser mes hommes en paix ; mais il a voulu les emprisonner, et, n'étant pas le plus fort, c'est lui qui a été mis en prison. S'il avait pu les prendre, ils n'en auraient pas été quittes pour quelques coups de rotin.

Ce matin, comme j'étais en tournée du côté de la citadelle, j'ai aperçu un petit mandarin qui descendait de son filet (1) et, après mille précautions, venait se cacher derrière un mur pour nous espionner. Je lui ai fait administrer une correction et j'ai fait mettre son filet en pièces pour lui apprendre à s'occuper de ses propres affaires.

J'ai remis de l'eau phénique au chef des Cantonnais pour cautériser ses plaies. Ce pauvre Kaï-tchang a été abîmé.

21 *Juin*. — Les hommes d'Han-Kéou, étant sortis dans la ville, ont trouvé sur leur route deux hommes de Mang-Hâo et un soldat du Yûn-nân sans armes, enveloppés par une centaine de soldats annamites qui les entraînaient dans la citadelle. Quelques coups de revolvers ont suffi pour mettre ces derniers en fuite. Ceci se passait dans une petite ruelle à cent cinquante mètres de notre habitation où ces trois hommes étaient allés faire quelques provisions ; les soldats annamites, qui étaient cachés dans les maisons, d'où ils nous épiaient, ont enveloppé immédiatement mes hommes et sans leur donner le temps de se reconnaître ni de pousser un cri, les ont percés de coups de lance et de sabre. Déjà ils les entraînaient par les bras ou par les jambes, pendant que d'autres continuaient à les frapper, lorsque sont survenus mes

---

(1) Le filet est une sorte de hamac dans lequel les mandarins et les gens riches se font transporter.

gens. Il est heureux que ceux-ci se soient rencontrés là par hasard ; car personne d'entre nous n'avait rien entendu, en raison de la distance du théâtre de l'action. Mes soldats du Yûn-nân, apprenant cette nouvelle, partent comme une bombe pour rattraper les Annamites ; mais il est trop tard : ceux-ci sont déjà à l'abri dans la citadelle.

Quelques instants après, on vient me prévenir qu'une pauvre femme a été blessée dans la bagarre ; je prie mon interprète *Sam* de prendre avec lui quelques soldats du Yûn-nân et d'aller voir. *Sam* me répond qu'il a son revolver et que cela lui suffit ; malgré mon insistance, il part tout seul. Dans la petite rue du marché où mes hommes ont été grièvement blessés ce matin, il est assailli tout à coup par une vingtaine de soldats qui sortent d'une maison où ils se tenaient cachés. *Sam* les tient en respect avec son revolver et, marchant à reculons, il parvient à rejoindre nos maisons, après avoir fait feu deux fois pour contenir les plus hardis des assaillants. Au bruit des détonations, je pars immédiatement avec dix hommes; mais, aussitôt que les Annamites nous voient déboucher dans la petite rue, ils jouent des jambes de leur mieux. Cette fois-ci les Annamites paraissent bien disposés à nous couper en tout petits morceaux.

Le soir, nous capturons une jonque mandarine qui revenait de Son-Tay conduire le fils du maréchal. Nous trouvons à bord quatre personnes ; ce doivent être des mandarins ; nous les faisons prisonniers jusqu'à nouvel ordre.

Nous sommes partis à la recherche de la femme blessée ; mais on nous dit qu'elle a été transportée chez elle de l'autre côté du fleuve.

22 Juin. — J'ai ordonné aujourd'hui des patrouilles dans toutes les rues, afin d'en chasser les soldats annamites qui pourraient s'y trouver, mais ces derniers n'osent plus apparaître, même déguisés en coolies. A la nuit tombante, la mère de la femme de Sam, qui était allée faire des provisions pour nous, a été prise par les Annamites et emmenée dans la citadelle. Sa fille, qui l'accompagnait, est venue immédiatement nous prévenir ; mais il était trop tard, nous n'avons pu rejoindre les satellites de Hué.

Vers minuit, on vient nous prévenir que les Annamites ont l'intention de nous attaquer à la pointe du jour avec 8 ou 10.000 hommes. Bien que je ne croie guère à tous ces bruits, je prends néanmoins quelques précautions en faisant faire des patrouilles dans le quartier.

On vient me dire aussi qu'un des hommes de Mang-Hâo est mort des blessures qu'il a reçues dans le guet-apens d'hier.

23 *Juin*. — Nous attendons les 8 à 10.000 hommes qui doivent nous attaquer ; mais personne ne paraît.

Nous avons relâché les hommes de la jonque mandarine capturée avant-hier ; les Annamites ne venaient point les réclamer et nous ne savions qu'en faire. L'un d'entre eux se trouvait être le beau-frère du prince Hôan-kè-vien qui commande à Son-Tay. Comme nous n'avons pas eu à nous plaindre de ce dernier jusqu'à présent, je ne veux pas rendre ses gens responsables des actes du gouvernement annamite ; mais nous gardons la jonque qui appartient au gouvernement.

Le Kaï-tchang, accompagné de l'homme à la plaque, m'apporte une lettre du vice-roi que je refuse de recevoir. D'après eux, elle est conçue dans le même sens que les précédentes ; on me dit de ne pas prendre les mandarins, et surtout de ne pas leur donner de coups de rotin et de mettre les hommes du prince Hôang-kè-vien en liberté : ils y sont depuis ce matin.

Je charge le chef des Cantonnais de dire au vice-roi que je l'engage, dans son intérêt, à élargir de son côté les personnes qu'il détient injustement dans la citadelle pour mes affaires.

24 *Juin*. — Le chef des Cantonnais et l'homme à la plaque viennent me supplier de nouveau de recevoir la lettre du vice-roi. Pour éviter encore la bastonnade à ce pauvre Kaï-tchang je consens à la recevoir.

25 *Juin*. — Ce matin, je suis allé au marché aux bestiaux qui se tient, tous les cinq jours, dans la plaine au bas de la ville, pour acheter un bœuf. Nous choisissons celui qui nous convient et nous le prenons, et puis nous payons en secret ce qu'on nous demande ; car il est défendu aux habitants de nous vendre quoi que ce soit sous les peines les plus sévères ; les habitants nous laissent donc faire pour sauver les apparences.

En revenant, comme nous passions devant la sous-préfecture, l'idée me vient de frapper à la porte du sous-préfet pour juger de son attitude, mais il était dans la citadelle. A peine sommes-nous de retour, que le Kaï-tchang vient de la part du sous-préfet me dire que celui-ci veut me rendre ma visite pour savoir quel était le but de la mienne. Il est entendu que l'entrevue aura lieu chez le Kaï-tchang à six heures du soir.

A l'heure indiquée, je me rends chez ce dernier, accompagné du capitaine Georges et de six hommes seulement ; il est vrai que nous sommes peu éloignés de notre habitation et que mes hommes se tiennent prêts à la moindre alerte. La rue est pleine de soldats annamites ; le sous-préfet a amené avec lui 5 à 600 hommes au moins pour faire le fanfaron. Je lui demande des explications sur sa conduite à notre égard, puisqu'il est chargé de la police de la ville ; il me répond qu'il n'est qu'un petit fonctionnaire et qu'il ne fait qu'exécuter les ordres qu'il reçoit des chefs de la citadelle. Je lui fais alors des remontrances pour qu'il les rapporte à ses supérieurs. Je lui dis que je ne suis pas venu au Tong-Kin pour nuire au gouvernement annamite ; je ne veux aucun mal aux mandarins, je ne veux que le bien du peuple. Du reste, le peuple le comprend bien ainsi. Pourquoi donc punit-on les habitants qui ont des relations avec moi ? Il me répond que les mandarins sont maîtres de faire ce qu'ils veulent de leur peuple. Mais, lui dis-je, ce peuple ne vous appartient pas, c'est lui qui est maître de ses destinées et non vous. Voilà soixante et onze ans que vous le tenez dans l'esclavage. Je suis au Tong-Kin depuis un an, et je me crois autant de droit dans ce pays que vous-mêmes, sinon plus. J'ai ajouté qu'ils savaient bien que je n'avais qu'un signe à faire pour que le peuple tongkinois se levât comme un seul homme et les fît disparaître. A cela, le sous-préfet me répond qu'il ne se préoccupe pas de ces choses ; il reçoit des ordres des grands mandarins et il les fait exécuter ; puis il a l'audace d'ajouter que nous ferions bien de quitter les maisons que nous habitons à terre ainsi que la pagode, pour nous retirer à bord de nos navires, où on nous laisserait tranquilles. Il n'a aucune mission pour parler ainsi ; mais il le fait pour les assistants, afin que cela soit répété aux mandarins de la citadelle. Je lui dis que les mandarins courent risque de quitter plus tôt la citadelle que je ne quitterai les maisons que nous habitons ; et sur ces paroles je pars brusquement.

26 *Juin*. — Le bruit de mes luttes avec les Annamites a pénétré jusqu'au Kouang-Si. Aujourd'hui une vingtaine de soldats de cette province commandés par un petit mandarin nous arrivent et nous disent que cinq cents hommes sont près de la frontière, n'attendant qu'un mot d'ordre pour se mettre en route. Je réponds que je ne puis accepter que cent hommes, parce que notre troupe est assez nombreuse pour

le but qu'elle se propose et qui consiste, non pas à attaquer les Annamites, mais uniquement à se défendre contre leurs agressions.

27 *Juin*. — Le capitaine Georges vient me dire, qu'à deux journées d'Hà-Noï, il y a deux à trois cents hommes, ayant appartenu au corps d'occupation chinois en garnison dans les provinces de Bac-Ninh et Thaï-Nguyen qui vient d'être licencié à Lang-Tchéou, première ville chinoise du Kouang-Si. Ils sont revenus dans la province de Thaï-Nguyen où ils étaient en garnison pour chercher fortune ; ils viendraient à notre service, si nous les voulions. Je réponds au capitaine Georges que nous n'avons pas besoin d'eux, du moins pour le moment. Ce sont les soldats arrivés hier qui prêchent pour faire prendre leurs amis.

Depuis quelques jours, nous avons des pluies torrentielles. Le fleuve a monté de près de deux mètres par jour ; dans certains endroits l'eau n'est pas loin de franchir les berges et de pénétrer dans la ville.

28 *Juin*. — On vient me prévenir qu'il est arrivé de Hué un prêtre annamite parlant français, pour servir d'interprète au maréchal et d'intermédiaire entre les mandarins de la citadelle et nous. Il se nomme Houân et appartient à la mission de Mgr Gauthier.

Il paraît qu'il est arrivé aujourd'hui beaucoup de troupes de la province, qu'on a logées dans les pagodes des environs d'Hà-Noï. Tous les villages auraient reçu l'ordre de fournir un certain nombre de miliciens sous la conduite du maire ou d'un autre chef.

29 *Juin*. — Le prêtre annamite est venu aujourd'hui à bord du « Hong-Kiang » ; le capitaine Georges l'a accompagné jusque chez moi, à terre. Il se dit envoyé par Mgr Gauthier, par ordre du roi, avec des dépêches de la cour pour les mandarins du Tong-Kin. D'après Houân, le roi voudrait qu'on nous laissât passer tranquillement sans nous inquiéter. Il m'assure en conséquence que les mandarins ne nous tracasseront plus ; seulement il me prie de ne plus envoyer de mon côté des hommes armés dans les rues pour prendre les mandarins et les soldats. J'y consens à la condition que les mandarins relâcheront les prisonniers qu'ils ont faits pour mes affaires et qu'ils feront une proclamation au peuple de la part du roi, par laquelle on lui reconnaîtra la liberté de nous fournir tout ce dont nous aurons besoin et d'entrer à notre service sans crainte d'être compromis.

Cette proclamation faite, je ferai rentrer mes hommes dans notre quartier et livrerai la ville marchande aux autorités annamites. Cette demande fait sourire le prêtre indigène. Alors je lui demande comment il se peut qu'il me tienne un pareil langage, quand il sait, aussi bien que moi, qu'on fait en ce moment converger sur Hâ-Noï toutes les troupes du Tong-Kin, et qu'on lève les milices dans tous les villages pour nous attaquer. Il me répond que ce n'est pas contre nous, mais uniquement contre les rebelles. Ce prêtre annamite est aussi fourbe que les mandarins de son pays ; il vient simplement pour nous espionner et nous endormir dans une trompeuse sécurité.

Les habitants viennent m'engager ce soir à prendre des précautions. Il paraît que beaucoup de soldats sont entrés la nuit dernière dans la ville et qu'ils se tiennent cachés dans l'intérieur des maisons. Entre le fleuve et la citadelle, en face de notre mouillage, les maisons sont presque toutes vides et fermées ; c'est là que se cachent les soldats. On me dit qu'il est arrivé aussi de nouvelles troupes des provinces voisines, que l'on tient éloignées de la ville, à une ou deux lieues dans l'intérieur, pour qu'on ne s'aperçoive pas de leur présence.

Le maréchal veut donc tenter un grand coup. Voyons un peu comment il s'y prendra ; cela devient intéressant.

Je vais, avec une patrouille de 12 hommes, faire un tour dans les rues jusqu'à la citadelle, pour étudier la physionomie du quartier. Je remarque dans les rues un peu plus de monde que de coutume, mais point de soldats. On me dit que ceux-ci sont déguisés et habillés comme les gens du peuple pour se promener dans les rues, et que leurs armes, ainsi que leurs habits, sont cachés dans les maisons. Habillés en soldats ou non, ils ne sont pas dangereux.

30 *Juin*. — Il est arrivé aujourd'hui une centaine de « Pavillons Noirs » de Long-Seau-Yé, qui logent dans les pagodes situées au-dessus d'Hâ-Noï.

Je donne l'ordre à bord des navires de ne laisser descendre à terre personne isolément. Le service se fera par escouades et tous les hommes seront armés ; je fais la même recommandation pour les soldats du Yûn-nân ; ils ne devront pas s'éloigner de plus de 100 mètres de notre centre d'habitation.

Depuis le 20 Juin, le thermomètre n'a guère dépassé 30° centigrades ; nous avons eu la pluie presque tous les jours.

1er Juillet. — Houân est venu à bord du « Hong-Kiang » pour demander au capitaine Georges à visiter la pagode où logent les hommes du Kouang-Si et ceux de Ma-Taï; on lui avait dit que nous avions détruit les Poussâ. Il a voulu voir aussi la fameuse barrière qui est le cauchemar des mandarins : c'est une solide barrière que nous avons établie dans une petite ruelle communiquant avec une rue parallèle à la nôtre, et que nous fermons la nuit pour éviter toute surprise. Ce Houân est un espion que les mandarins envoient pour connaître nos moyens de défense ; nous n'avons pas de secrets, mais je ne vois pas l'utilité de recevoir des ennemis chez nous.

Notre ancienne connaissance de Quang-Yèn, le fameux commissaire Ly, serait venu à Hâ-Noï, paraît-il, il y a trois ou quatre jours, pour voir le maréchal Nguyen ; puis il serait parti en mission pour Hué, *incognito*.

Vers 6 heures du soir, on vient me dire que deux hommes de Mang-Hâo ont disparu. Nous courons en toute hâte du côté de la citadelle et nous atteignons la porte de l'E. sans rien apercevoir ; nous battons le quartier en tous sens, mais sans résultat. J'apprends qu'on a vu traîner deux hommes par les bras et les jambes dans la citadelle ; les hommes étaient couverts de sang et ne donnaient plus signe de vie. Sur le moment mes hommes du Yûn-nân veulent attaquer la porte de l'E. et pénétrer dans la citadelle pour délivrer leurs camarades ; mais le capitaine Georges et moi croyons, quant à présent, cette mesure inutile ; car nous ne trouverions plus que des cadavres, et puis cette attaque demande du temps et ne peut se faire sans artillerie ; il faut des préparatifs.

J'avais cependant bien recommandé de ne pas descendre à terre isolément.

Voici ce qui est arrivé : deux hommes sont descendus de la jonque de Mang-Hâo, qui est mouillée contre la berge, dans une petite anse au-dessus du « Hong-Kiang », sans que personne fît attention à eux. Ils se sont avancés dans les rues en flânant, pour acheter des légumes aux marchandes ambulantes ; deux de ces marchandes, qui se trouvaient dans le sentier qui passe au bas de la petite pagode en contournant la mare d'eau, leur offrant par signes leurs marchandises, ils s'avancèrent vers elles ; mais, avant qu'ils ne les eussent rejointes, ils furent enveloppés par une nuée d'Annamites sortant des maisons et de la petite pagode cachée par une ceinture d'arbres, et ils furent percés aussitôt de coups de lance et de sabre ; ils poussèrent à peine deux ou trois cris, et on les traîna au pas de course dans la citadelle. Ceux qui les ont vus au moment où ils franchissaient la demi-lune qui garde la porte de l'E. disent qu'ils devaient être certainement morts, et cependant on continuait toujours à les frapper, bien qu'ils fussent couverts de sang et que leur chair fût en lambeaux...

Après un pareil acte, tous mes gens sont furieux... Je suis obligé de les contenir pour ne pas précipiter les événements.

2 *Juillet*. — Il est 8 heures du matin ; j'adresse une dépêche au vice-roi relative au guet-apens et au massacre dont deux de mes hommes ont été victimes hier. En conséquence, je le préviens que, pour éviter tout retour de semblables atrocités, je donne des ordres formels à mes hommes pour tuer comme des chiens tous ceux qui donneraient le signe de la moindre velléité d'agression, seule manière de les préserver d'une telle barbarie. De plus, je donne également des ordres pour arrêter toute personne voulant faire acte d'autorité dans la ville marchande. On arrêtera tous ceux qui porteront les insignes de mandarin et le costume de soldat; tous ceux qui seront porteurs d'armes dont ils ne pourront justifier l'emploi seront aussi arrêtés et conduits à bord des navires. Dans le cas où cette mesure ne serait pas suffisante pour garantir la sécurité de mes gens, je saurais en trouver de plus énergiques.

Je communique ma dépêche à toute l'expédition et donne à chacun des ordres en conséquence ; je fais faire quelques copies de cette dépêche et les fais afficher dans les principaux quartiers de la ville, en les faisant surveiller pour que les soldats de Hué, déguisés en coolies, ne les déchirent pas.

Vers six heures et demie du soir, le chef des Cantonnais vient me dire que mes hommes ont tué un *Ly-kiang* (maire) de la campagne qui était venu, à Hâ-Noï, apporter le tribut, et qu'on venait de le porter chez le sous-préfet. Je lui réponds que bien certainement le *Ly-kiang* a voulu attaquer mes hommes ; du reste, je ne connais encore rien de cette affaire, mes hommes n'étant pas de retour.

Voici comment la chose s'est passée, d'après mes hommes et les Tongkinois présents lors de cette affaire.

Une patrouille composée de huit hommes d'Han-Kéou, y compris mon *boy*, se trouvait près de la demi-lune qui couvre la porte de l'E. ; quatre des hommes de la patrouille suivaient le chemin qui longe le fossé pendant que les quatre autres prenaient par une petite rue parallèle aboutissant à la porte de la demi-lune, devant laquelle ils devaient tous se rejoindre. Les Annamites des remparts et ceux qui occupaient la demi-lune et la porte de l'E., n'apercevant que quatre hommes crurent la capture facile ; au même moment un Ly-kiang, venu de la campagne à la tête d'une centaine de ses miliciens, arrivait pour entrer en ville ; de la demi-lune et des remparts, les Annamites l'interpellèrent en lui criant : « Prenez-les, ils ne sont que quatre, avez-vous donc peur.., attrapez-les, ils ne sont que quatre.., empoignez-les donc, avez-vous donc peur.. ? »

Le pauvre Ly-kiang, entendant plus d'un millier de soldats l'encourager ainsi, s'avança résolument à la tête de son escorte pour s'emparer des quatre hommes. A vingt-cinq ou trente pas, ceux-ci lui crièrent de ne pas avancer davantage ou bien qu'on allait faire feu ; mais il était excité par les cris partant des remparts : « Prenez-les, attrapez-les.... ils ne sont que quatre... avez-vous peur... ? » et il ne tint aucun compte de ce premier avertissement. Arrivé à sept ou huit pas, quatre fusils s'abattirent sur lui et sa petite troupe, et ce mouvement fut accompagné de cette sommation impérieuse : « Arrête, ou tu es mort ! » ; mais, au lieu de s'arrêter, il s'élança en avant en criant à ses hommes de faire comme lui ; au même moment quatre coups de fusils partirent ; le Ly-kiang tomba atteint par une balle en pleine poitrine et deux de ses hommes furent blessés, les autres se sauvèrent à toutes jambes ; du reste ils suivaient leur chef de mauvais gré et restaient à distance. Tous ces miliciens n'étaient armés que de piques, de lances, de croissants et de mauvais sabres ; c'est mon petit *boy* qui a tué le Ly-kiang avec une carabine Lefaucheux.

Vers huit heures du soir, Houân, vient, lui aussi, me dire que mes hommes ont tué un Ly-kiang et blessé deux de ses hommes. Il vient en conséquence me prier de la part des mandarins de ne plus laisser aller mes hommes armés dans les rues. « Sans doute », lui dis-je, « afin qu'il soit plus facile de les prendre... »

3 Juillet. — Une jonque devant partir de la Cat-Ba, pour Hong-Kong, je profite de la circonstance pour écrire à M. Millot et lui faire connaître mes luttes avec les Annamites.

Houân est venu me dire aujourd'hui que le maréchal Nguyen est beaucoup plus conciliant depuis quelques jours, il demande la paix.

4 Juillet. — De grand matin, le capitaine Georges m'apporte une proclamation qu'il a trouvée affichée près de la pagode où logent les soldats du Yûn-nân. Elle a été faite sans doute pour répondre à celle que j'ai faite avant-hier, et nous montre ce qu'il faut attendre des idées conciliatrices du maréchal Nguyen. Elle dit en substance que « maintenant c'est une chose bien entendue, que nous rentrerons tous à bord de nos navires et que nous attendrons là les dépêches du vice-roi de Canton et la décision du roi. Nous descendrons sans armes à terre et par groupes de deux ou trois hommes au plus. Dans le cas où nous ne nous conformerions pas à ces prescriptions, il enverra (le maréchal) des hommes armés pour nous prendre et moi tout particulièrement. Il engage tous les chefs de village, ainsi que ceux de chaque quartier, à nous arrêter et à nous conduire dans la citadelle ».

Le Ly-kiang qui a été tué, était d'un village situé aux environs d'Hâ-Noï ; c'était un homme riche et très-influent ; sa mort a produit une certaine sensation dans la population. On dit avec raison que les mandarins et leurs soldats restent cachés dans la citadelle et forcent le peuple à se faire tuer pour attaquer des personnes qui ne font aucun mal.

Hier et aujourd'hui, j'ai reçu plusieurs lettres de chefs de villes et de villages qui m'offrent de marcher en masse sur Hâ-Noï, si je veux me mettre à leur tête avec mes hommes, afin d'en finir avec les tyrans de Hué ; je réponds de rester tranquille pour le moment.

Beaucoup de miliciens tongkinois ont déserté et sont retournés dans leur village. Les mandarins n'osent rien dire dans la crainte d'une insurrection.

Les Tongkinois m'assurent qu'il y avait 40 à 50,000 hommes réunis, ces jours derniers, dans la ville et les environs ; mais une bonne moitié de ces hommes appartiennent à la milice et sont de cœur avec nous, ainsi que les soldats tongkinois qui composent en grande partie l'armée du Tong-Kin.

J'apprends ce soir du chef des Cantonnais que, sur les deux hommes que les Annamites nous ont massacrés, l'un est mort aussitôt arrivé dans la citadelle, et l'autre est mort également, mais après une agonie de 24 heures et sans avoir pu prononcer une parole. Ces deux malheureux ont subi des tortures épouvantables.

Quelques instants après, Houân est venu nous voir, pour juger sans doute de l'effet produit sur nous par la proclamation de Nguyen. Je l'ai assez mal reçu et me suis mis dans une grande colère au sujet de cette proclamation, en lui rappelant ce qu'il était venu me dire hier des intentions pacifiques du maréchal; Houân me répond que c'est une manière de parler de Nguyen, pour ne pas perdre tout prestige sur le peuple et afin de pouvoir montrer au roi, en lui envoyant une copie de cette proclamation, qu'il est encore tout-puissant au Tong-Kin.

5 *Juillet*. — Le chef des Cantonnais vient de la part des mandarins me réclamer les proclamations enlevées par nous hier ; je refuse de les lui donner, en lui disant que je veux les envoyer au gouverneur de la Cochinchine.

6 *Juillet*. — Un tongkinois a remis un billet au capitaine Georges pour nous engager à prendre quelques précautions et à ne pas laisser sortir nos hommes sans être armés et isolément; car les mandarins préparent quelque nouvelle machination contre nous.

8 *Juillet*. — Le capitaine Georges a fait arrêter un individu, qui rôdait sans cesse autour de notre pagode; le chef des Cantonnais est venu le réclamer en disant que c'était un paysan qui arrivait de la campagne. Le capitaine Georges l'a relâché pour faire plaisir au Kaï-tchang; mais bien certainement ce devait être un espion, sans quoi le Kaï-tchang n'en aurait pas été informé; il n'aurait pas témoigné d'intérêt pour un homme que ne lui auraient pas recommandé les mandarins.

12 *Juillet*. — Tout est calme depuis quelques jours ; les mandarins ne donnent plus signe de vie ; nous sommes parfaitement tranquilles depuis que nous faisons la police de la ville marchande, ce dont la population est enchantée ; l'ordre le plus complet ne cesse de régner. Nos hommes font des patrouilles le jour et la nuit. Tous les miliciens, faisant fi des ordres des mandarins qui ont tout mis en œuvre pour les retenir, sont repartis pour leur village.

Je reçois chaque jour des offres, de la part de chefs tongkinois, pour marcher sur Hâ-Noï. Aujourd'hui, un nouveau chef me propose de venir avec 3.000 hommes pour prendre la citadelle.

13 *Juillet*. — Le chef des Cantonnais vient me prévenir qu'il est arrivé une dépêche de Saïgon à mon adresse et sollicite l'autorisation pour le sous-préfet de sortir de la citadelle pour me l'apporter. Je lui demande qu'on me remette cette dépêche, voilà tout ; mais je n'ai nul besoin du sous-préfet pour cela.

Au bout de quelques instants, le chef des Cantonnais revient avec Houân pour m'apporter la dépêche. C'est une dépêche du contre-amiral Dupré, gouverneur de la Cochinchine ; elle est renfermée dans un étui en fer blanc et a été remise ouverte aux Annamites. Le contre-amiral Dupré m'invite, sur la demande des Annamites, à me retirer du Tong-Kin, puisque, dit-il, j'ai transporté au Yûn-nân les armes destinées au Titaï et que j'ai reçu des métaux en paiement. Quelle terrible déception n'éprouvé-je pas en apprenant l'ordre inqualifiable par lequel le gouverneur laisse aux Annamites la liberté, si je ne me conforme pas à son invitation, de pouvoir employer *tels moyens qu'ils croiront devoir prendre pour nous chasser* et, qu'en ce cas, je n'aurai à m'en prendre qu'à moi-même des conséquences qui pourront en résulter pour moi et mes gens !...

Les Annamites se sont adressés à Saïgon, pour réclamer l'intervention du gouverneur, comme ils s'étaient déjà adressés — mais vainement — au Kouang-Si et à Canton. Cette démarche a trahi évidemment leur faiblesse, et le gouverneur a voulu savoir si réellement ils étaient impuissants à nous chasser. Si nous n'avions pas été en forces au Tong-Kin, pour tenir tête aux satellites de Hué, et que ceux-ci n'eussent été retenus par la crainte de s'attirer des complications avec Saïgon, cette lettre aurait pu nous faire massacrer.

Cette curiosité du contre-amiral Dupré de vouloir connaître jusqu'où peut aller l'impuissance du gouvernement annamite est tout au moins bien imprudente...

14 *Juillet*. — La rumeur publique a déjà connaissance de la dépêche de Saïgon. Les Annamites s'en vont partout, commentant cette dépêche à leur façon, en disant que Saïgon est avec eux contre nous, qu'ils ont *acheté Saïgon* (c'est leur propre terme). Ils disent même que des ambassadeurs se disposent à se rendre dans cette ville, avec des caisses de barres d'argent dont ils fixent le nombre, quelque chose comme cent balles de soie et d'autres objets, afin de payer l'intervention de Saïgon en leur faveur. Ce sont là les procédés employés dans l'extrême

Orient ; aussi personne à Hâ-Noï ne doutât-il qu'il n'y eût du vrai dans cette histoire.

Le capitaine Georges, qui a connaissance des bruits qui circulent, vient me demander si j'ai reçu des nouvelles de Saïgon ; je lui réponds affirmativement, mais sans lui faire connaître le contenu de la dépêche. Nous causons longuement des affaires de l'expédition ; lui, qui sait quelle résistance j'ai opposée avant d'arborer le pavillon français, trouve que j'avais bien raison. Cela n'a servi à rien ; les Annamites n'en ont pas moins continué la lutte et cela ne peut aujourd'hui qu'amener certaines personnes à s'ingérer dans les affaires de l'expédition, contrairement à nos intérêts. Il veut faire allusion aux bruits que les Annamites répandent sur l'attitude du contre-amiral Dupré.

15 *Juillet*. — Il y a ici un homme de Long-Séau-Yé, qui fait des enrôlements pour le compte des Annamites. Il racole d'anciens Chinois rebelles qui demeurent du côté de Thaï-Nguyen, ainsi que des pirates. Tous arrivent isolément ici. On dit qu'il a déjà réuni une centaine d'hommes qu'il tient cachés dans des maisons situées au bas de la ville, près du fleuve. Mes soldats du Yûn-nân me demandent l'autorisation d'aller les arrêter ; mais je leur dis d'attendre qu'il se prononce ouvertement contre nous ; cette affaire n'a pas encore assez d'importance.

16 *Juillet*. — Le peuple est très-effrayé des bruits que les Annamites répandent depuis quelques jours. Si nous ne partons pas tout de suite, disent ces derniers, ils vont nous *couper en tout petits morceaux*, maintenant qu'ils en ont l'autorisation de Saïgon. Il y a longtemps déjà qu'ils l'auraient fait, ajoutent-ils ; car ils en avaient les moyens, s'ils n'avaient craint de se compromettre avec Saïgon.

Houân est encore venu aujourd'hui pour nous espionner. J'ai refusé de le recevoir et lui ai fait dire par mon interprète tout ce que je pense de lui.

18 *Juillet*. — Le chef des Cantonnais vient me demander un permis pour laisser passer avec lui un mandarin qu'il me prie de recevoir. Je refuse. Un instant après, on me dit que le Père Houân est venu avec le Kaï-tchang, pour me faire une communication très-importante, mais que, ayant été chassé hier, il n'ose entrer. Je donne des ordres pour le laisser passer.

Houân vient, de la part de Nguyen, pour me demander ce que je ferais, si on me laissait libre de remonter au Yûn-nân avec mes jonques de sel. Je m'attendais depuis longtemps à cette demande. Les Annamites regrettent de n'avoir pas détruit le convoi la dernière fois. Ils voudraient diviser nos forces, afin qu'il leur fût plus facile de les combattre. Je réponds au P. Houân que je ne veux rien faire avant d'avoir des nouvelles de Saïgon et que je sais pourquoi il me tient ce langage aujourd'hui ; mais je ne tiens pas quitte le gouvernement annamite des préjudices qu'il a causés à toutes nos opérations commerciales. Il me faut une indemnité, les mandarins le savent bien ; maintes fois je leur en ai adressé la note qui grossit tous les jours et plus ils me susciteront d'entraves, plus la note à payer sera forte. Sur la demande du P. Houân, je réponds que cette indemnité s'élève déjà à plus de 200,000 taëls (1,500,000 francs).

19 *Juillet*. — Le P. Houân vient, de nouveau, de la part du maréchal Nguyen, pour me dire que si on a tiré sur mes jonques, ce n'était pas pour m'empêcher de passer, mais parce qu'elles n'avaient pas payé les droits de douane ; de sorte que nous avons eu tort de rétrograder et on ne nous doit pas d'indemnité. C'est par trop ridicule. Comment puis-je payer des droits au gouvernement annamite quand lui-même me doit des sommes considérables ? et puis quand ce même gouvernement entrave nos affaires et cherche par tous les moyens à nous faire disparaître, puis-je accepter des prétentions qui ne tendent qu'à notre ruine? Je réplique donc au P. Houân que ce qu'il me dit n'est pas sérieux : le gouvernement annamite ayant fait tout ce qu'il a pu pour ruiner l'expédition en mettant obstacle à ses communications avec le Yûn-nân, c'est de ce chef à plus de 200,000 taëls que s'élèvent les préjudices qui nous ont été causés, et, bon gré, mal gré, il faudra bien que cette indemnité me soit comptée ; je ne suis, du reste, pas en peine du paiement.

J'ai remis mon courrier pour le gouverneur de Saïgon au chef des Cantonnais. Comme les faits ont été dénaturés par les Annamites, je dis au contre-amiral Dupré que M. Millot, arrivé, sans doute depuis peu à Saïgon, lui fera connaître notre situation sur le fleuve Rouge.

Je lui dis également que le ministre du commerce et des affaires étrangères de l'Annam ne manque pas d'audace pour lui avoir adressé des plaintes contre nous, quand c'est de notre côté que les plaintes devraient partir.

Je lui suis très-reconnaissant de son intervention officieuse auprès du gouvernement annamite qui devait me faciliter le passage par le fleuve Rouge, et me permettre d'établir une communiation avec le Yûn-nân ; malheureusement il n'a été tenu, au Tong-Kin, aucun compte des promesses que lui a faites la cour de Hué. Quant à la conduite que nous avons tenue au Tong-Kin depuis notre arrivée, elle est exempte de tout blâme, et si nous mettions sous les yeux du monde entier nos actes de chaque jour et ceux des mandarins vis-à-vis de nous et à l'égard du peuple, il n'y aurait qu'un cri d'indignation et de colère contre de pareils tyrans. Le seul but de mon expédition a toujours été d'ouvrir par le fleuve Rouge une voie de communication avec le Yûn-nân, pour acheminer sur Saïgon les riches produits de cette province. Aujourd'hui cette nouvelle route est ouverte ; mais les mandarins de Hué veulent la fermer de nouveau. J'ai passé des contrats au Yûn-nân pour une somme de six millions ; ces contrats doivent être exécutés à la fin de l'année, et je suis retenu ici dans le Tong-Kin, parce que je ne veux pas user de la force pour passer. Je n'en réserve pas moins tous mes droits contre le gouvernement annamite. Je regrette de ne pouvoir satisfaire à l'ordre que le gouverneur me donne, mais il m'est impossible de quitter le Tong-Kin.

Dans une autre lettre, retraçant la situation qui nous est faite, j'écris au gouverneur, à la même date du 15 juillet 1873, après lui avoir relaté les incidents survenus à notre convoi de sel :

« Après cette affaire, le maréchal Nguyen crut le moment venu pour mettre ses projets à exécution. Un appel fut adressé au peuple d'Hâ-Noï, aux Chinois comme aux Tongkinois des environs pour se joindre aux soldats, afin d'en finir avec nous. Nous resserrions nos rangs sans crainte ni faiblesse, mais aussi sans provocation ni fanfaronnade. Des nuées de soldats déguisés en coolies inondaient les rues de la ville pour nous surprendre isolément. Je recommandai à mes hommes de ne sortir qu'en nombre et bien armés et seulement pour les besoins les plus urgents. Le premier jour, les Annamites me prenaient deux pauvres matelots du Yûn-Nân et les mettaient à mort après leur avoir fait subir les plus grandes tortures. Ils emprisonnaient et torturaient les Tongkinois qui avaient eu quelques rapports avec nous. Cela ne dura pas lontemps, parce que ceux qui se croyaient compromis venaient dans notre quartier, sous notre protection. Tous les moyens furent employés ; on tenta d'incendier nos bateaux, de nous prendre par la famine, etc., etc. Tous les jours les Annamites devaient nous attaquer, mais ils ne venaient pas souvent. Nos têtes étaient mises à prix : quatre barres d'argent pour un Chinois et dix pour un Européen ; on a même élevé le prix à cent barres d'argent ou mille taëls pour la mienne ; mais les habitants d'Hà-Noï ont préféré recevoir les coups de bâtons du maréchal que son or empoisonné.

« Les Tongkinois voudraient voir les Européens chez eux et, comme les premiers sont Français, ils font des vœux pour que les Français viennent. Voilà d'où vient la grande animosité des mandarins contre mon expédition, et, malgré toutes les tortures qu'ils infligent à ceux qui entretiennent des relations avec nous, on nous a toujours procuré des vivres le jour ou la nuit. Le 3 juillet, le maréchal Nguyen, voyant qu'il ne pouvait rien faire contre nous et que le peuple se moquait de lui, me fit dire qu'il ne ferait plus prendre mes hommes et me priait de mon côté de ne plus faire descendre mes hommes armés. Depuis lors nous sommes tranquilles.

« Les seize barques qui sont ici à attendre avec leur chargement devaient prendre au Yûn-Nân 2.500 à 3.000 piculs de cuivre et d'étain, représentant sur la place de Hong-Kong une valeur de 60 à 80.000 dollars. Ces barques seraient de retour aujourd'hui.

« Il est arrivé, il y a quelques jours, des dépêches de Hué ainsi qu'une lettre de Mgr Gauthier écrite de la part du roi pour moi. Il semble que les Annamites veulent prendre un arrangement. Je demande 200.000 taëls d'indemnité.

« J'ai l'honneur, etc.,

« *Signé :* J. Dupuis ».

CHAPITRE VIII

LUTTES AVEC LES ANNAMITES

TROISIÈME PHASE

De la première intervention de l'amiral Dupré au retour de mes navires

20 JUILLET-21 SEPTEMBRE 1873

Lettre de Mgr Gauthier. — Inondation. — Un chef Lê m'offre 3.000 hommes et trente jonques. — Barrage dans le Cua-Loc. — Fuite du maréchal Nguyen. — Lettre de Mgr Puginier. — Excursion au canal Song-Ki. — Retour du maréchal Nguyen. — Les mandarins menacent le peuple d'une invasion française. — Nouvelles arrestations de Tongkinois. — Agression contre mes soldats. — Escarmouches. — Nous faisons des prisonniers. — Capture de jonques. — Les Lê se soulèvent. — Le fleuve descend. — Barrages. — Nouvelles de Canton et de Saïgon. — Nouvelle excursion au canal Song-Ki. — Promenades militaires. — On me rend des prisonniers. — Je restitue les jonques capturées. — Lettre du vice-roi. — Je reçois des renforts. — Sortie du maréchal Nguyen. — Déroute des troupes du maréchal. — Radeaux incendiaires. — Mes navires sont signalés. — Ma proclamation. — Arrivée de mes navires au Dao-Son.

20 Juillet. — Le chef des Cantonnais, accompagné d'un mandarin revêtu de l'habit civil, vient pour me demander une entrevue avec le sous-préfet au Koueï-Kouang ; je refuse de les recevoir en faisant dire au chef des Cantonnais qu'il sera toujours le bienvenu chaque fois qu'il viendra seul, mais de ne pas m'amener de ces *singes*-là avec lui, sans quoi je me verrai, avec regret, obligé de ne pas le recevoir. Voilà plusieurs fois déjà que je dis à ce brave homme que je ne veux plus avoir de rapports directs avec les mandarins de Hué, qui tous m'inspirent le plus profond mépris, et que je le prie de ne plus en amener avec lui ; mais les pauvres mandarins ne peuvent se consoler de n'avoir plus d'entrevues avec moi pour me raconter toutes leurs turpitudes.

Il est huit heures du soir ; le chef des Cantonnais et le P. Houân viennent me relancer pour accepter l'entrevue que demandent les mandarins : ils veulent à toute force causer avec moi. Pour en finir avec cette plaisanterie, je suis obligé de me fâcher contre le P. Houân qui insiste toujours. Après quoi, le P. Houân croit devoir me témoigner son étonnement de ce que mes soldats du Yûn-nân ne partent pas ; cependant le gouverneur de Saïgon m'a donné l'ordre de quitter le pays tout de suite : mes matelots et mon escorte doivent retourner au Yûn-nân, et nous autres, Européens, nous devons aller à Hong-Kong ou à Saïgon. Il ajoute, de plus, que Nguyen l'a autorisé à me dire qu'il laisserait mes hommes prendre du riz et du sel pour les besoins de ce voyage ; j'envoie le P. Houân à tous les diables avec ses sornettes et le prie de dire à Nguyen qu'il me paie d'abord les 200.000 taëls qu'il me doit, et que nous verrons ensuite.

21 *Juillet.* — Le chef des Cantonnais me prévient que la jonque qui portait mon courrier à Macao a été prise par les pirates le 20 de la lune (14 juillet). Elle avait pris le large, sortant de Tali, le 19 de la lune (13 juillet), dans l'après-midi, lorsqu'elle a été attaquée le lendemain, vers midi, à Pè-Lan-Meï, par deux jonques montées par des pirates. Elle s'est défendue jusqu'à dix heures du soir. Cette jonque avait 340 caisses de soie et diverses autres marchandises pour une valeur d'environ 100.000 dollars. A l'instant les négociants d'Hâ-Noï, qui avaient des marchandises à bord, viennent d'être prévenus, pour qu'ils puissent s'entendre avec les pirates qui se sont réfugiés à Tong-Lang-Kong (Iles pirates) pour racheter la cargaison.

Mon courrier pour le gouverneur de Saïgon n'est pas encore parti. Le vice-roi dit qu'il ne peut pas se charger de mes lettres sans un ordre du roi. En conséquence le chef des Cantonnais a confié ma dépêche au P. Houân qui l'adressera à Mgr Gauthier, en le priant de le faire parvenir au contre-amiral Dupré par la première occasion.

26 *Juillet.* — Tout est tranquille. Les mandarins ne donnent toujours plus signe de vie. La pluie n'a cessé de tomber cette nuit et toute la journée.

27 *Juillet.* — Je reçois aujourd'hui, par l'entremise du P. Houân, une lettre de Mgr Gauthier, en date du 18 Juillet, dans laquelle celui-ci me fait connaître qu'il a reçu ma lettre du 4 Juillet pour la cour de Hué et qu'il en adressera la traduction le lendemain.

Depuis 48 heures la pluie ne cesse de tomber.

28 *Juillet.* — Pluie torrentielle cette nuit et aujourd'hui. Le fleuve déborde et les bas quartiers de la ville sont inondés.

30 *Juillet*. — J'écris à M. Millot et lui adresse ma lettre par l'entremise des Missions espagnoles.

1ᵉʳ *Août*. — Schiriac (officier du « Hong-Kiang » qui commande des soldats à terre) ne pouvant plus rester dans la pagode, envahie par les eaux, se réfugie avec ses soldats au milieu de nous.

2 *Août*. — Un chef du parti des Lê est venu trouver le capitaine Georges et lui a dit qu'il avait à sa disposition 3.000 hommes et trente jonques à la Cat-Ba, ou Pô-Ouang, et d'autres encore dans la montagne, du côté de Thaï-Nguyen, et que si nous voulions nous entendre avec lui pour attaquer les Annamites, il nous assurait le concours de toutes ces forces.

Ne voulant pas recevoir moi-même des communications de ce genre, ni faire de réponse, au cas où nous aurions affaire à des espions, j'envoie mon interprète *Sam* pour dire à l'envoyé des Lê que nous ne voulons rien faire dans ce moment contre les Annamites. D'après *Sam*, et à en juger par la conversation qu'il a eue avec lui, ce serait bien un chef du parti des Lê : ils sont trois frères et sont neveux du dernier roi tongkinois. *Sam*, lui ayant demandé le lieu de sa résidence, le chef Lê lui a répondu : « du côté de Thaï-Nguyen ». Il était accompagné d'un personnage aux allures distinguées qui paraissait être à son service. Comme il était arrivé le matin, il a demandé à passer la journée à bord du « Hong-Kiang » pour n'en partir qu'à la nuit. *Sam*, ayant désiré savoir comment il ferait pour trouver des porteurs sur sa route, le chef Lê lui a dit qu'il avait son filet, et que ses porteurs l'attendaient dans un village voisin, sur la route, de l'autre côté du fleuve.

3 *Août*. — Le P. Houân est venu me dire aujourd'hui que le maréchal Nguyen doit, dans huit jours, retourner à Son-Tay.

4 *Août*. — J'avais prié le chef des Cantonnais de me procurer des dollars en échange de barres d'argent ; mais il ne peut en trouver depuis que les négogiants de la ville les ramassent pour racheter leurs marchandises prises par les pirates. Les négociants d'Hâ-Noï ont traité avec le chef de ces pirates pour reprendre en bloc toutes les marchandises de la jonque contre la somme de 20.000 dollars.

5 *Août*. — On me prévient aujourd'hui que les mandarins ont fait établir un barrage dans le canal Cua-Loc, afin d'empêcher le « Lâo-kaï » de remonter ici.

6 *Août*. — Malgré la pluie qui ne cesse de tomber presque tous les jours, le fleuve a baissé d'un mètre.

9 *Août*. — C'est 20.000 taëls que les Cantonnais versent aux pirates, et non 20.000 piastres, comme on me l'avait dit d'abord.

10 *Août*. — Ce matin, le P. Houân est venu me dire que Nguyen partait aujourd'hui pour Son-Tay. Dans l'après-midi, j'apprends que Nguyen a quitté Hâ-Noï pendant que le P. Houân était au milieu de nous ce matin, cherchant à savoir si nous avions vent du départ du maréchal et si nous nous préparions à aller l'arrêter. Au lieu de remonter à Son-Tay, comme le P. Houân nous l'avait dit, Nguyen est descendu à Nam-Dinh où il a dû arriver aujourd'hui très-rapidement, avec le grand courant qui règne sur le fleuve.

11 *Août*. — On me raconte aujourd'hui que, profitant de la présence du P. Houân chez moi, hier matin, le maréchal Nguyen est sorti de la citadelle par la porte du S., dans un filet ordinaire, à deux porteurs, comme un simple particulier, pour ne pas attirer l'attention; il était couché comme un homme malade et son filet était couvert afin qu'on ne pût le voir; aucune personne de sa suite ne l'accompagnait. Une fois la porte du S. franchie, les porteurs prirent le pas de course pour traverser la plaine dans la direction du fleuve, où une jonque attendait et s'éloignait aussitôt à toutes rames pour rejoindre d'autres jonques armées qui étaient ancrées plus bas. De la citadelle au fleuve, des soldats, déguisés en coolies, étaient disséminés un peu partout, surveillant l'horizon, afin que le trajet pût s'effectuer en toute sécurité. Ce pauvre Nguyen avait une peur terrible que nous n'eussions vent de son départ et que fantaisie ne nous prît de faire sa connaissance personnelle.

14 *Août*. — Rien de nouveau, si ce n'est que le P. Houân vient me dire qu'il avait été trompé l'autre jour sur le départ de Nguyen.

17 *Août*. — Tout est calme. Je reçois aujourd'hui une lettre de Mgr Puginier, qui porte à ma connaissance que le voyage du maréchal Nguyen dans les provinces maritimes a pour but de prendre des mesures extrêmes pour empêcher le « Lâo-Kaï » ou tout autre navire de remonter le fleuve. Le maréchal Nguyen, dit Mgr Puginier, est allé visiter lui-même le barrage que l'on établit sur le Cua-Loc et a donné des ordres pour en faire construire d'autres sur plusieurs points, par où il suppose que mes navires tenteront de passer pour remonter à Hâ-Noï.

Depuis plusieurs jours, Mgr Puginier voit de grandes barques passer devant sa résidence, chargées de gros blocs de granit destinés à la construction des barrages, et il me dit, en terminant sa lettre, que certainement on prépare quelque coup de force contre nous et que le calme dont nous jouissons depuis quelque temps est l'indice de quelque grande tempête.

20 *Août*. — Le P. Houân me dit que les mandarins de la citadelle, ont reçu une lettre du gouverneur de Saïgon pour Mgr Puginier. Il ajoute que si je veux promettre mon concours au gouvernement annamite pour chasser les rebelles, il m'accompagnera à Hué et qu'il est certain qu'on m'accordera la liberté de circuler sur le fleuve pour mes affaires avec le Yûn-nân; il me dit également que Nguyen doit se rendre à Hué après avoir passé son inspection dans les provinces maritimes. Puis il parle de venir à mon service comme interprète et me prie d'écrire à Mgr Gauthier pour lui en faire la demande; cet homme ne vient chez moi que pour m'endormir dans une fausse sécurité, pendant que ses maîtres préparent quelque coup de force, comme le dit très-bien Mgr Puginier. Bien entendu, je ne crois pas un seul mot de tout ce que cet homme me raconte; mais je le laisse dire, afin de pouvoir étudier à fond cet esprit annamite si plein d'astuce et de fourberie.

21 *Août*. — Je pars avec le capitaine Georges pour constater le courant qui règne actuellement dans le canal Song-Ki, sur le rapide situé à hauteur de la route d'Hâ-Noï à Bac-Ninh; le courant est à peu près le même qu'ailleurs. La plaine, couverte de rizières est magnifique en ce moment. Les mandarins, que notre excursion rend perplexes, ont envoyé à deux fois quelqu'un chez le chef cantonnais, pour savoir ce que nous allons faire dans la direction de Bac-Ninh; ils pensent que nous allons dans cette ville pour recruter des soldats.

22 *Août*. — Le chef des Cantonnais vient me prier de ne pas dire au P. Houân que je suis allé moi-même de l'autre côté du fleuve, mais que c'est seulement Georges avec un autre européen, parce que les mandarins le blâmeraient de ne pas leur avoir déclaré la vérité.

23 *Août*. — Je reçois la visite du P. Houân, qui m'amène un de ses confrères (un prêtre annamite de Mgr Puginier), de Son-Tay, lequel m'apporte des fruits, du vin annamite et deux petites boites de thé que je refuse, quand il me dit qu'il m'offre ces présents de la part du prince

Hôang-ké-vien ; je ne veux rien accepter de ces gens, directement ou indirectement.

Le soir, j'apprends de Sam que le vieux maréchal Nguyen est de retour à Hâ-Noï, depuis hier. C'est Nguyen lui-même qui m'envoyait, par le prêtre annamite, les cadeaux que j'ai refusés ; mais ce dernier s'est bien gardé de me les offrir au nom du maréchal, sachant par avance que je ne les accepterais pas ; les mandarins se figurent que je me laisserai prendre à de semblables avances.

24 *Août*. — Il est arrivé un bateau de Canton et on me dit que M. Millot a quitté Hong-Kong pour Saïgon le 12 juillet.

25 *Août*. — Le chef des Cantonnais est venu avec le P. Houân, de la part du maréchal pour me demander la jonque mandarine que nous avons prise il y a quelque temps, venant de Son-Tay. Cette jonque, disent-ils, appartient au prince Hôang. Je réponds que je suis certain qu'elle appartient au gouvernement annamite et que par conséquent je la garde jusqu'à ce que nos affaires soit réglées. J'ai pris ensuite le P. Houân à partie, en lui disant qu'il mentait et me trompait indignement, aussi bien que les mandarins ; je lui fais connaître mes intentions.

Depuis les premiers jours de juillet, époque à laquelle nous avons commencé à nous charger de la police de la ville marchande, nous étions tranquilles, principalement pendant la tournée du maréchal Nguyen dans les provinces maritimes ; mais, depuis son retour, il semble vouloir recommencer à nous tracasser.

Ce soir, nous avons eu un coucher de soleil comme j'en ai rarement vu ; c'était un spectacle magnifique. Le soleil, en se reflétant sur de gros nuages gris et blancs, produisait une clarté éblouissante sur le toit des maisons. Bientôt après un grand orage se déchaînait, la pluie tombait à torrent, mêlée au fracas du tonnerre et aux éclairs sillonnant les nues.

27 *Août*. — Les mandarins répandent le bruit que certainement les Français veulent prendre le Tong-Kin ; les navires de guerre viendront, mais on se battra. On fait payer quarante ligatures à chaque Annamite à Saïgon et on fera la même chose au Tong-Kin, si les Français deviennent maîtres de ce pays. Le peuple alors regrettera le gouvernement annamite et comprendra le tort qu'il a eu de ne pas défendre ses mandarins.

29 *Août*. — On a mis en prison deux des huit porteurs qui l'autre jour, m'ont conduit en filet, avec le capitaine Georges, au canal Song-Ki. On voulait arrêter également les six autres; mais ceux-ci ont pu se sauver. Est-ce que Nguyen voudrait recommencer?

30 *Août*. — Derrière la pagode où logent mes hommes du Kouang-Si, à soixante ou soixante-dix pas de là, se tiennent des marchands de bois chez lesquels nous nous fournissons le plus souvent pour nos besoins. Ce matin, vers 10 heures, trois soldats du Yûn-Nân s'étaient dirigés de ce côté pour se procurer du bois; ils étaient sans armes, car ils se trouvaient à la proximité de la pagode et de nos jonques mouillées devant cette même pagode. A 200 mètres au-dessus, dans une sorte de baie profonde que forme le fleuve, des jonques étaient occupées à décharger du riz pour la citadelle, et là, 100 à 150 coolies attendaient leur charge. On avait bien aperçu ces jonques du « Hong-Kiang », mais, comme on ne voyait ni pavillons ni soldats, on les avait prises pour des jonques de commerce. Ces jonques appartenaient au gouvernement annamite et renfermaient à bord des soldats déguisés en coolies, portant leurs armes cachées. Ceux-ci, voyant trois de mes hommes isolés et sans défense, préoccupés de leur achat et ne faisant aucune attention à eux, s'approchèrent sans bruit en tournant les maisons et tombèrent dessus à l'improviste au nombre de plus de cent. Un de mes hommes eut la tête fendue d'un coup de sabre, un autre tomba également criblé de coups de lance, le troisième atteint d'un de ces coups à l'épaule parvint à se sauver en appelant à son aide.

Au premier cri, les hommes de la pagode, au nombre de trente environ, sont partis immédiatement, sont tombés sur les lascars et ont délivré mes hommes. Les soldats de Hué se sont sauvés à toutes jambes. Comme on ramenait les deux soldats du Yûn-Nân blessés, une partie des hommes du Kouang-Si revenaient à la pagode, chercher leurs armes que, dans leur précipitation, ils n'avaient pas songé à prendre, afin de donner la chasse à ces *singes*, qui dans leur fuite s'étaient arrêtés à la jonque où, s'étant réunis à trente ou quarante soldats déguisés comme eux en coolies, ils poussaient des cris de guerre et faisaient mine de revenir à la rescousse. En effet, ceux-ci, voyant le petit nombre de mes hommes restés sur le théâtre de l'action, — c'étaient les hommes qui seuls avaient pris les armes, — accouraient, pensant en avoir facilement raison. Au même instant, les équipages de nos jonques qui avaient tourné la pagode, se joignaient aux soldats du Kouang-Si qui étaient venus chercher leurs armes et tous apparaissaient au moment où les Annamites se lançaient en avant.

A une faible distance suivaient les Européens et l'équipage du « Hong-Kiang » : En un clin d'œil, les Annamites s'étaient éclipsés. On fit dix prisonniers, parmi lesquels huit blessés. Les Annamites couraient plus vite que mes gens, et, connaissant mieux les passages, ils ont pu, en contournant le petit lac, gagner rapidement la porte du N. où mes gens se sont arrêtés dans leur poursuite. Un certain nombre de ces fameux guerriers, qui n'avait pu atteindre cette porte assez promptement, a gagné la porte de la ville. J'estime qu'il y avait là, fuyant devant nous, 800 à 1.000 hommes, qui, tous dans une course folle, luttaient à qui courrait le plus vite.

Après cette escarmouche, le chef des Cantonnais et le P. Houân viennent me dire de la part des mandarins que ceux-ci ne sont pour rien dans cette affaire. Ce sont les soldats et les officiers qui les commandaient qui ont pris l'initiative de cette attaque, entraînés par le patriotisme, disent-ils ; car ils n'avaient d'autre mission que la garde des jonques et la protection des coolies chargés du débarquement du riz.

Bien entendu, nous avons capturé les jonques de riz et les avons amarrées à côté des nôtres.

Le soir, j'ai encore la visite du chef des Cantonnais et du P. Houân qui viennent tout simplement me demander nos prisonniers du matin et les jonques de riz. Je veux bien leur rendre les prisonniers et les jonques, mais à la condition que les deux porteurs tongkinois qui, l'autre jour, nous ont conduits au Song-Ki et qui, pour ce fait, ont été enfermés dans la citadelle, soient mis en liberté. Le chef des Cantonnais n'insiste pas, comprenant que sa demande n'est pas raisonnable, mais le P. Houân ne cesse, pendant les deux heures que j'ai la patience de l'écouter, de me répéter la même chose. Il me faut attendre encore quelques jours, me dit le P. Houân, en ce qui concerne mes deux porteurs, car Nguyen n'a pas donné d'ordres, jusqu'ici, pour les mettre en liberté. Je coupe court à cet entretien en faisant bien comprendre à ce dernier que je ne rendrai aux mandarins leurs soldats et leurs jonques que lorsqu'ils auront relâché les deux porteurs.

Dans les montagnes situées au sud-ouest de Son-Tay, il y a des tribus indépendantes qui, en ce moment, luttent contre le gouvernement annamite en faveur de la dynastie tongkinoise des Lê. Depuis quelque temps, ces tribus ont fait de grands progrès.

31 Août. — Ce matin, le chef des Cantonnais et le P. Houân sont encore venus de la part des mandarins pour me renouveler leur demande d'hier. Je leur ai répondu très-catégoriquement que, non seulement je ne relâcherais pas ce que je tenais, sans avoir obtenu la mise en liberté des deux porteurs, mais que, si on ne me donnait pas satisfaction aujourd'hui même, j'étais décidé demain à capturer toutes les jonques du gouvernement naviguant sur le fleuve et à faire prisonniers tous les mandarins rencontrés hors de la citadelle. Le P. Houân me représentant combien nous sommes peu nombreux, cherchait à m'en imposer en me parlant de la colère du maréchal. Je l'ai prié d'aller dire à ses maîtres que leur existence est à ma merci et que je prendrai la citadelle quand je voudrai.

Le vice-roi d'Hâ-Noï veut absolument que Mgr Puginier lui donne la traduction de la lettre qui lui a été adressée par le gouverneur de Saïgon ; il lui a écrit deux fois pour cela, et, malgré le refus de l'évêque, il persiste encore.

On me dit que M. Millot est arrivé à Saïgon quelques jours avant l'ambassade annamite. Celle-ci y est parvenue le 25 juillet, ayant avec elle, à bord du vapeur annamite qui la portait, plus de cent balles de soie. On ne dit pas si l'ambassade doit aller en France ; mais le grand nombre de balles de soie me porterait à croire qu'elle n'a pas l'intention de rester à Saïgon.

1er Septembre. — L'affaire des prisonniers est toujours pendante. On ne veut pas me rendre les deux porteurs et on persiste à me réclamer les jonques et les soldats.

L'eau du fleuve baisse rapidement. Le fleuve a commencé à baisser depuis le 2 ou 3 août, avec une alternative peu marquée de hausse et de baisse. Depuis un mois, il a baissé de quinze à seize pieds à notre mouillage. Il ne nous reste plus que le passage du canal Song-Ki, pour faire remonter nos navires de la mer à Hâ-Noï. Les mandarins n'y ont point établi de barrage, pensant qu'il contient trop peu d'eau et qu'il est trop étroit pour livrer passage à des navires comme les nôtres. Ils ont obstrué tous les arroyos qui, vers l'embouchure, communiquent avec le fleuve Rouge ; craignant que l'idée ne leur vienne d'en faire autant au canal Song-Ki, je partirai demain avec ma chaloupe pour inspecter cette seule route qui nous reste.

On dit que Nguyen arrivera ici demain pour traiter l'affaire des soldats et des jonques, car les mandarins n'osent prendre aucune détermination.

Il y a déjà longtemps qu'on me prévient que les mandarins réquisitionnent tout le coton et l'huile qui peuvent se trouver dans le haut du fleuve pour confectionner des radeaux incendiaires destinés à brûler tous nos navires. Aujourd'hui on m'assure qu'une grande quantité de ces radeaux, construits en bambous, sont prêts, et que les mandarins les tiennent entre Son-Tay et la rivière Noire : ces radeaux sont tout simplement des cadres en bambous, réunis en forme de treillage, sur lesquels reposent des jarres pleines d'huile et de coton. Dix à douze mille coolies ont été réquisitionnés et travaillent, voilà longtemps déjà, à couper des bambous sur les bords de la rivière Noire pour la confection de ces radeaux ; on a construit, en outre, plusieurs milliers de petits sampans en bambou, également tressé, que l'on a enduits d'un ciment particulier à l'intérieur afin de pouvoir porter une certaine provision d'huile, de coton et de paille, et être lancés tout en feu sur nos navires.

Il est évident pour moi maintenant que le maréchal Nguyen n'est monté à Son-Tay ces jours derniers que pour présider à l'installation de tous ces engins qui complètent ainsi les mesures prises dans le Delta en vue d'obstruer tous les passages.

Depuis quelques jours, on fait courir le bruit que les mandarins enrôlent tous les pirates du golfe du Tong-Kin pour les faire marcher contre nous. On ne parle pas de moins de quatre cents jonques montées par ces derniers qui remonteraient le fleuve et viendraient nous barrer la route pendant que les Annamites nous entoureraient d'un cercle de feu.

A 10 heures du soir on me prévient que le maréchal Nguyen est de retour de Son-Tay.

2 *Septembre*. — Le chef des Cantonnais me fait part d'une lettre que la maison Kîn a reçu de Canton, en date du 1er Août. D'après cette lettre, M. Millot et Ly-ta-lâo-yé seraient de retour de Saïgon et ne tarderaient pas à arriver ici.

Une autre lettre, venant de Saïgon, nous apprend que ces Messieurs sont arrivés dans cette ville le 18 de la 6ᵉ lune, et qu'ils sont très-contents de leur voyage : le gouverneur aurait promis de mettre les Annamites à la raison.

Malgré tous les bruits que les Annamites répandent, ces dernières nouvelles donnent un peu de confiance aux négociants chinois.

A 8 heures du matin, je pars avec la chaloupe pour aller visiter le rapide du Song-Ki. Aussitôt après y être parvenu, je donne ordre à la chaloupe de se rendre immédiatement à l'embouchure du Thaï-Binh pour veiller à l'arrivée de nos bateaux qui ne peut tarder d'avoir lieu, suivant les derniers avis, et leur indiquer la route du canal Song-Ki, la seule qui nous reste maintenant pour rejoindre le fleuve Rouge. Je donne des instructions très-sévères pour agir contre tous ceux qui chercheront à mettre des obstacles à la marche de nos navires. Si on trouve sur la route des barrages en construction, on devra les faire démolir sur-le-champ et menacer de sévir pour qu'on n'en construise pas d'autres.

Le canal Song-Ki est d'une navigation facile en ce moment pour nos bateaux ; le courant n'y est pas trop fort et il renferme assez d'eau.

Pendant mon absence le capitaine Georges est allé faire une promenade militaire autour de la citadelle pour voir ce que font les mandarins et leur prouver qu'ils sont surveillés, ainsi que je l'ai dit au P. Houân.

3 *Septembre*. — Les mandarins ont délégué auprès de moi le chef des Cantonnais pour négocier de nouveau l'affaire des jonques. Comme celui-ci a donné caution pour empêcher l'emprisonnement d'un homme mêlé à cette affaire, les mandarins ont promis de le tenir quitte s'il réussit dans sa demande ; aussi je laisse à penser si le pauvre homme me supplie pour avoir les jonques, promettant en retour d'amener les deux prisonniers que je réclame. J'ai consenti à cet arrangement, sachant lui rendre un service personnel. Il est convenu qu'il amènera les deux porteurs, demain à midi, et que je lui ferai remettre les quatre jonques et leur cargaison. Quant aux prisonniers que nous avons faits, il ne s'en préoccupe pas ; mais, comme ceux-ci ne font que nous embarrasser, nous les remettrons aussi en liberté.

4 *Septembre*. — Ce matin, le capitaine Georges a fait de nouveau le tour de la citadelle avec ses hommes pour tenir les mandarins en

éveil. Tout le monde s'était porté aux remparts dans la crainte d'une attaque.

Le chef des Cantonnais est venu me remettre, à l'heure indiquée, les deux hommes retenus prisonniers dans la citadelle, et je lui ai fait délivrer les quatre jonques de riz. Voilà une affaire réglée.

Le soir, le vice-roi m'écrit une lettre sur l'affaire du 30 Juin, qu'il raconte, bien entendu, à sa manière, en y introduisant tous les mensonges dont les Annamites sont coutumiers. Maintenant qu'il tient ses jonques, il fait le fanfaron. Je réponds au vice-roi comme sa lettre le mérite et profite de l'occasion pour lui dire que le P. Houán ne venant nous voir de sa part que pour nous espionner et nous tromper, je ne veux plus avoir de rapports avec lui.

5 *Septembre*. — On parle toujours des radeaux incendiaires qui, à chaque instant, doivent être lancés sur nous, et des pirates que les Annamites enrôlent sans cesse.

8 *Septembre*. — Il nous arrive encore aujourd'hui trente hommes de la province du Kouang-Si ; je les accepte, mais préviens que je n'en prendrai plus d'autres, exception faite des quarante hommes qui nous viennent sous la conduite de deux petits mandarins. Nous sommes assez nombreux, ne voulant que nous défendre pour le moment.

Les nouveaux renforts qui viennent de nous arriver tracassent beaucoup les mandarins. Ils ont questionné le chef des Cantonnais, afin de savoir combien nous sommes maintenant. Ce dernier a répondu : 197, n'ayant pas cru devoir leur dire le chiffre exact ; nous sommes plus de 300 en ce moment.

9 *Septembre*. — Le chef des Cantonnais vient me demander l'autorisation d'amener un petit mandarin, porteur d'une lettre du vice-roi. Je lui fait répondre que je ne veux recevoir ni le mandarin ni la lettre. Sans doute celle-ci est relative aux hommes du Kouang-Si. Le P. Houán était venu avec le Kaï-tchang, mais il n'a pas osé s'approcher.

10 *Septembre*. — Le P. Houán vient me dire qu'il est prisonnier dans la citadelle et qu'on ne lui permet pas de découcher. Il a une peur terrible ; il se croit perdu.

Les quarante hommes du Kouang-Si, qui m'étaient annoncés, sont arrivés aujourd'hui, ayant les deux petits mandarins à leur tête, ce qui complète les cent hommes que j'avais promis de prendre. Les derniers arrivants voudraient bien que je prenne encore de leurs amis ; mais, comme cela n'aurait plus de fin, je leur dis carrément que je ne prendrai plus personne.

11 *Septembre*. — Déjà hier soir on me prévenait que les pagodes, situées de l'autre côté du lac, vis-à-vis la porte du N., étaient pleines de soldats et qu'on se préparait à nous attaquer. Ce matin j'ai bien envoyé un certain nombre d'hommes de ce côté, et à deux reprises, pour savoir si ces renseignements étaient fondés ; mais mes hommes n'ont rien vu d'inquiétant. Nous n'attachons donc pas une plus grande importance à ces renseignements qu'à ceux qu'on nous donne depuis quelque temps chaque nuit sur des sorties que feraient les mandarins, à la tête de leurs soldats, pour nous attaquer. Ceux-ci font bien sortir, en effet, des soldats de la citadelle, mais pour en surveiller les approches, craignant une attaque de notre part, ce qui est bien différent. Cependant, vers 10 heures du matin, le maréchal Nguyen est sorti avec ses meilleures troupes, dans le but de frapper un grand coup, emmenant avec lui ses hauts fonctionnaires pour leur donner un exemple de son habileté. La sortie s'est effectuée par la porte du N. Contournant ensuite le petit lac par la partie O., Nguyen, avec sa bande, s'est dirigé sur les rives du fleuve, vers une langue de terre, espèce de promontoire d'où il pouvait découvrir nos navires et contempler tous les effets de son plan de campagne. Cette langue de terre se trouve à 15 ou 1600 mètres au-dessus de notre mouillage et à 60 ou 80 mètres d'une digue qui suit parrallèlement le fleuve, et sert à protéger la ville contre les inondations. Les glacis de la digue sont couverts de bambous et de quelques grands arbres. Entre la digue et la citadelle l'espace est occupé par un lac qui s'étend depuis la porte du N. jusqu'au voisinage de la porte de l'E. Un chemin, qui part de la première de ces portes, passe entre le lac et le pied de la digue, devant plusieurs pagodes entourées de grands arbres et de bambous, et se dirige ensuite sur la ville marchande. C'est dans ces pagodes et dans les touffes de bambous qui garnissent les glacis de la digue qu'étaient cachés les lascars du maréchal.

Du « Hong-Kiang » on aperçoit tout à coup les pavillons et les parasols qui occupent la langue de terre dont il a été parlé plus haut. Le capitaine Georges crie de son bord aux hommes d'Han-Kéou, qui sont à bord des jonques et par conséquent plus près de terre, d'aller voir ce qui se passe. Quatorze hommes partent aussitôt en passant entre le fleuve et la digue pour mieux voir. Au bout de 7 à 800 mètres, comme les arbres leur masquent la vue, et qu'ils ne veulent pas approcher près des massifs sans être fixés, ils montent sur la digue pour examiner le versant opposé et aussi pour mieux découvrir les pavillons ; mais ils se trouvent aussitôt en présence d'un grand nombre de soldats annamites qui se tenaient cachés dans les bambous. Ils se disposent alors à revenir sur leurs pas, pour chercher du renfort, lorsqu'ils voient leur retraite coupée par plus de 300 hommes, et des masses plus considérables encore arrivant sur eux de toutes parts. Leur sang-froid ne se dément pas un instant, sachant à quoi s'en tenir d'ailleurs sur le courage de leurs ennemis. Aux premières décharges de la petite troupe, tous les soldats annamites prennent la fuite. Ceux qui sont cachés dans les pagodes à une certaine distance du théâtre de l'action, entendant la fusillade, sans pouvoir se rendre compte de ce qui se passe à cause des arbres et des bambous qui interceptent la vue, croient que toute notre expédition est sur pied et, au lieu de marcher au feu, se sauvent à toutes jambes dans la direction de la porte du N. pour se mettre à l'abri. De son côté le maréchal faisait de même suivi de ses mandarins. C'est alors un sauve qui peut général. C'est à qui arrivera le premier à la porte du N.

Au moment où la reconnaissance partait pour éclairer l'ennemi, on donnait des instructions à bord, pour être prêts à tout événement. A la première détonation, tous les hommes sont partis au pas de course sous la conduite de leurs officiers et sont arrivés sur le théâtre de la lutte pour commencer la poursuite.

Dans cette affaire, les Annamites ont eu plusieurs morts et blessés, dont ils n'ont jamais voulu avouer le nombre. De notre côté deux hommes ont été blessés ; mais nous les avons promptement guéris.

On nous dit que nous venons d'affronter 4 à 5.000 hommes, et les meilleurs soldats du maréchal. Il est vrai qu'il n'y a eu que 3 à 400 hommes d'engagés avec les hommes d'Han-Kéou.

Il paraît que le maréchal, en entendant les feux de peloton de la petite reconnaissance, et ne pouvant voir le nombre de mes hommes, s'est sauvé sans attendre le résultat. Je crois qu'il n'aura pas l'envie de recommencer de longtemps.

Ce soir, un Chinois vient me dire que les Annamites font de grands préparatifs pour nous attaquer de nouveau. Ils attendent 600 Chinois de Quang-Yèn qui proviennent du recrutement fait parmi les pirates de

Pô-Ouâng. Ils ont fait aussi entrer 2 à 3.000 hommes dans la citadelle ce soir ; on ne sait d'où viennent ces hommes.

Grande panique ce soir dans la ville.

12 Septembre. — Les mandarins ont fait courir le bruit, hier soir dans la ville, qu'ils allaient nous attaquer et que les habitants devaient se retirer au plus vite. Pendant toute la nuit, les habitants de la partie de la ville qui se trouve près de la citadelle ont transporté leurs pénates ailleurs.

Vers 8 heures du matin, le capitaine Georges vient m'annoncer qu'il est passé cette nuit sur le fleuve, à cent mètres au large du « Hong-Kiang », quatre radeaux incendiaires.

Grâce au petit cap situé à hauteur de la pagode, et qui fait dévier le courant, les radeaux incendiaires n'ont pu atteindre nos navires.

En prévision de ce qui arrive, nous avons approché nos bateaux le plus près possible de terre, et il est de toute impossibilité que des radeaux abandonnés au courant puissent tomber sur eux. Pour nous en assurer, nous avons confié, à différentes reprises, divers objets au courant du fleuve, près de la pagode où logent les hommes du Kouang-Si ; mais le petit cap, qui se trouve au-dessous, renvoie le courant et les objets au large. Cependant, bien que nos bateaux se trouvent protégés par cet abri naturel, nous faisons bonne garde la nuit depuis quelque temps. Quant à conduire ces radeaux incendiaires, et les diriger près de nos navires, les Annamites ne s'y hasarderont pas.

Je donne ordre aujourd'hui à la chaloupe qui est allé attendre mes bateaux au Thaï-Binh, de confier ce soin aux missionnaires espagnols et de remonter de suite au Song-Ki pour surveiller les barrages ; car je crains qu'ayant vu la chaloupe passer par là, les Annamites ne supposent que nos grands bateaux puissent y passer également.

Le P. Houân et un envoyé de Nguyen viennent pour me faire une communication. Je les adresse au capitaine Georges, à bord du « Hong-Kiang », et j'envoie à celui-ci mon interprète Sam, en lui indiquant le langage qu'il doit tenir à ces gaillards. Le capitaine Georges a exposé à l'envoyé du maréchal ce qui arriverait si on s'opposait toujours à notre passage pour remonter en Chine. Celui-ci a paru saisir et a promis d'expliquer tout cela au maréchal qui, selon lui, ne comprend rien à nos affaires avec la province du Yûn-nân.

Aujourd'hui, par ordre de Nguyen, le marché a été fermé. Le chef des Cantonnais vient me dire que dans toute la ville le bruit court qu'on va se battre et que la panique est grande ; il ajoute qu'on a prévenu les mandarins qu'il nous fournissait de la monnaie du pays en échange de lingots d'argent et qu'il a été averti que, s'il continuait à nous en fournir, il serait puni plus sévèrement que tout autre.

Vers 9 heures du soir, le capitaine Georges est allé chez le chef des Cantonnais pour savoir un peu ce qui se disait en ville ; il a trouvé là une nombreuse société de négociants chinois qui tous paraissaient des plus gais ; un instant après on lui a dit que mes bateaux étaient partis de Hong-Kong pour le Tong-Kin, le 14 ou le 15 de la lune (le 5 ou le 6 septembre), et qu'ils ne pouvaient tarder maintenant d'arriver. On a ajouté qu'on apportait les pièces du vice-roi de Canton demandées avec tant d'insistance par les Annamites et qu'un grand mandarin se trouvait à bord ; il n'a pas été possible de savoir de qui et comment on avait ces nouvelles.

Un des petits mandarins du Kouang-Si, qui est à notre service, vient me dire qu'il y a 200 Chinois à 130 lis d'ici, qui demandent à venir avec nous. Je refuse, bien entendu.

13 Septembre. — Les Annamites ont fait abattre les maisons qui se trouvent près de la porte du N. pour établir probablement un camp retranché sur l'emplacement ou bien pour avoir la place libre.

On revient encore à la charge pour me faire prendre les 200 Chinois dont il était question hier. Je refuse toujours.

14 Septembre. — Le matin on me dit que les hommes de Hoâng-Tsong-In sont à Thaï-Nguyen ; mais dans l'après-midi on m'assure que ce sont des partisans de la dynastie des Lê qui viennent du côté de Quang-Yên et dont le chef est venu me trouver il y a quelques jours.

15 Septembre. — Il paraît que les Hoâng-Tsong-In, qui sont sur la rivière Claire, descendent vers le fleuve Rouge.

Aujourd'hui j'ai fait une proclamation pour rassurer le peuple contre les bruits que répandent les mandarins et l'inviter à m'amener toute personne qui lui ferait des menaces.

16 Septembre. — A 2 heures du soir, la chaloupe envoyée au Thaï-Binh arrive, ayant à son bord M. Ducos de la Haille qui a laissé les navires en arrière pour m'apporter rapidement la nouvelle de leur arrivée. Ceux-ci ont atteint Dao-Son, le 13 septembre, vers 11 heures du soir. La chaloupe était à l'embouchure du Thaï-Binh le 14 au matin.

Les autres bateaux montent; ce sont : le « Laô-Kaï », la jonque chinoise et un nouveau vapeur à roues de rivière, le « Mang-Hâo ».

17 *Septembre*. — A 6 heures du matin, nous partons avec la chaloupe, accompagnés de M. de la Haille, pour aller au-devant des navires ; nous les trouvons au-dessous du Lou-To-Kiang ; je laisse à penser le plaisir que nous éprouvons tous à nous retrouver. On était naturellement inquiet de nous, mais tout le monde est dans la joie d'apprendre que nous sommes maîtres de la situation. Nous venons mouiller au canal Song-Ki.

18 *Septembre*. — Nous naviguons dans le Song-Ki, jusqu'au moment où le « Lâo-Kaï » touche ; il est 5 heures du soir et nous sommes à 5 milles au-dessous du rapide. La navigation s'effectue lentement, car il nous faut traîner la jonque qui est très-lourde.

19 *Septembre*. — Nous venons à Hâ-Noï, avec le « Mang-Hâo », chercher du monde pour aider à retirer le « Lâo-Kaï »; mais en route nous le trouvons : il a franchi le rapide et vient tout seul, car il a laissé là jonque derrière lui. Le capitaine Georges a fait mettre tous les soldats de la garde du maréchal Mâ en grande tenue, étendards déployés. Ils sont échelonnés le long du fleuve pour nous recevoir. Tous les bateaux saluent.

20 *Septembre*. — Je pars le matin, avec le « Mang-Hâo » et la chaloupe, pour aller chercher la jonque ; mais le courant est si fort sur le rapide qu'il me faut revenir à Hâ-Noï chercher du monde pour tirer à la cordelle.

21 *Septembre*. — La jonque arrive et on commence aussitôt le débarquement des provisions et du matériel.

CHAPITRE IX

LUTTES AVEC LES ANNAMITES

QUATRIÈME PHASE

Du retour de mes navires à l'intervention française. — Nouvelle expédition au Yûn-nân.

22 SEPTEMBRE-27 OCTOBRE 1873

Remise des dépêches du vice-roi de Canton. — Voyage à Ké-So. — Voyage du Cua-Loc. — Barrages. — Conditions auxquelles on veut me laisser remonter au Yûn-nân. — On arrête les ouvriers qui travaillent pour moi. — Les instructions de l'amiral Dupré me font patienter. — Je demande la mise en liberté des prisonniers faits à cause de moi. — Mon ultimatum au sous-préfet. — Un navire français est arrivé à Hué. — Lettre de Mgr Puginier. — Arrestation du sous-préfet. — Destruction de la sous-préfecture. — Arrivée de Mgr Puginier. — Entrevue avec le trésorier. — L'évêque est menacé. — Entrevue à bord avec les mandarins. — Convention. — Mise en liberté de prisonniers. — Menaces aux Cantonnais. — Départ pour le Yûn-nân avec 15 jonques. — Nous trouvons 4.000 radeaux incendiaires. — Forts et retranchements annamites. — Préservatifs de défense. — Déroute des soldats annamites. — On tire sur nous. — Nous prenons un fort. — J'établis un camp et un fort au pied du premier rapide. — Les jonques partent pour le Yûn-nân. — Je redescends le fleuve. — Nous détruisons les engins de guerre annamites. — Arrivée à Hà-Noï. — J'apprends que des navires de guerre sont au Cua-Cam. — Lettres du maréchal Nguyen.

22 Septembre. — Ly-ta-lâo-yé, est porteur des dépêches du vice-roi de Canton. C'est là un grand événement pour nous ; car les mandarins se sont prévalus jusqu'ici de l'absence de ces dépêches pour entraver nos relations avec le Yûn-nân, par tous les moyens en leur pouvoir.

Après avoir reproduit toute la correspondance échangée sur cette affaire, avec les autorités du Yûn-nân et du Kouang-Si, selon les usages chinois, la dépêche du vice-roi de Canton s'adresse ainsi aux Annamites :

« En réponse à votre requête, j'ai à vous faire savoir que le 16 de la 6ᵉ lune (10 juillet 1873) du règne de Tong-tze, j'ai reçu une dépêche du vice-roi du Yûn-nân, qui m'informe que M. Dupuis (Téou) est bien chargé par Mâ-yû-long, Titaï du Yûn-nân, de l'achat de matériel pour l'armée et de navires étrangers destinés à effectuer des transports à travers le Tong-Kin, pour les besoins de la province du Yûn-nân, où M. Dupuis est impatiemment attendu. J'ai d'ailleurs été informé directement par M. Dupuis de sa mission, et je vous invite à donner des ordres pour qu'il ne soit plus entravé à l'avenir.

« Je viens d'écrire aux mandarins du Yûn-nân : au vice-roi, au Foutaï (gouverneur), et au Titaï (maréchal) ainsi qu'au Foutaï du Kouang-si, que M. Dupuis n'éprouvera plus de difficultés de la part de vos mandarins, lorsque vous connaitrez officiellement sa mission. J'adresse également une dépêche à M. Dupuis pour l'instruire de cette affaire.

« J'informerai aussi les autorités du Yûn-nân de vos réclamations concernant les diverses marchandises dont vous me parlez, pour qu'elles vous écrivent à ce sujet afin d'éviter de nouvelles réclamations sans objet de votre part ».

Si l'on veut bien réfléchir que le vice-roi de Canton est l'intermédiaire officiel entre la cour de Pékin et la cour de Hué et que la Chine est suzeraine de l'Annam, on s'expliquera le ton d'autorité avec lequel parle le vice-roi de Canton.

Les Annamites s'étaient plaints auprès de celui-ci de ce que je voulais importer du sel au Yûn-nân, quand les dépêches du Titaï n'en faisaient point mention. C'est principalement cette réclamation que le vice-roi de Canton relève par cette expression que j'ai traduite par ces mots « sans objet de votre part », mais qui en chinois a beaucoup plus de force et donne à entendre aux Annamites que leur réclamation est le comble de la puérilité.

Depuis longtemps déjà, la cour de Hué et le maréchal Nguyen étaient en possession de ces dépêches ; mais le secret en avait été bien gardé.

Nous invitons les mandarins à se rendre au Koueï-Kouang, pour prendre connaissance de celles qui me sont adressées, afin qu'ils ne puissent faire les ignorants. C'est Hô-ce-yé et Ouang qui sont chargés de les leur communiquer. Ce dernier est un mandarin d'Han-Kéou, de mes amis, qui est arrivé avec Ly-ta-lâo-yé pour faire partie de mon expédition. Bien entendu les mandarins ont simulé l'étonnement, disant ne pas avoir connaissance de ces pièces.

23 Septembre. — Nous partons avec le « Mang-Hâo », à 6 h. 50 du matin, pour conduire à Ké-So quatre missionnaires qui ont pris passage sur le « Laô-Kaï » à Hong-Kong. A 4 h. 45 du soir, nous arrivons à la résidence de Mgr Puginier. Le village de Ké-So, est situé sur un bras du fleuve Rouge, le Daï, un peu au-dessus de la ville de Ninh-Binh.

24 *Septembre*. — Après avoir pris congé de Mgr Puginier, nous venons mouiller dans le fleuve un peu au-dessus du canal Cua-Loc. Demain, nous irons voir les fameux barrages.

25 *Septembre*. — Départ à 6 heures du matin pour descendre le Cua-Loc, nous rencontrons le premier barrage à 8 milles du fleuve, à l'embouchure de la crique qui conduit à Nam-Dinh. Ce barrage est formé de deux rangées de pieux autour desquels sont des amas de pierre destinés à les consolider. Deux petits forts en terre sont construits de chaque côté du canal pour garder le barrage. Il n'y a pas autre chose à faire que de faire repêcher les pierres et enlever les pieux par ceux-là même qui ont exécuté ce travail. Il y a encore d'autres barrages plus loin, et d'après mes renseignements, ils sont établis de la même manière ; mais nous ne pouvons passer pour aller les visiter.

Nous venons mouiller au village des potiers à 8 heures du soir, afin de prendre un chargement de bois demain matin.

26 *Septembre*. — Nous sommes de retour à Hà-Noï à 9 h 1/2 du matin. J'écris au vice-roi pour lui demander la mise en liberté de nos prisonniers et réclamer la destruction des barrages. Bien que je ne connaisse personne en prison pour mes affaires en ce moment, je réclame toujours, car il est bien certain qu'il y a des malheureux dont j'ignore l'arrestation. La réponse est que personne parmi nos gens n'a été arrêté ; quant aux barrages, ils n'ont pas été établis contre nous, on ne peut pas les enlever sans un ordre du roi. C'est toujours la même chose.

27 *Septembre*. — Les mandarins me font dire que je pourrai prendre des matelots et remonter au Yûn-nân ; mais il me faudra déclarer tous les articles que nous voulons emporter. Il ne faudra pas emmener les jonques de sel ni prendre plus de riz qu'il n'en faut pour la consommation de mes hommes.

Ils paraissent céder devant les ordres du vice-roi de Canton, cependant, ils veulent encore faire voir que ce sont eux qui commandent. Le peuple prend confiance et nous trouvons des ouvriers pour installer nos maisons.

28 *Septembre*. — On a voulu prendre le maçon qui travaillait hier à nos maisons. Un jeune garçon qui était entré au service de Maurice

(officier du Hong-Kiang) a été pris dans sa famille et a reçu cent coups de bâton par ordre du sous-préfet. Un grand nombre de coolies qui travaillaient au débarquement de nos provisions, ont disparu par suite des menaces de la police.

Il me faudrait agir avec énergie contre les mandarins ; mais la recommandation du contre-amiral Dupré à M. Millot, d'*éviter tout conflit pour lui permettre d'intervenir à son heure*, me force à beaucoup de ménagements pour ne pas être forcé d'entrer en lutte. Cependant j'aviserai à la première occasion pour mettre un frein à l'audace de ces tyrans.

29 *Septembre*. — J'écris aujourd'hui au vice-roi pour l'inviter à faire une proclamation au peuple déclarant que personne ne sera inquiété à l'avenir pour avoir des rapports avec nous. En vertu des dépêches du vice-roi de Canton que je suis décidé à faire respecter, je réclame l'exécution de cette mesure dans les 24 heures. Je termine en demandant toujours avec la même énergie, la liberté des prisonniers que l'on retient dans la citadelle pour mes affaires.

Je suis allé chez le sous-préfet, accompagné des capitaines du « Hong-Kiang » et du « Lâo-Kaï » et de M. de la Haille pour le sommer de donner l'ordre, dans les 24 heures, aux chefs de quartier d'autoriser les populations à venir à notre service. Je lui dis que si cet ordre n'est pas exécuté dans le délai prescrit, je saurai trouver d'autres moyens capables de les contraindre à laisser le peuple libre de travailler pour nous.

La dépêche d'hier au sous-préfet n'a pas été communiquée aux mandarins de la citadelle ; elle a été rendue au chef des Cantonnais qui la possède encore. Le sous-préfet me répond qu'il n'est qu'un petit fonctionnaire et qu'il exécute ce que ses chefs lui commandent. Je lui dis que, ne voulant pas pour le moment m'en prendre aux mandarins de la citadelle, je punirai à l'avenir tous ceux qui me feront du mal, et que, comme il est l'auteur direct de celui que je subis, c'est lui qui en portera la peine. J'ajoute que je viens d'écrire aux mandarins de la citadelle pour réclamer une proclamation, rassurant le peuple, dans les 24 heures, et je le charge de leur communiquer ce que je viens de lui dire. Il me répond d'un air peu gracieux qu'il n'a pas de communication à faire de ma part aux grands mandarins, que je puis la faire moi-même directement. Ce sous-préfet est le bras droit des mandarins de la citadelle : c'est lui qui ne cesse d'adresser des menaces au peuple pour l'empêcher de venir à notre service ; c'est lui aussi qui a fait donner cent coups de bâton au domestique de Maurice. Je lui dis que, si je n'ai pas satisfaction dans les vingt-quatre heures, il ne tardera pas à avoir de mes nouvelles.

Le soir, le prêtre annamite vient me dire que les mandarins sont avisés qu'un navire de guerre français est arrivé à Hué. Il croit qu'on a écrit à Mgr Puginier pour qu'il monte à Hâ-Noï.

Un instant après le chef des Cantonnais me prévient que Mgr Puginier doit arriver cette nuit ou demain matin. Les mandarins lui ont préparé un logement à la porte du S. Il m'annonce aussi qu'on a mis en liberté deux prisonniers retenus pour mes affaires.

30 *Septembre.* — Je reçois une lettre de Mgr Puginier, datée du 29 septembre, qui me fait connaître le but de ce voyage.

« Monsieur Dupuis,

« J'ai été invité par les mandarins à monter à la ville ; il ne m'a pas été possible de refuser sans augmenter les soupçons que l'on a contre nos missions ; mais je crains bien que les mandarins n'aient l'intention de me faire jouer un rôle qui ne me convient pas, et que je ne pourrai pas probablement accepter. Je pense que c'est au sujet de vos affaires. Je suis parti hier matin accompagné de M. Dumoulin. Je n'ai pas voulu me presser d'entrer à la ville, c'est pourquoi je passe cette nuit dans une chrétienté distante de Hâ-Noï seulement d'une lieue.

« J'ai ouï dire qu'aujourd'hui même vous avez prié les mandarins de vous trouver des hommes pour demain et, qu'au besoin, vous les en aviez sommés. Je serai bien aise de connaître, avant de monter à la ville, votre position vis-à-vis les mandarins, afin que, s'il en était besoin, je puisse retarder ma montée jusqu'à demain au soir ou après-demain, pour voir comment se décideront les affaires, au sujet de vos barques. Je vous serai bien reconnaissant si vous voulez bien avoir la bonté de m'écrire quelques mots à ce sujet, par le porteur de ma lettre qui me rapportera votre réponse.

« Je vous prie de me croire toujours votre très-humble et tout dévoué serviteur,

« *Signé :* P. PUGINIER, *év., vic. ap.*

Je réponds à Mgr Puginier :

« Monseigneur,

« Vous avez été parfaitement renseigné. Hier à midi, je suis allé chez le sous-préfet et lui ai signifié d'avoir à exécuter, dans les vingt-quatre heures, les ordres du vice-roi de Canton, c'est-à-dire de nous laisser remonter dans le Yûn-Nân et de nous faciliter la mise à exécution de ce projet.

« Nous avons demandé de plus la mise en liberté de gens appartenant au personnel de l'expédition ou nous ayant prêté leur concours.

« Si, à l'expiration du délai que j'ai fixé, la satisfaction que j'ai réclamée n'est pas accordée, j'emploierai les moyens d'action dont je dispose, et aucune considération ne pourra m'arrêter.

« Voyez, Monseigneur, s'il est prudent de vous livrer aux mains des mandarins qui pourraient peut-être vous garder en otage.

« J'ai l'honneur, etc.,

« *Signé* : J. DUPUIS ».

1ᵉʳ *Octobre*. — N'ayant ce matin aucune réponse des mandarins, nous avons arrêté le sous-préfet et détruit une partie de la sous-préfecture. Le sous-préfet s'attendait à ce coup de force et on lui avait envoyé de la citadelle un millier de soldats pour le garder.

La sous-préfecture se trouve à l'extrémité de la ville marchande, à peu de distance de la porte du S. C'est une espèce de camp retranché, entouré d'un mur et d'un petit fossé. A l'intérieur se trouve le logement du sous-préfet, celui de son personnel et de ses satellites, le prétoire et la prison, le tout entouré des jardins.

Au point du jour nous nous présentons à la porte principale que nous menaçons d'enfoncer. Les hommes, chargés de la garde de cette porte, se sauvent, et un tumulte épouvantable se produit dans l'intérieur. Le capitaine du « Hong-Kiang », G. Vlaveanos, contournent la sous-préfecture pour garder la porte opposée que les Annamites ouvrent en ce moment pour prendre la fuite. Il entre avec ses hommes et fait dire aux soldats que nous n'en voulons qu'au sous-préfet.

Pendant que le capitaine Vlaveanos vient faire ouvrir la porte principale, que nous sommes occupés à enfoncer, tous les soldats annamites se précipitent dehors par la porte où il est entré. Plus de mille hommes, surpris dans leur sommeil, fuient ainsi à toutes jambes, par les deux portes, sans faire la moindre résistance et sans chercher à défendre leur maître.

Nous pénétrons dans l'intérieur et la première personne qui se présente à nous est le pauvre sous-préfet, en costume de nuit, qui vient pour voir ce que signifie tout ce vacarme.

Je lui dis de se rappeler les conseils que je lui donnais avant-hier, à midi, dans cette même salle, conseils auxquels il répondit par des paroles presque injurieuses ; il n'a, d'ailleurs, à craindre ni pour lui, ni pour les siens. A ce moment, des femmes et des enfants sortent des

LES ÉVÉNEMEMTS DU TONG-KIN.

appartements en suppliant ; nous les rassurons en leur disant que personne ne pénétrera dans l'intérieur du logement privé, que nous n'en voulons qu'au sous-préfet et à sa sous-préfecture. On apporte les vêtements du prisonnier pour qu'il puisse nous suivre d'une manière décente et nous l'autorisons même à venir dans son filet.

Aussitôt après, nous nous mettons en devoir d'abattre la sous-préfecture pour qu'on ne puisse y installer un nouveau fonctionnaire. Lorsque nous avons confiné les mandarins dans la citadelle, nous aurions dû prendre cette mesure à l'égard de cette sous-préfecture d'où l'autorité de la citadelle semblait encore vouloir dominer la ville marchande.

Nous avions apporté des cordes pour abattre les colonnes qui supportent la salle du prétoire, ainsi que des haches et autres engins, mais cela n'a pas été facile. La foule est entrée dans l'enceinte et parmi elle beaucoup de soldats qui sont revenus pour nous aider à démolir la case de leur maître qu'ils étaient chargés de garder. Défense avait été faite de toucher aux appartements privés. Il n'y a eu qu'une faible partie du prétoire et de la salle des réceptions de démolis. Les ordres les plus sévères avaient été donnés pour que rien ne fût emporté par personne ; les deux salles renfermaient d'ailleurs peu de chose, et les mandarins ne se sont jamais plaints qu'on eût dérobé le moindre objet.

Le sous-préfet que nous avons conduit à bord du « Lâo-Kaï » et que nous traitons en ami plutôt qu'en prisonnier, ne paraît pas très-affecté de son aventure. Cependant il se fait apporter ses repas par sa famille ; a-t-il peur que nous voulions l'empoisonner, méthode d'affranchissement commune chez eux ? Il boit bien du champagne et autres vins doux avec nous, mais il préfère manger ce qui vient de chez lui. Sa femme et ses enfants viennent pour lui tenir compagnie presque toute la journée, et aussi pour nous espionner.

Mgr Puginier est entré en ville ce soir est il est venu à bord du « Lâo-Kaï » pour me prier d'accorder une entrevue demain aux mandarins ; je lui ai remis la dépêche du vice-roi du Canton pour qu'il en prenne connaissance avant l'entrevue et après dîner nous l'accompagnons jusqu'à la Sainte-Enfance où il va coucher, n'ayant pas voulu accepter le logement que les mandarins lui ont fait préparer près de la porte du S.

2 Octobre. — A l'entrevue d'aujourd'hui, le trésorier seul, parmi les grands mandarins, était présent. Mgr Puginier servait d'interprète. Résultat négatif; c'est toujours la même chose, on ne veut pas faire de proclamation au peuple. Les mandarins pensent que Mgr Puginier finira par obtenir de moi quelques concessions. Ce qu'ils veulent, c'est gagner du temps, voilà toute leur politique. J'ai été très-raide avec l'évêque que j'avais prévenu d'avance.

3 Octobre. — Le maréchal a dit à Mgr Puginier que, s'il ne pouvait pas obtenir de moi ce qu'il demandait, c'est qu'il ne voulait pas et qu'il se verrait obligé de le faire prisonnier comme otage. L'évêque me prie d'accorder encore aux mandarins une entrevue pour demain.

4 Octobre. — Je reçois une lettre de Mgr Puginier dans laquelle il me confirme ce qu'il m'a dit hier soir au sujet de la situation que veut lui faire le maréchal. Il m'annonce l'entrevue pour 2 heures à bord du « Lâo-Kaï ». Le grand-juge doit y assister.

A 2 heures arrivent le trésorier et un Nantsang, deux petits mandarins, l'évêque et le P. Dumoulin ; mais le grand-juge n'est pas venu. Il était convenu avec Mgr Puginier qu'il prendrait très-fortement le parti des mandarins pour sauver sa situation et que je résisterais énergiquement à ses prières pour faire croire que, si je cédais, ce ne serait que devant ses supplications.

Pour donner satisfaction à l'évêque, il est décidé que je ne prendrai pas, en ce moment, les 3.000 piculs de sel dont j'ai besoin pour le Yûn-nân ; mais je rends le gouvernement annamite responsable du préjudice qu'il m'occasionne. Il est pris l'engagement solennel qu'il ne sera plus rien fait contre les gens qui viendront à notre service. Je pourrai prendre les matelots nécessaires pour conduire le convoi de sel de 2.000 piculs qui a été arrêté au commencement de juin.

Si j'ai renoncé aux 3.000 piculs de sel que les mandarins du Yûn-nân attendent pour les troupes qui sont à Lîn-ngan et à Mont-tze, ce qui nous occasionne une perte de plus de 100.000 francs, c'est que l'évêque craint pour ses chrétiens et que je veux éviter tout conflit, d'après les instructions du contre-amiral Dupré.

On a relâché, hier, trois prisonniers qui étaient dans la citadelle depuis longtemps et dont j'ignorais l'arrestation. Les parents que j'avais questionnés à ce sujet, terrifiés par les menaces des mandarins, m'avaient assuré que le fait était inexact.

On a encore fait des menaces aux Cantonnais, il y a deux jours. Le maréchal a dit au chef des Cantonnais que, lorsque nous serions partis, il ferait couper la tête à un certain nombre d'entre eux à titre d'exemple, afin qu'une autre fois, quand il viendrait des étrangers au Tong-kin, ils n'aient plus l'envie d'embrasser leur cause.

5 *Octobre*. — Mgr Puginier me fait prévenir que le maréchal désire avoir une entrevue avec moi et me faire des cadeaux ; je réponds que je n'ai pas le temps, mais que, si le maréchal veut me faire l'honneur de visiter mes navires, il sera toujours le bienvenu. L'évêque est d'avis, comme moi, que c'est un piége qu'on veut me tendre ; mais il est un peu trop grossier pour s'y laisser prendre.

Le grand-juge est venu faire une visite à Ly-tà-lâo-yé.

L'évêque repart ce soir pour sa mission.

6 *Octobre*. — On vient encore aujourd'hui me renouveler l'invitation du maréchal.

J'apprends ce soir chez le chef des Cantonnais, où nous avions été invités à dîner, que les Hoâng-Tsong-In sont arrivés au-dessus de Son-Tay.

7 *Octobre*. — Nous passons notre journée à faire nos préparatifs de départ.

8 *Octobre*. — A une heure du soir, nous quittons Hâ-Noï, en route pour le Yûn-nán, avec douze jonques chargées de sel et trois autres ayant à bord les hommes nécessaires pour la protection du convoi, ces trois dernières à la remorque du « Mang-Hâo ».

9 *Octobre*. — Nous arrivons à Son-Tay, à 3 heures du soir, puis nous mouillons pour prendre du bois et attendre les jonques. Comme nous étions ce matin devant les grands bancs, nous avons vu beaucoup de gens qui passaient sur la rive gauche avec leur mobilier. A l'extrémité du petit passage, situé en haut des bancs, on construisait un petit camp et plus de mille personnes étaient occupées à ce travail.

Nous avons vent debout, et nos jonques ont de la peine pour arriver jusqu'à Son-Tay.

Des petits mandarins de Son-Tay sont venus vers nous, sous le prétexte de nous souhaiter la bienvenue de la part des autorités de la ville ; comme je leur demandais de nous fournir des provisions, ils sont partis et je n'ai plus vu ni mandarins ni provisions ; ils étaient venus pour nous espionner.

10 Octobre. — A 11 heures du matin, toutes nos jonques ont passé, sauf une de Mang-Hâo qui a cassé ses mâts et que nous prenons à la remorque. Nous avons toujours vent contraire ; le vent passe au N., avec un grain ; nos jonques sont obligées de mouiller. Nous venons avec le « Mang-Hâo » jeter l'ancre à l'embouchure de la rivière Claire, pour les attendre. Nous achetons là un petit bœuf pour 25 ligatures. (La ligature = 1 franc.)

11 Octobre. — Nous partons à 5 heures du matin pour aller chercher les jonques qui ne peuvent avancer avec le vent qui règne. Le vent est tellement fort, que le « Mang-Hâo », ayant les jonques à la remorque, n'avance que difficilement.

A 6 heures 1/2 du soir, nous venons mouiller un peu au-dessus de la rivière Claire.

12 Octobre. — Nous ne partons avec le « Mang-Hâo », qu'à midi, afin que les jonques aient le temps de faire un peu de route ; car nous ne pouvons remorquer que trois ou quatre jonques à la fois. A 4 h. du soir, nous atteignons Hung-Hôa ; mais cinq jonques sont encore restées en arrière.

On nous dit que Liéou-Yuen-Fou est à trois journées du fleuve. Il y a peu de Hè-ki (Pavillons Noirs) ici.

Nous avons vu au-dessus de Son-Tay, mais surtout à l'embouchure de la rivière Noire, plus de 4.000 petits bateaux en bambous que les Annamites ont fait construire pour incendier nos navires.

13 Octobre. — Nous quittons Hung-Hôa à 11 heures 45 en, remorquant les dernières jonques. Nous mouillons à 6 heures 1/2, sans avoir fait beaucoup de route.

14 Octobre. — Ce matin, nous avons coupé un peu de bois vert pour chauffer le « Mang-Hâo » ; les mandarins ont fait disparaître tout le bois qui se trouvait sur notre passage.

Nous faisons partir toutes les jonques ; mais celles qui portent les soldats ne prendront pas beaucoup d'avance, car elles ne sont pas gréées pour marcher seules. A 9 heures 15, nous partons avec le « Mang-Hâo » et nous ne tardons pas à rencontrer nos trois jonques, que nous prenons à la remorque.

15 Octobre. — Nous faisons un peu de bois et partons à 9 heures 15 ; mais nous avons toujours vent debout et faisons peu de route. Nous mouillons à 6 heures 1/2 du soir.

16 *Octobre*. — Au-dessus de notre mouillage, de chaque côté du fleuve, dans un endroit où il forme un coude et se trouve resserré, il existe deux forts que les Annamites ont construits pendant l'été pour nous empêcher de remonter au Yûn-nân. Ces forts sont très-bien faits ; des palissades en bambous protègent les talus et des bambous tressés servent de cadre aux embrasures et aux bastions. Nous remarquons là, les fameux radeaux incendiaires avec ou sans jarres et la plupart échoués le long de la rive, ainsi que de tout petits radeaux en bambous très-épais, supportant une petite cabane où peuvent tenir deux ou trois hommes.

Je me présente avec le « Mang-Hâo » en tête du convoi devant les retranchements annamites et je somme le chef qui commande aux valeureux soldats de l'Annam de nous laisser tranquillement faire notre route, lui déclarant qu'en cas d'hostilité, je me verrai forcé de les mitrailler jusqu'au dernier. J'ordonne de plus de descendre tous ces nombreux pavillons qui flottent sur les remparts en signe de défi, après quoi nous serons les meilleurs amis du monde. On s'empresse d'obtempérer à cette sommation.

Un grand nombre de soldats que la peur tenait cachés derrière les parapets, se rassurent peu à peu et finissent par montrer la tête. Pour leur donner une idée de la puissance de nos forces, je fais tirer un coup de canon sur un banc de sable où l'obus éclate en produisant le bruit du tonnerre.

Ces malheureux savent bien que je ne leur veux aucun mal, mais s'ils tiennent à garder leur tête, ils sont obligés, par ordre des mandarins, de prendre une allure hostile. Il y a aussi une partie des Tong-kinois parmi ces hommes qui est toujours prête à se mettre de mon côté et les Annamites le savent bien.

Ils sont tous enchantés de la détermination prise, bien que quelques coups de rotin les attendent.

Un peu au-dessus de ces retranchements, au bas de Yuen-Tsen-Tong, on a construit encore un autre fort et des palissades sur la rive opposée. Nous voyons là une barrière destinée à être placée en travers du fleuve. C'est une chaîne de bambous qui a plus de 0^{m}30 de diamètre. Il y a aussi des radeaux incendiaires et autres engins de ce genre. Les hommes de ce camp qui savent ce que j'ai dit il y a un instant, en arrivant aux premiers retranchements, se tiennent cois et nous regardent tranquillement passer. Nous jetons l'ancre devant Yuen-Tsen-Tong, pour faire du bois et des vivres.

A 3 heures 30 du soir, nous nous mettons en route par un vent assez favorable, nos jonques filent doucement devant nous. A 6 heures 30, nous mouillons au-dessous de Kin-Tchi-Hien. C'est devant cette ville qu'on a tiré sur les jonques de sel qui remontaient au Yûn-nân, en juin dernier.

Les Européens qui sont à bord des premières jonques viennent, vers 11 heures du soir, me prévenir qu'ils ont vu des soldats annamites se cacher derrières les broussailles. Je donne des ordres pour faire bonne garde cette nuit et pour qu'on me prévienne au besoin. On entend une grande rumeur qui monte du bas de la ville, de l'autre côté du fleuve. On a aperçu le « Mang-Hâo » et on pense probablement que nous venons venger l'affaire des jonques.

17 *Octobre.* — Le matin, j'aperçois beaucoup de monde de l'autre côté du fleuve, derrière les parapets construits le long de la rive ; la foule s'étend sur un espace de plus d'un kilomètre, jusqu'en face d'un petit fort situé de notre côté. Des coups de feu se font entendre ; mais nous ne voyons aucun projectile tomber dans l'eau. Pure bravade !

Je fais descendre à terre une cinquantaine de soldats du Kouang-Si pour marcher sur le petit fort pendant que le « Mang-Hâo » monte se placer en face. Il y avait peut-être dans ce fort deux cents malheureux, qui se sauvent dès qu'ils voient que mes hommes marchent sur eux. Pendant ce temps, les Annamites, qui se trouvaient sur la rive opposée, sous les yeux des mandarins de la ville, avec le fleuve entre eux et nous, continuaient à faire parler la poudre. Nous embarquons nos hommes sur le « Mang-Hâo » et nous traversons le fleuve pour aller mettre tous ces braillards à la raison, tout en leur adressant quelques obus qui les font fuir à toutes jambes vers la ville. Nous débarquons nos hommes un peu plus bas que les retranchements, afin de pouvoir les tourner ; mais les Annamites n'attendent pas l'exécution de ce mouvement pour se sauver dans la ville ou l'intérieur du pays.

Les travaux de fortification et les engins destructeurs sont considérables. On est ici près des forêts et l'endroit était tout désigné pour la construction des fameux radeaux incendiaires ; aussi aperçoit-on de ces engins de chaque côté du fleuve et aussi loin que la vue peut s'étendre ; un grand nombre d'entre eux ont leur installation complète, d'autres sont encore sans jarres. Les chaînes de bambous, comme celles que nous avons vues hier matin au-dessous de Yuen-Tsen-Tong, ne manquent pas non plus.

J'ai admiré aussi le parapet qui s'étend sur une longueur de plus d'un kilomètre, avec une succession de bastions derrière lesquels se tenaient cachés ces braves pour nous tirer dessus. Le tout est fait de mottes de terre et de bambous, mais très-bien fait, trop bien même pour ne servir à rien.

On me dit qu'on a réquisitionné près de 50.000 paysans pendant deux mois pour faire ces travaux : prendre les bambous dans la forêt, construire les radeaux et les fortifications, transporter les jarres, l'huile, le coton, etc.

J'ordonne à mes hommes de mettre le feu à tous les radeaux qui sont près de terre; ils sont assez secs pour brûler. Pendant ce temps je fais partir les jonques pour ne pas perdre de temps.

Les remparts de la petite ville de Kin-Tchi-Hien sont couverts de gens qui nous regardent faire ; ces gens, voyant que nous ne nous occupons pas d'eux, commencent à se rassurer un peu ; et puis tous ces malheureux sont bien contents de voir détruire ce que leurs mandarins ont pris tant de peine à édifier pour faire le mal. Nous avons mis le feu à des radeaux qui étaient à moins de deux cents mètres des remparts; on aurait dit que c'était un feu de joie ; il fallait entendre les éclats de rire de tout ce monde.

Nous quittons Kin-Tchi-Hien, à 10 heures du matin, pour venir mouiller à 7 heures du soir à hauteur d'un petit fort situé au-dessous de Kouen-Ce. Nous avons trouvé d'autres petits forts le long de notre route ; mais on nous a laissés tranquillement passer.

18 *Octobre*. — Ce matin, en attendant quelques jonques qui sont restées en arrière, Francelli, le second du « Mang-Hâo », est descendu à terre devant le petit fort avec quelques matelots pour faire un peu de bois, ce qui est facile, puisqu'ici nous sommes en pleine forêt. Le petit fort en question est situé sur un mamelon qu'on a dégarni à cet effet ainsi que le passage qui y donne accès : aussi se trouve-t-il beaucoup de bois qui pourrit sur place. Au bas du mamelon, sur le bord du fleuve, on a installé un poste de soldats pour garder le passage ; il y avait là une quinzaine d'hommes armés de piques et de lances. Au moment où Francelli s'est présenté pour demander à prendre le bois qui

traînait un peu partout, les hommes du poste ont voulu lui barrer le passage en le menaçant ; ce que voyant, Francelli s'est précipité sur eux ; mais les Annamites se sont sauvés vers le fort en criant, suivis de près par Francelli et trois ou quatre de ses hommes, tous bien résolus à pénétrer dans le fort, d'où l'on venait de tirer deux ou trois coups de feu sur eux.

Comme on ouvrait la porte pour laisser passer les Annamites, Francelli, le revolver à la main, se précipitait dans l'intérieur du fort, suivi de ses hommes. Au moment où il franchissait la porte, trois soldats annamites le tendaient en joue ; mais, sachant que ceux-ci ne possédaient que des fusils à mèche, et ne voyant pas de mèche allumée dans leur main, Francelli se figurait qu'il n'avait rien à craindre de leur fusil, comptant sur son revolver au besoin pour se débarrasser d'eux dès que la mèche apparaîtrait : il ne savait pas que cette mèche est tenue par un chien et qu'elle s'abat sur la poudre en tirant une gâchette, comme dans nos anciens fusils à pierre. Francelli ne se rendait pas bien compte de cela ; il avait bien vu qu'on tirait une gâchette ; mais il ne voyait toujours pas la fameuse mèche que l'on mettait sur la poudre avec la main, selon lui. Il ne doit son salut qu'à la pluie qui tombait ce jour-là et qui a empêché la poudre de prendre feu.

Une fois dans le fort, quelques coups de revolver et de chassepot eurent bientôt raison de tout le monde et furent plus que suffisants pour faire sauter toute la garnison par-dessus les remparts. C'était un sauve qui peut général. Il fallait voir les Annamites escalader les palissades et dégringoler dans les fossés, sans crainte des pieux qu'ils y avaient enfoncés pour défendre les approches ! En moins de temps qu'il en faut pour l'écrire, il n'y avait plus un seul Annamite dans le fort.

Francelli mit le feu aux paillottes des soldats ; puis le feu se communiqua aux palissades et le tout fut détruit en un instant. Le fort était en bois avec des recouvrements en terre et renfermait environ trois cents hommes.

Un peu en amont, à cinq ou six cents mètres, sur un autre mamelon situé sur le bord du fleuve, nous remarquons un autre petit fort occupé par des « Pavillons Noirs », au nombre de cinquante ou soixante hommes, et qui nous regardent faire ; mais ceux-ci n'éprouvent guère l'envie de nous chercher querelle, après la façon dont leurs voisins viennent d'être enlevés et lestement.

Nous montons tranquillement à Kouen-Ce, où nous passons le reste de la journée.

19 *Octobre*. — Nous prenons du bois et quelques provisions que nous procure Sié-ce-yé, un des chefs de Lieou-Yuen-Fou ; mais nous payons fort cher tout ce que nous prenons. Les « Pavillons Noirs », qui sont ici, ne me font pas l'effet d'être riches et même heureux. Ils peuvent être trois cent cinquante hommes environ, en y comprenant ceux qui sont dans le bas. Il y a, à Kouen-Ce, en ce moment, environ deux cents « Pavillons Noirs » et quatre à cinq cents Annamites.

Je parle très-durement à tous ces bandits et leur dis carrément que le jour où ils tenteront quelque chose contre moi, je les exterminerai tous, de Lâo-Kaï jusqu'à Hâ-Noï.

A 3 heures du soir, nous nous mettons en route pour venir mouiller, vers 6 h. 15, un peu au-dessus de l'endroit où les Annamites avaient installé un barrage et un fort l'hiver dernier ; en ce moment, il n'y a plus rien, c'est Kouen-Ce qui est le dernier poste annamite.

20 *Octobre*.— Grande pluie toute la nuit ; nous restons au mouillage toute la journée, car le fleuve charrie des arbres entiers, et il devient imprudent de naviguer. La pluie tombe toute la journée.

21 *Octobre*. — Partis à 6 heures du matin, nous avançons péniblement. Nous mouillons pour déjeuner et attendre les jonques, que nous sommes obligés le soir de prendre successivement à la remorque ; aussi faisons-nous peu de route aujourd'hui.

22 *Octobre*. — Nous partons en remorquant péniblement deux jonques jusqu'au camp de Seau-Tun, puis nous revenons au-devant des autres qui arrivent presque seules, grâce à un vent favorable.

Le « Mang-Hâo » est arrivé au terme de son voyage, ainsi que les hommes du Kouang-Si, que je vais installer ici, dans un camp qui servira de port de refuge aux barques qui descendront le fleuve Rouge, venant du Yûn-nân, en attendant que le « Mang-Hâo » ou un autre vapeur vienne les chercher.

Il y a longtemps que j'ai jeté les yeux sur ce point pour y établir un port. Un bateau comme le « Mang-Hâo » peut y remonter pendant toute l'année. On est ici au pied du premier rapide où les difficultés commencent. Jusque-là il n'y a qu'un fond de sable, et on peut naviguer nuit et jour sans crainte de défoncer son navire dans un échouage. Une petite anse fait de ce lieu un hâvre charmant pour les barques. Trois petits mamelons, disposés en demi-lune autour de cette anse, conviennent admirablement pour observer le fleuve et garder le port qui se trouve assez éloigné des avants-postes annamites de Kouen-Ce.

23 Octobre. — Au point du jour, tout le monde s'occupe à défricher l'emplacement nécessaire à l'installation du camp. On commence par faire des chemins pour atteindre le sommet des petites collines où doivent être établis les postes d'observations. Pour le moment, nous ne nous occupons que des deux mamelons qui dominent le fleuve, en aval et en amont, et c'est déjà une besogne considérable ; ces mamelons sont couverts de bambous si serrés, qu'on ne peut faire un pas que la hache à la main. Au milieu des bambous, de grands arbres à vent émergent çà et là, et donnent à cet endroit un aspect ravissant.

Les jonques partent, à 2 h. 30 du soir, pour le Yûn-nân, avec trois Européens et une trentaine de soldats de l'escorte du maréchal Mâ. Elles emmènent aussi deux mandarins, le frère de mon secrétaire Ouang et Hô qui est venu avec moi du Yûn-nân, non compris deux mandarins militaires, Ma-tsaï et Ma-taï, ce dernier chargé d'une mission pour le Titaï. Les deux mandarins civils ne doivent pas quitter les jonques et ne vont que jusqu'à Mang-Hâo.

Je laisse ici pour le camp cent six soldats du Kouang-Si et trois Européens. Les trois jonques qui portaient ces derniers restent ici et serviront de logement aux hommes pendant quelques jours jusqu'à ce que leurs cases soient construites.

24 Octobre. — Mes hommes travaillent à raser le sommet des collines et commencent déjà à construire des baraques à l'aide de bambous et de petits arbres. Ce n'est pas les lianes qui manquent pour attacher le tout ensemble et solidement.

Je repars pour Hâ-Noï, avec le « Mang-Hâo », à 10 h. 20 du matin. Nous nous arrêtons pendant une heure au-dessous de Kouen-Ce, pour examiner des traces de charbon. A 2 h. 20, nous mouillons devant Kin-Tchi-Hien et nous nous mettons en devoir de détruire les radeaux incendiaires et les barrages, ce que nous n'avions pas eu le temps de faire en montant. Quelques soldats annamites font mine de sortir de la ville avec des lances et quelques pavillons ; mais les balles de nos chassepot, sifflant à leurs oreilles, les font disparaître comme par enchantement.

Nous trouvons des cabestans installés à terre, ainsi que des ancres en bois destinées à fixer les barrages au milieu du fleuve. Je ne sais comment les Annamites auraient pu se servir utilement de tout cela. Nous détruisons et brûlons tout ce que nous pouvons.

25 *Octobre*. — Le matin nous chargeons, sur le « Mang-Hâo », le plus de bois que nous pouvons avec les débris de cet arsenal, et nous prenons une des chaînes à la remorque jusqu'à Hâ-Noï, comme pièce à conviction et pour faire rire les Tongkinois.

Nous quittons Kin-Tchi-Hien à 11 h. 45 pour mouiller à 4 h. 45. Nous avons cassé les amarres qui retenaient la chaîne de bambous ; ce n'est pas chose facile que de remorquer cette chaîne qui a plus de cent mètres de long.

On a retiré du fleuve de magnifiques pièces de bois entraînées jusqu'ici par la crue subite des 20 et 21 de ce mois. Il est bien rare qu'il y ait une crue du fleuve aussi forte à cette époque de l'année. Je suis persuadé que toutes ces belles pièces de bois sont celles que les Hoâng-Tsong-In m'ont fait préparer pour construire des barques et qui, se trouvant sur le bord du fleuve, ont été entraînées par le courant. Nous en avons vu, cette après-midi, de cinquante à soixante pièces, parfaitement équarries.

26 *Octobre*. — Nous nous mettons en route à 6 h. 25 du matin ; mais notre maudite chaîne nous fait presque aussitôt échouer. Nous repartons à 2 heures du soir pour échouer de nouveau à 2 h. et demie, grâce toujours à cette même chaîne. Nous partons enfin à 4 h. 20, pour venir mouiller à 5 h. 50 au-dessous de l'embouchure de la rivière Noire.

27 *Octobre*. — Partis à 6 h. 10 du matin, nous arrivons à Hâ-Noï sans accident à 2 heures du soir. J'apprends que des navires de guerre sont au Cua-Cam. C'est enfin Saïgon qui arrive.

Aussitôt mon départ d'Hâ-Noï, avec le convoi du Yûn-nân, le vice-roi a écrit plusieurs lettres de la part du maréchal, qui peuvent se résumer à ceci : 1° Pourquoi suis-je parti sans le prévenir ? 2° Pour quel motif n'ai-je pas emmené avec moi les soldats du Yûn-nân ? 3° Pourquoi n'ai-je emporté que du sel et pas de munitions de guerre ? 4° Il est nécessaire de m'écrire pour redescendre, car les rebelles sont proches et il pourrait m'arriver malheur.

Ly-ta-lâo-yé a répondu à ces turpitudes par une seule lettre et comme il devait le faire.

CHAPITRE X

MISSION DE FRANCIS GARNIER
INTERVENTION FRANÇAISE

De l'arrivée de l'expédition envoyée par l'amiral
Dupré, à la mort de Francis Garnier

28 OCTOBRE-21 DÉCEMBRE 1873

Lettre de Francis Garnier. — Ma réponse. — Installation — Lettre du commandant Didot. — Rencontre avec Francis Garnier. — Arrivée de l'expédition française à Hà-Noï. — Dépêche du vice-roi. — Réception de mes officiers par Francis Garnier. — Incendies. — Les Lê. — Je remets à Francis Garnier l'état de mes réclamations s'élevant à 250.000 dollars au 4 mars. — Proclamation. — Le Mang-Hào va chercher des renforts. — Proclamation du vice-roi. — Mgr Puginier. — Arrestation d'un incendiaire. — Arrivée de MM. Bain, Perrin et Hautefeuille, de l'*Espingole*, et du *Scorpion*. — Francis Garnier s'engage à m'indemniser. — Proclamation de l'ouverture du fleuve Rouge par Francis Garnier. — Je remets à Francis Garnier le complément de mes demandes d'indemnités s'élevant à 500.000 taëls. — Francis Garnier se charge de faire payer 35.000 taëls aux indigènes inquiétés à cause de moi. — La prise de la citadelle est résolue entre M. Garnier et moi. — Prise de la citadelle. — J'enlève la demi-lune de la porte de l'Est dont je m'empare. — Nouvelle proclamation de Francis Garnier. — Je suis chargé de la police de la ville marchande. — Départ du *Décrès* pour Saïgon. — Demandes adressées par Francis Garnier à l'amiral Dupré. — Le vice-roi est pris pas mes officiers. — Fête populaire à cause de la prise de la citadelle. — M. Garnier m'achète deux canonnières au prix de 65.000 dollars. — Arrangement pour le paiement des 920.000 dollars qui me sont dûs. — Soumission des provinces. — Rapport de Francis Garnier à l'amiral. — Départ de M. de la Haille. — Je conseille de prendre Son-Tay. — Opérations militaires. — Affaire d'Ya-Lam. — M. Bain me demande mon concours. — Mon traité avec les négociants d'Hà-Noï. — Traité pour le sel. — Je remonte jusqu'à la rivière Claire. — Francis Garnier inspecte les provinces. — Retour de Francis Garnier avec Mgr Sohier. — On débarque des canons. — Mort du maréchal Nguyen. — Incident du Lào-Kaï. — Je conseille une expédition contre les *Pavillons Noirs*. — Réponse de l'amiral Dupré aux réclamations de Hué. — Francis Garnier me demande de faire une traduction en annamite. — Je le vois chez Mgr Puginier. — On m'annonce que les *Pavillons Noirs* approchent. — J'envoie un de mes officiers en reconnaissance. — Je pars pour la citadelle. — J'apprends que Francis Garnier a fait une sortie. — Je cours prendre quarante hommes. — Je me précipite à la fusillade et je poursuis les Annamites. — La nuit arrive. — J'apprends la mort de Francis Garnier. — M. Bain veut évacuer la citadelle. — Je fais la garde de la citadelle. — Détails sur la mort de Francis Garnier.

28 *Octobre*. — Nous nous occupons des préparatifs pour recevoir l'expédition envoyée par le gouverneur de la Cochinchine.

Le soir, je reçois une lettre de M. Garnier ; le même porteur a également une lettre pour Mgr Puginier.

Voici ce que Garnier m'écrit :

« Mission des Dominicains, 26 octobre 1873.

« Mon cher Monsieur Dupuis,

« Je suis arrivé, vous le savez déjà peut-être, par le « d'Estrées », avec la mission officielle de faire une enquête sur vos réclamations contre le gouvernement annamite et sur les plaintes de celui-ci à votre endroit. Ma mission ne se borne pas là. L'amiral désire mettre un terme à la situation équivoque du commerce étranger au Tong-Kin, et contribuer autant qu'il est en lui à la pacification de cette contrée. Je compte beaucoup sur votre expérience du pays pour m'éclairer sur la meilleure solution de ce difficile problème.

« Il est bon cependant — et vous comprendrez aisément pourquoi — que nos relations n'aient, au début, qu'un caractère officiel. A un certain point de vue, je suis un juge qui ne doit paraître se laisser prémunir par aucune des deux parties. Mais je puis au moins vous prémunir contre les bruits exagérés que les Annamites ne manqueront pas de faire courir sur les motifs de ma venue, et vous affirmer, de la façon la plus positive, que l'amiral n'entend abandonner aucun des intérêts commerciaux engagés. Il vous a, d'ailleurs, donné des preuves non équivoques de la vive sympathie qu'il porte à votre entreprise.

« Je serai sous très-peu de jours à Hâ-Noï, où nous pourrons causer ensemble de la situation politique du pays et de ses nécessités momentanées. J'ai tenu à vous faire parvenir ces quelques lignes par une voie autre que la voie annamite. Elles vous seront envoyées par les soins de la mission espagnole de Haï-Dzuong.

« Agréez, etc.,

Signé : Francis Garnier ».

Je réponds à M. Garnier que je mets mes navires et mon personnel entièrement à sa disposition et je lui adresse des croquis du delta pour les différents passages à suivre de la mer jusqu'à Hâ-Noï.

29 *Octobre.* — Le chef des Cantonnais vient, de la part du maréchal, me demander pourquoi j'ai fait brûler des forts et blesser des hommes dans le haut du fleuve. Je réponds que le maréchal en verra bien d'autres s'il veut persister dans la voie où il est entré.

30 *Octobre.* — Nous nous occupons toute la journée de réparations et d'installations, afin de pouvoir offrir des logements au corps expéditionnaire, en cas de besoin.

1er *Novembre.* — Je reçois une lettre de M. Didot, commandant du « d'Estrées », m'annonçant la prochaine arrivée de plusieurs bâtiments de guerre et de l'autre partie du corps expéditionnaire sous les ordres de M. Garnier.

2 *Novembre.* — Ce matin, pendant le déjeuner, les capitaines d'Ar-

gence et Georges sont venus me demander une aumône pour une pauvre femme qui vient d'accoucher sur la rive gauche et qui veut repasser le fleuve pour rentrer chez elle. J'ai remis quatre piastres ; le « Hong-Kiang » et le « Lâo-Kaï » ont fait aussi quelque chose ; enfin on a réuni vingt piastres et quelques hardes.

On me dit que le corps expéditionnaire a perdu en mer un petit vapeur pour remonter ici.

3 *Novembre*. — Je pars à 11 heures du matin avec le « Mang-Hâo » pour aller au-devant de M. Garnier. Nous nous rencontrons à 6 h. et demie, à quatre ou cinq milles de Thaï-Binh, dans le canal Song-Ki, où nous mouillons.

4 *Novembre*. — Nous partons à 5 h. 30 pour aller chercher du bois à l'entrée du canal, afin de remorquer la grande jonque que l'expédition amène avec elle. Le courant est fort et la jonque lourde, aussi n'avançons-nous que lentement. Avec le petit canot à vapeur que M. Garnier possède, il aurait été impossible à la jonque de remonter le canal. Dans le bas, où la marée se fait sentir, le canot à vapeur pouvait encore prêter son concours en choissisant le moment favorable ; mais ici il n'y a plus de marée. La nuit venue, nous mouillons ; car il fait très-sombre et la pluie ne cesse de tomber.

5 *Novembre*. — Nous nous mettons en route à 6 heures du matin et à 2 heures du soir nous arrivons devant Hâ-Noï. M. Garnier fait chauffer son petit canot qui était à la remorque derrière la jonque, et il y fait placer une petite pièce de canon à l'avant, afin de pouvoir saluer la rade. Un peu au-dessus d'Hâ-Noï, nous stoppons pour laisser passer devant le canot à vapeur et lui permettre l'installation de sa petite pièce. Il fait un salut d'un seul coup de canon. Mes deux canonnières, ainsi que la jonque, saluent chacune le représentant de la France de neuf coups de canon ; le « Mang-Hâo » et la chaloupe n'ayant pas assez d'artillerie ne font qu'un salut de trois coups. Le petit canon de M. Garnier rend le salut.

Tous les soldats du Yûn-nân sont sur le rivage, en grande tenue, et les étendards du Titaï déployés. Au moment où M. Garnier descend à terre, à la tête de ses officiers, les soldats du Yûn-nân forment la haie et lui présentent les armes. M. Garnier se montre très-sensible à cette réception qui ne manque pas de grandeur.

Pendant mon absence, M. de la Haille a reçu pour moi une dépêche du vice-roi dans laquelle ce dernier m'annonce qu'il a défendu aux marchands de nous vendre du sel. Si on en a laissé passer 2.000 piculs, c'est à titre de faveur, mais cela ne doit pas se renouveler.

6 *Novembre*. — J'ai rendu visite, ce matin, à M. Garnier, avec les capitaines et M. de la Haille, pour lui présenter ces messieurs. La conversation a roulé sur la navigation des rivières et principalement du Thaï-Binh que je fais connaître à M. Garnier comme la seule voie pratique pour le commerce. Puis je lui ai dit quelques mots des rebelles et surtout des partisans des Lê.

Nous remettons à M. Garnier et à ses officiers tout ce que nous pouvons pour leur installation.

Dans le courant de la 7ᵉ lune (du 23 août au 22 septembre), ordre a été envoyé de Hué de s'emparer des chefs des deux maisons Tong-Taï et Sun-Ki et les mettre à mort, afin de servir d'exemple aux autres négociants d'Hâ-Noï. Le vice-roi a conseillé au maréchal Nguyen d'attendre mon départ. D'ailleurs, ces deux négociants étaient cachés dans d'autres villes à cette époque. Le chef de la maison Sun-Ki est l'oncle de notre ami Kin et l'autre est également un de nos amis. Il est facile à la cour de Hué de donner des ordres ; mais il est plus difficile de les mettre à exécution. Les mandarins d'Hâ-Noï savaient bien qu'il ne fallait pas aller trop loin ; car la corde, déjà très-tendue, se serait rompue. Du reste, à cette époque, la ville marchande était interdite aux mandarins, et il leur aurait été difficile de s'emparer d'un négociant chinois dans un quartier dont nous occupions presque le centre.

7 *Novembre*. — Cette nuit, vers 3 heures du matin, le feu a été mis à une paillotte située dans la cour de la maison voisine des nôtres. Nous avons pu éteindre le feu en jetant de l'eau par-dessus le mur de séparation. Cette paillotte touche au corps de bâtiment mitoyen de celui où sont renfermées toutes nos munitions de guerre : plus de 200.000 cartouches et une grande quantité de poudre, de fusées, etc. Les habitants de la grande maison dormaient et ont été réveillés en sursaut par nos cris. (Ce sont de braves gens d'une ancienne famille chinoise, autrefois très-riche, mais que les Annamites ont presque ruinée, comme tant d'autres.)

Il y a une quinzaine de jours, on a commencé à lancer des briques avec du coton imbibé d'huile et des sachets à poudre, munis d'une mèche fusante, pour faire sauter notre magasin à poudre.

J'ai fait installer immédiatement un belvédère avec une guérite où deux hommes passeront la nuit en observation. Ce belvédère domine toutes les constructions voisines.

Je sais d'une manière certaine que le nombre d'hommes, chargés par les mandarins de mettre le feu à nos magasins, s'élève à douze. On a fait sortir ces hommes de prison et on leur a offert de fortes récompenses pour accomplir cette triste besogne. Depuis que mes hommes veillent, ils n'ont encore vu personne et cependant on lance chaque nuit des matières incendiaires sur nos magasins. Ils sont armés et ont l'ordre de tirer sur les incendiaires : plusieurs fois déjà, ils ont entendu tomber quelque chose, mais ils n'ont aperçu personne. Les incendiaires se glissent d'une maison à l'autre en se tenant cachés derrière quelque pan de mur. Cette nuit encore, mes hommes n'ont pas vu lancer l'appareil incendiaire. Comme je ne dors guère la nuit et que je suis presque toujours en éveil, j'ai aperçu le feu presque aussitôt que mes hommes. Pendant qu'on jetait de l'eau par le mur de séparation, les soldats de garde frappaient violemment à la porte du grand corps de bâtiment qui commençait à prendre feu. Aussitôt trente à quarante personnes pénétraient dans la cour et se rendaient facilement maîtres de l'incendie.

Ce matin, un chef du parti des Lê est venu à bord de mes bateaux désirant avoir une entrevue avec moi. J'ai envoyé mon interprète Sam, en priant les capitaines de le recevoir. Ce soir, j'ai communiqué à M. Garnier divers documents chinois, afin de lui faire connaître les infamies dont les Annamites se sont rendus coupables envers Saïgon et envers moi. Je lui ai remis aussi la première partie de mes griefs contre les Annamites et le montant des indemnités que je leur réclame jusqu'au 4 mars et qui s'élèvent à la somme de 250.000 dollars. Je dois encore lui remettre le relevé de l'indemnité qui m'est due depuis le 4 mars jusqu'à ce jour. M. Garnier me remet une lettre pour le commandant Didot que M. d'Argence lui portera demain avec la chaloupe.

8 *Novembre.* — Ce matin, j'envoie à M. Garnier, comme il m'en a exprimé le désir, la copie de la demande en indemnité que M. Millot a remise au contre-amiral Dupré à Saïgon.

M. d'Argence part avec la chaloupe à 9 h. 45, pour se rendre à bord du « d'Estrées ».

M. Garnier a fait, hier, une proclamation insuffisante, et aujourd'hui une autre, un peu plus énergique ; mais l'une comme l'autre ne valent rien.

La première s'exprimait ainsi :

« Le représentant du noble royaume de France, Garnier, fait savoir à tous les habitants que, les mandarins du noble royaume annamite étant venus à Saïgon demander assistance, l'amiral nous a envoyés au Tong-Kin pour voir comment les choses s'y passaient. De plus, ici, au Tong-Kin, les côtes sont désolées par de nombreux pirates qui font beaucoup de ravages ; nous avons l'intention de pourchasser ces bandits, afin que tous les habitants de ces lieux puissent en paix vaquer à leurs affaires.

« Quant à nos soldats, si quelqu'un d'entre eux commet quelque acte répréhensible, que l'on vienne porter plainte, et nous ne manquerons pas de faire justice.

« Tout peuple se laisse facilement entraîner par les exemples de vertu ; pour nous, en parlant au peuple, nous n'avons en vue que la vertu. Population du Tong-Kin, il faut bien vous convaincre d'une chose, c'est que les mandarins et soldats français sont unis avec les mandarins et soldats annamites comme des frères entre eux. En conséquence, nous désirons procurer au Tong-Kin la facilité de faire le commerce, et par là lui apporter la richesse et la paix. Telles sont nos intentions ; nous vous les faisons connaître à vous tous, mandarins, soldats et populations du Tong-Kin ».

Hier, 7 novembre, douze des principaux négociants chinois voulaient aller voir M. Garnier et lui souhaiter la bienvenue au nom de la colonie chinoise d'Hâ-Noï ; mais le sous-préfet s'y est opposé. M. Garnier ayant demandé à voir quelques négociants pour obtenir des renseignements sur le commerce, on a donné l'autorisation à un seul négociant, qui passe pour être l'espion des mandarins, de conférer avec lui. Le négociant chinois que M. Garnier a amené avec lui, de Saïgon, ne peut pas plus que les autres aller le voir.

Les deux proclamations de M. Garnier ont produit un effet déplorable dans la ville. Dans ses proclamations, M. Garnier semble croire que les mandarins du Tong-Kin n'obéissent pas aux ordres de la cour de Hué et que le roi ignore ce qui se passe au Tong-Kin !

9 *Novembre*. — Ce matin j'ai vu M. Garnier, pour l'entretenir d'une nouvelle tentative d'incendie, qui a eu lieu, comme le 7 novembre, dans la maison voisine de notre poudrerie. Le feu a été mis par une personne de l'intérieur à une pièce qui servait de chambre de débarras. M. Garnier envoie son secrétaire, M. Laserre, et un officier pour faire

une enquête ; mais nous ne pouvons rien comprendre à cette affaire, car tous les gens dormaient dans la maison, et sans nous ils brûlaient tous dans leur lit. Mes hommes, qui faisaient bonne garde, ont vu le commencement de l'incendie, mais n'ont aperçu personne. Les gens de la maison qui dormaient, ne se pressant guère de nous ouvrir, nous avons dû enfoncer les portes avec des barres de bois, car nous étions persuadés que le feu, cette fois, avait été mis par les locataires. Pendant ce temps, l'incendie prenait des proportions considérables et le toit brûlait. Comme nous avions une grande quantité de jarres et de baquets toujours pleins d'eau, nous nous sommes rendus très-rapidement maîtres du feu qui se trouvait attisé par une grande quantité de bois à brûler. De quelle manière le feu a-t-il été mis et par qui ? Cela a toujours été un mystère pour nous. Il n'est pas possible qu'on se soit introduit par la toiture ; mes hommes, qui étaient en faction sur le belvédère, s'en seraient aperçu.

M. Garnier envoie le « Mang-Hâo » chercher des troupes à bord des navires qui stationnent dans le golfe. Le « Mang-Hâo » part à 2 heures 30 du soir. Depuis longtemps déjà on me prévient que l'on cherche à empoisonner l'eau dont nous nous servons, mais, aujourd'hui, on nous engage à redoubler de prudence. C'est ce qui a déterminé M. Garnier à envoyer le « Mang-Hâo » chercher du renfort ; d'ailleurs, en présence de l'hostilité des Annamites, il voit bien qu'il n'y a rien à espérer par la conciliation.

M. Garnier a réclamé la mise en liberté d'un petit mandarin qui, chargé de la garde de la porte, le jour de son arrivée, a été mis en prison pour l'avoir laissé entrer. Le maréchal ayant refusé d'obtempérer à cette demande, M. Garnier avait pris ses dispositions hier soir et allait me prévenir que nous devions entrer dans la citadelle, chacun par une porte, ce matin, quand on est venu l'aviser que satisfaction lui était accordée.

M. Garnier doit poser un ultimatum aux Annamites sur l'ouverture du Tong-Kin au commerce, en leur accordant, pour répondre, jusqu'à-près demain, 22 de la lune.

L'enquête faite sur les deux derniers incendies n'a amené aucun résultat. Le propriétaire déclare toujours que le feu a été mis du dehors. Depuis quinze jours, dit-il, on lance toutes les nuits dans sa cour des briques auxquelles sont fixées des matières inflammables, sans qu'il ait pu prendre encore un coupable pour me l'amener.

On décide que je mettrai chaque nuit deux hommes de garde dans cette maison.

10 *Novembre*. — M. Garnier me fait dire ce matin qu'il a une communication à me faire.

Hier, le vice-roi a fait une proclamation dans laquelle il dit au peuple que M. Garnier n'avait pas d'autre but, en venant au Tong-Kin, que de me chasser de ce pays, par ordre du roi, et que ceux qui propageront des nouvelles contraires seront sévèrement punis.

Le soir même, M. Garnier s'est rendu chez le vice-roi, dans la citadelle, pour lui dire de détruire immédiatement cette proclamation qui dénature sa mission.

« Il est venu, il est vrai, sur la demande du gouvernement annamite, mais seulement pour faire une enquête sur le différend survenu entre lui et moi et tâcher de l'aplanir si faire se peut. Mais le but principal de sa mission, est de s'entendre avec eux sur l'ouverture du Tong-Kin au commerce européen et la libre circulation sur le fleuve Rouge pour permettre les communications avec le Yûn-nân et cette question ne doit souffrir aucun retard. Pour ce qui me concerne, c'est une question très-compliquée, vu les intérêts considérables du Titaï du Yûn-nân dans cette affaire et les indemnités que je réclame pour les préjudices énormes qu'ils ont occasionnés à mon entreprise. Cependant, il est prêt à commencer le règlement de cette question si on le désire ; mais on lui enlève tout moyen de se renseigner. »

L'ultimatum que M. Garnier devait adresser hier aux Annamites a été ajourné jusqu'au 14 novembre. Passé cette date, il proclamera lui-même l'ouverture du Tong-Kin au commerce sous la protection du gouvernement français.

Mgr Puginier est arrivé ici aujourd'hui. M. Garnier lui avait écrit en arrivant à Hâ-Noï, pour le prier de se rendre auprès de lui le plus tôt possible, afin de lui servir d'interprète avec les mandarins et de lui donner des renseignements sur le pays. L'évêque lui avait répondu qu'il était préférable qu'il se rendît à Hâ-Noï sur la demande des mandarins, ainsi qu'il y était déjà venu deux fois pour leur servir d'intermédiaire avec moi. Il engageait M. Garnier à en faire lui-même la demande. Les mandarins l'enverraient chercher et tout serait pour le mieux. Il ajoutait qu'il espérait que M. Garnier ne serait pas froissé des précautions qu'il était obligé de prendre vis-à-vis des mandarins.

M. Garnier m'avait fait part du refus de l'évêque de venir à Hạ-Noï sur sa demande et de l'obligation où il était de s'adresser aux mandarins annamites pour le faire venir ; il me parut assez froissé de cela. Je lui expliquai la situation des missionnaires au Tong-Kin.

11 Novembre. — J'ai écrit ce matin à M. Garnier en lui adressant les noms et les titres des deux frères Phan, qui sont dans la citadelle comme officiers d'ordonnance du maréchal et qui ont été condamnés à mort, à Saïgon, pour avoir fomenté une insurrection. Je dis également à M. Garnier que le petit mandarin qui gardait la porte le jour de son arrivée est toujours en prison, contrairement à ce que lui ont dit les mandarins. Le chef de la justice, ainsi que le général, ont reçu chacun trente coups de bâton pour la même affaire.

M. Garnier ne tardera pas à reconnaître ce que valent les déclarations des mandarins annamites ; depuis qu'il est en rapport avec eux, il a eu maintes fois déjà occasion de s'en apercevoir.

Dans l'après-midi, M. Garnier m'envoie une dépêche pour le maréchal et une proclamation pour en faire la traduction en langue chinoise, avec la lettre suivante :

Expédition du Tong-Kin.   Hạ-Noï, le 11 Novembre 1873.

CABINET
DU
COMMANDANT EN CHEF.

Mon cher Monsieur Dupuis,

Merci de vos renseignements, en retour desquels je vous envoie les deux pièces ci-jointes. Je voudrais que vous fissiez traduire la première (lettre au maréchal) le plus exactement possible, en mettant le texte chinois en regard du texte français, et que vous me la renvoyiez quand ce serait fini. Vous seul et le traducteur devez la connaître. Je vous recommande le plus grand secret.

La seconde pièce (projet d'arrêté) suppose l'assentiment des négociants chinois. Veuillez sonder discrètement les plus influents d'entre eux et essayer d'avoir leur avis à ce sujet. S'il était favorable, je vous prierais également de faire traduire et de me renvoyer cette pièce.

Pressez aussi les Chinois de m'envoyer le projet de tarif que je leur ai demandé et joignez-y vos propres indications. Serait-il possible d'entrer dès à présent en relations avec le vice-roi du Yun-nân ? Que penseriez-vous de la possibilité d'établir une communication télégraphique, entièrement d'ailleurs à l'usage des

Chinois, entre Yun-nân-sên et Hâ-Noï. Je vous envoie à ce sujet la brochure de Viguier. Faites-la lire à votre mandarin. Ce système fonctionne déjà parfaitement entre Shang-Haï et Hong-Kong. Les Chinois ne sont pas obligés de cette façon à livrer le secret de leurs dépêches, ni à les traduire en une langue européenne. Si vous désiriez quelques-unes de ces brochures, je vous les enverrais.

J'ai vu Mgr Puginier qui est d'avis que je diffère un peu l'action projetée pour avoir le temps de me mettre en relations avec quelques notables influents. Je ne sais encore si je me rendrai à cet avis qui a du bon, mais qui a aussi des inconvénients. J'attendrai pour me décider des nouvelles de la côte qui ne peuvent tarder d'arriver.

Gardez aussi, en attendant, le secret le plus strictement possible, afin de ne pas accélérer les préparatifs de défense de la citadelle. Le maréchal vient d'ordonner une levée de 2.000 hommes.

Votre tout dévoué

F. Garnier.

Le vice-roi fait courir le bruit que c'est moi qui ai fait mettre le feu à la maison voisine pour faire peur au propriétaire, afin d'acheter cette maison bon marché.

12 *Novembre*. — Cette nuit, entre une et deux heures du matin, mes hommes ont arrêté un incendiaire qui cherchait à escalader le mur de clôture de la cour avec une petite échelle en bambous. Il avait sur lui plusieurs sachets de poudre, munis chacun d'une mèche. C'est un vagabond qui avait été arrêté pour vol, et qu'on a fait sortir de prison, avec onze autres de ses pareils, à la condition de nous incendier. Ceux-ci sont sous la direction de l'ancien chef de police que j'avais arrêté jadis au début de ses fonctions, et qui, chaque jour, leur donne des instructions sur le mode d'opérer. Notre incendiaire ne sait pas comment le feu a été mis le 9 novembre, mais le 7, il a été mis à la paillotte par un sachet lancé de la toiture. Les onze hommes parvenaient à celle-ci par un petit temple situé près de l'arroyo et se glissaient ensuite d'un mur à l'autre et de toiture en toiture. Ils opéraient par un temps sombre et même quand il pleuvait, c'est ce qui explique pourquoi un grand nombre de sachets n'ont pas pris feu, les mèches étant éteintes. Depuis qu'ils s'occupent de cette besogne, ils ont reçu chacun une ligature par jour (un franc); mais celui qui mettra le feu recevra dix barres d'argent et ses compagnons une barre chacun. (Une barre d'argent vaut 80 fr.)

Le « Mang-Hâo » arrive à 9 heures du soir, ayant à bord soixante hommes de débarquement du « Décrès »; M. Bain, enseigne de vaisseau, commande ce détachement, ayant sous ses ordres MM. Perrin et Hautefeuille, aspirants de marine.

La chaloupe canonnière l' « Espingole » est arrivé ici, venant de Saïgon, pour remplacer l'« Arc », perdue dans la traversée.

13 *Novembre.* — Le « Scorpion », est arrivé ce matin venant de Hong-Kong où le capitaine recevait de l'amiral Dupré le télégramme suivant : « Rendez-vous immédiatement à Hâ-Noï, Tong-kin, sous les ordres de M. Garnier ». Le commandant de cette canonnière ne sachant pas où ce trouvait cette ville, dont il entendait le nom pour la première fois, fut au Consulat de France où il apprit de quoi il s'agissait.

J'ai causé très-longuement aujourd'hui avec M. Garnier de la situation et des mesures qu'il prend. Il est tout disposé à diriger les affaires du Tong-Kin au nom de la France. M. Garnier s'engage alors à m'indemniser pour les préjudices que j'ai éprouvés dans cette lutte de tous les instants, en vue d'assurer la libre circulation du fleuve Rouge. Il doit envoyer à Hong-Kong le « d'Estrées » pour porter à la connaissance du commerce étranger l'ouverture du Tong-Kin et de la voie du fleuve Rouge, sous la protection de la France, à partir du 15 novembre 1873.

14 *Novembre.* — Le «Mang-Hâo » part à 4 h. 30 pour porter le courrier de Garnier à bord du « d'Estrées », ainsi que des provisions pour le voyage de ce navire et du « Décrès ».

15 *Novembre.* — M. Garnier me remet le tarif des douanes qu'il a adressé hier à Hong-Kong, et il m'apporte une proclamation à faire traduire en langue chinoise et destinée à être publiée à Hâ-Noï et dans les autres villes du Tong-kin.

16 *Novembre.* — Ce matin, j'ai remis à M. Garnier les traductions du tarif des douanes et de sa proclamation au peuple tongkinois et chinois.

J'ai également remis à M. Garnier une lettre que j'ai reçue hier soir et qui nous fait savoir que, si nous désirons voir les partisans de la dynastie des Lê marcher avec nous, il ne tient qu'à nous, il suffira de les avertir.

Pendant que Mgr Puginier et le P. Dumoulin étaient à dîner avec nous ce soir, huit négociants chinois, y compris le chef de la communauté, sont venus pour prier l'évêque de faire retirer le caractère *kieou* de la proclamation de M. Garnier qui les compromet aux yeux des Annamites. Mgr Puginier a promis de faire une démarche dans ce sens auprès de M. Garnier. Le caractère *kieou* indique que les négociants chinois du Tong-Kin sollicitent la protection de la France contre les Annamites.

Voici la proclamation de M. Garnier pour l'ouverture du Tong-Kin au commerce :

« Le grand mandarin Garnier, envoyé au Tong-Kin par l'amiral gouverneur de la Cochinchine française, pour s'entendre avec les autorités de l'ouverture du pays au commerce étranger, fait savoir qu'il a été décidé ce qui suit :

« 1° A partir de ce jour, le fleuve Rouge est ouvert au commerce français, espagnol et chinois, de la mer au Yûn-Nân ;

« 2° Les ports ouverts seront : Haï-Phong, par 20° 42' de latitude Nord et 104° 30, de longitude Est du méridien de Paris ; Thaï-Binh, par 20° 35' de latitude Nord et 104° 20' de longitude Est. Le mouvement des marées ne nous est pas encore assez connu pour l'indiquer ; nous le ferons connaître le plus tôt possible, ainsi que les renseignements sur l'hydrographie de ces mers ;

« 3° Les droits de douane seront *ad valorem* 2 0/0, tant pour les importations que pour les exportations ;

« 4° Les négociants feront leurs déclarations au préposé de la douane à Hâ-Noï, qui aura à percevoir le droit de 2 0/0 sur la valeur des marchandises, et à délivrer un permis d'embarquement ou de débarquement ;

« 5° Les marchandises qui passeront en transit pour le Yûn-Nân (Chine) paieront 1 0/0 à l'importation comme à l'exportation ;

« 6° Les marchandises provenant de Saïgon (Cochinchine française) ou à destination de cette dernière ville, ne paieront que demi-droit : soit 1 0/0 pour le Tong-Kin, et 1/2 0/0 pour le Yûn-Nân ;

« 7° La révision du présent tarif sera dénoncée six mois à l'avance ;

« 8° Les commerçants chinois et les autres commerçants intéressés seront sous la protection du pavillon français, et ne dépendront en rien des autorités annamites ;

« 9° Les négociants de toutes nations pourront acheter des terrains et des maisons, à Hâ-Noï, pour leurs établissements ;

« 10° Toutes les douanes annamites qui existent sont et demeurent supprimées ».

17 Novembre. — Je suis allé aujourd'hui chez M. Garnier pour lui remettre le complément de ma demande en indemnité contre le gouvernement annamite qui s'élève à 500.000 taëls. Je lui ai parlé aussi des préparatifs que les Annamites font dans la ville.

Ce soir, vers 9 heures, un chef du parti des Lê, de la province de Thanh-Hôa, est venu me voir et m'a dit être l'auteur de la lettre que j'ai reçue le 15 novembre. Ils sont 2.000 hommes prêts à marcher au premier signal.

18 Novembre. — J'écris ce matin à M. Garnier pour lui rendre compte de l'entretien que j'ai eu hier soir avec le chef Lê du Tong-Kin méridional.

Kin est venu me voir pour me prier d'engager M. Garnier à s'emparer du maréchal. Ce dernier, une fois prisonnier, tous les Chinois seront avec nous; mais, tant qu'il donnera des ordres, il peut leur faire beaucoup de mal, sinon à Hâ-Noï, du moins dans les autres villes.

On parle de nouveau de l'empoisonnement des eaux potables. Nous prenons des précautions.

Le chef Lê de la province de Thanh-Hôa a pénétré aujourd'hui dans la citadelle en compagnie d'un mandarin militaire de ses amis. Il dit avoir dans son parti trois sergents de l'escorte du maréchal, qui tâcheront de lui couper la tête s'il part demain, comme on le dit, se cacher dans la sous-préfecture de Thanh-Ti. Il nous dit qu'il peut réunir 2.000 hommes ici dans la ville.

On croit généralement que le maréchal partira demain; mais on ne sait encore pour quelle destination. Les mandarins s'attendent à tout moment à l'attaque de la citadelle. Ils transportent dans les villes de l'intérieur tout ce qui représente pour eux quelque valeur.

Les Cantonnais parlent d'établir une milice dans leur quartier pour le protéger contre les incendiaires.

M. Garnier n'a fait afficher qu'aujourd'hui la proclamation relative à l'ouverture du Tong-Kin au commerce, datée du 15 novembre, ainsi que le tarif et le règlement pour les droits de douane.

19 Novembre. — J'ai remis à M. Garnier, conformément au désir qu'il m'avait exprimé, une note d'indemnité pour les familles qui ont souffert pour ma cause de la part des mandarins. Cette note s'élève à la somme de 38.500 taëls que M. Garnier se charge de faire payer par le gouvernement annamite ou sur les revenus du Tong-Kin.

A 5 heures du soir, l'un de mes employés d'administration, M. Dercour, qui était parti avec le convoi du Yûn-nân, arrive de Lâo-Kaï. Il est parti le 17 novembre, à 9 heures du matin, dans un petit bateau, et n'a mis que deux jours et demi pour franchir une distance d'environ 400 kilomètres, en faisant route, il est vrai, nuit et jour.

M. Garnier me prie de passer chez lui, vers 8 heures du soir, pour être seuls et tranquilles, car il veut m'entretenir d'affaires sérieuses. A l'heure indiquée, je trouve M. Garnier seul, qui m'attend dans son logement privé. Il est question de la prise d'Hà-Noï. M. Garnier me demande si je suis d'avis de commencer l'attaque demain matin. Je lui dis qu'il est bien regrettable qu'elle n'ait pas eu lieu le 15, comme il en avait tout d'abord l'intention. Les mandarins s'attendaient à l'attaque de la citadelle pour le 17 ou le 18 novembre. Il serait trop long d'indiquer ici les motifs de ce retard.

Vers 10 heures du soir, je quitte M. Garnier, après être convenu de ce qui suit :

Demain matin, vers 6 heures, les canonnières le « Scorpion » et l'« Espingole », sous le commandement de M. Balny, commenceront le feu en tirant sur les portes du Nord et de l'Est, ainsi que sur les établissements publics de la citadelle, principalement sur le Yâ-mên du maréchal et sur celui du vice-roi qui sont l'un à côté de l'autre.

A 6 heures et demie, les canonnières cesseront le feu.

M. Garnier, ayant avec lui vingt-cinq hommes d'infanterie de marine, commandés par M. de Trentinian, deux pièces de 4 de montagne et des matelots de M. Esmez, attaquera la porte Sud n° 2 et enverra une colonne, sous les ordres de M. Bain, avec MM. Hautefeuille et Perrin, attaquer la porte Sud n° 1, mais avec mission surtout d'arrêter les fuyards qui chercheraient à s'échapper dans cette direction. Les deux colonnes d'attaque comprendront au total quatre-vingt-dix hommes environ. De mon côté, nous nous tiendrons le plus près possible de la porte de l'E., pendant que les canonnières tireront sur cette porte. Au moment où le feu de la rade cessera, nous attaquerons la demi-lune, et, une fois maîtres de cette position, nous enfoncerons la porte à coups de canon pour pénétrer dans la place pendant que M. Garnier entrera du côté S. Nous ferons également garder la porte du N. pour que les mandarins ne se sauvent pas de ce côté.

M. Garnier n'a pas encore fait connaître cette décision à ses officiers, de crainte que ses Annamites ne l'apprennent et en informent les mandarins. Il préviendra ses officiers vers minuit, lorsque tout son monde dormira. Il me recommande aussi de ne faire connaître cette affaire qn'aux capitaines de mes navires et à M. de la Haille.

Je fais simplement dire aux soldats que demain matin il faudra qu'ils soient prêts à 5 heures pour aller faire une promenade militaire. Comme on s'attend tous les jours à l'assaut de la citadelle, on se doute bien un peu de la promenade qu'il s'agit de faire ; mais tout le monde est content.

20 *Novembre.* — A 5 heures du matin tout le monde est debout. Nous faisons les derniers préparatifs ; ils ne sont pas longs, car nous sommes toujours prêts en cas d'attaque, et, depuis quelques jours, nous attendons à tout moment le signal de M. Garnier.

A 6 heures commence le feu de la rade. Nous sommes à notre poste. Les projectiles passent en sifflant au-dessus de nos têtes pour aller s'abattre sur la citadelle. Nous plaçons une pièce de canon sur le terre-plein de la porte située à l'extrémité de notre rue et faisant face à la porte de l'E. Tous les coups portent sur le mirador et dans la demi-lune où se trouve concentrée la résistance. Le capitaine Georges, avec une partie de ses hommes, prend position près de la porte de l'E., en s'abritant derrière les maisons.

Il est six heures et demie ; le canon de la rade cesse le feu.

Pendant qu'un peloton se dirige sur la porte du N. pour en garder la sortie, nous partons au pas de course avec le reste des hommes pour attaquer la demi-lune, dont les défenseurs, déjà surveillés de près par le capitaine Georges, se tiennent cachés. Bientôt les Annamites ne peuvent plus se tenir à leurs pièces. Dès qu'une tête se montre au-dessus du parapet, aussitôt, de tous côtés, les balles sifflent autour d'elle et l'obligent à disparaître. Pendant qu'une partie de mes hommes grimpent sur les toitures des maisons pour mieux découvrir les Annamites, les autres escaladent la demi-lune à l'aide d'échelles en bambous et nous ouvrent la porte. Une fois dans l'enceinte nous sommes maîtres de la porte de l'E. qu'on n'essaie pas même de défendre. Nous pénétrons dans la citadelle et tous les Annamites mettent bas les armes.

En même temps que nous, M. Garnier a pris la porte du S., sur laquelle flotte déjà le drapeau français. Je me dirige immédiatement de ce côté et je rencontre M. Garnier, à mi-chemin, entre les deux portes, qui vient aussi vers nous. Il est à peine 7 heures et nous sommes maîtres de la citadelle où se tenaient 7 à 8.000 combattants qui n'ont guère combattu. Une fois en possession des deux portes, personne n'a cherché à tirer un seul coup de fusil. Le maréchal Nguyen est blessé ; nous recherchons les autres mandarins qui se cachent.

En somme, il n'y a eu qu'une faible résistance. La demi-lune que nous attaquions était défendue par un millier d'hommes, les meilleurs du maréchal : mais aussitôt que nous avons pénétré à l'intérieur tous se sont sauvés en sautant dans les fossés pour aller se cacher dans la citadelle ou ont fui par la porte de la demi-lune vers la ville marchande.

J'ai eu dans cette affaire un homme du Titaï tué, et le capitaine de la jonque traversé par une balle, mais j'espère que nous le sauverons. M. Garnier n'a eu qu'un seul homme légèrement blessé à l'épaule, près de la porte, par une balle venue des maisons voisines, on dit par un Hè-ki (Pavillon Noir) ; mais cette blessure n'a aucune gravité : la balle n'ayant fait qu'effleurer la peau. Les Annamites n'ont fait aucune résistance du côté de M. Garnier. Celui-ci, ayant placé quelques hommes en tirailleurs pour empêcher les Annamites de se montrer sur les remparts, s'est avancé sur la porte et l'a enfoncée à coups de canon.

On a trouvé le maréchal Nguyen avec le commissaire de Hué et les deux fils de Phan-tan-gian dans une paillotte, près de la porte du S. Phan-tan-gian était gouverneur des provinces de l'Ouest en Cochinchine, à l'époque où l'amiral de La Grandière en fit la conquête ; Phan-tan-gian, désespéré, s'était empoisonné. Ses fils nous ont voué une haine implacable et ont pris part à toutes les insurrections de la Cochinchine.

Le maréchal a reçu une blessure au bas-ventre, dont il ne guérira problablement pas. Il a voulu monter sur les remparts pour exciter les soldats qui se tenaient cachés derrière les parapets et une balle l'a frappé.

De notre côté, dans la prise de la demi-lune, plusieurs personnes importantes ont été tuées, entre autres le fils du maréchal, marié à la fille unique de Tu-Duc. M. Dillère, chef mécanicien du « Lâo-Kaï » a fait prisonnier le général d'Hâ-Noï et l'a conduit à M. Garnier.

Aussitôt après la prise de la citadelle d'Hâ-Noï, M. Garnier a fait afficher la proclamation suivante :

« L'envoyé du grand royaume de France, Garnier, fait savoir au peuple qu'il est venu au Tong-Kin par ordre de l'amiral pour ouvrir une voie au commerce. Les mandarins d'Hà-Noï, le maréchal Nguyen, le vice-roi Pichetien et d'autres encore ont dénaturé le but de notre mission près du peuple, en faisant courir des bruits en contradiction avec nos intentions. Ils ont cherché à se débarrasser de nous en nous tendant des embûches et des pièges ; c'est ainsi qu'ils ont fait construire des barrages pour empêcher nos navires de passer, qu'ils ont tenté de nous empoisonner, d'incendier nos magasins à poudre pour faire sauter nos habitations, et qu'ils ont appelé les bandits aux « *Pavillons Noirs* » et d'autres rebelles et pirates pour nous exterminer, etc. En présence de ces procédés barbares, employés contre nous, il m'était impossible de ne pas prendre des mesures énergiques et promptes. J'ai donc envoyé des soldats pour s'emparer de ces mandarins perfides, et je vais les envoyer au roi d'Annam pour qu'ils soient punis. Que tous les mandarins du Tong-Kin grands et petits observent les lois de la justice envers le peuple et la tranquillité régnera dans le pays. Que le peuple reste en paix à s'occuper de ses travaux ordinaires, les négociants de leur commerce, les cultivateurs de leurs travaux des champs, les étudiants de leurs études, sans fuir leur demeure.

« La rigueur que j'ai été forcé d'employer contre le maréchal et les autres mandarins est obligatoire dans tous les pays ; c'est un devoir rendu au peuple.

« Dans le cas où il y aurait des gens pervers qui troubleraient l'ordre public, ils seront châtiés sévèrement suivant la justice.

» Seront punis de mort, ceux qui assassineront, incendieront ou commettront des méfaits assimilés à ces derniers crimes ». (*Traduit de l'annamite*).

M. Garnier s'occupe aussitôt d'organiser une milice pour garder la citadelle, car il n'a pas assez d'hommes pour surveiller plus de 4.000 mètres de fortifications. Il fait barricader toutes les portes, à l'exception de la porte de l'E. qu'il confie aux Français. Un factionnaire est placé au-dessus de chacune d'elles et une patrouille qui se succède toutes les heures parcourt les remparts en partant de la porte de l'E. Le factionnaire et les hommes de la patrouille sont également pris parmi les Français.

21 *Novembre*. — M. d'Argence est arrivé hier soir à 10 heures ; il a laissé le « Son-Tay » au rapide du canal Song-Ki, où il est échoué. Le courant étant très-fort en ce moment, la chaloupe a été prise en travers et jetée sur le rivage. J'envoie du monde ce matin pour la retirer.

A 11 heures, le « Mang-Hâo » arrive. Il a eu son embarcation écrasée dans un échouage par la grande jonque de M. Garnier qu'il remorquait.

Une alerte a eu lieu dans la ville vers 5 heures du soir. Ce sont des prisonniers faits lors de la prise de la citadelle, qui, ayant été relâchés hier soir, sont allés dans une maison pour en tuer les habitants, sous prétexte que ceux-ci les avaient fait mettre en prison. A la suite de cela, une panique s'est répandue dans tout le quartier ; le bruit courait que les Hè-Ki (Pavillons Noirs) pillaient la ville. Une dizaine de soldats du Yûn-nân commandés par un Européen ont arrêté les coupables. M. Garnier nous a chargés de la police de la ville marchande, comme nous nous en étions chargés d'ailleurs avant la prise de la citadelle.

M. d'Argence est de retour du canal Song-Ki, mais sans avoir pu mettre la chaloupe à flot ; l'eau baisse rapidement.

Ly-tsaï-ki est de retour à Hâ-Noï. Il est porteur d'une lettre que m'adressent les partisans des Lê des environs de Quang-Yèn. Ceux-ci me demandent ce qu'ils doivent faire, car ils craignent d'agir en présence des navires de guerre. Comme le « Mang-Hâo » doit partir demain pour le service de l'expédition française, je donne ordre à Ly-tsaï-ki de prendre passage sur ce navire pour aller rendre réponse aux partisans des Lê, et les prier de s'adresser à M. Garnier qui les prendra probablement avec lui.

22 *Novembre*. — Le « Mang-Hâo » part aujourd'hui à 11 heures, porter le courrier de M. Garnier à bord du « Décrès ». Ce navire se rend à Saïgon pour informer le contre-amiral Dupré de la prise d'Hâ-Noï et de la situation politique du Tong-Kin. A bord du « Mang-Hâo » se trouvent quelques mandarins faits prisonniers à la prise d'Hâ-Noï et que M. Garnier adresse à l'amiral.

M. Garnier recommande au contre-amiral Dupré de ne pas lui envoyer de troupes qui ne feraient que le gêner, mais cent hommes seulement, bien choisis, pour encadrer ses miliciens. Il lui demande un bon administrateur pour l'aider à organiser le pays, et trois ou quatre mille fusils, anciens modèles, qui sont à Saïgon et ne servent à rien, pour armer ses miliciens, ainsi que des munitions dont il manque.

J'engage M. Garnier à aller prendre Son-Tay, où commande le prince Hoâng. Une fois Son-Tay en sa possession, il sera maître de tout le pays ; car maintenant il n'y a plus que le prince qui puisse organiser la résistance. Son-Tay pris, tous les gouverneurs se soumettront et les « Pavillons Noirs » viendront d'eux-mêmes faire leur soumission ; cela se conçoit : il n'y a plus de commandement. Jamais les gouverneurs ne se réuniront autour d'un autre gouverneur leur égal. Il n'y a que le prince Hoâng qui puisse les commander et leur ordonner de se réunir à lui bon gré, mal gré.

J'envoie M. de la Haille et le capitaine d'Argence chez M. Garnier pour lui rendre compte de tout ce qui se passe. On a pris possession de la préfecture de Phû-Oueï, qui se trouve dans le sud à une heure et demie d'Hâ-Noï. Après la prise de la citadelle, les partisans de Hué s'étaient groupés là au nombre de mille cinq cents environ; on les a dispersés pour y installer un mandarin nommé par M. Garnier, avec trois à quatre cents miliciens.

23 *Novembre*. — M. Garnier désirant s'entretenir avec les chefs des Lê, je lui ai adressé aujourd'hui les chefs du Tong-Kin septentrional.

Au moment où le vice-roi d'Hâ-Noï, déguisé en coolie, cherchait à s'échapper dans un petit bateau, il a été reconnu par le peuple et arrêté immédiatement. Les capitaines Georges et d'Argence l'ont accompagné jusque chez M. Garnier, de peur qu'on ne lui fasse un mauvais parti pendant la route.

En l'honneur de la prise de la citadelle, la communauté chinoise adresse des cadeaux à M. Garnier, ainsi qu'à nous. C'est un bœuf, quantité de volailles et de fruits et des tentures en soie avec des lettres d'or. — Depuis la prise de la citadelle et la capture des mandarins, la ville marchande est en fête. On ne rencontre partout que des visages heureux et souriants.

Six hommes du Kouang-Si arrivent à l'instant, du camp que j'ai installé dans le haut du fleuve pour me dire que les vivres sont épuisés. C'est le « Mang-Hâo » qui était appelé à le ravitailler ; car c'est le seul de mes bateaux qui puisse remonter en tout temps jusque-là, mais il a été occupé sans cesse jusqu'ici au service de l'expédition française.

Les Cantonnais nous font savoir que la nuit dernière plus de dix hommes se sont présentés dans leur quartier demandant à se faire ouvrir les portes et se disant appartenir à M. Garnier. Les Cantonnais ont refusé en répondant que les hommes de M. Garnier n'avaient rien à faire à pareille heure dans la ville marchande. Ils pensent que c'était des Hè-Ki.

24 *Novembre*. — M. Garnier m'écrit et me prie de lui envoyer M. de la Haille, ce soir, pour causer de l'arrangement de mes affaires et de l'achat de mes canonnières pour le compte du gouvernement tong-

kinois, puisqu'elles me deviennent inutiles maintenant que les Français protègent le pays. Je charge M. de la Haille de préparer un état du prix auquel me reviennent ces canonnières rendues au Tong-Kin. Le soir, M. Garnier et M. de la Haille conviennent de la somme de 65.000 dollars pour les deux canonnières, y compris la chaloupe que M. Garnier veut absolument comprendre dans le marché. Ils s'entretiennent également du paiement des 920.000 piastres d'indemnité que les Annamites nous doivent.

Je suis allé aujourd'hui au rapide du canal Song-Ki, en compagnie de MM. de la Haille et d'Argence, voir ce qu'il y a à faire pour mettre la chaloupe à flot. Celle-ci se trouve à plus de vingt mètres du chenal. Il faudra créer toute une installation pour la lancer.

A notre retour, M. Dillère nous dit avoir entendu M. Esmez, le second de M. Garnier, donner des instructions à ses hommes pour faire une patrouille de nuit dans la ville marchande, qui a été confiée à ma garde. Les capitaines Georges et d'Argence, froissés d'un tel procédé, parlent de s'y opposer ; je donne l'ordre de faire comme d'habitude et rien de plus.

La patrouille de M. Esmez n'a pas eu lieu, probablement à cause de l'intervention de M. Garnier. Depuis la prise de la citadelle, les officiers montrent une grande jalousie de l'influence que j'ai au Tong-Kin. Aujourd'hui que, grâce à moi, ils ont pris pied dans le pays, ils trouvent que je suis de trop. Ils sont fort mécontents que M. Garnier laisse la ville marchande dans mes mains.

25 *Novembre*. — Je suis allé voir aujourd'hui Mgr Puginier, accompagné de M. de la Haille. Parlant de la situation actuelle et des fautes que commet M. Garnier sans nous demander conseil, j'ai été très-raide avec l'évêque, en lui donnant à entendre que c'était lui qui s'était emparé de M. Garnier et le dirigeait. On fait une grande faute en gardant le *statu quo* à Hâ-Noï, au lieu d'aller prendre Son-Tay. Aujourd'hui le prince Hoâng-ké-vien fait des démarches auprès des « Pavillons Noirs » pour les prendre à sa solde.

26 *Novembre*. — M. Garnier doit nommer une commission pour examiner les canonnières avant d'en prendre livraison. J'ai prié M. de la Haille de dire à M. Garnier qu'en attendant le règlement de l'indemnité qui m'est due par l'Annam, je prendrais pour une certaine somme, à titre de garantie, la concession des mines de Thaï-Nguyen et le mo-

nopole de la ferme du sel qu'on déduira tout de suite pour la durée du temps avec quelque autre combinaison afin de pouvoir régler cette affaire avec 150.000 ou 200.000 dollars en espèces. M. Garnier est enchanté de trouver un moyen de régler tout de suite cette affaire d'indemnité pour que les mandarins du Yûn-nân n'aient pas de motif de réclamation contre l'occupation du Tong-Kin par la France.

Nous apprenons aujourd'hui la prise de Phu-Ly.

M. Esmez qui avait été envoyé par M. Garnier, avec quarante-cinq hommes, deux pièces de canon et cent cinquante miliciens indigènes pour installer de nouveaux mandarins à Phu-Thuong, préfecture qui se trouve sur la route d'Hâ-Noï à Phu-Ly, rentre aujourd'hui à Hâ-Noï. avec les soldats français, après avoir laissé Phu-Thuong à la garde des miliciens et du préfet qui est chargé d'organiser les sous-préfectures de son département.

Dans le même temps, la préfecture de Ung-Hôa, dans la province d'Hâ-Noï, et sa sous-préfecture Hoaï-Yèn, font leur soumission.

Le « Mang-Hâo » est arrivé ce matin à 11 heures.

Le soir, vers 10 heures, plusieurs chefs de quartier et quelques chefs cantonnais de la province viennent me trouver pour savoir ce que veut faire M. Garnier. Ceux-ci ne comprennent rien à sa politique. M. Garnier fait un pas en avant, puis un demi-pas ensuite en arrière. M. Garnier dit que la cour de Hué n'est pas écoutée au Tong-Kin, que les mandarins n'obéissent pas au roi, qu'ils sont des rebelles. La vérité, c'est que les mandarins reçoivent des ordres très-énergiques de Hué, et on les prie de nous couper en tout petits morceaux; mais comment faire pour y arriver? Le peuple sait bien tout cela. A chaque instant M. Garnier parle de traiter avec les Annamites, de rétablir le gouvernement de Hué au Tong-Kin; c'est pourquoi les notables n'osent s'engager et suivre M. Garnier, ils savent bien qu'une fois les Français partis du pays, ce serait à eux que les Annamites s'en prendraient. J'engage les Cantonnais à aller voir M. Garnier et à lui dire franchement ce qu'ils pensent.

27 *Novembre*. — Une commission nommée par M. Garnier a visité les canonnières; elle était composée de MM. Esmez, Bouillet, ingénieur hydrographe, Balny, Bain, etc. Ces messieurs ont trouvé les bateaux en parfait état de navigabilité.

Je préviens M. Garnier de l'envoi du « Mang-Hâo » au camp de Seau-

Tun, pour porter des vivres. M. Garnier me dit qu'il faut effectuer ce voyage le plus rapidement possible, afin que lui-même n'en soit pas privé pour les besoins de son expédition.

28 *Novembre*. — Ce matin, j'ai causé très-longuement avec M. Garnier pour l'affaire des canonnières ; c'est une affaire conclue. Il me prie de lui laisser mes équipages pendant quelque temps, puisqu'il ne peut les remplacer pour le moment. Le « Lâo-Kaï » partira sous peu de jours porter son courrier à Saïgon. Il sera armé ensuite par l'amiral qui le lui renverra avec un certain nombre de marins pour armer le « Hong-Kiang » avec les marins qui lui restent de l' « Arc ». Il est entendu qu'à partir d'aujourd'hui ces deux canonnières appartiennent au gouvernement français, et que je n'ai à me préoccuper en aucune manière des risques qu'elles peuvent courir. Nous sommes également d'accord pour le mode d'arrangement concernant le paiement de 920.000 dollars d'indemnité que M. Garnier reconnaît m'être dus par les Annamites pour les préjudices causés à mon entreprise.

Le « Mang-Hâo » est parti à quatre heures du soir pour le camp de Seau-Tun, portant des provisions, 920 ligatures pour les soldats et 400 pour les Européens.

M. Garnier me dit ce matin que trois gouverneurs de province ont fait leur soumission, dans la crainte qu'on ne s'empare de leur ville et qu'on y installe de nouveaux mandarins. Les gouverneurs préfèrent reconnaître l'autorité française et rester à leur poste ; ils prient M. Garnier de ne pas envoyer de troupes, ils obéiront à ses ordres. Ces trois provinces sont Hong-Yên, Bac-Ninh et Thaï-Nguyen.

29 *Novembre*. — Lorsque les marins, au nombre de cinquante environ, sont arrivés hier à Phu-Tuong, les Annamites ont pris la fuite.

30 *Novembre*. — Le nouveau sous-préfet d'Hà-Noï, nommé par M. Garnier, est venu me faire visite, en m'apportant quelques cadeaux.

Comme je ne puis quitter le Tong-Kin, pour me rendre à Saïgon pour le règlement de mes affaires, il est entendu avec M. Garnier que M. de la Haille prendra passage sur le « Laô-Kaï », et s'entendra en mon nom avec l'amiral-gouverneur de la Cochinchine.

1ᵉʳ *Décembre*. — M. Garnier a envoyé MM. Hautefeuille et Perrin, avec quelques marins et un détachement de miliciens s'emparer de la sous-préfecture de Yà-Làm, dans la province de Bac-Ninh. Située en face d'Hà-Noï, sur la rive opposée, elle commande les routes qui de cette dernière ville conduisent à Haï-Dzuong et Bac-Ninh. L'occupation de Yà-Làm doit en outre favoriser l'arrivée d'une troupe de volontaires indigènes, levée dans les provinces orientales.

2 *Décembre*. — M. Garnier fait connaître au peuple par voie d'affiches qu'un bateau doit partir le 4 décembre pour Saïgon et que des lettres et marchandises seront reçues à bord pour cette destination.

Le « Mang-Hâo » est de retour à 11 heures du matin. Comme il passait en bas de « Son-Tay », une centaine d'Annamites travaillant à la construction d'un camp ont fait feu sur lui ; quelques coups de chassepot ont immédiatement mis ces derniers en fuite. On a pu faire ensuite une provision de bois en face de Son-Tay, sans être inquiété. Parvenu à la rivière Claire, le mandarin d'un petit camp installé tout près de là a fait cadeau au capitaine de deux bœufs, deux porcs et quelques poules et lui a demandé un pavillon français. Le capitaine lui a dit de s'adresser à M. Garnier à Hà-Noï. Un peu plus haut, à hauteur de Hung-Hôa, où le chenal se rapproche de la berge du côté de la ville, les Hè-ki (Pavillons Noirs) qui occupent cette citadelle ont attaqué le « Mang-Hâo » et l'ont suivi, en se tenant cachés derrière la berge qui est assez élevée. Plusieurs balles ont atteint le vapeur. Celui-ci a voulu s'éloigner de terre afin de mieux découvrir les Hè-ki, mais obligé en même temps de manœuvrer et de combattre, le « Mang-Hâo » s'est échoué sur le grand banc qui se trouve au milieu du fleuve. Le courant étant très-fort en cet endroit, on a eu beaucoup de peine à tirer le navire de cette position : ce n'est qu'après avoir perdu une ancre et quinze à seize brasses de chaîne qu'on y est parvenu. Pendant qu'on s'occupait du navire, il fallait encore surveiller les Hè-ki qui s'approchaient du fleuve en se dissimulant derrière des touffes de bambous pour faire feu.

En cet endroit, le passage entre le banc et la rive droite n'a pas plus de 100 mètres. Dans ces conditions, ayant perdu son ancre principale et sa chaîne, ayant de plus une avarie à une roue, le « Mang-Hâo » a été contraint de redescendre.

C'est la première fois que les Hè-ki tirent sur nous ; mais les Annamites leur ont fait comprendre qu'une fois maîtres du Tong-Kin, les Français les extermineront jusqu'au dernier. C'est ce que disait en effet M. Garnier, lorsqu'il proclamait qu'il était venu au Tong-Kin pour protéger le peuple contre les pirates et les voleurs qu'il allait faire disparaître. Perdus pour perdus, les Hè-ki sont entrés dans la lutte, avec d'autant plus de bonne volonté que les Annamites les rétribuent largement. Ils pensent qu'au besoin ils pourront toujours se sauver chez les *peuples indépendants*, où les Français n'oseront pas aller les poursuivre.

Le « Mang-Hâo » qui n'a qu'un équipage de faible importance a eu un homme blessé par les Hè-ki. Une fois éloigné de la berge et parvenu à une distance d'où l'on pouvait découvrir ces derniers, il a fait plusieurs décharges successives qui ont dû mettre une dizaine de ces bandits sur le carreau.

A partir de cet instant, les Hè-ki ne se sont plus montrés, mais quelques coups de fusil partis des maisons ou de derrière quelque obstacle, témoignaient d'une plus grande prudence de leur part.

Devant une telle hostilité, le « Mang-Hâo » ne pouvait continuer son voyage ; il n'avait pas assez de monde pour débarquer une partie de l'équipage et tenir les Hè-ki à distance.

3 *Décembre*. — M. Garnier désire toujours que le « Lâo-Kaï » parte demain vers midi, pour Saïgon. Il veut que ce navire prenne diverses marchandises pour des négociants chinois, principalement des soies du Tong-Kin.

Il me dit que demain, après le départ du «Lâo-Kaï», il montera avec le « Scorpion » pour prendre Son-Tay ; puis de là l'expédition se dirigera sur Hung-Hôa pour chasser les Hè-ki que les Annamites ont installé dans cette ville. Le « Mang-Hâo », avec une partie des soldats du Yûnnân et quelques Européens, suivra le « Scorpion ». Après avoir nommé de nouveaux mandarins, il laissera à Son-Tay douze à quinze hommes avec un officier, comme commandant de place, et cinq à six cents miliciens qui se rendront d'ici par terre pour faire le service de la citadelle immédiatement après la prise de possession. On formera une milice locale pour faire la police de la province.

Pendant que M. Garnier organisera le service de Son-Tay, nous remonterons avec le « Scorpion » et le « Mang-Hâo » pour aller prendre Hung-Hôa aux *Pavillons Noirs*. Le «Mang-Hâo» viendra ensuite chercher M. Garnier pour organiser cette nouvelle province. Comme M. Garnier n'a pas assez de monde et que la province de Hung-Hôa se trouve assez éloignée de son centre d'opération, il me chargera de la police de cette contrée et du haut du fleuve, chose facile pour moi qui ai déjà mon camp à l'entrée des forêts.

M. Garnier fait aujourd'hui un très-long rapport à l'amiral Dupré sur la situation du Tong-Kin.

4 *Décembre*. — Je remets ma procuration à M. de la Haille, afin de me représenter à Saïgon auprès du gouverneur pour le règlement de mes affaires. M. de la Haille se rendra ensuite à Hong-Kong, avec l'équipage du « Laô-Kaï », pour faire l'acquisition d'un navire de commerce.

Vers 10 heures du matin, je me rends chez M. Garnier, qui me donne connaissance des passages qui me concernent dans son rapport. Il est on ne peut plus élogieux pour tout ce que j'ai fait dans l'intérêt de mon pays.

Au dernier moment, M. Garnier me dit que notre expédition dans le haut du fleuve est ajournée, qu'il va descendre avec le « Scorpion » en même temps que le « Laô-Kaï » pour prendre Nam-Dinh, mais qu'il sera bientôt de retour pour aller prendre Son-Tay.

Cette nouvelle m'a profondément peiné. J'ai essayé de détourner M. Garnier de ce projet en ce moment, cherchant à lui faire comprendre qu'une fois maître de Son-Tay et du prince Hôang-ké-vien, il n'y aurait plus de chef pour donner des ordres et que tous les gouverneurs de province reconnaîtraient son autorité.

M. Garnier m'a répondu qu'il avait reçu une lettre, ce matin, qui lui disait que les lettrés se mettaient à la tête des vagabonds pour menacer et piller les populations qui nous sont sympathiques dans la province de Nam-Dinh qui compte beaucoup de partisans de Hué.

Ce sont les missionnaires qui poussent M. Garnier à descendre vers Nam-Dinh où les chrétiens sont nombreux. J'ai proposé alors à M. Garnier de me laisser prendre Son-Tay et même Hung-Hôa pendant qu'il ira prendre Nam-Dinh ; car nous sommes assez nombreux pour garder ces deux villes et au besoin nous pourrions occuper la province de Bac-Ninh, en faisant descendre les hommes de mon camp. M. Garnier me dit qu'il vaut mieux attendre son retour et que jusque-là il est préférable que toutes mes forces restent à Há-Noï pour être prêtes à tout événement.

Devant moi, il ajoute un *post-scriptum* au rapport qu'il adresse à l'amiral, dans lequel il dit qu'au dernier moment il ne part plus pour aller prendre Son-Tay, mais pour Nam-Dinh, d'après une lettre qu'il vient de recevoir.

Aujourd'hui, le « Scorpion », remorquant une jonque chargée de munitions et de combustible, a quitté le mouillage d'Hâ-Noï pour se rendre à Phu-Ly et Ninh-Binh, inspecter ces deux places et donner des instructions. En plus de l'équipage, s'élevant à quarante hommes, il emmène quinze hommes d'infanterie de marine, trente marins du « Fleurus » et un certain nombre de matelots du « Décrès ». MM. Esmez et Bouxin, le D' Chédan et M. Bouillet font également partie de l'expédition.

Le soir, plusieurs Cantonnais viennent me prévenir que l'on redoute une attaque des troupes de Son-Tay. Le peuple se retire dans les quartiers où il existe des barrières. D'après ces mêmes Cantonnais, 2.000 Annamites doivent attaquer la préfecture de Phu-Hoïe, prise, il y a peu de jours, par M. Garnier, et qui se trouve, en ce moment, gardée par des miliciens tongkinois. Quelques instants après j'apprends que les miliciens qui avaient la garde de la sous-préfecture de Yà-Làm ont été attaqués par une bande venue de Bac-Ninh et se sont retirés, ainsi que le sous-préfet.

5 *Décembre*. — Ce matin, M. Perrin, aspirant de marine, est parti de l'autre côté du fleuve, avec quatre marins, pour reprendre la sous-préfecture de Yà-Làm, d'où les miliciens ont été chassés hier soir. Il avait en outre avec lui quelques miliciens armés de lances et de quelques fusils à mèche. Toute l'après-midi on a guerroyé de ce côté.

Ly-ta-lâo-yé me dit qu'un navire est arrivé à Haï-Dzuong et a canonné la ville ; les mandarins auraient pris la fuite.

Les Cantonnais me proposent de faire monter 3.000 piculs de sel au Yûn-nân, dont 1.500 piculs pour les mandarins de cette province et 1.500 pour eux. Ils se chargent de tous les frais.

Je donne ordre à Ly-ta-lâo-yé d'écrire à Lieou-yuen-fou, chef des *Pavillons Noirs,* pour l'inviter à venir ici, avec son lieutenant Sie-ce-yé, expliquer sa conduite. Dans le cas où il se refuserait à venir, ou de répondre à notre invitation, nous avons l'intention d'aller prendre Hung-Hôa, de poursuivre les *Pavillons Noirs* partout où ils se retireront et de les exterminer.

On annonce aujourd'hui la prise de Ninh-Binh par M. Hautefeuille.

6 *Décembre*. — Ce matin M. Perrin est reparti avec sa petite troupe du côté de Yà-Làm pour faire la chasse à la bande de Bac-Ninh qui est revenue pendant la nuit inquiéter les miliciens. Comme j'étais à déjeuner avec le secrétaire de M. Garnier, M. Lasserre, on est venu nous

prévenir que M. Perrin et ses quatre marins étaient refoulés sur le bord du fleuve et que le « Hong-Kiang » venait de tirer six coups de canon pour les dégager.

Nous accourons aussitôt sur le bord du fleuve et nous voyons tous les villages situés de ce côté qui sont en feu; M. Perrin et ses hommes sont sur le bord du fleuve avec des miliciens, sans barque pour passer l'eau. Les Annamites, qui étaient nombreux, s'étaient retirés derrière un pli de terrain pour se mettre à l'abri des obus du « Hong-Kiang ». Au moment où le capitaine Georges a ouvert le feu, les Annamites formaient le cercle autour de M. Perrin, qui se retirait par prudence, n'ayant presque plus de cartouches, et ne répondant de temps à autre que par quelques coups de fusil. Les obus de douze du « Hong-Kiang », en éclatant au milieu des Annamites, leur ont fait lâcher prise et prendre la fuite.

Je prends avec moi trois chinois d'Han-Kéou, et nous traversons le fleuve avec M. Lasserre. Une pièce de canon et quelques marins arrivent en même temps de la citadelle.

Parvenus de l'autre côté de l'eau, nous tombons immédiatement d'accord, M. Perrin et moi, pour donner la chasse aux Annamites qui se trouvent dans un pli de terrain, derrière un village auquel ces bandits viennent de mettre le feu. Comme on débarque la pièce de canon, nous partons. Nous sommes, M. Perrin et ses quatre hommes, M. Lasserre, mes trois chinois et moi, au total dix hommes bien armés. Quant aux miliciens, ils restent en arrière pour attendre la pièce de canon. Au bout de 800 à 1.000 mètres, nous parvenons au point culminant où se trouve le village que l'ennemi vient d'incendier; après l'avoir contourné, nous apercevons les Annamites à environ 1.500 mètres dans la plaine.

Ils peuvent bien être cinq cents au plus, avec deux éléphants armés en guerre, et ils se trouvent disséminés de chaque côté de la route. Nous marchons sur eux en suivant la chaussée, qui est très-large et domine les terres. A mesure que nous avançons, les Annamites, qui se trouvent au loin sur la chaussée, marchent devant nous, pendant que ceux qui se tenaient sur les côtés prennent position de 200 à 250 mètres pour nous attendre au passage. Quelques coups de chassepot ont bientôt fait déguerpir ces derniers qui vont se cacher plus loin derrière les villages. Nous continuons notre poursuite en tirant de temps à autre sur ceux qui marchent devant nous, et qui se mettent parfois à portée de nos fusils pour nous provoquer et nous entraîner plus loin, afin de permettre à ceux qui sont en arrière de se reformer et de nous couper la retraite. Après avoir parcouru ainsi plus de 400 mètres, nous nous arrêtons un moment avant de rebrousser chemin ; mais, lorsque nous voulons revenir sur Hâ-Noï, nous trouvons la chaussée occupée par la bande que nous avions laissée en arrière et qui a l'intention de nous disputer le passage pendant que ceux que nous poursuivions viennent derrière nous maintenant.

Arrivés à 500 mètres, une partie de ceux qui sont devant nous passent à droite et à gauche de la route et les autres continuent à marcher. Le chef principal, qui est à cheval, fait tous ses efforts pour rallier son monde qui s'écarte de la chaussée pour nous laisser passer ; quelques coups de fusil à droite et à gauche suffisent pour mettre tous ses hommes en déroute, mais lui, qui vient de recevoir une balle qui l'a fait trébucher sur son cheval, avance toujours, bien que les siens ne le suivent guère. A 200 mètres une balle l'étend raide mort ; son cheval, qui a été touché, s'enfuit ventre à terre. Alors c'est une débandade complète et nos chassepot ne peuvent plus atteindre les fuyards. Au moment où le chef de la bande a été tué, ceux qui s'étaient reformés derrière nous arrivaient sur nos talons avec les deux éléphants. Ils ont cru plus prudent de prendre la fuite après ce qui venait d'arriver à leur chef.

Le chef qui a été tué portait des habits de soie magnifiques : c'est le seul qui soit resté sur le carreau. C'était un ancien pirate à qui les Annamites avaient promis des grades et de l'argent pour combattre M. Garnier.

Nos miliciens, qui étaient restés sur la route avec la pièce de canon, sont venus nous rejoindre. Comme les bandits s'étaient arrêtés à 2.000 mètres environ pour nous regarder, voyant que nous ne les poursuivions pas, nous leur avons adressé quelques obus qui les ont mis immédiatement en fuite.

Voici comment cette affaire a été amenée. Hier, deux à trois cents Annamites ont attaqué la petite garnison de Yà-Lâm, et M. Perrin, avec quatre marins, était allé lui porter secours ; mais cette nuit, les Annamites ayant reçu du renfort (deux éléphants armés en guerre et deux à trois cents pirates venus de Bac-Ninh et commandés par le chef qui a été tué), M. Perrin s'était vu obligé de battre en retraite.

Au retour de cette expédition, on me dit que M. Bain me demande dans la citadelle. C'est pour me prier de faire surveiller la partie N.-O., afin que les Annamites ne traversent pas le fleuve.

7 *Décembre.* — Les bandits d'hier ont repassé le Song-Ki, se dirigeant du côté de Bac-Ninh.

8 *Décembre.* — M. Bain m'avait prié hier soir d'aller faire une promenade militaire du côté de Bac-Ninh; mais le temps est à la pluie et, d'après mes renseignements, nous ne trouverions plus aucune troupe annamite de ce côté.

Aujourd'hui je reçois une lettre de M. Bain ainsi conçue :

« Mon cher Monsieur Dupuis,

« Nous avons passé hier une nuit assez orageuse, le fort de Phu-Hoaï qui était en notre pouvoir est brûlé et sa garnison dispersée. Tous les Annamites de la citadelle ont la tête à l'envers; on prétend qu'on doit nous attaquer par trois côtés à la fois, l'ouest, le sud et le nord. Faites en sorte que les troupes qui sont du côté de Yà-Lâm ne passent pas la rivière. En cas d'attaque, je compte sur vous et vos hommes pour nous aider en attaquant par derrière.

« Je suis avec respect, etc.,

Signé : F. BAIN,
commandant p. i. la citadelle.

C'est la confirmation de ce qu'il m'a dit verbalement, le samedi 6 décembre, pour la surveillance de la partie N.

Les principaux négociants d'Hà-Noï se sont constitués en société sous la raison sociale *Ning-ly*, pour faire le commerce du Yùn-nân, sous la protection de mon expédition ; autrement dit, tout doit se faire sous mon nom, ainsi que l'exploitation des mines d'or. Je me rends responsable des vols qui pourraient être commis sur le fleuve, d'Hà-Noï au Yûn-nan et je m'engage à assurer la sécurité des travailleurs aux mines d'or et le produit de ces mines.

9 *Décembre.* — Un homme de Lieou-yuen-fou, du nom de Kouang, est venu me voir, accompagné du chef des Cantonnais. Je lui ai dit que si les Hé-ki ne faisaient rien contre nous, nous ne ferions rien contre eux, et je pouvais les assurer que M. Garnier ne les attaquerait pas, s'ils ne se mêlaient en aucune manière des affaires des Annamites. Cet homme partira après-demain matin sur le « Mang-Hào ».

Un vieux prêtre annamite vient me demander quelques soldats pour

LES ÉVÉNEMENTS DU TONG-KIN. 193

garder le village chrétien qui se trouve à une heure et demie d'Hà-Noï. Je lui dis que je ne puis rien faire que sur un ordre de la citadelle, depuis que M. Garnier a pris la direction des affaires au Tong-Kin.

10 *Décembre*. — Ce matin j'ai signé avec la société Ning-ly, le contrat pour l'affaire du sel.

Aujourd'hui sont arrivés de Nam-Dinh, dix hommes de renfort. M. Garnier a donné ordre d'envoyer ces dix hommes pour aller avec le « Mang-Hâo » prendre Son-Tay et Hung-Hôa. M. Bain trouve que ces hommes sont trop fatigués pour aller faire cette expédition.

MM. Perrin et Lasserre me disent qu'ils sont restés trois jours sans dormir à la suite des bruits qui courent. M. Lasserre ne couchait plus chez lui. Si ces Messieurs avaient entendu tous les bruits répandus depuis un an, cela aurait été bien autre chose.

11 *Décembre*. — A 8 heures 1/2 du matin, nous partons avec le « Mang-Hâo » pour porter des provisions au camp de Seau-Tun. Un peu au-dessous de Son-Tay, un Annamite me remet une lettre du camp, puis il prend place à bord pour remonter avec nous. Nous mouillons à 6 heures 15 du soir, un peu au-dessus de Son-Tay, après avoir perdu près de deux heures pour chercher le passage dans les grands bancs qui sont au-dessous de la ville. Le chenal n'est plus au même endroit que la dernière fois.

12 *Décembre*. — Nous quittons notre mouillage à cinq heures du matin et nous arrivons à la rivière Claire vers 9 heures. Nous avons trouvé au moins une brasse et demie d'eau en traversant près de la crique. Nous faisons du bois et repartons. Parvenus un peu au-dessus de la rivière, nous touchons entre les bancs et, le courant étant très-fort, nous cassons notre gouvernail. Impossible d'aller plus loin, nous voilà obligés de redescendre à Hà-Noï et même avec beaucoup de peine en nous laissant dériver au courant. J'envoie Kouang, le Hè-ki qui était de passage à bord, porter ma lettre et chercher une jonque pour que le second du Mang-Hâo, Francelli, puisse monter jusqu'au camp porter quelques provisions.

13 *Décembre*. — Les Hè-ki n'ont pas fait de réponse. A 11 heures du matin, Francelli part avec une jonque trouvée hier soir dans la rivière Claire. Nous revenons au mouillage pour faire du bois et à une heure nous partons. Une heure après nous passons devant Son-Tay, où nous remarquons un plus grand nombre de petits sampans qu'au

mois de septembre dernier. Nous arrivons à Hâ-Noï à 6 heures du soir.

M. de la Haille est de retour depuis le matin. Le « Scorpion » est arrivé également; mais M. Garnier est arrivé à Nam-Dinh, où quatre de ses hommes ont été blessés. Le « Scorpion » a reçu deux ou trois boulets provenant des batteries masquées ras de terre. Le « Lao-Kaï », après avoir porté M. de la Haille au fleuve est descendu au barrage pour faire du bois.

14 *Décembre*. — On est allé avec les hommes du « Scorpion » pour prendre le camp de Phu-Hoaï. On a trouvé de la résistance et on est revenu sans rien faire. Il y a eu un homme blessé à la jambe.

Vers 8 heures 1/2 du soir, Francelli est arrivé. Les matelots annamites de la jonque n'ont pas voulu aller plus loin ce matin. Mouillés, pendant la nuit, en face de la rivière Noire, ils ont remarqué des sampans qui les surveillaient et d'où sont partis quelques coups de feu. Kouang, le Hè-ki, est venu les trouver ce matin pour leur dire qu'il y a trente pièces de canon en batterie au bas de la ville de Hung-Hôa, pour les empêcher de passer. En entendant cela, les Annamites de la jonque n'ont pas voulu avancer. Les Chinois étaient trop peu nombreux pour conduire la jonque et faire le coup de feu avec les « Pavillons Noirs ». Quant au trente pièces de canon, elles n'étaient pas bien à craindre; mais encore fallait-il conduire la jonque, puisque les Tongkinois avaient peur.

M. Bain m'écrit aujourd'hui la lettre suivante :

« Mon cher Monsieur Dupuis,

« Des renseignements qu'on dit être de bonne source disent que les Annamites de Phu-Hoaï et de Son-Tay auraient l'intention de nous attaquer cette nuit ; — un millier d'échelles auraient été préparées à cet effet ; — ce serait par le côté nord qu'ils auraient l'intention de venir.

« Je tiens à vous prévenir pour que vous puissiez nous aider à l'occasion. Une patrouille de nuit serait peut-être une bonne chose.

« Je suis avec respect,

« *Signé :* F. BAIN, *commandant militaire d'Hâ-Noï* ».

15 *Décembre*. — Les troupes de Bac-Ninh, sont venues avec un éléphant, jusque sur le bord du fleuve ; mais elles n'ont fait que se montrer et disparaître. Les bandes qui sont dans les environs ont mis le feu à plusieurs villages.

Vers neuf heures du soir, comme le sous-préfet était chez Ly-ta-lao-yé, un Chinois de la maison de Kin est entré tout effaré, dire qu'un bateau, portant une trentaine de Hè-ki, venait d'arriver. Nous sommes partis immédiatement à la recherche du bateau ; mais nous n'avons rien trouvé.

M. Balny a reçu aujourd'hui l'ordre de M. Garnier de laisser Haï-Dzuong à la garde de M. de Trentinian et de ses quinze hommes et de se rendre avec M. Harmand et l'« Espingole » à Nam-Dinh.

16 *Décembre*. — Le vice-roi de Bac-Ninh, a écrit hier pour dire qu'il est prêt à accepter les conditions de M. Garnier et à exécuter ses ordres.

Les bandes qui sont dans la plaine derrière la ville, ont encore incendié un certain nombre de villages cette nuit.

Le 14 décembre, Liéou-yuen-fou est venu à Son-Tay, pour avoir de l'argent pour ses hommes, faute de quoi, il se refuse à marcher contre nous.

17 *Décembre*. — M. Lasserre est venu déjeuner avec moi et me dit que M. Garnier arrivera probablement demain.

Les bandes qui sont dans les environs ont encore brûlé deux villages cette nuit.

Mon interprète Sam me dit qu'il y a beaucoup de plaintes contre le sous-préfet chrétien, nommé par M. Garnier. Aujourd'hui il a envoyé une vingtaine d'hommes pour ramasser les sapèques des joueurs dans une maison de jeu, mais ils ont également pris les sapèques des gens qui passaient dans la rue sans savoir s'ils allaient jouer.

On dit que le juge d'Hâ-Noï est avec les soldats annamites à Phu-Hoaï.

18 *Décembre*. — Une grande partie du Delta se trouve aujourd'hui entre les mains des Français. M. Garnier est arrivé devant Nam-Dinh, capitale de la province de ce nom, le 11 décembre, et s'est emparé de la ville en quelques instants. Après avoir organisé cette province, il en a nommé M. Harmand gouverneur et doit être de retour à Hâ-Noï aujourd'hui.

En ce moment, les Français administrent quatre provinces et trois autres ont fait leur soumission.

Un individu arrivé de Son-Tay, hier soir, a fait route avec les Hè-ki qui se sont arrêtés à 50 lis d'ici. Ils sont arrivés à Son-Tay le

15 décembre, et comptent dans leurs rangs des Annamites rasés et habillés comme eux et quelques montagnards pris de force.

Je reçois deux lettres de Hôang-tson-in, dans lesquelles il me dit qu'il a mis en liberté le maire chrétien et qu'il connaît la prise de Hâ-Noï et de Haï-Dzuong.

Je remets aujourd'hui une caisse de 3.672 cartouches à M. Bain qui n'en a plus.

Kouang, le Hè-ki, me dit que les Annamites lui ont remis cent vingt fusils à pierre et le mois passé cinquante fusils à piston qui venaient de Hong-Kong, ainsi que quelques petits canons en bronze.

A sept heures et demie du soir, M. Garnier arrive avec « l'Espingole » et Mgr Sohier, évêque de Hué, qui est venu au Tong-Kin pour accompagner deux ambassadeurs annamites.

19 Décembre. — On a débarqué de la jonque remorquée par l' « Espingole » une certaine quantité de petits canons de cuivre et des caisses de soie et d'autres objets. M. Balny qui commandait l' « Espingole » a fait transporter chez lui une grande quantité de soie.

A neuf heures du soir, la chaloupe arrive. Il n'y a pas de barrage à l'endroit où le « Lâo-Kaï » s'est arrêté et les camps ne sont absolument rien ; il y a encore des pieux sur les deux rives, mais le chenal est libre. Quant aux forts, ils sont abandonnés.

20 Décembre. — Le maréchal Nguyen est mort ce matin.

M. Garnier ne comprend pas l'incurie de MM. de la Haille et d'Argence ; il croit qu'ils ont agi intentionellement ; car, ainsi qu'il le dit fort bien, ils auraient dû, au moins, s'assurer s'il y avait un obstacle réel pour empêcher de passer le « Lâo-Kaï » avant de rebrousser chemin. Je suis plus ennuyé que M. Garnier de cette affaire et je partage sur bien des points sa manière de voir : il n'y a pas eu mauvaise volonté, mais seulement incurie de la part de ces messieurs.

Le « Lâo-Kaï » est reparti le 18 décembre à midi : pourvu qu'il ne lui arrive pas quelque nouvelle aventure !

Un sergent de la garde du Yûn-nân est entré en flânant dans le palais où réside M. Garnier, sans savoir que c'était l'habitation de celui-ci, prenant pour une pagode publique le palais des anciens rois du Tong-Kin. M. Garnier, ignorant de son côté quel était cet homme, a dit au factionnaire de le mettre à la porte ! ce que ce dernier a voulu faire un peu brutalement ; mais le sergent a tiré son révolver pour se défendre.

A ce moment est arrivé le chef des Cantonnais et tout s'est expliqué ; mais j'ai fait mettre le sergent aux fers à bord du « Hong-Kiang » pour avoir enfreint mes ordres en allant dans la citadelle en dehors du service.

Vers 2 heures du soir, je me rends chez M. Garnier pour nous entendre au sujet d'une expédition commune à faire contre les « Pavillons Noirs » et les Annamites.

Je dis un mot à M. Garnier du sergent que j'ai fait mettre aux fers pour être entré chez lui, mais surtout pour avoir pénétré dans la citadelle sans mes ordres. Il me répond qu'il était inutile de le punir pour cela, attendu que le factionnaire l'avait un peu brutalisé, ne sachant qui il était.

Nous causons longuement de l'expédition projetée pour demain contre les « Pavillons Noirs » et nous convenons de ce qui suit :

Demain matin, à 5 heures, le « Mang-Hâo » remontera le fleuve ayant à bord cinquante soldats du Yûn-nân. Il ira prendre le bras qui forme le Daï au-dessous de Son-Tay et le descendra jusqu'à la hauteur d'Hâ-Noï pour prendre position derrière Phu-Hoaï occupé par les bandes venues de Son-Tay, devant lesquelles les hommes de M. Garnier se sont retirés. De son côté l'« Espingole » remontera au confluent formé par le Daï et le fleuve Rouge et barrera le passage aux Annamites qui s'échapperaient pour regagner Son-Tay. M. Garnier partira d'Hâ-Noï avec une colonne et deux petites pièces de quatre, de montagne, pour attaquer Phu-Hoaï de front, lorsqu'il supposera que nous sommes prêts. Au moment où les Annamites seront refoulés par M. Garnier, sur le bord de la crique, nous les prendrons entre deux feux et cette fois nous en finirons pour une bonne fois avec les gens de Hué et les « Pavillons Noirs ». Pendant que le « Mang-Hâo » circulera dans la crique, mitraillant les Annamites partout où il pourra les atteindre, les soldats du Yûn-nân débarqueront au sud de la crique pour empêcher qu'on ne puisse traverser du côté opposé.

Immédiatement après, nous monterons prendre Son-Tay avec le « Mang-Hâo » et l'« Espingole ».

A 5 heures du soir, les fameux ambassadeurs de Hué arrivent. M. Garnier fait tirer sept coups de canon pour les recevoir. Ils vont s'installer dans le Yà-men du maréchal Nguyen. Vers 6 heures du soir, M. Garnier me fait demander dans la citadelle, pour me dire que, en raison de l'arrivée des ambassadeurs de Hué, notre expédition de demain est ajournée, jusqu'à ce qu'il sache ce qu'on vient lui proposer. Je préviens à mon tour tout mon monde de cet ajournement. C'est un grand désappointement pour mon personnel qui avait fait tous ses préparatifs. J'avais envoyé des cartouches à M. Garnier qui n'en avait presque pas rapporté de son expédition de Nam-Dinh.

Lors du passage de M. Garnier à Hué, les mandarins apprenant qu'il se rendait au Tong-Kin dans le but de conclure un traité ouvrant ce pays au commerce sous la protection de la France, se refusaient à donner suite à la demande qu'ils avaient adressée au gouvernement de la Cochinchine.

« D'après les rapports de notre ambassade à Saïgon », répondaient-ils, « la mission de M. Garnier n'a pour but que d'amener l'expulsion de M. Dupuis, si elle en poursuit une autre, il est inutile que M. Garnier aille au Tong-Kin, nous nous entendrons avec M. Dupuis, d'ailleurs tout est tranquille dans ce pays ».

On sait comment M. Garnier passa outre.

La cour de Hué écrivit immédiatement à l'amiral Dupré pour le prier de rappeler M. Garnier, alléguant que sa présence n'était plus réclamée au Tong-Kin. L'amiral répondit qu'il ne pouvait rappeler M. Garnier avant que la question commerciale fût réglée.

Aujourd'hui, par l'entremise de Mgr Sohier, les mandarins ont communiqué à M. Garnier cette dernière dépêche de l'amiral, en date du 7 novembre, pour prouver que celui-ci ne voulait pas autre chose que le règlement de la question commerciale.

21 Décembre. — Le « Mang-Hâo » est parti ce matin pour aller porter des vivres dans les trois villes occupées par les Français, puisque l'expédition projetée contre Son-Tay est ajournée.

A 8 heures du matin, je me rends dans la citadelle. Comme je franchissais la porte de la ville, un Annamite me remet un pli de M. Garnier contenant l'arrêté pour la ferme du sel que celui-ci me prie de faire traduire le plus tôt possible, afin que la publication puisse en être faite en temps utile pour l'adjudication qui doit avoir lieu demain matin à 10 heures. En passant devant la demeure de Mgr Puginier, j'entre chez lui. Je trouve là M. Garnier et quelques-uns de ses officiers. Mgr Puginier nous invite à nous rafraîchir : il nous offre du vin blanc et des gâteaux du pays; je refuse quant à moi, pour rentrer tout de suite et travailler à la traduction du document en question. M. Garnier insiste après l'évêque, désirant me retenir un moment pour s'entretenir avec moi de la situation; mais je les quitte immédiatement, en leur disant que je reviendrai aussitôt mon travail terminé.

J'étais depuis une heure à peine avec Ly-ta-lâo-yé, occupé à travailler à cette traduction, lorsque des hommes du sous-préfet viennent me prévenir que les « Pavillons Noirs » sont proches des remparts de la ville. Je n'attache qu'une médiocre attention à cette nouvelle et je ne me dérange point ; on nous occasionnait si souvent de fausses alertes, que dans les derniers temps nous n'attachions plus grande importance à tous ces rapports. Un instant après, on vient de nouveau m'avertir du voisinage des « Pavillons Noirs ». Je fais appeler Cyriaque, un officier du « Hong-Kiang », et lui donne ordre de prendre avec lui vingt-cinq hommes pour aller faire une patrouille dans le bas de la ville et du côté des remparts, afin de voir ce qui se passe.

Mon travail terminé, je déjeune à la hâte, pendant que l'on transcrit le chinois en regard du texte français. Dans l'intervalle, Cyriaque revient et me dit qu'il a entendu le bruit lointain d'une faible fusillade venant de la plaine ; mais, comme il n'avait pas l'ordre d'aller plus loin, il ne sait ce que cela veut dire ; seulement il a remarqué de ce côté beaucoup de monde, un grand nombre de miliciens et, parmi eux, ceux du sous-préfet, qui prêtaient l'oreille aux mêmes bruits sans oser avancer.

Au moment où Cyriaque termine son rapport, Ly-ta-lâo-yé m'apporte la pièce de M. Garnier et je pars immédiatement pour la citadelle. Je me doutais si peu de ce qui se passait que personne ne m'accompagnait et que je n'avais même pas un revolver sur moi. Arrivé à la citadelle, je trouve la porte de l'E. fermée et gardée seulement par les miliciens tongkinois ; j'ai toutes les peines du monde à me faire ouvrir. Comme je me dirigeais vers la demeure de M. Garnier, on m'appelle de la terrasse située en face. Je trouve là les trois évêques, Mgr Puginier, Mgr Sohier, Mgr Colomer, et plusieurs missionnaires, qui m'apprennent la sortie de M. Garnier et qui paraissent très-inquiets. Sans en entendre plus long, je cours prendre mes hommes pour nous porter à la rencontre de M. Garnier. Au bas de la terrasse, je rencontre un caporal d'infanterie de marine qui arrive de l'action, la figure ensanglantée. Il me dit que M. Garnier a disparu enveloppé par les « Pavillons Noirs » et qu'il le croit perdu. Il m'indique à peu près la direction prise par les Français ; sans perdre une minute, à la tête de quarante soldats du Yûn-nân et de quelques Européens, je me dirige à la hâte vers le nord de la ville, en contournant le lac par sa partie septentrionale dans le but de couper la retraite aux « Pavillons Noirs » que je suppose poursuivis par M. Garnier. Peu à peu tout bruit cesse. Parvenus presque à l'extrémité du lac, nous apercevons les « Pavillons Noirs » à sept ou huit cents mètres qui fuient devant nous, à mesure que nous avançons. Nous faisons feu sur eux en continuant à les poursuivre ; mais ils se mettent rapidement hors de la portée de nos fusils. Nous avons fait plus de six kilomètres, et la nuit approche. Persuadés que les Français sont rentrés à Hâ-Noï, puisque tout est redevenu silencieux, nous rebroussons chemin ; on n'aperçoit plus les pavillons des bandits que de temps à autre.

Comme nous rentrons à Hâ-Noï, on me fait dire que M. Bain m'attend impatiemment dans la citadelle. On est déjà venu plusieurs fois pour savoir si nous étions de retour. Là, j'apprends toute l'étendue du malheur qui vient d'arriver : Garnier et Balny, un sergent fourrier, un caporal fourrier et un matelot ont été tués ! On a le corps de Garnier, du caporal fourrier et du matelot, mais sans leurs têtes !

La panique est grande dans la citadelle, principalement parmi les Français. Il ne reste guère plus de quarante hommes valides et encore, parmi eux, plusieurs sont-ils très-fatigués à la suite des marches qu'ils ont faites les jours précédents. Indépendamment des morts, il y a sept ou huit blessés. M. Bain est profondément impressionné et, subissant l'émotion générale, est décidé à abandonner la citadelle et à se retirer à bord des navires. Il a chargé le capitaine Georges de lui tenir des barques tout prêtes pour s'embarquer. On me rapporte que les matelots, en cas d'attaque, ont l'intention de se réfugier auprès de nous.

Mgr Puginier, qui est avec M. Bain, fait son possible pour lui faire comprendre que le malheur qui vient de nous frapper n'a pas changé la situation à ce point qu'il faille recourir à une mesure qui amènerait un véritable désastre. Au moment ou j'arrive, il dit à M. Bain : « Mais M. Dupuis, qui garde la ville marchande, vous aidera encore à la garde de la citadelle, pour permettre à vos hommes de prendre un peu de repos ». Je dis à M. Bain qu'en effet nous pouvons faire le service de nuit de la citadelle en même temps que la garde de la ville marchande, et qu'il ne s'inquiète de rien : je viendrai moi-même cette nuit pour garder la citadelle avec mes hommes et les miliciens tongkinois qui nous sont dévoués. Il y a environ mille cinq cents miliciens ; mais il faut mettre un groupe d'Européens à leur tête pour leur donner un peu de courage.

Voyant M. Bain très-abattu et ne paraissant pas encore bien convaincu de ce que nous venons de lui dire, je le prie, s'il craint pour sa responsabilité, de me remettre la garde de la citadelle, dans le cas où il serait disposé à l'abandonner. Devant mon attitude décidée, M. Bain me répond que, puisque je veux bien lui prêter mon concours, il restera. Au même instant, on remet à M. Bain une lettre de M. Testard du Cosquer, commandant du « Décrès », datée du 17 décembre et à l'adresse du pauvre Garnier. La lettre commençait ainsi :

« Je suis arrivé hier soir. Bonnes nouvelles, tout va bien à Saïgon. J'ai cent cinq hommes à bord et tout ce que vous avez demandé à l'amiral. Envoyez de suite le « Scorpion » ou le « Mang-Hâo (1) ».

Dans cette lettre, le commandant Testard ne peut dire les choses qu'à demi-mot, de crainte que la lettre ne tombe entre les mains des Annamites ; mais il écrira, dit-il, plus longuement en remettant le courrier qu'il apporte de Saïgon.

(1) Une autre lettre adressée par M. Testard à Garnier, par la voie de terre, parvint à destination quelques jours après, elle était ainsi conçue ;

« Rade de Tourane, 18 décembre 1873.

  « Monsieur le capitaine,

« Lorsque vous recevrez cette lettre que je vous expédie par terre, de Tourane, le « Décrès » sera probablement déjà mouillé devant l'embouchure du Cua-Cam.

« Je vous apporte en échange de notre compagnie de débarquement, que je vous prie de nous rendre le plus tôt possible, une compagnie d'infanterie de marine forte de cent cinq hommes.

« J'ai pour le corps expéditionnaire trois mois de vivres, des provisions de toute espèce et des colis sans nombre : quelques-uns sont lourds et volumineux et le vin est en pièce de deux (500 l.) ; il me paraît donc indispensable que le « Scorpion » vienne les prendre.

« J'ai aussi à bord du « Décrès » un administrateur des affaires indigènes, un officier d'administration et un enseigne de vaisseau pour remplacer M. Ratomsky,

« Mes instructions me prescrivent de rester le moins longtemps possible dans les eaux du Tong-Kin. Je vous prie donc de m'envoyer aussitôt que vous aurez

M. Bain envoie à bord du « Hong-Kiang » les ambassadeurs annamites pour les garder en lieu sûr comme otages ; Mgr Sohier, le prêtre qui l'accompagne et le P. Dumoulin vont leur tenir compagnie. Il fait porter également à bord les blessés, au nombre de 10, dans la crainte d'avoir à évacuer précipitamment la ville avec tout ce monde embarrassant.

Le soir, je vais moi-même, avec vingt-cinq Chinois et quatre Européens, faire la garde de la citadelle.

J'ai cherché à savoir comment M. Garnier a été tué ; mais il est difficile de faire la lumière complète sur ce point.

Ce matin, M. Garnier, après avoir passé encore une heure en compagnie de Mgr Puginier, après mon départ, s'est rendu chez les ambassadeurs qui logent en face, dans le Yà-men du maréchal Nguyen, pour savoir ce que ceux-ci avaient à lui proposer. Comme il était en conférence avec eux, on est venu le prévenir que les *Pavillons Noirs* attaquaient la ville à la porte de l'Ouest. M. Garnier s'est dirigé immédiatement au pas de course de ce côté, en disant à son domestique d'aller lui chercher son revolver et de le lui apporter sur les remparts. Mais il avait déjà été devancé par quelques-uns de ses hommes et quelques coups de chassepot avaient plus que suffi pour faire disparaître les bandits derrière les bouquets de bambous qui entourent les villages. Une pièce de quatre de montagne arrivait à ce moment pour prendre position.

M. Garnier, furieux de cette provocation et voyant que les bandits étaient à l'abri de ses atteintes, dit à ses hommes qu'il était inutile de mettre la pièce en batterie et qu'on allait poursuivre l'ennemi.

Il prend avec lui douze hommes et la petite pièce de quatre, et sort par la porte du S. qu'il fait ouvrir. Il fait 5 à 600 mètres, en cheminant sur

---

connaissance de mon arrivée tous les moyens de transport dont vous disposez et de préparer votre courrier pour Saïgon.

« Monsieur le commandant de la marine m'a chargé de vous prier de lui envoyer une situation exacte de vos vivres et de vos approvisionnemenis.

« Veuillez agréer, etc.,   « *Le commandant du « Décrès »* : Testard.

« M. Philastre est en ce moment à Hué ».

Les colis très-lourds et volumineux dont M. Testard n'ose dans cette lettre révéler le contenu, dans la crainte que sa lettre ne tombe au pouvoir des Annamites, contenaient les fusils demandés par M. Garnier à l'amiral Dupré.

une digue, mais comme celle-ci se dirige trop à gauche de la direction prise par les bandits, il laisse là la pièce de quatre et les trois hommes qui la conduisent et coupe à travers champ avec les neuf hommes qui lui restent.

Comme les touffes de bambous lui cachent l'ennemi, il fractionne sa petite troupe en trois, donne aux deux premiers groupes l'ordre de se porter à droite et à gauche pour se rejoindre plus loin, pendant que lui marche de front, suivi de trois hommes. Au bout de 11 à 1200 mètres, M. Garnier parvient à une digue derrière laquelle les *Pavillons Noirs* se tiennent cachés. Comme il cherche à la gravir, les yeux fixés sur le sommet de cette digue, il n'aperçoit pas un petit fossé d'écoulement qui se trouve au bas, il trébuche et tombe dans le fossé, à proximité de touffes de bambous où se cachent des *Pavillons Noirs*. Avant que M. Garnier n'ait eu le temps de se relever, ceux-ci se précipitent sur lui et le percent de leurs lances. A ce moment, les trois hommes de M. Garnier se trouvaient à plus de 100 mètres en arrière de leur chef. L'un d'eux reçoit une balle qui frappe le canon de son fusil et l'atteint, par ricochet, à la tempe droite. Ces trois hommes, voyant M. Garnier enveloppé, s'effrayent et se sauvent vers la citadelle. Les *Pavillons Noirs*, maîtres du pauvre Garnier, lui coupent la tête et se sauvent avec leur trophée sans être inquiétés.

Le sergent, qui marchait sur la droite, ne voyant pas apparaître M. Garnier, après les coups de feu qu'il vient d'entendre, revient sur ses pas et trouve son corps ensanglanté qu'il ramène à Hâ-Noï. Le corps avait été transporté sur la chaussée de la digue, en face du fossé, où M. Garnier était tombé. Une de ses bottines se trouvait à quelques pas de là.

Pendant ce temps, M. Balny, avec le même nombre d'hommes, suivait une autre digue qui le conduisait plus à l'O., dans la direction des retranchements des *Pavillons Noirs*. Dès le début, M. Balny, ne voyant plus les bandits, procéda comme M. Garnier, en divisant ses hommes pour faire une battue dans les touffes de bambous. Tout à coup on le prévient que son fourrier a disparu. Il s'élance alors en avant, espérant arracher ce sous-officier aux mains des *Pavillons Noirs* et il parvient ainsi jusqu'à leurs retranchements. Il est tué à bout portant par des *Pavillons Noirs* cachés derrière une digue. Un de ses matelots est également tué en poursuivant ces bandits.

Nous avons passé toute la nuit à nous promener sur les remparts ; mais les miliciens tongkinois font bonne garde. Les hommes de M. Bain ont seulement fait deux patrouilles, bien inutilement il est vrai ; car les *Pavillons Noirs* ont plus peur de nous que nous n'avons peur d'eux ; il n'y a pas à craindre qu'ils viennent rôder autour des remparts.

J'ai causé longuement, ce soir, avec le sergent Champion, qui suivait M. Garnier au moment où il a été tué. Il m'a dit que les deux hommes qui l'accompagnaient l'avaient abandonné lâchement. Suivant lui, ces deux hommes se trouvaient en arrière et se sont sauvés sans songer à défendre leur chef. Il s'en est trouvé un qui a eu la faiblesse de raconter qu'il avait entendu M. Garnier crier : « A moi, mes braves ! venez, nous les battrons ! » M. Garnier cherchait à se défendre avec son revolver, mais une fois ses six coups tirés, il n'aura pu le recharger.

Quoi qu'il en soit, il en est aussi parmi l'expédition qui font peser une part de responsabilité, dans ce douloureux événement, sur le sergent Champion.

22 *Décembre.* — Après déjeuner, je me rends à la citadelle, avec le capitaine Georges. En passant devant le Yà-men du maréchal, j'entre pour voir le corps de M. Garnier. Il est au milieu des deux marins. Rien d'horrible comme ces cadavres sans tête. Ils sont là, étendus sur la paille, tels qu'ils ont été apportés hier soir. M. Garnier a le bras droit écarté, celui de gauche ramené le long du corps ; le pied droit est chaussé d'une bottine, l'autre n'a qu'une chaussette blanche. Ses vêtements sont en lambeaux, le corps est couvert de blessures faites par les sabres et les lances. La poitrine est ouverte, le cœur arraché... et la peau du bas-ventre enlevée !.... Les deux mains sont crispées.... Je lui serre pour la dernière fois et bien fortement sa pauvre main droite glacée, en lui jurant qu'il sera vengé.

On nous prévient que les *Pavillons Noirs* arrivent par trois voies différentes. Je cours prendre mes hommes, et nous nous portons aux remparts ; mais c'est une fausse alerte. Les *Pavillons Noirs* sont venus faire les fanfarons, mais hors de la portée de nos fusils. Deux ou trois obus ont suffi pour les faire disparaître.

Je prends trente hommes et deux Européens pour aider encore à la garde de la citadelle, cette nuit, afin que les Français puissent prendre un peu de repos. Les miliciens tongkinois font bonne garde ; mais il est bon d'être prêt à tout événement.

CHAPITRE XI

CONQUÊTE DU DELTA

M. Hautefeuille à Ninh-Binh. — L'« Espingole » à Phu-Ly et à Hong-Yen. — Mission de M. Balny. — Mission de M. Hautefeuille. — Destruction d'un barrage. — Prise de Ninh-Binh. — La citadelle. — Organisation de la province. — Le P. Gélot. — Proclamation. — Visite de la ville. — La province de Ninh-Binh. — Les Muongs. — Arrivée de F. Garnier. — Affaire du « Scorpion ». — Exécution de brigands. — Reconnaissance de la contrée. — Levée de boucliers des lettrés. — Levée de troupes. — Engagements. — Expédition à Yen-Hoa et à Nhoquan. — Evacuation.
M. de Trentinian à Haï-Dzuong. — Affaire d'Hong-Yen. — Affaire de Phu-Ly. — Ké-So. — Prise d'Haï-Dzuong. — La citadelle. — Instructions de F. Garnier. — Travaux de défense. — Organisation de la province. — La mort de F. Garnier ne change pas l'attitude de M. de Trentinian. — Arrivée de MM. Philastre et Balézeau et du deuxième ambassadeur annamite. — Evacuation. — M. de Trentinian est envoyé à Haï-Phong. — M. Harmand à Nam-Dinh. — Prise de Nam-Dinh. — Le P. Paulus Trinh. — Organisation de la province. — Expédition de Mi-Loc. — Affaire de Bro-Dong. — Occupation de Chan-Dinh. — Avantages sur les Annamites de Ngo-Xa et de Quan-Xan. — Proclamations. — Arrivée de l'« Espingole ». — Nouveaux avantages. — Affaire de Chan-Dinh. — Evacuation.

M. Hautefeuille (1) à Ning-Bink

J'interromps ici mon journal, pour raconter la conquête du Delta.

Comme les négociations pour le règlement de la question commerciale n'avaient pu aboutir avec les mandarins annamites, et que ceux-ci commençaient à faire des barrages pour se garantir de l'approche des canonnières, Francis Garnier, après la prise d'Hâ-Noï, envoya l'« Espingole », commandée par l'enseigne Balny, à Phu-Ly et à Hong-Yen. De là, cette canonnière devait se diriger sur Haï-Dzuong, capitale de la province du même nom, qui commande une des bouches du Delta.

Sur ces entrefaites, Garnier se résolut à prendre Son-Tay, et le 2 décembre il se décida à rappeler l'« Espingole » et à envoyer l'aspirant Hautefeuille au Phu-Ly porter ses instructions à l'enseigne Balny (2).

---

(1) M. Hautefeuille était alors aspirant. Il est aujourd'hui enseigne et a été promu à ce grade à l'ancienneté.

(2) F. Garnier adressait, *sous le n° 64*, à l'enseigne Balny, la dépêche suivante,

L'aspirant Hautefeuille devait ensuite remonter par un arroyo encore inconnu, chercher cette nouvelle voie, arriver devant Hung-Hôa et se rallier au « Scorpion » et à l' « Espingole ». S'il ne trouvait pas l' « Es-

signée de lui et écrite de la main de M. Lasserre, son secrétaire :

« Hâ-Noï, 2 décembre 1873.

« Mon cher M. Balny,

« J'ai reçu hier soir votre lettre n° 9, datée du 3 novembre au soir.

« Je pense qu'il y avait erreur de numéro et de date et qu'elle aurait dû porter le n° 8 et la date du 29 novembre. Les renseignements qu'elle contient et la non-réception de mes instructions expédiées en dehors du « Tram » pour M. Esmez, me déterminent à vous envoyer M. Hautefeuille et le canot à vapeur. S'il vous rejoint, entre Phu-Ly et Hong-Yen, vous devez vous arrêter, lui remettre le plus tôt possible vos propositions, celles de M. de Trentinian et votre courrier pour Saïgon et me les envoyer à Hâ-Noï par le canot à vapeur.

« Le « Lao-Kaï » attendra son arrivée pour partir pour Saïgon.

« Passez donc une nuit, s'il le faut, pour clore votre courrier.

« Immédiatement après le départ du canot à vapeur, vous rebrousserez chemin pour Phu-Ly, ou vous partirez de Phu-Ly, si vous y êtes, et vous vous dirigerez sur Ninh-Binh, après avoir pris un pilote.

« Le prêtre annamite et le mandarin chrétien, auquel je délègue tous mes pouvoirs administratifs à Ninh-Binh, vous aideront en cela. Ils vous seront amenés sur le canot à vapeur. J'ai déjà écrit à Ninh-Binh pour demander la soumission de la province.

« Aux conditions que je posais dans une lettre et qui sont conformes à celles acceptées par Hong-Yen, vous ajouterez celle-ci : le Quan-an de Hâ-Noï doit être livré. S'il n'est pas amené à bord de l' « Espingole », deux heures après votre demande, vous vous emparerez de la citadelle. N'acceptez pas l'affirmation que le « Quan-an » est parti, si les renseignements recueillis vous indiquent le contraire.

« M. de Trentinian tiendra garnison à Ninh-Binh jusqu'à nouvel ordre. Il fera contradictoirement, avec le mandarin chrétien momentané, l'inventaire des valeurs, approvisionnements, matériel de guerre qu'elle contient. « L'Espingole » devra embarquer, comme à Phu-Ly, tout le numéraire en argent et les petits canons de bronze qui seraient trouvés.

« J'ai fait remplacer, d'après renseignements, l'administrateur de Phu-Ly.

« M. de Trentinian laissera carte blanche pour l'administration de la province au mandarin chrétien que j'envoie, tout en essayant de se rendre compte de ses agissements. Il pourra s'en informer auprès du Père annamite qui parle latin, mais il faudra pour cela que M. de Trentinian parle très-lentement et en prononçant les *u*, *ou*. Il m'écrira chaque fois qu'il aura un renseignement de quelque valeur à me communiquer. Il se servira toujours du « Tram » qui fonctionne très-bien.

pingole » au Phu-Ly, il devait aller détruire le barrage situé aux limites d'Hâ-Noï, entre la Dô-Quian et la Dôn-Vi, reconnaître le fleuve jusqu'au Ninh-Binh, et même, s'il le jugeait sans danger, il avait ordre d'aller demander aux mandarins de Ninh-Binh la réponse à une lettre de F. Garnier et remonter ensuite à Hung-Hôa.

F. Garnier m'avait communiqué le rapport que l'aspirant Hautefeuille lui avait adressé sur cette expédition ; j'en avais fait prendre copie par mon secrétaire et j'en transcris ici les principaux passages :

« Je partis d'Hâ-Noï le 2 décembre, à 8 heures du matin, dans une chaloupe à vapeur armée d'un canon de quatre de montagne. J'avais avec moi un quartier-maître, six marins, un chauffeur annamite qui parlait le français, plus un prêtre annamite, le P. Six, et un ancien maître de poste (Ong-tua) annamite, envoyé comme Tuam-phu à Ninh-Binh. Nos munitions se composaient de six obus, six mitrailles et deux cent cinquante cartouches environ.

« Le fleuve nous étant totalement inconnu, ce ne fut pas sans échouage que j'arrivai vers 5 heures du soir à l'arroyo qui conduit à Phu-Ly. Là, je vis un poste avec pavillon annamite. Etant descendu à terre avec un homme et mon annamite

---

« Vour garderez sur « l'Espingole » l'interprète Paul.

« Portez la plus grande attention à la configuration hydrographique du pays.

« M. de Trentinian usera, en inscrivant régulièrement ses dépenses et en donnant un bon à l'administrateur indigène, des ligatures du trésor du Ninh-Binh, sur les achats de vivres frais, etc., qu'il aurait à faire. Il évitera de la part de ses hommes tout gaspillage inutile. Le plus grand respect des propriétés et des habitants, cela va sans dire.

« Les mandarins de Ninh-Binh qui auraient résisté et qui auraient pu être pris, seront embarqués sur « l'Espingole » et conduits à Hâ-Noï. Le quan-an devra être mis aux fers ; les autres seront traités avec égards.

« Vous me rapporterez la lettre que j'avais adressée au gouverneur de Haï-Dzuong par votre intermédiaire, si vous l'avez reçue au moment où vous serez rejoint par M. Hautefeuille.

« Celui-ci vous apportera votre sextant.

« Donnez à M. de Trentinian la mission de faire à Ninh-Binh pour les douanes ce qui a été fait à Hong-Yen ; laissez-lui le soin de faire détruire les commencements de barrage que vous m'avez signalés ; laissez-lui les copies des arrêtés commerciaux qui pourraient vous rester encore.

« Enfin, donnez-lui le plus de vivres que vous pourrez, en ne gardant que ce qui est nécessaire à votre retour à Hâ-Noï.

« Agréez, mon cher capitaine, l'assurance de mes meilleurs sentiments.

« F. GARNIER ».

je vérifiai que M. Balny avait passé par là ; il avait laissé le pavillon comme chose inutile à emporter, mais il avait désarmé le fortin ; après quoi il était parti pour Haï-Dzuong le matin même.

« Le soir à 8 heures, j'arrive à Phu-Ly. Je débarque le mandarin Jushe Kon (Joseph fils) et le P. Six, puis, ayant appris par Le Van Bâ que l'on travaillait activement au barrage, je résolus d'y aller de très-bonne heure et demandai un pilote. Je me faisais comprendre en latin par le P. Six. Je n'avais pas perdu tout ce qu'on m'avait appris à Sainte-Barbe.

« Le 3 décembre à 3 heures du matin, je me remis en marche et à 5 heures nous nous amarrions à Ké-So. Les missionnaires me virent arriver avec bonheur : ils tremblaient depuis le départ de « l'Espingole » ; des bandes, levées par les mandarins, menaçaient Ké-So et Phu-Ly. Je fis prévenir Le Van Bâ, et je me résolus de plus en plus à descendre jusqu'au barrage, quelque danger qu'il y eût pour mes hommes. A 7 h. 30 du matin, j'étais au barrage ; par bonheur j'arrivais à temps ; de forts piquets allaient d'une rive à l'autre sur deux lignes en échiquier, réunis par des bambous ; sur le rivage, étaient environ deux cents petites barques chargées de pierres, prêtes à être coulées entre les piquets. C'eût été un barrage formidable qui aurait causé certainement l'inondation d'une grande partie du pays. Je descendis à terre et tous les miliciens s'enfuirent, je fis néanmoins quelques prisonniers, entre autres le Phô-lanh-binh (colonel) qui commandait les corvées. Je brûlai toutes les barques et bientôt la rivière avait un quai en pierre. Je repartis à 9 heures. A 10 heures, nous détruisîmes une batterie rasante construite sur le bord du fleuve appelé Dôn-Vi ; mais vers 11 heures, j'eus une avarie dans ma machine. Obligé d'éteindre les feux et de me faire hâler, nous arrivâmes à la mission vers 4 heures.

« Le 4 décembre, je laissai le quartier-maître mécanicien avec un chauffeur pour réparer l'avarie du canot, puis avec cinq hommes et mon annamites, je partis reconnaître le pays. On annonçait sept cents soldats de Ninh-Binh à deux heures de marche ; je fus rejoint par une forte troupe de volontaires du Phu-Ly, commandés par un Hiep-quan. Après avoir marché trois heures et demie au pas de six kilomètres à l'heure et ne voyant rien d'inquiétant, je rebroussai chemin vers la mission, laissant les Annamites campés à la limite de Ninh-Binh.

« L'affaire du barrage avait dû faire rétrograder l'ennemi. Nous avions marché près de huit heures, sans repos. Cette reconnaissance montra notre pavillon et fut d'un très-bon effet. Pendant qu'on m'annonçait l'existence d'un deuxième barrage sous le feu de la citadelle de Ninh-Binh, la mission recevait une lettre dans laquelle le Tuam-phu, effrayé par le récit du Phô-lanh (qui commandait au premier barrage) que j'avais relâché, annonçait des intentions sinon amicales du moins non agressives.

« Je crus le moment propice d'aller demander la réponse à votre lettre, le rendez-vous pour Hung-Hôa étant manqué. Je partis le 4 décembre à 11 heures du soir, à petite vitesse, avec mes sept Français, mon cochinchinois Nouy et un Tongkinois pilote.

« Le 5 décembre, j'arrivai vers 4 heures devant le rocher de Ninh-Binh. Il faisait encore nuit ; mais nous sommes annoncés par le bruit de notre machine à haute pression. Les murailles se garnissent de lumières, on distingue les hommes aux pièces. On nous hâle. Je pensai qu'il valait mieux tirer le premier et j'envoyai un obus sur la batterie et un autre sur le fort du rocher.

« Nous ne pouvions plus reculer, et je voulais sonder sous le feu du fort pour savoir si le « Scorpion » pouvait passer, me rappelant ce que vous m'aviez dit : « Je veux prendre cette ville qui commande la bouche du Daï et est à cheval sur la route de Hué ».

« Mes coups de canon avaient produit leur effet, les lumières furent éteintes, nous ne vîmes plus rien. Aucun coup de canon n'était parti de la citadelle. Comme on ne nous disait plus rien, je résolus d'attendre le jour. Un brouillard intense survint et il ne se leva qu'au grand jour. Nouveau spectacle : les remparts bien garnis devant nous, ce rocher qui s'élève et commande à une grande distance, et sur la rive droite, auprès de nous, des villages ; l'un d'eux est réservé aux lépreux.

« Je m'approchai de la place ; mais à ce moment je m'échouai en travers à deux cents mètres des murs. Un seul canon pouvait m'atteindre, car j'estimai que ceux des forts étaient trop hauts ; une batterie rasante nouvellement construite n'était pas armée. Etant en travers, mon canon devenait inutile. Les miliciens descendaient déjà sur la berge et démarraient les embarcations. Je mis la moitié de mes hommes à manœuvrer, les autres faisaient le coup de feu pour empêcher d'approcher de la pièce qui nous menaçait et pour maintenir loin de nous les assaillants. Enfin nous parvenons à nous dégager et présentant l'avant de notre canot nous chargeons d'un coup à mitraille.

« Tout à coup nous sommes envahis par la vapeur, c'est la machine qui vient d'éclater. Nous voilà isolés à quarante heures de route. Ma décision fut bientôt prise, je jetai l'ancre, laissai dériver jusqu'à la rive, sautai dans une barque, et me voilà à terre, avec cinq hommes, mes deux annamites, pavillon français en tête et baïonnettes au canon. Le mécanicien et son chauffeur se pannoyèrent sur le faux bras de l'ancre, pour revenir au milieu du fleuve.

« Détail caractéristique : tandis qu'on faisait feu sur nous de la citadelle, les habitants du faubourg de Yen-Kanh m'envoyaient un bœuf avec force signes d'amitié.

« Une fois à terre, les miliciens tenus à distance par nos baïonnettes se contentent de nous entourer, croyant dès lors notre capture facile. Deux coups de feu partis de la chaloupe m'annoncent qu'on a pointé sur elle une pièce des remparts.

« Arrivé au pont du fossé, j'aperçois quatre parasols abritant un mandarin à barbe blanche. Je lui saute au collet et l'entraîne vers une construction située hors des murs, le tenant entre les remparts et moi. Tout cela s'était passé en deux minutes.

« Parvenu à cette maison, j'interrogeai le mandarin au moyen de mon cochinchinois qui, avec l'accent du midi, se faisait assez difficilement comprendre (1). Je

(1) La langue est bien plus pure dans le N.

lui fis mes excuses d'avoir tiré et lui dis que c'était pour répondre à la provocation. Je lui demandai ensuite la réponse à votre lettre, sur la liberté de navigation, etc. Il me répondit qu'il acquiesçait. Je lui montrai alors son édit convoquant les paysans corvéables pour construire un barrage, ordre que j'avais trouvé sur le Phô-lanh, l'avant-veille. Il se troubla et je lui dis que je ne croirais à son acquiescement que s'il l'écrivait et le signait de son cachet. Il me le promit. Il jouait avec moi, se croyant à bon droit le plus fort. Je lui dis qu'il me fallait cet écrit tout de suite et que je l'accompagnerais dans la citadelle pour le voir faire. Il refusa, disant que je pouvais compter sur sa parole, qu'il viendrait m'apporter la lettre et qu'il espérait que je partirais vous la porter de suite. Il voulait simplement s'échapper, et me donner un papier non compromettant. Il sentait peut-être également qu'aussi longtemps que je restais auprès de lui, j'avais la vie garantie par la sienne. Je réitérai ma demande et posai mes conditions. Je voulais entrer avec lui dans la citadelle escorté par son « An-sàt » et j'exigeai qu'il me livrât celui de Hà-Noï. Il me répondit que j'en demandais trop et qu'il allait me faire punir ! A l'instant même, je le saisis au collet, et mettant ma montre sur la table (7 h. 30), mon revolver sur sa tempe, je lui déclarai que j'allais lui brûler la cervelle si, dans un quart d'heure, je n'étais pas dans la citadelle, les troupes à genoux et tous les mandarins m'escortant.

« A mon premier mouvement, les miliciens annamites s'étaient rapprochés, mais mes marins étaient là ; au commandement de *joue*, un grand cercle se fit autour d'eux. Enfin, après bien des supplications du Tuam-phu portées à l'An-sàt par le Phô-lanh, qui se souvenait de la correction que je lui avais administrée au barrage, tous les mandarins arrivèrent. Il était temps — 7 h. 43 à 7 h. 44 — d'entrer dans la citadelle aux conditions demandées; mais, au lieu d'aller mener le Tuam-phu à son palais pour prendre sa lettre, je le fis attacher avec ses collègues. Le pavillon français fut hissé sur la citadelle, les portes furent fermées, et après avoir laissé mes mandarins (1) sous la garde de quatre hommes, je partis avec les autres et le Chanh-lanh (général) inspecter la place. Je fis le tour des remparts, au milieu des matas, en rangs, à genoux, les armes à terre.

« Je fis rapidement l'inventaire du tout ; plus tard je l'ai complété. Je vous le donne tout de suite.

« Pour la forme de la citadelle, voir le croquis que je vous envoie : Rempart en terre avec escarpes en briques, l'angle de la citadelle défendu par un rocher de 30 mètres de haut, trois bastions couvrant les portes, dont deux sont masquées par des tenailles. Fossé très-long de deux côtés; le reste gardé par la rivière. Sur le côté O. est le chantier de construction des jonques de rivière ; le point N.-O. est défendu par une batterie en terre qui n'est pas encore terminée, vingt-six canons en bronze et vingt en fonte de tous calibres sur affûts, quelques pierriers dans les poudrières, quantité de lances, fusils à pierre et à mèche, sabres, pistolets, etc. Drapeaux, parasols, palanquins, insignes de toutes les espèces, quatre poudrières large-

---

(1) Le Tuam-phu fut placé devant une table avec de l'encre, etc., pour qu'il pût faire et signer la capitulation.

ment approvisionnées en poudre, boulets, etc., apparaux pour monter les pièces, etc. Enfin, dans les magasins, 79.400 ligatures, 80 piastres fortes, saumons et barres d'étain, zinc, etc., pour la fabrication des sapèques, vases nombreux en bronze, une quinzaine de cloches très-artistiques depuis 1 mètre de haut, sept défenses d'éléphant, 6.080 mètres cubes de riz et du sel en quantité, sans compter les bœufs, volailles, cochons, rôdant dans la cour. Il existe un palais du roi, vaste enceinte dallée au centre de laquelle est le palais avec escalier de marbre ; le palais du grand mandarin, que j'habite, le palais de l'An-sàt avec la salle de justice, le palais du Chan-lanh, la prison entourée d'eau, plus les demeures des employés. Les militaires couchent au dehors dans cinq casernes. Chacune est habitée par cent hommes ; tous les jours à midi, à la parade, cent hommes entrent prentre la garde, cent sortent. On me remet le nom des chefs ; ils apportent leur nourriture préparée d'avance. Je ne laisse entrer aucune marchande ni aucune femme.

« Qand j'eus fini l'inspection, je revins au palais du grand mandarin ; mes marins avaient laissé échapper le Quan-an, et le grand mandarin, effrayé de cette fuite, n'avait plus osé apposer son cachet à la reddition. Dès lors, je lui déclarai qu'il était mon prisonnier ; il fut attaché avec les autres mandarins et conduit au fort du Rocher où je laissai trois marins. Les matas, voyant leurs chefs ainsi traités, s'enfuirent en abandonnant leurs armes. Nous avions lutté huit contre dix-sept cents.

« Le grand mandarin est resté dix-sept jours au lit, grelottant la fièvre ; plus tard il m'a assuré qu'en voyant mon navire marcher tout seul, il avait cru que soixante hommes étaient cachés dessous et que, s'il nous avait vu si peu nombreux, il m'aurait fait couper le cou. J'avais réservé ma dernière balle pour moi et il ne m'aurait pas eu vivant.

« La chaloupe étant devenue inutile, je la désarmai. Le canon de quatre, les munitions et les vivres furent placés dans le fort où, en cas d'attaque, j'aurais pu subir un siége jusqu'à l'arrivée du « Scorpion ».

« Dans la journée, je pus réunir une cinquantaine d'anciens soldats (païens), qui étaient du pays. Ils vinrent d'eux-mêmes s'offrir et ce fut le noyau de mon armée qui, de cinquante, est montée à près de cinq mille hommes.

« Je reçus alors par eux la nouvelle de l'arrivée de cinq mille hommes venant de Thanh-Hoa avec des éléphants ; aussitôt quelques-uns m'abandonnèrent. Cette alerte était naturellement fausse et je vis, au contraire, arriver le prêtre missionnaire Gélot, avec le P. Pinabel, m'amenant une cinquantaine d'hommes avec des armes prises sur les fuyards. J'avais fait prévenir les Pères le matin même. Il était 6 heures du soir ; nous n'avions pas mangé depuis vingt-quatre heures. Il était temps de prendre des forces ; ce que je fis avec plaisir en compagnie des deux prêtres qui avaient les larmes aux yeux en regardant les trois couleurs flottant sur la citadelle. Le P. Gélot, directeur du collége des Phuc-Nac, est un des hommes les plus intelligents que je connaisse ; il n'est pas exalté et voit juste. C'est un homme de vingt-neuf ans ; il me rend d'immenses services comme interprète. Le soir, à 9 heures, une explosion m'arrêta au milieu d'une ronde ; c'étaient des poudres entassées dans une maison, au pied et sur une rentrée du rocher, auxquelles des Annamites avaient mis le feu pour nous faire sauter. Les seules victimes furent les deux Annamites, dont l'un mourut et l'autre fut fusillé le lendemain avec deux individus pris les armes à la main, rôdant et pillant en ville.

« Le 6 décembre, je fis faire une proclamation ; elle fut affichée partout. Accompagné de deux mandarins et quelques annamites, je visitai la ville, suivi de quatre parasols. Une seule chose étonnait les Annamites, c'est que je ne quittais ni mon sabre, ni mon revolver : les mandarins font toujours porter leurs armes ; il est vrai qu'ils ne s'exposent pas à s'en servir.

« Dans cette visite, j'allai chez le Caï-thong de la ville ; il avait fui. Il en fut ainsi dans beaucoup d'endroits. Je comprends la panique des mandarins, mais pas celle de ces petits employés. Il m'arriva des chrétiens de diverses provinces ; je les organisai immédiatement et leur donnai la solde équivalente à une journée d'ouvrier.

Cette journée fut ensuite consacrée au repos de mes hommes et au recensement exact de ce que contenait la citadelle.

« La province a pour limite au S. celle de Thanh-Hoa dont elle est séparée par une chaîne de montagnes très-élevées ; deux points seuls livrent passage : l'un, le défilé de *Tam-Diep*, passage des trams qui peut être défendu par une poignée d'hommes contre toute une armée ; l'autre, un peu plus large, livre passage à une rivière qui vient se jeter dans le grand fleuve à Ninh-Binh. C'est sur les deux rives de cette rivière qu'est construite la ville. Entre Hué et Hà-Noï, il n'y a pas d'autre passage que les deux que je viens de citer. Le grand fleuve Daï sépare la province de celle de Nam-Dinh au N.; à l'O. est situé le pays des Mùongs. Au N.-O. sont les provinces de Son-Tay et d'Hà-Noï. Le pays est séparé en deux par la rivière Dô-Siang, qui prend sa source dans les montagnes de l'O. Dans la partie S.-E. le pays est bas, formé de terrains d'alluvion ; c'est une vaste plaine où l'on cultive le riz ; le N.-O., au contraire, devient brusquement montagneux et boisé. On y récolte peu de riz, on s'y adonne surtout à l'élevage du bétail. Il y a, dit-on, dans cette contrée, des mines de charbon et peut-être de métaux.

« J'ai parcouru ce pays qui est très-accidenté. La rivière est resserrée et très-profonde. En un certain endroit, elle forme deux courbes sur elle-même. Il y a des communes flottantes où les gens vivent sur les barques et ne possèdent pas un pouce de terrain. Ce pays est habité par des Mùongs soumis. Ces montagnards sont plus grands et plus blancs que les Annamites, dont ils ne parlent pas la langue. Grands chasseurs, ils méprisent les cultivateurs de la plaine. Ils sont divisés en peuplades, ayant leurs princes, leur aristocratie, chose qui n'existe pas dans le reste de l'Annam. Les Mùongs ont la permission spéciale de porter le fusil ; ils les fabriquent eux-mêmes, les enrichissent d'incrustations et d'argent. Ces fusils, qui n'ont pas de crosse, s'appuient sur la joue où ils font parfois d'assez grandes blessures. Beaucoup d'entre eux sont armés d'arcs en corne de buffle et d'arbalètes très-puissantes. La moitié de mes troupes était composée de ces gens, presque tous païens, et je n'ai eu qu'à m'en louer. Dans les montagnes beaucoup de marbre grisâtre, des grottes curieuses et même une source thermale ferrugineuse dans le fleuve même et sur la rive.

« Le 7 décembre, il est arrivé encore des volontaires à mon appel ; je les ai armés et organisés.

« Le soir, alerte ; on voit des jonques arriver du N. On s'apprête à la défense, les pièces sont braquées pour une courte distance ; mais on nous crie : « Jonque de « la mission ! » Ce sont les seules paroles françaises que le P. Six connaisse. Averti par moi des événements, il arrivait avec cent cinquante hommes. Je pus dormir convenablement pour la première fois.

« Le 8 décembre les anciens greffiers, commis et lettrés, sont venus redemander leurs places ; je les ai repris avec plaisir et j'ai fait préparer les nominations de nouveaux mandarins pour remplacer ceux qui n'auraient pas rallié leur poste le soir.

« Le 9 décembre, ayant déjà assez de volontaires pour la ville, j'ai organisé les troupes que je devais envoyer dans les sous-préfectures et aux défilés. J'ai fait une promenade en ville, suivi de mon seul Annamite de Saïgon. Tout reprend : le commerce, les habitudes ; je suis heureux de ce résultat. On accourait en foule pour me voir passer ; les femmes n'étaient pas les moins curieuses : je distribuais des sapèques aux enfants.

« Le mandarin que vous m'aviez adjoint avait fait une proclamation en dehors des idées convenues, et moi, ignorant le chinois, et trompé par les interprètes qui avaient intérêt à la chose, je n'avais pu rien savoir. Ce fait ne se renouvellera plus.

« Il était convenu que l'ancien mandarin, qui a fait sa soumission, reprendrait son poste, mais, malade depuis la prise de la ville, il a fait bien peu de besogne et tout retombe sur moi. Je suis aidé fort heureusement par le P. Six, homme très-entendu aux affaires et bien connu dans le pays.

« Les nouveaux cachets ont été substitués aux anciens (1).

« Le 9 décembre, à 4 heures et demie, le canon saluait votre arrivée avec le « Scorpion » (2).

(1) Dans ces nouveaux cachets, les six caractères ajoutés sur le côté sont dignes de remarque. Le modèle en avait été donné par l'amiral Dupré. Cette substitution des cachets était plus importante qu'une prise de forteresse, c'était notre administration imposée, ce n'était plus un gage de sécurité qu'on cherchait comme à Hà-Noï.

M. Hautefeuille avait pris le cachet du grand mandarin ; comme ce cachet était en argent et qu'il valait 200 fr. environ, il le remit à F. Garnier qui le lui rendit, en lui disant : « Prenez, mon cher Monsieur, ce sera un souvenir de votre glorieuse action, sans compter celui plus important que j'espère vous faire avoir ». — Plus tard, M. Philastre réclama ces cachets « que des voleurs, dit-il, avaient dû prendre pour leur grande valeur ». M. Hautefeuille remit le sien et M. Bain remit celui d'Haï-Dzuong qu'il rapportait en souvenir à la famille Balny.

(2) Le 7 Décembre, F. Garnier écrivait à M. Hautefeuille pour lui annoncer son arrivée à Phu-li, lui adresser ses félicitations sincères sur la prise de Ninh-Binh et lui demander si le « Scorpion » pourrait remonter sans danger jusqu'à cette place. — Le 9, F. Garnier arrivait à Ninh-Binh et félicitait chaudement M. Hautefeuille qu'il maintenait à la tête de la province. — M. Hautefeuille fit alors des propositions de récompenses pour ses hommes : il demanda deux médailles militaires, mais ces hommes solides, ils étaient sept, lui furent enlevés et furent remplacés par dix autres, les plus mauvais de l'expédition, qui lui causèrent

« Le 11 décembre le « Scorpion » repartait et on affichait votre proclamation. Quelques instants après le départ du « Scorpion » les lépreux me faisaient savoir que l'on devait vous attaquer au Ngha-Hung-Phu; je demandai un marin de bonne volonté pour vous rejoindre à cheval; mais cet homme fut arrêté devant Kê-Vinh (en Nam-Dinh), où des brigands, chassés une première fois par le « Scorpion », se vengeaient par l'incendie de la leçon qu'ils venaient de recevoir. Enfin, vers 3 heures, j'entendis le canon; du haut du rocher je voyais le « Scorpion », la fumée, et sans pouvoir y aller : j'étouffais de désespoir. Enfin je vis le « Scorpion » continuer sa route. Le soir je reçus une lettre de M. Bain.

Le 11 j'expédiai deux cent quarante hommes à Tam-Diep à la garde du défilé. Dans la journée, j'aperçus un incendie et quatre dans la nuit.

Le 12 décembre j'ai nommé deux Quan-phu et quatre Quan-huyen (trois sont chrétiens). Ils sont partis à la tête des troupes que j'avais organisées pour eux et ont été reçus partout avec acclamations; le drapeau français flotte maintenant jusqu'au Laos. De Nho-Quan-Phu, j'ai reçu une adresse en remerciement de ce que j'avais nommé un mandarin Mûong, nommé Vu-ruy-rûong, pour gouverner ses compatriotes. Je me suis attaché ainsi ce pays, jusque-là si malheureux sous les fonctionnaires de la plaine. J'ai envoyé une deuxième troupe au second défilé de Thanh-Hoa. De ce jour les troubles ont cessé.

« Le 13 décembre j'ai reçu votre lettre m'annonçant la prise de Nam-Dinh. Mauvaises nouvelles du N. J'expédie à Hà-Noï le mandarin révoqué; il porte à M. Bain l'argent et l'ivoire trouvés dans la citadelle, et j'envoie à Nam-Dinh deux cent cinquante Annamites bien organisés.

« Le 14 décembre j'ai été témoin d'un fait bizarre. Un homme et son domestique, pris portant des armes à des bandits, me furent amenés. Il me dit qu'il apportait ces armes à la citadelle pour se faire bien venir. J'objectai que depuis huit jours je faisais poursuivre son fils pour vol et incendie; il nia sa complicité, disant qu'il n'avait pas vu son fils depuis longtemps. Or, en même temps, je jugeais les brigands en question au nombre de huit; cinq furent exécutés le lendemain, et j'appris que le voisin de ce vieillard était son fils, qu'il n'avait pas voulu reconnaître, attendu que la loi annamite, qui donne droit de vie et de mort au père, le condamne, en revanche, même à mort, s'il a laissé son fils mal tourner. C'est un trait de mœurs.

« Le 15 décembre j'ai trouvé enfin un homme intègre pour remplir les fonctions de Quan-an-sàt. C'est un des rares lettrés chrétiens qui existent dans le royaume, vieillard très connu en Thanh-Hoa pour sa probité. Pendant deux jours j'ai visité le pays à cheval, escorté d'un seul Annamite, consacrant à ces promenades deux à trois heures. J'entrais dans les métairies, dans les pagodes, et partout j'étais bien reçu. J'emportais toujours sur ma selle quelques paquets de liga-

bien des tracas. — Le soir même trois d'entre eux de garde aux portes étaient ivres-morts. — Quelques jours plus tard, un de ces marins passant au marché vit une fille de riche bourgeois fort jolie (comme beaucoup de Tongkinoises) et richement habillée, et là, devant tous, il se rua sur elle. Les gardes de ville empêchèrent l'attentat de s'accomplir, et l'homme fut ramené roué de coups; il fut naturellement puni sévèrement et défense lui fut faite de toucher une arme.

tures et, quand je passais dans une commune, je remettais au Ly-truong quelques ligatures avec une lettre où d'avance j'avais fait écrire en chinois : *Pour les plus pauvres;* puis il y avait toujours quelques sapèques pour les enfants. Les populations paraissaient très-satisfaites de cette nouvelle manière de les gouverner.

« Des bandes de pillards ont osé entrer au Phu-Ngha et à Haï-Lang, drapeau français en tête. J'ai envoyé deux cent cinquante miliciens et un fonctionnaire au Phu. A dater de ce jour tous les pavillons, pour être légitimés, doivent porter ma signature et mon cachet.

« Aujourd'hui, 17 décembre, je commence à améliorer les fortifications de la place. Je fais déblayer les approches du fort jusqu'à une distance de 500 mètres, rendant du terrain aux expropriés et payant les dommages. Ceux-ci doivent reconstruire sur un terrain de l'Etat et suivant des alignements donnés. Le Quan-phû, Yen-khauh, y veillera (1) ».

Outre ces intéressants détails, j'ai pu entendre de la bouche même de M. Hautefeuille, quelque temps après l'évacuation des citadelles du Delta, l'histoire des faits qui ont précédé la remise de sa citadelle. Je reproduis ici ces renseignements.

Après la mort de Garnier, les lettrés s'imaginèrent avoir bon marché des Français. Ils firent une nouvelle levée de boucliers. Le Huyen de Yèn-hoa fut surpris et tué avec deux prêtres tongkinois. La panique gagna la ville de Ninh-Binh ; tout sembla un moment se désorganiser.

Les tristes événements d'Hâ-Noï furent connus à Ninh-Binh par une lettre adressée par un Annamite à M. Hautefeuille ; celui-ci fit part

(1) Le 14 Décembre, F. Garnier écrivait de Nam-Dinh à M. Hautefeuille une lettre qui a été entre mes mains et dont j'avais relevé les passages suivants : « J'approuve les mesures que vous avez prises.... Notez bien exactement toutes les dépenses que vous faites... Continuez à m'expédier toutes mes lettres et à me communiquer toutes les nouvelles qui me parviennent... J'ai employé les deux cent cinquante hommes que vous m'avez envoyés; ils m'ont été fort utiles... Je vous préviendrai de l'arrivée de l' « Espingole » et de ma venue à Ninh-Binh... Opposez-vous à toute réaction des chrétiens. Ne faites aucune distinction entre eux et les païens... La proclamation que j'avais libellée pour le gouverneur, remettant à la province la moitié de l'impôt en riz d'une année, a-t-elle été publiée ?... Je reçois à l'instant la lettre de Mgr Sohier et la vôtre. — Préparez un logement à Mgr et priez-le d'attendre ma venue... Faites escorter en route les envoyés et lui; recevez-les avec honneur... » Le même jour, 14 Décembre, M. Hautefeuille recevait une lettre de l'évêque Sohier, apportée par son pro-vicaire, M. Dongelzer. — Le 15 Décembre, arrivée du prélat que M. Hautefeuille, suivant les instructions de F. Garnier, recevait avec tous les honneurs possibles. — L'évêque était envoyé comme interprète d'une ambassade annamite. — Le 16 Décembre l' « Espingole », remorquant une jonque, où étaient nos blessés de Nam-Dinh, ramenait à Ninh-Binh F. Garnier. Celui-ci réunit ce soir à sa table Mgr Sohier, M. Dongelzer, M. Gélot, l'enseigne Balny, commandant l' « Espingole », l'aspirant Hautefeuille et le Dr Chédan, médecin de deuxième classe de la marine. — Le 17 Décembre, l' « Espingole » partait, emportant F. Garnier, et les ambassadeurs annamites arrivaient salués par le canon de Ninh-Binh.

immédiatement de la nouvelle à M. Harmand et rassemblant ses marins, il leur fit connaître la vérité, leur disant qu'il fallait s'attendre à être attaqués et leur demandant tout leur concours.

Le 24 arrivait le « Mang-Hâo » qui confirma la nouvelle de la mort de F. Garnier. M. Hautefeuille réquisitionna un chassepot et cinquante paquets de cartouches (450 coups), car il ne possédait plus que dix paquets ; il fit boucher les portes de la citadelle, sauf une, pour la garder plus sûrement.

Les lettrés s'avancèrent jusqu'à Gia-Vien (Huyen.) M. Hautefeuille envoya le maître Dallot avec soixante-dix miliciens et trois marins ; ils repoussèrent les lettrés. Tout à coup on vint le prévenir que ses hommes étaient cernés ; il envoya le second maître avec deux marins et deux cents miliciens. Cette fois le succès fut complet.

M. Hautefeuille fit ensuite une nouvelle levée de troupes qui portèrent ses forces à cinq mille hommes environ. Toutes les garnisons furent doublées.

Les lettrés revinrent à Gia-Vien et marchèrent sur Yèn-Khanh. Le Phu (1) de Yèn-Khanh parvint à rallier sa troupe et à repousser les lettrés sur un village auquel il mit le feu, pendant que, de la citadelle de Ninh-Binh et de l' « Espingole », on envoyait quelques boulets. Les lettrés s'enfuirent en désordre, et le pays fut repris jusqu'à la Dô-Giang.

Une lettre reçue du P. Six à cette date s'exprimait ainsi :

« Le ministère demande au roi l'autorisation de brûler tous les villages chrétiens. Les mandarins de leur côté ont demandé un délai pour ce pillage. Trois mille hommes sont encore arrivés de Hué : dès qu'ils sauront que les parlementaires ne seront plus d'accord, ils se joindront à six mille autres pour fondre sur Ninh-Binh ».

Les lettrés, commandés par l'Ong-tua (chefs des trams), revinrent à la Dô-Giang. M. Hautefeuille envoya le Quan-phu Yèn-khanh par terre, avec des troupes, pendant que lui-même partait avec deux jonques, ayant à bord deux cents miliciens et deux marins. Les lettrés s'enfuirent. M. Hautefeuille descendit à terre avec cent hommes pour les cerner pendant que le Quan-phu les combattait à Nind-Da. La victoire fut complète encore.

Le 3 Janvier, le P. Six écrivait à M. Hautefeuille :

(1) *Phu* (préfet) — *Huyen* (sous-préfet).

« Dans une séance (le 20 du onzième mois annamite), Tu-Duc aurait déclaré que craignant le « Décrès » et le « d'Estrées » il allait quitter Hué et se retirer dans l'intérieur. Les mandarins originaires du Tong-Kin se seraient levés disant : Nous ne savions pas la position si dangereuse; mais si les affaires sont aussi avancées, permettez-nous d'aller dans notre patrie, rétablir l'ordre et apaiser les esprits. Les mandarins annamites avaient répondu que c'était une défection déguisée, que tous les Tongkinois étaient des traîtres et qu'il fallait les traiter comme tels; de là altercation et délibération des Tongkinois qui décident de ne pas faire mentir les Annamites et envoient en Ninh-Binh à Fa-Diem leurs femmes et leur trésor, preuve de leur sincérité, disant qu'ils étaient douze (parmi lesquels un ministre) qui, las de Tu-Duc, se rallieraient ouvertement aux Français, dès que ceux-ci auraient marqué une politique plus franche, telle que la proclamation des Lê ».

Le 5 Janvier, M. Hautefeuille partait en expédition sur Yèn-Hoa et Nho-Quan. Il emmenait un caporal, quatre hommes et le P. Pinabel comme interprète. Le « Mang-Hâo », armé d'un canon de quatre et d'une mitrailleuse, suivait. Arrivé à la Dô-Giang, il prenait à la remorque deux jonques portant deux cent cinquante soldats mûongs et tongkinois. A 8 heures, on arrivait devant Daï-Hun, occupé par les lettrés. M. Hautefeuille descendit à terre avec les Tongkinois et les marins, poussant l'ennemi devant lui. Il paraissait très-nombreux et ce n'est qu'avec prudence que M. Hautefeuille avançait dans les villages. Au débouché, il trouva une nombreuse troupe bien rangée avec deux pavillons rouges et au centre un pavillon noir. Ce qui pouvait concorder avec une lettre de Chan-lan-xet, annonçant que les mandarins de Son-Tay descendaient avec les Hè-kis (Pavillons Noirs) pour permettre aux mandarins de Than-Hoa le passage du Tam-Diep. Ce pavillon enflamma le courage des marins. M. Hautefeuille dut user de toute son autorité pour faire cesser le feu trop rapide qui épuisait ses munitions. Le « Mang-Hâo » envoya deux obus. Quelques feux de pelotons bien dirigés achevèrent de mettre l'ennemi en débandade. Les miliciens mirent le feu au village. Les lettrés, apercevant les flammes, renoncèrent à un retour offensif et se retirèrent par les montagnes.

A 11 heures 30, M. Hautefeuille était de retour à bord, pour repartir à 2 heures 30. Une heure après, il arriva devant un village où les lettrés avaient rallié une partie de leurs forces ; deux coups à mitraille du « Mang-Hâo » dégagèrent la berge du fleuve. M. Hautefeuille fit débarquer deux marins et une centaine de miliciens ; les lettrés furent repoussés. Les lettrés, en fuite, ne se rallièrent qu'à Yèn-Hôa. A

6 heures du soir, M. Hautefeuille arriva au village de Lang-Van pour y mouiller et passer la nuit. Les rondelles en caoutchouc de ses chassepots étaient brûlées, les gaz s'échappaient par la culasse; ses hommes, menacés d'avoir la figure brûlée, ne tiraient plus; il n'avait plus que dix coups pour le canon du « Mang-Hâo ». Aussi se décida-t-il à s'arrêter à Yèn-Hôa.

Le 6 Janvier, à 7 heures 30, M. Hautefeuille arriva devant la ville de Yèn-Hôa, la plus grande de la province et surtout la plus riche. C'était alors le centre de la révolte, les lettrés s'y étaient réunis à quelques troupes régulières descendues de Son-Tay. La ville, entourée de palissades, est gardée d'un côté par le fleuve. M. Hautefeuille s'approcha à 80 mètres et commença le feu, l'ennemi riposta et ne quitta pas la position. Notre feu était cependant très-meurtrier; car on vit bientôt couler le sang dans la rivière du haut de la berge.

M. Hautefeuille fit alors débarquer ses miliciens en aval de la ville pour prendre les retranchements par côté; puis, lui-même, défilant très-doucement devant la ville, vint se placer en amont pour débarquer. A ce moment, une grande flamme s'éleva, c'étaient les miliciens qui venaient de mettre le feu aux casernes. Par malheur, le vent chassait les flammes sur la ville et le soir elle n'était plus qu'un amas de cendres.

M. Hautefeuille, ayant débarqué avec ses hommes et cinquante Mûongs, attaqua un bois; mais il fut reçu par un feu si bien nourri, qu'il fut obligé de s'arrêter. Il parvint cependant à s'emparer d'une route qui s'enfonçait dans le bois. Vaillamment secondé par les Mûongs, il resta enfin maître de la position.

Un coup de canon, envoyé d'un taillis voisin, avait traversé la cheminée du « Mang-Hâo ».

M. Hautefeuille passa la nuit au mouillage de Yèn-Hôa. Le lendemain, un lettré, employé comme greffier à Ninh-Binh, lui apporta une lettre (1) de M. Balézeau, lieutenant de vaisseau (aujourd'hui capitaine de frégate) et second du « Decrès », commandant du corps expéditionnaire,

(1) Deux lettres ont été adressées par M. Balézeau à M. Hautefeuille, et ont dû parvenir à ce dernier. Les lettres ont passé sous mes yeux. Dans la première du 3 janvier 1874, il était dit : « J'ai l'honneur de vous informer qu'il a été convenu aujourd'hui entre l'ambassadeur annamite et M. Philastre, tous deux munis des pleins pouvoirs, l'un de la cour de Hué, l'autre de l'amiral, que les citadelles de Ninh-Binh et de Nam-Dinh seraient évacuées dans la journée du 8 ou 9, à 11 h.....

relative à l'évacuation. On doit comprendre l'effet que produisit cette lettre. A quoi, dès lors, avaient servi tous ces combats, tous ce sang versé ? Et tous ces soldats, tous ces mandarins qui s'étaient dévoués pour soutenir les Français, qu'allaient-ils devenir ? Il fallait les prévenir, les mettre sur leurs gardes. M. Hautefeuille se hâta de rentrer à Ninh-Binh. Il travailla toute la nuit à écrire aux mandarins, les suppliant de rester à leur poste ; mais en auraient-ils le courage ? Quelques-uns eurent cette vaillance ; mais ils faillirent être victimes de leur dévouement. A 6 heures arriva le « Scorpion », amenant le mandarin qui devait remplacer M. Hautefeuille. Avant de quitter la citadelle, cet officier fit enclouer les pièces, noyer les poudres et brûler les bois des lances et des fusils (1). A 2 heures, les Français évacuaient Ninh-Binh.

« L'ambassadeur qui porte en même temps le titre de gouverneur général du Tong-Kin vient de donner l'ordre au commandant des troupes annamites rassemblées dans le Son-Tay de détacher quinze cents hommes qui seront demain, dans la matinée, à Phu-Haï... Le « Scorpion » que je vous expédierai en temps utile porte les deux fonctionnaires que l'ambassadeur a nommés gouverneur des provinces. Il vous apportera également copie en français et en annamite de la convention passée au sujet de l'évacuation. Elle stipule, de la façon la plus formelle, l'impunité entière pour les personnes compromises à notre service, le gouvernement annamite s'engage même à les employer dans la mesure de leurs aptitudes... L'ambassadeur m'a demandé d'envoyer à Nam-Dinh et à Ninh-Binh, M. Moty administrateur des affaires indigènes, arrivé ici dernièrement et qui entend l'annamite, afin d'éviter toute erreur d'interprétation... L'évacuation de Ninh-Binh précédera d'un jour celle de Nam-Dinh ; le détachement de Ninh-Binh embarqué sur « l'Espingole » ralliera à Nam-Dinh la garnison de cette citadelle qui s'embarquera sur le « Mang-Hào »... Je ne veux pas terminer cette lettre sans vous féliciter de la fermeté de votre attitude, de la décision et de l'esprit de ressources que vous avez montrés dans la situation difficile que vous venez d'occuper ; j'ai une entière confiance dans le tact et la prudence que vous apporterez dans les dernières dispositions que vous avez à prendre avant de nous rejoindre à Hà-Noï ».

Dans la seconde lettre de M. Balézeau, en date du 5 janvier, dont je n'ai pas pris copie, il était dit en substance que le « Scorpion », après avoir débarqué le fonctionnaire annamite qui devait remplacer M. Hautefeuille, ferait route pour la mer en passant par Nam-Dinh dont l'évacuation se ferait le 10 seulement, que MM. Hautefeuille et Harmand reviendraient avec le « Mang-Hào » et l'« Espingole », et que M. Moty resterait à Hà-Noï.

(1) Lorsqu'il fut revenu à Hà-Noï, M. Balézeau demanda à voix basse à M. Hautefeuille — pour n'être pas entendu de M. Philastre qui était présent — s'il avait pris ces précautions.

M. de Trentinian[1] à Haï-Dzuong.

Après la prise d'Hâ-Noï, M. Balny devait descendre le fleuve, demander la visite du gouverneur de Hong-Yèn, détruire la douane et les barrages construits à peu de distance, puis s'emparer de la citadelle de Phu-Ly, position stratégique importante où se trouvaient des approvisionnements considérables de riz.

M. Balny quittait Hâ-Noï avec l'«Espingole» ayant à bord quinze soldats d'infanterie de marine, commandés par M. de Trentinian, qu'il devait laisser à Phu-Ly. M. Harmand faisait partie aussi de l'expédition.

Tout se passa conformément aux ordres donnés. A Hong-Yèn, le

---

(1) M. Edgard de Trentinian, sous-lieutenant d'infanterie de marine, aujourd'hui capitaine de la même arme et chevalier de la légion d'honneur.

Le 9 octobre 1873, le contre-amiral Dupré décida qu'un détachement d'infanterie de marine, commandé par M. le sous-lieutenant de Trentinian et composé de deux sergents et vingt-huit caporaux et soldats, serait embarqué à compter du 11 octobre sur la canonnière l' « Arc » pour se rendre au Tong-Kin.

En raison des circonstances exceptionnelles dans lesquelles le détachement devait se trouver placé et des *difficultés auxquelles il aurait à faire face*, l'officier, les sous-officiers et soldats qui le composaient, devaient continuer à recevoir la solde et les allocations sur le même pied qu'à Saïgon.

L'état nominatif du détachement était le suivant :

MM. Edgar de Trentinian, sous-lieutenant ; Champion (Alfred) et Florentin (Mensuy), sergents de 1re classe ; Doreuil (Pierre) et Maurin (Jean-Baptiste-Alphonse), caporaux de 1re classe ; Bideaux (Louis-François-Narcisse) et Guérin (Albert), caporaux de 2me classe ; Faizon (Louis), clairon de 1re classe ; Papy (François) et Carbaunié (Louis), clairons de 2me classe ; Petit (Gabriel), Faynel (Jean-Antoine), Ruchon (Moïse-Marie), Fardonnet (Léon), André (François), Dubos (Jean), Bleton (Joseph-Victor), soldats de 1re classe ; Saccoume dit Labarthe (François), Vernisse (Antoine), Ruchon (Jean-Pierre), Chambaz (Jean-Pierre), sapeurs ; — Robert (François), Menatory (Louis-Sextius), Lambert (Henry-Louis), Rigod (Louis-Marie), soldats de 2me classe ; — Duvaux (Jules), sapeur ; André (Philippe-Antoine), Corneveaux (Joseph), Bouvier (Joseph-Florentin), Laforgue (Jean), Joint-Dumont (Louis), soldats de 2me classe.

Le détachement embarqué sur la corvette le « d'Estrées » avait à la remorque la canonnière « l'Arc ». — M. Esmez, second de M. Garnier, avait sous ses ordres quelques matelots. M. Chedan était le médecin de l'expédition. — M. Didot commandait le « d'Estrées ».

gouverneur avoua que, puisque la grande citadelle d'Hâ-Noï avait succombé, sa faible forteresse n'avait qu'à se soumettre. La douane fut détruite, ainsi que le barrage.

Le 26 novembre, l'« Espingole » était mouillée devant la citadelle de Phu-Ly. Les troupes débarquèrent. On prit une rue qui menait directement à l'une des portes. Dès qu'on fut au commencement de la rue, on cria aux Annamites qu'on venait rendre visite à leurs chefs ; les soldats laissèrent avancer et allèrent tous, successivement, prévenir le gouverneur de la citadelle de l'arrivée des Français. A ce moment, nos troupes s'élancèrent sur les remparts d'où elles aperçurent les Annamites en fuite, mandarins en tête. On dressa immédiatement la situation des ressources de la citadelle ; elle contenait au moins 40.000 fr. en sapèques et des bâtiments immenses remplis de riz.

Dans la journée, quelques missionnaires arrivèrent de Ké-So, centre principal du clergé français au Tong-Kin. M. Balny écrivit à Hâ-Noï pour signaler d'importants barrages à hauteur de Nam-Dinh et demander l'autorisation d'aller les détruire.

Le lendemain, MM. Harmand et de Trentinian partirent dans la yole à vapeur et se rendirent à Ké-So chez les missionnaires. Cette résidence, située sur les bords du fleuve, est organisée d'une manière remarquable. Avec les logements des missionnaires et une chapelle, elle possède des écoles et une imprimerie. Une enceinte entoure complétement ces bâtiments et des pierres sont amassées de distance en distance pour assommer les voleurs qui tenteraient d'escalader l'enceinte. En face, sur la rive droite, s'étendent de hautes montagnes, derniers contre-forts de la grande chaîne qui sépare les bassins de Mè-Kong et du fleuve Rouge. Elles ne sont habitées que par des tribus sauvages, connus sous le nom de Moïs. Les missionnaires ont pénétré chez ces Moïs et s'y réfugient, lorsque les Annamites les persécutent. Sur cette rive, la mission possède une papeterie entourée de caféiers.

Le 30 novembre, ordre fut donné de partir pour Haï-Dzuong et de débarrasser la route de tous les barrages ; car c'était la seule qui restât pour communiquer avec la mer.

La citadelle fut laissée entre les mains de troupes auxiliaires, commandées par l'Annamite Le-van-bâ qui, plus tard, fut envoyé à Nam-Dinh, et l'« Espingole » se mit en route pour Haï-Dzuong.

On arriva en vue de la ville à la tombée du jour ; il fallut mouiller à deux kilomètres de la citadelle. M. de Trentinian fut envoyé avec quatre hommes pour demander au gouverneur une visite à bord de la canonnière. On le reçut au débarcadère et on le pria d'y attendre le gouverneur. Au bout d'un quart d'heure d'attente, M. de Trentinian prit la route de la citadelle et frappa violemment à la porte ; à son approche, des terrassiers qui creusaient des trous de loup sur le glacis s'enfuirent ; des soldats, tout tremblants, ouvrirent immédiatement et le conduisirent à la demeure du grand mandarin. Celui-ci, au milieu d'un magnifique cortége, arrivait à ce moment ; les apprêts de la cérémonie avaient seuls retardé sa visite. Il descendit de son palanquin et, avec les plus gracieux sourires et l'affabilité la plus étonnante, il introduisit M. de Trentinian dans sa demeure.

Ses gardes plantèrent leurs lances devant la porte ; à peu de distance, les soldats se rangèrent avec ordre derrière leurs faisceaux d'armes. La salle de réception était grande et bien construite ; au milieu se trouvait une longue table entourée de siéges et de bancs en bois de fer sculptés avec goût et simplicité. Le gouverneur fit asseoir M. de Trentinian à côté de lui ; les principaux mandarins, puis une foule d'Annamites se placèrent debout derrière eux. Les serviteurs des mandarins sont généralement témoins de toutes les conversations de leurs maîtres ; quelle qu'en soit l'importance, les mandarins se cachent rarement d'eux ; du reste, ni force, ni argent ne détermineraient un Annamite ou un Chinois à commettre une indiscrétion. Quand un chef adresse la parole à ceux qui l'entourent, chacun s'incline avec respect et ses ordres sont exécutés avec la plus grande rapidité : c'est l'obéissance passive. Ceux qu'on introduit dans la salle s'étendent à terre, se relèvent et recommencent jusqu'à ce qu'on leur donne l'ordre de cesser leurs saluts ; les demandes sont généralement écoutées et présentées sur des plateaux couverts de fruits ; d'autres cadeaux sont apportés et ils varient avec la position du suppliant. Un lettré prend la supplique et la lit au mandarin ; la réponse est attendue humblement.

On apporta des fruits, du thé et du sucre et la conversation commença. Voici comment elle se trouve racontée dans un rapport que j'ai eu sous les yeux :

« On se demanda tout d'abord des nouvelles du roi Tu-duc et du gouverneur de la Cochinchine, puis je rappelai le bon accueil qui nous avait été fait à notre premier passage. Le gouverneur m'exprima ses regrets de voir que la canonnière n'avait pu approcher. Cette phrase me prouva que notre situation éloignait toute crainte de danger dans son esprit et que ma mission serait difficile à remplir. En effet, lui ayant exprimé le vif désir de M. Balny de recevoir sa visite à notre bord, j'eus un refus tout net. A toutes mes insinuations, il me répondait qu'il fallait une autorisation du roi ; j'augmentai vainement mon exigence, j'en vins même à lui dire que nous avions pris Hâ-Noï et que nous prendrions Haï-Dzuong, s'il ne nous rendait pas cette visite. Enfin je le quittai, en lui annnoçant pour dans deux heures le bombardement de la citadelle.

« Ce mandarin resta aussi aimable, malgré la violence de ma démarche ; rien dans sa figure ne trahit la moindre émotion. Il est vrai que notre bâtiment, arrêté à deux kilomètres, apparaissait comme un point noir à l'horizon, et que les Annamites ne supposaient probablement pas que nous pouvions, à cette distance, mettre le feu à leur citadelle, la terreur et la ruine dans leurs demeures. Un mandarin fut chargé de m'accompagner avec des présents, qui furent refusés, lorsque j'eus rendu compte à M. Balny du résultat de mes efforts... »

MM. Balny, de Trentinian et Harmand examinèrent et discutèrent la situation. On décida que, si les intentions du gouverneur ne changeaient pas, Haï-Dzuong serait bombardée à l'heure indiquée.

En effet, à 4 heures, la pièce fut mise en batterie et on lança une dizaine d'obus qui, dès le deuxième coup, arrivèrent avec précison au pied de la tour près de laquelle sont situées les principales habitations.

Pendant la nuit, on trouva un passage qui permettait à l'« Espingole » de remonter avec 0^m,50 d'eau sous la quille.

Le chef de la communauté chinoise vint à bord et annonça la visite du gouverneur. M. Balny accepta cette visite à condition qu'elle serait faite le lendemain au lever du jour.

Vers 6 heures, le gouverneur n'ayant pas encore paru, l' « Espingole » vint mouiller à 100 mètres d'un fort qui l'accueillit par une bordée de coups de canon. Une pièce de quatorze fut mise immédiatement en batterie et commença son tir pendant que les troupes descendaient dans la yole à vapeur et dans une embarcation à la remorque. En cinq minutes, M. de Trentinian était maître du fort. On se dirigea ensuite sur la citadelle. Les rues permirent d'arriver sans danger jusqu'à la demi-lune, mais tous les efforts faits pour enfoncer cette porte furent vains, une masse de terre avait été amoncelée en arrière. Il fallut grimper le long du mur. Nos troupes furent réunies dans le redan, à l'abri de quelques bâtiments, puis elles s'élancèrent sur le pont, le clairon sonnant la charge. Deux coups de canon partirent des remparts sans les atteindre.

Quelques hommes restés en deçà du pont tiraient sur les servants annamites. Le reste de la troupe se groupa sous le porche de la porte.

Une pièce, chargée à mitraille, fit quatre fois feu sur les Français sans les atteindre. L'effet du recul et une nuée de projectiles forcèrent ses servants à s'enfuir.

Pendant ce temps, la hache frappait vainement une porte énorme ; à peine put-on percer le bois pour constater que là aussi la terre fermait le passage.

Ne sachant plus que faire, M. Balny avait déjà donné l'ordre de la retraite, lorsque M. Harmand eut une heureuse inspiration. La porte se terminait par de larges barreaux de 0^m,40 de hauteur, des lances passaient au travers prêtes à recevoir les premiers assaillants ; le docteur ajusta avec un chassepot un de ces barreaux qui vola en éclats, son exemple fut suivi. On fit ainsi un trou assez grand par lequel on pénétra dans la citadelle que les Annamites abandonnèrent.

On trouva à Haï-Dzuong de grands approvisionnements. Le riz remplissait d'énormes greniers ; il y avait aussi quantité de pierriers, d'armes et de poudre. L'armement de la citadelle était, jusqu'à un certain point, formidable ; il était de deux pièces par courtine et de trois pièces par bastion. Ces canons étaient de fort calibre, l'un d'eux portant le millésime 1867 était de fabrication anglaise. Les affûts étaient en mauvais état ; les fusils très-vieux, à pierre ou à mèche.

La citadelle de Haï-Dzuong est hexagonale, ses formes sont parfaitement régulières ; à chaque face correspond une courtine et à chaque angle un bastion. Les portes, au nombre de quatre, sont couvertes par des demi-lunes. Les fossés sont larges et profonds ; les revêtements sont en pierres dures et épaisses.

Cette citadelle fut du reste construite par des ingénieurs français, comme la plupart des citadelles du Tong-Kin.

Le trésor contenait environ 120.000 francs en sapèques, et environ 40.000 francs en barres d'argent, qui furent immédiatement portées à bord.

Haï-Dzuong a été souvent attaquée par les pirates, et les officiers français remarquèrent des boulets encastrés dans les murs de la citadelle, surtout du côté de la mer. La ville a une grande importance commerciale et occupe une véritable position stratégique. Le quartier chinois y est assez considérable et l'arroyo qui y mène est toujours rempli de jonques de toutes dimensions.

Ne sachant si on pourrait garder cette citadelle si éloignée d'Hà-Noï, M. Balny fit tout détruire. Les casernes, construites dans les demi-lunes, furent brûlées; elles gênaient la vue des sentinelles et permettaient aux Annamites de s'approcher secrètement des murs.

Chaque nuit des feux immenses éclairaient l'horizon. M. Balny éprouvait une tristesse profonde devant ces ruines et ces incendies qui se renouvellent constamment depuis trente ans dans ce malheureux pays.

Trois jours après la prise de Haï-Dzuong, le « Mang-Hâo » arriva apportant une lettre de F. Garnier. M. Balny était rappelé à Nam-Dinh, ainsi que le D' Harmand, et il était demandé à M. de Trentinian s'il voulait rester à Haï-Dzuong avec ses quinze hommes d'infanterie de marine pour garder la province. Si M. de Trentinian considérait la position comme tenable, des instructions ultérieures lui seraient envoyées. M. de Trentinian accepta avec empressement, persuadé qu'avec l'appui de la population, qui était manifestement sympathique, il pourrait apaiser la province. Il reçut, peu de temps après, des instructions de F. Garnier et les exécuta aussi fidèlement que possible. F. Garnier donnait ordre à M. de Trentinian de prendre connaissance d'une lettre qu'il adressait à M. Esmez, parti sur le « Scorpion » pour ramener des troupes d'infanterie de marine venant de Saïgon (1); il se plaignait du peu d'ardeur des officiers laissés à Hà-Noï. La situation, disait-il, est

---

(1) M. Esmez descendu sur le « Scorpion » au Cua-Cam prit à son bord un détachement arrivé par le « Décrès » et composé comme il suit :

M. Goudard, lieutenant, commandant le détachement; Gaunen, lieutenant, chargé du détail; Michel, sous-lieutenant; un fourrier, six sergents, douze caporaux, deux clairons, quatre-vingt-quatre soldats. Sur les quatre-vingt-quatre soldats, cinq étaient destinés à remplacer dans le détachement de M. de Trentinian ceux qui devaient rentrer à Saïgon. Pour décharger le « Décrès », M. Esmez affréta à Haï-Phong une jonque chinoise pour porter à Hà-Noï le matériel et les vivres à destination de l'expédition.

L'engagement suivant fut pris par M. Esmez et remis au propriétaire de la jonque.

« Haï-Phong, le 22 décembre 1873. N° 18.

« Cette jonque chinoise est affrétée par moi Adalbert Esmez, enseigne de vaisseau, commandant le « Scorpion ». Elle doit se rendre à Haï-Dzuong à la disposi-

excellente, et si M. Esmez ne trouvait pas au Cua-Cam les troupes annoncées, il ne demanderait pas la compagnie de débarquement du « d'Estrées ». Les Français devaient proclamer bien haut qu'ils étaient venus défendre les intérêts des populations et prendre la place des mandarins qui les tyrannisaient (1).

M. de Trentinian fit aussitôt construire sur le parapet, au-dessus d'une des portes qu'il occupait, un petit ouvrage imprenable où furent accumulés du riz, du bois, de l'eau et des sapèques.

Les bâtiments occupés par les soldats étaient situés à quelques mètres ; ils furent entourés d'un large fossé rempli d'eau. On était ainsi garanti contre les circonstances les plus défavorables et contre toute surprise.

M. de Trentinian s'occupa ensuite de l'organisation de sa province. Il ordonna à tous les notables des *Phu* et *Huyen* de se rendre à Haï-Dzuong pour avoir à désigner eux-mêmes les nouveaux chefs de ces divisions administratives. Il leur donna mission d'organiser les troupes pour assurer l'ordre dans le pays et les chargea de lui envoyer tous les Tongkinois qui voudraient combattre sous son drapeau. Pour assurer le succès de ces mesures, il leur fit distribuer l'argent nécessaire. Les chefs désignés lui laissèrent leurs fils comme gages de leur fidélité. Le

---

tion du commandant militaire. Le prix de l'affrétement sera payé à Haï-Dzuong ou à Hâ-Noï, si elle y est envoyée de là ; le prix sera débattu avec le chef de la congrégation de Canton.

« Le commandant du « Scorpion »,

« A. ESMEZ ».

(1) F. Garnier a dû écrire deux fois à M. de Trentinian, la première de Ninh-Binh, le 17 décembre et la seconde d'Hâ-Noï, le 20 décembre. — Dans la première lettre, Garnier devait envoyer le texte d'une proclamation à afficher, dont la substance était : « Les maires doivent rester en fonctions. Tous détenteurs d'armes ou d'embarcations appartenant au gouvernement doivent les livrer sous peine de mort. Les populations sont responsables de la conservation des archives. Les fonctionnaires qui se soumettront seront maintenus, les autres seront traités en rebelles. Tout voleur, pirate ou incendiaire, sera passé par les armes ». Dans cette lettre, Garnier disait que pour les principaux postes *il ne tenait pas du tout à des chrétiens.*

Dans la seconde lettre, F. Garnier insistait sur la nécessité de le tenir au courant des allées et venues des bateaux, des faits et gestes des pirates de Quang-Yen et de l'arrivée des navires de guerre au Cua-Cam.

chef de la communauté chinoise, qui lui était entièrement dévoué, l'aida puissamment dans son travail d'organisation (1).

Des miliciens, envoyés par M. Harmand et réunis à ceux de M. de Trentinian, formèrent un effectif d'environ six cents hommes qui furent logés dans la citadelle. M. de Trentinian fit ensuite armer plusieurs jonques qu'il tint à l'entrée de l'arroyo d'Haï-Dzuong, d'où chaque soir l'une d'elles partait pour surveiller les environs.

Dans ce pays l'organisation est telle que, malgré les révolutions continuelles, elle subsiste quand même. Les maires, dont la puissance administrative est très-grande, sont presque inamovibles, quels que soient les changements des mandarins. C'est grâce à eux que tout continue à fonctionner, et c'est ce qui explique qu'un étranger puisse se mettre du jour au lendemain à la tête des affaires, sans qu'il en résulte des troubles considérables.

Un Chinois, payé largement, fut chargé du *tram* et du service de renseignements.

Les notables d'un seul Phu (Phu-Nan) avaient refusé de se soumettre; M. de Trentinian dirigea immédiatement contre eux une colonne de trois cents hommes. Elle était en route depuis deux jours, lorsque la mort de Garnier vint anéantir ces brillantes conquêtes.

Le 21 décembre, vers le soir, M. de Trentinian reçut un mot de M. Bain qui le priait de faire parvenir au commandant Testard une lettre dont voici à peu près les termes : « Le 20, la citadelle a été attaquée par les Chinois; M. Garnier a été tué. Ma situation est critique; je vous prie de m'envoyer un chef ». — M. Bain adressa une seconde lettre, conçue dans des termes semblables, à l'amiral Dupré, par la voie de Hué. Il importe de dire que Garnier seul avait été le confident des projets de l'amiral; mais, à défaut d'ordres, il fallait continuer la lutte sans l'étendre, se mettre sur la défense en organisant les provinces, enfin conserver dans nos mains tous les gages d'un traité profitable et durable. C'est la conduite que suivit M. Esmez.

En annonçant la triste nouvelle à ses soldats, M. de Trentinian ajoutait qu'elle n'aurait aucune influence sur le pays qu'il commandait. Le même jour il écrivait à M. Testard que :

(1) Au retour des mandarins, cet homme fut forcé d'abandonner tout ce qu'il possédait et de retourner à Canton.

« Sa province était tranquille et que d'ailleurs on pouvait l'abandonner ; alors même que sa situation changerait, il se faisait fort de rester deux mois sans aucun secours ».

Le 29 décembre, M. Philastre arrivait à Haï-Dzuong (1), accompagné de M. Balézeau, second du « Décrès », auquel était donné le commandement des troupes, la direction politique étant absolument laissée à l'inspecteur des affaires indigènes. Un ambassadeur de Hué était avec eux. Ne trouvant pas l'accueil de M. de Trentinian assez cordial, cet ambassadeur refusa d'habiter la citadelle, ce qui lui permit d'agir à sa guise pendant toute la nuit. MM. Balézeau et Philastre avaient été amenés par des canots du « d'Estrées ». Sur le désir de l'ambassadeur, ils voulurent pénétrer au milieu des jonques entassées dans l'arroyo. On se tira des coups de fusil sans arriver à s'emparer des capitaines des jonques désignés par l'ambassadeur.

Le 2 janvier, malgré l'importance capitale d'Haï-Dzuong, la citadelle fut rendue aux Annamites. Le « Mang-Hâo », arrivé le 28 décembre avec des vivres, porta les bagages et les approvisionnements.

Le personnel fut entassé sur l'une de mes chaloupes où les officiers et l'ambassadeur trouvèrent une petite cabine. Arrivés à Hà-Noï, ordre fut envoyé immédiatement à MM. Harmand et Hautefeuille de remettre leurs provinces entre les mains des autorités annamites. L'exécution de cet ordre n'ayant pas été assez prompte, de violents reproches leur furent adressés, et ils furent accusés d'avoir voulu garder leurs provinces.

M. de Trentinian resta un mois attaché à M. Balézeau ; il fut ensuite chargé d'aller préparer à Haï-Phong les logements et bâtiments nécessaires à toutes les troupes, au matériel et aux approvisionnements.

---

(1) Le 26 décembre le commandant du « Décrès », M. Testard, avait annoncé à M. de Trentinian la venue de M. Philastre et de M. Balézeau, qu'il venait de nommer commandant militaire de l'expédition. M. Testard exprimait le désir de voir M. de Trentinian s'emparer de Hong, « chef le plus influent des pirates de la côte et dont les jonques sont au nombre de trente ».

Le 27 décembre, nouvelle lettre de M. de Testard, ordonnant à M. de Trentinian de faciliter le voyage à Hà-Noï de MM. Philastre et Balézeau et de l'ambassadeur, lui annonçant que le « Scorpion » est parti avec cent cinq hommes de renfort pour Hà-Noï, et lui recommandant de tenir aussi longtemps que possible.

M. Harmand[1] à Nam-Dinh.

Le 4 décembre, le « Scorpion », portant F. Garnier, quittait Hâ-Noï, ayant à bord, outre ses quarante hommes d'équipage, le reste de l'infanterie de marine et cinquante-six matelots du « Décrès » et du « Fleurus ».

Après le départ du « Scorpion », les troupes de Son-Tay étant venues camper aux environs de Hâ-Noï, F. Garnier fait débarquer en route le détachement d'infanterie de marine, pour aller soutenir M. Bain.

Le 9 décembre, F. Garnier arrive devant Ninh-Binh et est fort surpris de voir le pavillon français se lever dans les airs appuyé d'une salve de tous les canons de la place.

Après avoir félicité M. Hautefeuille sur son hardi coup de main, F. Garnier se dirige sur Nam-Dinh. Il enlève les trois forts qui défendent l'entrée de l'arroyo, puis arrive devant cette ville acclamé par les populations qui se pressent le long des rives. Cependant, la citadelle ouvre le feu sur le « Scorpion », un boulet atteint le mât de misaine et enlève le paratonnerre. F. Garnier envoie l'aspirant Bouxin avec quinze hommes et une pièce de quatre feindre une attaque sur la porte du S., pendant que l'ingénieur hydrographe Bouillet, avec une autre colonne, doit pénétrer dans la ville marchande, pour en chasser toute bande ennemie.

---

[1] Le D' J. Harmand, médecin de la marine de 2ᵉ classe, nommé chevalier de la légion d'honneur à la suite des événements du Tong-Kin.

M. le docteur Harmand s'était signalé déjà comme membre de la mission archéologique Delaporte aux ruines de l'ancien Cambodge.

Voir le rapport de M. Delaporte, paru au *Journal officiel* des 1 et 2 avril 1874, l'*Art Khmer*, 1 vol. in-8, pl. et cart., par le Mⁱˢ de Croizier, p. 33 à 53 et 71 à 93 ; *Les Explorateurs du Cambodge*, gr. in-8, p. 7, par le même ; *Les Monuments de l'ancien Cambodge*, in-12, par le même.

Depuis, une très-importante mission scientifique a été confiée à M. Harmand qui, le premier a franchi la grande chaîne de séparation qui s'élève entre le bassin du Meï-Khong et la zone littorale de la mer de Chine. — Les résultats recueillis par M. Harmand au point de vue de l'ethnographie, de l'anthropologie, de l'histoire naturelle et de l'archéologie sont très-importants. Voir à ce sujet le *Bulletin de la Société académique Indo-Chinoise* (*Annales de l'Extrême-Orient*), t. I, p. 347 à 349, 1 vol. gr. in-8, pl. 1878-79, CHALLAMEL, éditeur.

F. Garnier débarque avec quinze marins vers la porte de l'E., et il est rejoint bientôt après par M. Bouillet. On s'empare du redan, puis, après quelques difficultés, F. Garnier avise des chevaux de frise à l'aide desquels on escalade le parapet. A la vue des Français, les Annamites évacuent précipitamment la place.

De notre côté, plusieurs blessés dont un officier.

Nam-Dinh étant pris, F. Garnier y installa M. Harmand comme gouverneur, après lui avoir donné seulement quelques conseils de vive voix : il devait chercher à organiser la province et former une milice.

Pour surveiller une province d'environ deux millions d'âmes, M. Harmand disposait d'un détachement de vingt-cinq hommes du « Décrès ». Les remparts étaient bien armés (1).

Il était secondé dans ce travail d'organisation par un gouverneur tongkinois, Thong-doc, homme plein de bonne volonté.

Il avait comme interprète un prêtre indigène, Paulus Trinh, parlant le français, l'annamite et le chinois. C'était un homme précieux et qui rendit à M. Harmand les plus grands services.

M. Garnier avait laissé à Nam-Dinh, comme commandant des troupes indigènes, le général Le-van-ba, d'une capacité douteuse, mais très-brave à l'occasion.

---

(1) M. Harmand prit les mesures les plus énergiques.

Chaque soir, à la tombée de la nuit, les soldats et officiers de garde durent venir prendre ses ordres, au nombre de deux cents hommes, et se répartir en quatre corps de cinquante hommes chacun. Chaque corps commandé par un officier était chargé d'un des postes et d'un des côtés de la citadelle et il était responsable de la porte qui lui était confiée. Un soldat français le conduisait à son poste, distribuait et plaçait les sentinelles.

Tout factionnaire trouvé couché et dormant était passible de cinquante coups de bâton.

Tout factionnaire quittant son poste rendait les cinq factionnaires placés à sa droite et les cinq factionnaires placés à sa gauche, passibles de cinquante coups de bâton.

Pour avoir entretenu du feu auprès des pièces de canon, quarante coups pour les hommes et trente pour l'officier de la porte.

Pour avoir dégarni une certaine partie de remparts et n'avoir pas veillé à la garde de la porte, la mort pour l'officier et cent coups de bâton pour chacun des soldats.

Il fallait des ordres de cette nature; car la citadelle est immense avec ses bastions, ses demi-lunes, ses redans et ses portes.

Après l'arrivée de M. Harmand à Nam-Dinh, le chef des lettrés, le Hay-phan et le Roan-Guê, autre dignitaire, s'étaient mis à la tête de la résistance. On les avait signalés tous les deux comme des personnages extrêmement énergiques et dangereux, jouissant d'une très-grande influence, et F. Garnier avait mis leurs têtes à prix.

M. Harmand ne cessait de recevoir, depuis le lever du jour jusqu'à la nuit, les visites continuelles de gens qui, ayant assemblé des hommes, demandaient des armes.

Pendant ce temps, les lettrés ne restaient pas inactifs. Deux chefs étaient parvenus à réunir un millier de soldats près de Mi-Loc. Disposant d'une fortune considérable pour le pays, ils offraient neuf ligatures par mois à ceux qui voulaient se rallier à eux. M. Harmand crut devoir agir immédiatement, et le 19 décembre, à 3 heures du matin, il partit dans trois jonques avec deux quartier-maîtres, dix hommes et cent cinquante indigènes. Malheureusement, le guide qui devait le conduire lui fit défaut par suite d'un malentendu du général Ba et il dut renoncer en partie à son expédition qui se borna à tirer quelques coups de fusil. Cependant cette promenade militaire eut de très-bons effets. Parti de nuit et dans le plus grand secret, M. Harmand fit, en remontant la rivière au jour, monter tous les Français sur le toit des jonques, de sorte que l'on crut à des renforts arrivant à Nam-Dinh. Aussitôt les bandes reculèrent et le Huyen de Mi-Loc fut calme jusqu'à la fin de l'occupation.

De fortes bandes s'étaient cantonnées, à quatre heures de marche de Nam-Dinh, dans les villages de Bao-Long, Chân-Ninh et Voc, qu'elles avaient fortifiés de palissades ; elles inspiraient la plus grande terreur. Deux cents Tongkinois, envoyés contre elles, revinrent d'un air piteux annoncer à M. Harmand qu'ils n'avaient pu accepter le combat, la disproportion étant trop forte. Elles avaient des canons, des fusils. Le fils du Haïphan se trouvait là. M. Harmand essaya de déterminer le général Ba à y aller avec ses troupes. Voyant son hésitation, il partit dans la nuit du 20 au 21 avec onze Français et trois cents soldats annamites. Parti vers 3 heures du matin, après une marche très-accélérée, en suivant une route en chaussée, parsemée de villages, tous barricadés et armés, M. Harmand arriva vers 8 heures du matin auprès du village de Bao-Long qui lui était signalé comme la résidence du chef de la bande. Divisant ses hommes en deux parties, il confia cinq hommes à son quartier-maître, gardant les cinq autres et le clairon avec lui ; les trois cents soldats tongkinois reçurent l'ordre de se diviser en deux corps, dont le premier suivit le quartier-maître. Le premier village étant cerné, M. Harmand donna le signal de l'attaque qui commença au bruit du tam-tam et des cris de ses auxiliaires. L'ennemi, complétement surpris, fit une résistance sérieuse tant qu'il ne vit pas les Français. Coupant à coups de sabre les rotins qui maintenaient la palissade de bambous, M. Harmand se lança, avec quelques hommes, dans les rues : là le chef ennemi et son fils furent tués à bout portant en défendant la chaussée de leur maison. Le village de Chân-Ninh fut ensuite occupé sans résistance et on y trouva des armes, des pavillons et des cachets.

Nos troupes étaient à prendre quelques minutes de repos dans ce dernier village, lorsqu'on vint prévenir M. Harmand en toute hâte qu'une seconde bande très-nombreuse, sortant des villages de Ngo-Xa et de Quang-Xan, arrivait au secours de la première. Au moment où M. Harmand débouchait au pas de course, trois de ses hommes venaient d'être tués et quatre ou cinq blessés : il était grand temps. Après quelques coups tirés à bout portant dans les groupes compactes, la déroute commença. L'ennemi eut environ cinquante à soixante morts et un nombre de blessés considérable.

M. Harmand rentra ensuite à Nam-Dinh, où il arriva vers 4 heures du soir, salué à son passage par tous les villages qui venaient lui apporter des présents et le remercier.

Profitant de ses avantages, M. Harmand lança quelques proclamations aux lettrés de différents cantons dans lesquelles il leur garantissait pleine et entière amnistie s'ils venaient à lui, mais les menaçait des châtiments les plus terribles s'ils persistaient dans la rébellion. Quelques lettrés vinrent faire leur soumission et restèrent fidèles à leurs promesses. D'autres lettrés allaient suivre cet exemple, lorsque survint la mort de Garnier (1). En présence de cet événement, M. Harmand

---

(1) A la nouvelle de la mort de F. Garnier, le docteur Harmand réunit ses hommes et leur donna lecture de l'ordre du jour suivant :

« Je vous ai réunis pour vous annoncer une mauvaise nouvelle. J'espère que loin de vous démoraliser et d'affaiblir votre courage, ce que je vais vous apprendre ne servira qu'à vous rendre plus déterminés. Jusqu'à présent vous vous êtes battus parce que le devoir et la discipline vous le commandaient. A présent, vous aurez à vous battre pour venger la mort de vos officiers et de vos camarades.

« M. Garnier a été tué, MM. Balny, Dagorne, Sorre et deux autres dont je

s'attendit à être attaqué d'un moment à l'autre. Il fit redoubler de surveillance et préparer une grande jonque pour lui servir de retraite lorsque, ses munitions épuisées, il ne lui resterait plus qu'à s'ouvrir une route jusqu'à la jonque, qu'on aurait conduite ensuite jusqu'à la mer.

Les lettrés, voyant l'inaction de M. Harmand et l'attribuant à la peur, s'organisaient et s'approchaient chaque jour. Enfin, le 28 décembre, l'« Espingole » arriva à Nam-Dinh, apportant des vivres et des munitions. M. Harmand ne perdit pas une minute pour prendre l'offensive. L'ennemi, très-nombreux, après s'être emparé du fort de Vu-Ban, occupait huit villages au pied des montagnes, à moitié route entre Ninh-Binh et Nam-Dinh; il tenait en respect, depuis deux jours, trois cents soldats tongkinois.

M. Harmand partit dans la nuit, avec quinze hommes du « Décrès » et de l'« Espingole », emmenant, en outre, le général Ba et une centaine de ses meilleurs soldats.

Les villages à attaquer étaient trop nombreux et trop espacés pour pouvoir les cerner tous. Comme ils formaient un demi-cercle au pied des montagnes, l'idée de M. Harmand était de faire passer une partie de ses hommes derrière ces montagnes et de refouler les fuyards contre les pentes. Ce plan ne réussit qu'à moitié parce que le général Ba, s'étant trop écarté, fut sur le point d'être cerné. M. Harmand dut revenir sur ses pas pour le tirer d'affaire. Les huit villages furent brûlés successivement; les pagodes seules furent respectées. L'ennemi eut au moins une centaine d'hommes hors de combat. Le lendemain, le principal chef de cette armée fut livré par ses propres soldats, exaspérés de leur défaite et de la perte de leurs biens.

Un autre centre de résistance était le Huyen de Chan-Dinh : le petit fort avait été pris par les rebelles. Des proclamations répandues à profusion annonçaient au peuple que l'heure de la vengeance avait sonné,

---

ne connais pas les noms ont eu le même sort, — six blessés, — mais nous avons eu la victoire, et l'ennemi qui avait été attaquer la citadelle du Hà-Noï a été repoussé.

« La même chose peut nous arriver d'un moment à l'autre. Je compte sur vous comme vous pouvez compter sur moi. Je suis médecin, mais j'ai prouvé, et souvent, qu'à l'occasion je savais être militaire.

« Nam-Dinh, 24 décembre 1873 ».

que les Européens avaient été tués en grand nombre à Hâ-Noï et qu'on allait reprendre la capitale, tandis qu'en Cochinchine la citadelle de Vinh-Long venait d'être reprise par les Annamites. (Cette proclamation venait de Hué.)

Le 31 décembre, M. Rullier partit de bonne heure avec l' « Espingole », huit hommes du détachement de M. Harmand et cent hommes sous les ordres du général Ba. Après avoir lancé quelques obus, il s'empara des retranchements où il prit et encloua quatre pièces de canon.

Ces deux défaites eurent pour résultat de dégager M. Harmand et d'assurer sa sécurité militaire.

A partir de ce moment, M. Harmand garda le *statu quo* (1). Presque tous ses hommes étaient très-fatigués et n'avaient plus de souliers. C'est dans cette situation que la nouvelle officielle de l'évacuation le trouva. L'évacuation de Nam-Dinh fut fixée au 10 janvier. Le matin, M. Harmand prévint la population de ne pas s'effrayer et d'avoir confiance en nous ; puis il rendit la place aux deux mandarins envoyés pour le remplacer. Après avoir fait sonner le ralliement, le pavillon français fut amené et les Français quittèrent Nam-Dinh, avec la conscience d'avoir tous fait leur devoir.

---

(1) J'appris que M. Harmand avait écrit plusieurs fois à Hâ-Noï qu'il se faisait fort de soulever toute sa province (deux millions d'âmes) pour rétablir la dynastie des Lê. Cette combinaison était excellente, très-politique et parfaitement exécutable. A Nam-Dinh le peuple avait espéré et avait cru que les Français venaient pour restaurer leurs anciens souverains. Tu-Duc n'aurait même pas osé faire la guerre. Le roi que nous aurions nommé, qui nous aurait dû sa couronne, n'aurait-il pas été notre humble vassal? Avec de petites garnisons et de très-faibles dépenses, nous étions les maîtres absolus au Tong-Kin. Nous n'avions qu'à copier l'organisation des grands protectorats anglais aux Indes et l'empire d'Annam aurait disparu de lui-même.

CHAPITRE XII

M. Philastre au Tong-Kin

23 DÉCEMBRE 1873-19 JANVIER 1874

Enterrement de F. Garnier. — Arrestation d'un *Pavillon Noir*. — Mes hommes gardent la citadelle. — Arrivée du « Scorpion ». — Ma dépêche à M. de Montjon. — Lettre de M. Philastre. — Ordres de M. Philastre. — Blessés et médecins. — Nouvelles des *Pavillons Noirs*. — Les Français brûlent des jonques marchandes. — Le « Mang-Háo » apporte des fusils et des munitions. — Les Annamites promènent la tête de Balny et la montrent comme la mienne. — Arrivée de MM. Philastre, Balézeau et Testard du Cosquer. — Attitude de M. Philastre. — On évacue les citadelles. — Les milices sont licenciées. — Le commandant Didot fait brûler des jonques marchandes. — Mon entretien avec M. Philastre. — M. Philastre m'écrit. — Proclamation des Annamites. — Les Tongkinois m'offrent 20.000 hommes. — Je reçois la visite de M. Bain et du docteur Harmand. — Attitude de ce dernier. — Affiches de M. Balézeau annonçant la reddition de la citadelle d'Há-Noï. — Le pavillon français est insulté. — Massacres. — M. Balézeau. — Communication de M. Philastre. — Il m'invite à remonter au Yûn-Nán sans mes hommes et sans armes. — Mon entretien avec M. Philastre. — Attitude de M. Hautefeuille. — Massacres et incendies. — Les Cantonnais m'engagent à me rendre à Saïgon pour éclairer l'amiral. — Affaire de MM. Lasserre et Perrin. — M. Philastre se décide à faire garder Ké-So. — M. Philastre m'annonce l'évacuation d'Há-Noï. — Assassinat de fonctionnaires nommés par M. Garnier. — Je me prépare à partir pour Saïgon pour arrêter l'évacuation.

23 *Décembre*. — Nous assistons, à 8 heures, à l'enterrement de M. Garnier ainsi que des deux marins qui sont tombés avec lui. On les a enterrés provisoirement dans le parc qui touche au Palais des anciens rois du Tong-Kin.

En revenant, Ly-ta-lâo-yé me dit qu'il y a un homme dangereux dans la ville qui fait en ce moment des enrôlements pour les « Pavillons Noirs ». Il aurait déjà réuni quatre-vingts personnes qu'il cache dans le bas de la ville, dans des maisons qu'il a louées, près du fleuve. Ce sont des pirates qui arrivent la nuit dans de petits bateaux et qui se tiennent ainsi cachés dans ces maisons, en attendant qu'ils soient en nombre suffisant pour incendier la ville marchande et la piller. Les Cantonnais ont une peur terrible de cet homme qui les espionne, pour rendre compte aux Annamites des relations qu'ils entretiennent avec nous.

Après déjeuner, je vais trouver M. Bain pour lui demander l'autorisation d'arrêter cet homme, au cas où mes renseignements seraient confirmés par les notables négociants de la ville ; autorisation qui m'est accordée sur-le-champ avec la recommandation de mener l'enquête rondement.

De retour chez moi, je fais venir le chef des Cantonnais et d'autres notables qui me confirment ce qu'on m'a déjà dit. Comme je leur fais des reproches de ne pas m'avoir prévenu plus tôt, ils me disent qu'ils ont peur de cet homme qui pourrait fort bien se venger d'eux. Je les rassure en leur promettant qu'il n'aura pas cette peine. Personne n'ose nous accompagner jusqu'à sa demeure pour nous l'indiquer ; mais on nous désigne à peu près l'endroit. Un jeune enfant nous montre sa maison, nous frappons, mais comme on fait la sourde oreille, nous enfonçons la porte. Nous trouvons notre gaillard occupé à faire ses malles pour se sauver ; quelqu'un l'avait déjà prévenu. Lorsqu'il nous a aperçus, il a cherché à résister en appelant ses gens ; mais c'était un *sauve qui peut* général. Il n'y avait guère dans sa maison que ses serviteurs et quelques bandits qui se sont prudemment esquivés par une porte de derrière. Après avoir mis notre homme en lieu sûr, nous retournons sur les lieux pour arrêter un certain nombre de bandits dont on nous indique la demeure, mais nous ne trouvons plus personne ; ceux-ci ont déjà eu le temps de se cacher ailleurs pour prendre la fuite à la faveur de la nuit.

Nous avons trouvé une grande quantité de sachets de poudre, munis d'une mèche ; beaucoup d'autres étaient en préparation. Il y avait aussi un grand nombre de fers de lance, de piques et autres engins de guerre.

Je fais conduire notre bandit, du nom de *Lîn-tchi*, chez M. Bain, en lui rendant compte de ce que nous avons trouvé dans ses maisons. M. Bain donne aussitôt l'ordre au sous-préfet d'Hà-Noï de saisir les armes et de les faire transporter dans la citadelle.

Ce Lîn-tchi est un véritable monstre. Avec la carrure d'un hercule il a le cou et la tête énormes et un regard des plus farouches. Bien qu'il ait les mains solidement attachées et qu'il se trouve entre quatre hommes armés, il fait peur à M. Lasserre. C'est un ancien chef de rebelles du Kouang-Si et il a été le premier lieutenant de Lieou-yuen-fou à Lào-Kaï. En dernier lieu, il était à Hà-Noï le correspondant des « Pavillons Noirs » et il a servi de négociateur pour amener un arrangement entre ces derniers et les mandarins de Hué. Il a servi encore d'intermédiaire dans une prétendue alliance contractée entre les « Pavillons Noirs » et les Annamites contre les « Pavillons Jaunes » et les Montagnards indépendants. Il s'était établi négociant, afin de cacher aux Cantonnais le but qu'il poursuivait à Hà-Noï et disait qu'il avait rompu avec les « Pavillons Noirs » pour mener une vie régulière. Le dimanche, 21 décembre, au moment où les « Pavillons Noirs » sont venus provoquer les Français, Lîn-tchi était dans leurs retranchements avec Lieou-yuen-fou pour diriger ce guet-apens.

On a envoyé aujourd'hui un des ambassadeurs de Hué auprès du prince Hôang pour lui dire de cesser les hostilités, sinon que tout arrangement deviendrait impossible.

J'envoie ce soir une partie de mes hommes pour aider à la garde de la citadelle comme les jours précédents.

Le sous-préfet a trouvé dans les greniers des maisons de Lîn-tchi un grand nombre de balles de soie et d'opium appartenant à des négociants qui les lui avaient confiées pour lui prouver la confiance qu'ils avaient en lui, en prévision de l'incendie et du pillage de la ville. Il s'était fait remettre également de l'argent par des négociants, leur promettant en retour sa haute protection, lorsque les « Pavillons Noirs » et les Annamites viendraient piller et incendier la ville, pour punir le peuple de s'être allié aux Français.

24 Décembre. — L'envoyé de Hué qu'on avait adressé au prince Hôang est de retour. Le prince Hôang, assure-t-il, n'a pas voulu l'entendre ni reconnaître les pouvoirs que lui a conférés la cour de Hué pour arranger les affaires avec Garnier.

Avant leur arrivée à Hà-Noï, les ambassadeurs s'étaient séparés de Mgr Sohier et avaient erré pendant quelque temps aux environs de la ville, afin de se concerter avec le prince Hôang. Ils viennent encore de s'entendre avec lui pour la conduite à suivre en ce moment.

Lîn-tchi a été fusillé aujourd'hui à deux heures du soir, par ordre de M. Bain, dans la demi-lune qui fait face à la porte de l'Est.

Parmi les papiers qu'on a saisis chez lui, on a trouvé une lettre qu'il adressait à Lieou-yuen-fou, pour lui faire connaître qu'il serait en mesure, d'ici deux ou trois jours, de mettre le feu aux principaux quartiers de la ville et de livrer une porte de la citadelle pendant la panique qui résulterait de l'incendie. Si M. Bain avait évacué la citadelle pour se retirer à bord des navires, la ville d'Hà-Noï aurait été entièrement détruite. Ce désastre aurait eu un fâcheux contre-coup dans le Delta, où les faibles garnisons françaises n'étaient rien moins que rassurées par la mort de Garnier.

J'envoie vingt-cinq hommes dans la citadelle pour aider à la garde de nuit.

25 *Décembre*. — Le « Scorpion » est arrivé vers 2 heures du soir avec cent cinq hommes commandés par M. Goudart, officier d'ordonnance de l'amiral Dupré, et M. Moty, administrateur demandé par Garnier. Les principaux négociants Cantonnais viennent nous complimenter sur l'arrivée du « Scorpion ».

Le bruit court que les « Pavillons Noirs » remontent à Son-Tay pour protéger cette ville contre les « Pavillons Jaunes ».

Le vice-roi de Bac-Ninh qui depuis deux ou trois jours n'osait venir à Hâ-Noï, parce que, disait-il, on avait mis les envoyés de Hué en prison, a fait dire ce soir qu'il viendrait.

26 *Décembre*. — Le « Mang-Hâo » est arrivé à 3 heures ce matin. A 7 h. 45, je reçois l'ordre de faire partir immédiatement la chaloupe pour aller chercher le commandant du « Décrès »; mais elle n'a pu partir qu'à 1 heure de l'après-midi par suite d'un accident arrivé à la machine. Elle emporte le courrier pour Saïgon. J'écris à M. de Montjon, directeur de l'Intérieur, pour lui faire savoir que la situation du Tong-Kin n'a pas changé, malgré la mort de Garnier. Cette mort n'a pas d'autre conséquence que la perte de ce vaillant officier, et au fond la situation politique reste la même : n'importe qui peut conduire à bonne fin l'œuvre commencée.

Je reçois l'ordre de faire partir le « Mang-Hâo » le plus tôt possible pour Haï-Dzuong. Il part à 7 h. 30 du soir. La canonnière l'« Espingole » est partie ce matin à 8 heures pour les ports du S.

On dit que les « Pavillons Jaunes » sont au-dessous de Sun-Ki, sur la rivière Claire et qu'ils descendent.

27 *Décembre*. — On vient de recevoir une lettre de M. Philastre, de Cua-Cam. Il annonce qu'il remonte à Haï-Dzuong avec un ambassadeur qui arrive avec lui de Hué, et il prie qu'on lui envoie un vapeur pour l'amener à Hâ-Noï.

On parle de traiter avec les envoyés de Hué, et il est question de leur rendre la citadelle.

Hier, M. Esmez voulait que *Sam* partît sur la chaloupe pour rentrer à

Saïgon sur le « Décrès ». Il dit que l'amiral le réclame par suite des plaintes des Annamites.

28 Décembre. — On me dit que le premier lieutenant des Lê a pris la ville de Quang-Yèn, capitale de la province de ce nom, administrée en ce moment par le vice-roi qui était autrefois à la tête de la province d'Haï-Dzuong, lors de mon arrivée au Tong-Kin, en 1872. Les mandarins annamites auraient pris la fuite avant l'apparition du chef Lê. Ce dernier m'avait écrit, il y a quelque temps, pour me demander ce qu'il devait faire, je lui avais répondu de se tenir tranquille pour le moment.

29 Décembre. — M. Esmez m'informe que le fleuve est libre sur tout son parcours et que je puis remonter au Yûn-nân. Ce sont les mandarins qui lui font croire cela ; car ils voudraient voir mes gens, dont la présence les gêne ici, s'en aller, et puis ils espèrent que les «Pavillons Noirs» en auraient facilement raison. Lorsque nous remonterons en Chine, nous serons en nombre pour nous faire respecter.

On a reçu une lettre de M. Philastre, datée du 28 décembre, d'Haï-Dzuong. M. Philastre donne l'ordre d'évacuer toutes les villes occupées par les Français et de faire rentrer les troupes à Hâ-Noï. M. Esmez et M. Bain disent qu'ils n'en feront rien.

On n'a toujours pas de nouvelles sur la prise de Quang-Yèn par les Lê.

Un chrétien annonce au P. Dumoulin, en ma présence, que vingt jonques, portant pavillons rouges, sont à l'entrée de la rivière Claire. Ce sont les « Pavillons Jaunes ».

Le docteur n'a pas fait de visite aujourd'hui aux blessés qui sont à bord du « Hong-Kiang » ; il y en a cependant qui souffrent beaucoup de leurs blessures, qui ne guérissent pas à cause du peu de soin qu'on leur donne. Il n'y a pas un seul malade dans la citadelle, et il se trouve là deux docteurs qui n'ont rien à faire.

Ce matin on a envoyé aux blessés deux pains et un morceau de porc pourri qu'il a fallu jeter dans le fleuve. Voilà tout pour dix hommes blessés. Ils sont restés trois ou quatre jours sans recevoir de vivres ; c'est le « Hong-Kiang » qui, depuis le 21 décembre, pourvoit à leurs besoins en tout ou en partie.

30 Décembre. — M. Lasserre me dit que l'amiral Dupré a écrit pour me faire quitter momentanément Hâ-Noï, si cela est possible. Il me conseille de partir pour le Yûn-nân. Il me dit encore que c'est l'envoyé de Hué, venu au Tong-Kin avec Garnier, et qui a été conduit depuis à Saïgon, qui est cause du rappel de Sam ; il se serait plaint également de M. Lasserre.

Des Chinois, retenus prisonniers depuis plus d'un mois par les « Pavillons Noirs », sont arrivés cette nuit de Son-Tay et disent qu'il n'y a plus de « Pavillons Noirs » dans cette dernière ville et à peine trente hommes valides à Hung-Hôa ; ils sont tous descendus aux environs d'Hâ-Noï pour participer au pillage de la ville, ainsi qu'ils en avaient l'espoir. Ces Chinois sont de la maison Tchang-hô ; ils ont quitté Hung-Hôa le 28 décembre. Ils nous disent que dans cette dernière ville on a promené dans des paniers, le 23 décembre, les têtes des cinq Français tués lors de l'attaque de la citadelle. On a promené ces têtes dans tout le Tong-Kin.

Suivant eux, les « Pavillons Noirs » ont volé plus de cent femmes à Son-Tay. Ces derniers, apprenant qu'il arrivait de nouvelles troupes de Saïgon et sachant par des espions qu'on attendait ce renfort pour venger la mort de Garnier et les exterminer tous, se sont sauvés dans le haut du fleuve pour échapper plus facilement aux poursuites.

D'après les mêmes renseignements, les « Pavillons Jaunes » se trouveraient de chaque côté du fleuve, en bas de Kouen-Ce.

Le chef des « Pavillons Noirs », Lieou-yuen-fou, a trente-six ou trente-sept ans. Il est de taille ordinaire, très-maigre, et fume beaucoup d'opium.

31 *Décembre*. — On dit que les navires de guerre français ont brûlé des jonques, qui se trouvaient à l'entrée du Cam, chargeant paisiblement du riz. Ces jonques étaient venues au Tong-Kin des divers ports de Chine, après l'ouverture officielle du pays au commerce par Garnier.

J'ai été voir Mgr Puginier et le prier de faire son possible pour empêcher ces Messieurs de faire quelque folie en signant un traité en ce moment. Il ne faut prendre aucun engagement contre les rebelles, quels qu'ils soient, rester neutre et laisser les Annamites se débrouiller tout seuls. Ce qu'il faut, avant toute négociation, c'est venger nos compatriotes et puis on verra ensuite.

On me dit que les partisans des Lê, qui ont pris Quang-Yèn, sont venus à Haï-Dzuong avec des barques pour se mettre à la disposition des Français.

M. Esmez m'écrit pour m'informer que le « Mang-Hâo » est parti de Haï-Dzuong et sera ici cette nuit. Il me prie de le prévenir immédiatement de son arrivée, pour le faire partir pour Ninh-Binh.

1ᵉʳ *Janvier* 1874. — C'est aujourd'hui le premier jour de l'an.

Les Cantonnais font cadeau au capitaine Georges de quatre magnifiques pavillons, d'un parasol et de quelques victuailles. Je reçois également d'eux un bœuf et des fruits.

Le « Mang-Hâo » arrive à 9 heures 30 du soir. Il était parti le 30 décembre, à 1 heure, ayant à la remorque deux grandes jonques lourdement chargées. Son pont est encombré de caisses de fusils et de munitions. Ce sont les fusils que Garnier a demandés à l'amiral pour armer ses miliciens. Tout cela arrive avec les cent cinq hommes venus par le « Décrès ». Le 31, vers 4 heures 30 du soir, au-dessus de la crique qui conduit à Phu-Ly, le « Mang-Hâo » a été obligé de mouiller par suite d'un violent orage ; l'eau embarquait dans les jonques. Sans ce retard, il serait arrivé aujourd'hui à midi.

Un vapeur de la maison Larrieux et Cⁱᵉ est arrivé ces jours derniers en rade d'Haï-Phong avec un chargement de charbon ; il en est aussitôt reparti pour porter à Saïgon la nouvelle de la mort de Garnier.

On s'occupe en ce moment de négocier un traité que les Annamites implorent, au lieu de venger la mort de nos compatriotes, assassinés par les « Pavillons Noirs ». Pendant ce temps, on promène de ville en ville les têtes des cinq Français. Dans le but de produire plus d'effet sur les populations, on fait passer la tête de Balny, dont le nom est peu connu, pour la mienne, et on va ainsi partout, disant que les deux chefs ont été pris par les invincibles « Pavillons Noirs ».

2 *Janvier*. — Au point du jour le « Mang-Hâo » chauffe pour repartir et je me rends dans la citadelle pour prendre les ordres de M. Esmez. Mgr Puginier demande, pour protéger sa résidence, quinze à vingt fusils que M. Esmez lui refuse. J'offre à Mgr Puginier d'envoyer quelques Chinois avec un Européen pour le protéger, ce qu'il accepte avec empressement. Je fais immédiatement partir, pour garder la résidence de l'évêque, six Chinois d'Han-Kéou, commandés par l'un de mes mécaniciens, M. Brown, et je leur remets douze pistolets de cavalerie et des munitions pour les missionnaires. Au dernier moment, M. Esmez fait remettre à Mgr Puginier quelques lances pour les chrétiens voisins de la mission.

Le « Mang-Hâo » n'est parti qu'à dix heures du matin. Il a fallu attendre les provisions, vin, farine, etc., qu'on envoie dans les différentes villes occupées par les Français. Ces Messieurs sont toujours pressés ; mais, quand arrive le moment du départ, il faut toujours les attendre.

Après le départ du « Mang-Hâo », le P. Dumoulin reste avec moi pour déjeuner. Il me dit que depuis l'arrivée de M. Philastre, qui accompagne un grand mandarin de Hué, les lettrés font courir toutes sortes de bruits sur la mission de ces deux personnages. Ils viendraient en amis pour détruire l'œuvre de Garnier et rétablir les mandarins. Voilà pourquoi Mgr Puginier craint pour sa résidence ; car on parle déjà de piller et d'incendier les villages qui ont pris le parti des Français, et cela avec l'aide ou tout au moins le consentement de ces mêmes Français. Les paroles du P. Dumoulin me font bondir de fureur : il y a bien de quoi.

On prie ce soir le capitaine Georges de faire garder des barriques de vin qu'on a déchargées des jonques sur le quai, parce qu'on n'a pas le temps de les faire transporter dans la citadelle aujourd'hui. Véritablement, ces Messieurs les officiers de la marine sont un peu sans gêne, ils nous prendront bientôt pour leurs valets. Ils pouvaient bien laisser leur vin à bord des jonques s'ils n'avaient pas le temps de le conduire dans la citadelle.

3 Janvier. — La chaloupe arrive à 5 heures du matin, remorquant une jonque où se trouve la garnison française d'Haï-Dzuong, le second du « Décrès », M. Balézeau, M. Philastre et l'envoyé de Hué. En passant à Haï-Dzuong, M. Philastre a fait évacuer cette ville occupée par M. de Trentinian, malgré les protestations de celui-ci, et elle a été remise purement et simplement entre les mains des Annamites, abandonnant ainsi nos partisans à la merci des mandarins.

M. Philastre prend la qualité de chef politique au Tong-Kin, en remplacement de M. Garnier, avec M. Balézeau, second du « Décrès », comme chef militaire. Tous les deux tiennent leurs pouvoirs du commandant du « Décrès », M. Testard du Cosquer. M. Philastre n'avait aucune mission de l'amiral pour venir au Tong-Kin, et il n'est venu qu'à la prière des mandarins de Hué.

Le « d'Estrées », en entrant dans le Cam, aurait brûlé vingt-huit ou trente jonques qui chargeaient du riz ; une partie des hommes de l'équipage auraient été pendus. Pas de détails encore sur cette monstrueuse affaire.

Je suis allé aujourd'hui pour voir M. Philastre et M. Balézeau, mais je ne les ai pas trouvés. On me dit qu'ils sont chez les ambassadeurs annamites.

M. Moty me dit que M. Philastre s'est emporté parce que les Français n'ont pas encore évacué les villes du Delta. Il paraît que M. Philastre ne veut rien entendre ; il veut rendre toutes les villes occupées par les Français et rallier toutes les troupes autour d'Hâ-Noï. Le traité était préparé et on n'attendait plus que son arrivée pour le signer; mais il ne veut pas entendre parler de traité avant que les villes aient été rendues aux Annamites. Il traite Garnier de *forban* et de *pirate*. M. Moty me dit qu'il fera tout son possible pour empêcher qu'on rende la citadelle d'Hâ-Noï sans les ordres de l'amiral. Nous avons causé un instant des rebelles ; il a compris que nous ne devions rien faire contre les « Pavillons Jaunes » qui nous sont sympathiques.

Les Cantonnais viennent me trouver ce soir, pour me faire part de leurs craintes au sujet des « Pavillons Noirs ». Voyant que les Français ne font rien contre eux pour venger la mort de Garnier et les Annamites leur faisant croire que M. Philastre est pour eux, les « Pavillons Noirs » sont redescendus et occupent en ce moment l'île qui est au milieu du fleuve, au-dessus d'Hâ-Noï. Le prince Hôang leur a donné aujourd'hui un festin pour les exciter contre les Français.

J'ai écrit à Hôang-tson-in, à Sun-Ki, pour répondre à sa lettre du 5 de cette lune (24 décembre). Je le prie de faire porter des vivres à mon camp, par ses postes les plus rapprochés. J'écris également à mes gens, dans le cas où ils se verraient obligés de descendre faute de vivres. Je leur dis d'atteindre le premier poste de Hôang-tson-in, qu'ils rencontreront sur le fleuve ; s'ils ne trouvent plus personne, ils devront descendre jusqu'à la rivière Claire, et remonter ce cours d'eau quand même ils devraient aller jusqu'à Sun-Ki qui se trouve à environ 40 milles en amont. J'ai dit à Hôang-tson-in qu'il ferait bien de descendre à l'embouchure de la rivière Claire et de prendre la ville de Hung-Hôa, mais de ne pas descendre à Son-Tay sans ordre.

4 Janvier. — J'écris à M. Philastre, pour lui demander une entrevue et essayer de le détourner de ses projets. M. Lasserre me dit que les villes de Nam-Dinh, Ninh-Binh et Phu-Ly, seront remises aux Annamites le 8 ou 9 janvier ; M. Philastre voulait les remettre tout de suite ; mais les Annamites veulent avoir le temps de faire venir des soldats des villes du Sud, pour en prendre possession ; quant aux petites villes où il n'y a pas de garnison française, ceux-ci ont déjà nommé les nouveaux mandarins en remplacement de ceux de Garnier.

Dieu sait ce qui attend ces malheureux.

On licencie les miliciens qui sont ici, moins quatre cents de ces derniers que l'on garde encore pendant quelque temps pour aider au service de la ville.

M. Esmez s'est embarqué aujourd'hui sur le « Scorpion » à la suite d'une violente discusion qu'il a eue hier soir avec M. Philastre, dans la citadelle, au sujet de l'évacuation de la place d'Hâ-Noï, à laquelle tous les officiers s'opposent. M. Moty a été d'une très-grande énergie dans cette affaire. On pense qu'après la protestation d'hier, à laquelle ont pris part tous les officiers, aussi bien ceux qui ont participé à la conquête du Tong-Kin, que ceux qui sont arrivés après, comme M. Moty, M. Philastre n'osera pas livrer la citadelle sans un ordre de l'amiral.

Le thermomètre marquait ce matin 13° 1/2, pendant la journée 14° 1/2, et le soir à 6 heures 13° 1/4.

5 *Janvier*. — Ce matin le thermomètre ne marque que 11°.

M. Balézeau vient me voir et me dit que M. Philastre m'écrira demain pour me fixer un rendez-vous. M. Philastre ne dit à personne ce qu'il veut faire et personne ne sait rien. Il est toute la journée avec les Annamites. Mgr Puginier a témoigné à plusieurs reprises le désir de voir M. Philastre ; mais celui-ci ne veut pas le recevoir ; il ne veut avoir de relations qu'avec les Annamites, « ses amis ».

Le « Mang-Hâo » est arrivé à la mission de Mgr Puginier, vendredi 2 janvier à 7 heures du soir. Il a trouvé les missionnaires qui montaient déjà à bord des barques, avec leurs objets les plus précieux, dans la crainte que la mission ne fût incendiée pendant la nuit.

Les Cantonnais sont venus me dire que le 8 de cette lune (27 décembre) le commandant du « d'Estrées » (M. Didot) a fait brûler 22 jonques et le 13 de la même lune (1er janvier) cinq autres, qui chargeaient du riz pour leur compte, sur l'avis officiel de l'ouverture du Tong-Kin, par M. Garnier. M. Didot aurait fait pendre ou fusiller cent personnes qui se trouvaient à bord des jonques, et, parmi celles-ci, il y a quelques négociants de leurs amis ; ils ne comprennent rien à cela et sont dans la plus grande consternation.

6 *Janvier*. — On a apporté aujourd'hui à Hâ-Noï, venant du côté de Bac-Ninh, les têtes des cinq français, qu'on promènait dans tout le Tong-Kin depuis le 21 décembre.

Le « Scorpion » est parti à 2 heures du soir pour Ninh-Binh, Nam-Dinh et Phu-Ly, ayant à bord les anciens envoyés de Hué et quelque autre mandarin, probablement pour leur faire la remise de ces trois citadelles ; on ne sait rien à ce sujet, car M. Philastre ne communique avec personne si ce n'est avec ses amis les Annamites.

J'écris à M. de Montjon, directeur de l'Intérieur, pour le prévenir de ce qui se passe.

Mgr Puginier vient me voir. Il est dans la plus grande inquiétude au sujet de ses chrétiens et se montre outré du peu de cas que l'on fait des engagements pris par Garnier au nom de la France. M. Philastre ne lui dit pas un seul mot de ce qu'il pense faire.

Je reçois ce soir une lettre de M. Philastre, où il me dit qu'il pourra me recevoir demain matin à 8 heures.

Francelli, l'un de mes officiers, est parti sur le « Scorpion » avec trois matelots pour aller rejoindre le « Mang-Hâo ».

7 *Janvier*. — J'ai vu M. Philastre aujourd'hui pour la première fois : il veut rendre toutes les citadelles occupées par les Français ; tout ce que j'ai pu lui dire n'a rien fait ; il désapprouve la conduite de Garnier et traite ce dernier de *forban !* Je lui demande comment il pense me faire payer les indemnités qui me sont dues par les Annamites et qui ont été reconnues par l'amiral Dupré et par M. Garnier ? Il me répond qu'il n'est pas question de moi dans les instructions qu'il a reçues de l'amiral, et que par conséquent il ne peut rien retenir pour moi, comme je le lui propose, de ce que renferment les citadelles prises par les Français.

M. Philastre n'a pas plus d'instructions de l'amiral pour venir au Tong-Kin, qu'il n'en a aujourd'hui pour faire tout ce qu'il fait.

8 *Janvier*. — J'écris aujourd'hui à M. Philastre, au sujet des indemnités qui me sont dues par les Annamites.

Les Cantonnais me montrent un *laisser-passer* pour trois jonques qui doivent prendre du riz à Haï-Dzuong et remplacer celles qui ont été prises pour des jonques de pirates. Ce *laisser-passer* est signé de

M. Balézeau et porte le cachet de la marine ; c'est une pièce bien curieuse et qui engage bien le commandant Didot.

9 Janvier. — Il paraît que les « Pavillons Noirs » sont venus pendant la nuit dans la pagode qui est à proximité de la porte de l'ouest et dans celle qui se trouve plus bas. Puisque les Français sont devenus les amis des Annamites, par la volonté de M. Philastre, ils sont également amis des assassins de M. Garnier. Les officiers étaient tellement furieux ce matin, en apprenant cela, que M. Goudart et deux autres officiers sont partis avec quarante hommes et une pièce de canon, pour chasser ces bandits, malgré la défense de M. Philastre. Mais les « Pavillons Noirs » avaient été prévenus par leurs amis et les Français n'ont trouvé personne.

Hôang-tson-in m'écrit pour me dire qu'il fournira des vivres à mon camp.

M. Philastre répond aujourd'hui à ma lettre d'hier, au sujet des indemnités qui me sont dues. Il refuse de mettre le séquestre sur les valeurs qui se trouvent dans les villes qu'il veut rendre aux Annamites. Ces valeurs s'élèvent en monnaie du pays (cuivre et zinc) à un million de francs, sans compter les marchandises réalisables qui se trouvent dans les magasins de l'Etat et qui peuvent s'élever à plusieurs millions. M. Garnier avait fait un inventaire approximatif de ces valeurs pour le compte du Trésor français, qui atteignait plus de cinq millions de francs.

Le temps est brumeux depuis quelques jours, ce qui amène un froid assez vif, pour le pays. Le thermomètre marquait cette nuit 7° centigrades au-dessus de zéro.

On parle de représailles terribles, dont les mandarins de Hué menacent les partisans des Français, une fois qu'ils seront de nouveau maîtres de la situation.

10 Janvier. — J'ai vu ce matin MM. Philastre et Balézeau. Ils ne me disent rien de nouveau, ne voulant pas faire connaître leurs projets ; M. Balézeau ne fait que ce que veut M. Philastre. J'ai vu ensuite Mgr Puginier, qui vient d'apprendre de l'envoyé de Hué que les Français ont dû rendre la ville de Ninh-Bình le 8 janvier et celle de Nam-Dinh aujourd'hui. Phu-Ly et les autres petites villes ont été remises ces jours derniers.

Les courriers qui portaient mes lettres à Hôang-tson-in ont été assassinés, ainsi qu'une femme qui était partie quelques jours avant, portant des lettres de Pan (agent de Hôang-tson-in à Hà-Noï, et son ami) au chef des « Pavillons Jaunes ». Cette femme a été prise par les « Pavillons Noirs » qui lui ont ouvert la poitrine.

J'écris de nouveau à Hôang-tsong-in, par un autre courrier.

Le sous-préfet me fait prévenir qu'il a rencontré quatre cents soldats annamites dans le vieux camp situé au bas de la ville. Ils n'ont plus rien à craindre des Français, puisque M. Philastre est leur ami. On ne devrait pas leur permettre de s'installer à côté de nous, tant que nous occuperons la ville.

On me dit qu'une proclamation insolente pour les Français et surtout pour la mémoire de Garnier a été affichée dans la ville, pour faire connaître que la citadelle d'Hà-Noï sera rendue le 25 de la lune (13 janvier) aux autorités annamites. Cette proclamation est seulement affichée dans le bas de la ville.

Le mécontentement est grand dans la population, parmi les Tongkinois comme parmi les Chinois. On craint de grands malheurs.

Mgr Puginier me dit qu'il a perdu son autorité auprès de ses chrétiens et qu'il n'ose plus se montrer à eux.

11 *Janvier*. — La proclamation, faite hier au nom de l'envoyé de Hué et de M. Philastre, dit :

« Qu'il a été envoyé un nommé M. Garnier au Tong-Kin, pour des affaires de commerce, mais que, ne comprenant rien aux affaires, il a mis le désordre dans le pays en s'emparant de quatre citadelles (quatre capitales de province); c'est pourquoi l'envoyé Nguyen et M. Philastre sont venus pour rétablir l'ordre compromis. L'Annam et la France étant deux pays amis depuis longtemps, ils se doivent aide et protection.

« Les villes suivantes ont été rendues aux autorités annamites : Haï-Duong, le 12 de cette lune (31 décembre) ; Ninh-Binh, le 20 de la lune (8 janvier) et Nam-Dinh le 22 (10 janvier). Quant à Hà-Noï, les Français ne sachant où se loger en ce moment, elle ne sera rendue que dans dix jours, le 2 de la 12ᵉ lune, ou le 20 janvier.

Une première proclamation avait été affichée hier dans l'après-midi, au nom de M. Philastre et de son ami Nguyen ; mais elle était si insolente pour M. Garnier et les Français et elle avait soulevé une telle indignation, qu'il a cru devoir la faire remplacer par celle ci-dessus. Elle fixait la remise de la citadelle d'Hà-Noï pour le 13 au lieu du 20.

Je reçois une lettre de Mgr Puginier où il me dit que le porteur est le chrétien le plus riche de la province. L'évêque m'avait entretenu il y a déjà quelque temps de cet homme qui a été mêlé à la dernière insurrection du Tong-Kin. Il est venu avec un de ses amis, pour me demander ce qu'il y a à faire, dans la situation présente. Je lui dis d'attendre pour cela les actes du gouverneur de la province. Il peut réunir, me dit-il, vingt mille hommes dans deux ou trois provinces : dix mille dans celle-ci et dix mille dans celles de Bac-Ninh et Ninh-Binh.

12 Janvier. — L'« Espingole » est arrivée avec les détachements qui tenaient garnison dans les villes de Ninh-Binh et de Nam-Dinh.

M. Bain est venu me voir avec le docteur Harmand, qui commandait la province de Nam-Dinh. Ce dernier avait le cœur brisé de douleur, en abandonnant cette ville et nos partisans sans défense aux Annamites qui ne manqueront pas de se venger sur ces malheureux. Ceux-ci voulaient tous suivre les Français, et la séparation a été déchirante.

Des affiches portant le nom de M. Balézeau font connaître la remise de la citadelle d'Hà-Noï aux Annamites pour demain et le retrait de tous les décrets signés par Garnier. Cette proclamation est humiliante pour les Français et la mémoire de Garnier.

13 Janvier. — Ce matin, on a vu un pavillon quelconque sur la tour d'Hà-Noï à la place du pavillon français qu'on a trouvé en lambeaux dans la boue au pied de la tour. On a tranquillement replacé un autre pavillon français, sans s'inquiéter de l'insulte qui venait de lui être faite !.....

Il paraît qu'on ne rend pas encore la ville aujourd'hui aux Annamites, contrairement à la proclamation faite hier par M. Balézeau.

Je reçois une lettre de M. Balézeau qui m'informe de la cause du retard du « Mang-Hâo » : il est allé porter le courrier à bord du « Décrès ».

L'administration de la ville a été remise aujourd'hui entre les mains des Annamites ; mais les Français conservent encore quelques jours le commandement militaire.

14 Janvier. — J'ai vu aujourd'hui Mgr Puginier, qui est dans la plus grande tristesse. Pendant que j'étais chez lui, il a reçu des nouvelles de sa Mission par un prêtre annamite, venant de Nam-Dinh. On lui dit qu'aussitôt le départ du « Mang-Hâo » et de l'« Espingole » avec la garnison française, on s'est mis à piller, à démolir et à incendier les maisons des chrétiens qui avaient pris le parti des Français. Ce sont les lettrés, aidés des soldats qui viennent d'arriver pour prendre possession de la ville, qui commettent ces actes de brigandage. Si les mandarins ne les commandent pas, ils ne font rien du moins pour s'y opposer. Trois grands villages, tout près de Nam-Dinh, ont déjà été saccagés. On dit qu'on a décapité à l'intérieur de la citadelle un certain nombre de miliciens qui avaient aidé Garnier.

Un instant après, Mgr Puginier reçoit des nouvelles des environs de Ké-So où se trouve sa résidence. De ce côté, on a brûlé aussi plusieurs villages et tué beaucoup de monde. On compte en ce moment plus de trente villages brûlés dans son vicariat. Il s'attend à tout, puisque M. Philastre est d'avis que ce sont de justes représailles. « Qu'avaient-ils à prendre le parti de Garnier contre leurs mandarins ? » a dit M. Philastre. Celui-ci ne plaint ni Mgr Puginier, ni ses chrétiens.

Mgr Puginier ne pense qu'à ses chrétiens ; mais tous ceux qui ont prêté leur concours aux Français, chrétiens ou non, sont traités de la même façon.

Hier, on a remis les magasins de la ville aux Annamites. M. Philastre ne s'occupe pas de ce que me doivent ses amis les Annamites, cela ne le regarde pas.

Il paraît que M. Balézeau a été indigné de l'insulte faite au pavillon français à la tour d'Hà-Noï. Il est allé trouver l'ambassadeur annamite qui, bien entendu, lui a dit qu'il n'était pour rien dans cette affaire.

15 *Janvier*. — Le chef des Cantonnais me dit que, d'après les nouvelles qu'il a reçues de Nam-Dinh, on aurait assassiné, immédiatement après le départ de la garnison française, ceux-là aussi qui occupaient des emplois auprès des Français et qu'on avait promis de maintenir dans leurs fonctions.

Il croit qu'on a mis à mort une vingtaine de chefs ; quant aux soldats, il en ignore le nombre. Le vice-roi de Nam-Dinh a menacé de mettre en prison les principaux négociants cantonnais pour avoir eu des relations avec les Français pendant l'occupation ; en attendant, pour les punir, on a logé trois ou quatre soldats dans leur maison.

J'ai été voir Mgr Puginier, pour connaître les nouvelles de l'intérieur. Elles sont de plus en plus mauvaises. Il y a plus de cinquante villages brûlés, quatre à cinq cents chrétiens tués, y compris trois prêtres annamites et trente catéchistes. Plus de trente mille chrétiens sont en fuite, ne sachant où trouver de quoi se nourrir et se loger.

Comme Mgr Puginier me racontait ce qui précède, M. Balézeau est arrivé. L'évêque lui a tout dit les larmes aux yeux. M. Balézeau lui a répondu que ce qui arrive n'est pas la faute des mandarins qui font au contraire tout ce qu'ils peuvent pour remédier au mal ; mais ce sont des représailles contre les chrétiens, pour ce qu'ils ont fait pendant l'occupation française. Mgr Puginier, en entendant ce langage, est devenu rouge d'indignation. « C'est trop fort, répondit-il à M. Balézeau, sous le comble de l'animation ; c'est nous maintenant qui sommes les coupables ! Je demanderai qu'une enquête soit faite pour que la vérité soit connue ».

J'ai rarement vu un spectacle plus navrant, pour un cœur de Français, que celui de cet homme d'épée, insensible aux paroles de cet évêque, qui, les larmes aux yeux, lui représentait la désolation de ce malheureux pays, et tenant au prélat un langage qui me faisait monter le rouge au front.

Cette nuit, on a tiré trois coups de feu sur une patrouille de soldats français qui suivait les remparts. Des Tongkinois restés au service des Français ont été assaillis également par les créatures des mandarins. On trouve que les Français ne se retirent pas assez vite.

Une centaine de bandits ont pénétré dans le bas de la ville, pillé les habitants et tué un Li-kiang (maire). Ce sont les mandarins qui font faire cela pour se venger de la population d'Hâ-Noï.

Mgr Puginier me dit qu'il est arrivé un transport venant de Saïgon, avec des troupes. Une chaloupe remorquant un canot armé en guerre remonte ici où elle arrivera probablement demain.

Par ordre de M. Balézeau, il est défendu aux officiers de sortir de la citadelle. Les soldats ne sortent que pour faire des provisions aux environs de la porte de l'Est.

Un petit chef, autrefois sous les ordres de Garnier et qui est à la tête de quatre-vingt-dix hommes, vient me demander une lettre de recommandation pour le chef des « Pavillons Jaunes » auprès duquel il veut aller se réfugier. Il ne sait où se cacher, avec ses hommes pour échapper aux mandarins, ni comment se procurer des vivres pour lui et ses gens. Je lui donne de quoi acheter du riz pour tout son monde, pendant quelques jours. Tous ces malheureux qui étaient au service de Garnier ont recours aujourd'hui à moi pour les soulager ou les sortir de cette situation. Mon cœur saigne de voir tant de souffrances.

Le transport dont me parlait Mgr Puginier, hier, amène deux cent cinquante hommes de Saïgon.

16 *Janvier*. — Des lettres que je reçois par ce bateau m'apprennent qu'à la date du 4 janvier on connaissait la mort de Garnier.

M. Philastre m'écrit pour me prier de me rendre chez lui demain matin, ayant reçu, dit-il de « nouvelles instructions » du gouverneur.

Le « Scorpion » est toujours échoué à l'entrée du Cua-Loc. Il est là, depuis l'évacuation de la ville de Nam-Dinh (10 janvier). C'est le « Mang-Hâo » qui a été obligé de porter le courrier au « Décrès » en partance pour Saïgon.

17 *Janvier*. — Le « Mang-Hâo » est arrivé cette nuit avec soixante hommes. Il a trouvé le « Scorpion » qui monte, mais qui s'est encore échoué tout près d'ici, comme l'« Espingole ».

Le transport la « Sarthe » qui vient d'apporter deux cent cinquante hommes est reparti le 14 janvier au soir. Ces troupes ont atteint le fleuve par terre ; l'« Espingole » et le « Scorpion » les ont ensuite prises pour les conduire ici.

Le « Scorpion » arrive à midi et l'« Espingole » un moment après.

Je vais voir M. Philastre pour savoir ce qu'il doit me communiquer. Il me dit que l'amiral approuve l'évacuation pour ne pas trop humilier les mandarins aux yeux de leur peuple ; quant à lui, il ne peut prendre aucun engagement pour protéger mon voyage au Yun-nân contre les « Pavillons Noirs » ; d'un autre côté, les mandarins annamites, « ses amis », ne veulent pas que je remonte en Chine avec mes vapeurs et mes soldats ; — ils permettent que j'aille simplement me faire assassiner comme Garnier par les « Pavillons Noirs ». — Comme je me récrie contre cette situation impossible, que M. Philastre me crée pour plaire à ses amis, il me répond qu'un charbonnier est maître dans sa maison et me demande de quel droit je suis au Tong-Kin contre la volonté des mandarins qui sont maîtres chez eux.

Je lui demande à mon tour si c'est bien son rôle, à lui, représentant de la France, de venir défendre la barbarie contre la civilisation, et de quel droit les mandarins sont maîtres des destinées de plus de dix millions d'individus qui repoussent de tels tyrans; quant à mes droits, ils sont indiscutables; j'ai autant de droit d'être au Tong-Kin que les mandarins eux-mêmes, en vertu des pouvoirs des mandarins du Yûn-nân et du vice-roi de Canton; mais ce n'est pas à des Français qu'il appartient de discuter ce droit; ils n'ont pas mission pour le faire. Les traités sont rompus entre la France et l'Annam, et la France n'a aucun droit d'intervention au Tong-Kin avant qu'un traité n'ait été signé à cet effet. Il ne peut donc prendre fait et cause pour ses amis, les Annamites, sans être responsable du préjudice qu'il me cause.

D'ailleurs, il est Français avant d'être Annamite. Que fait-il de la politique française ? Je suis au Tong-Kin contre la volonté des Annamites ! Est-ce que nous sommes en Cochinchine par la volonté des Annamites ?

A ces paroles, M. Philastre me répond avec emportement que nous sommes en Cochinchine comme des *brigands* et des *voleurs*. J'ai riposté que les brigands et les voleurs étaient ceux dont il prenait la défense. Dans cette discussion, qui a été assez vive, M. Philastre s'est oublié jusqu'à traiter Garnier de *forban* et de *pirate*. « Il serait passé en conseil de guerre », me dit-il, « s'il n'était mort ».

J'ai reçu la visite de M. Hautefeuille qui commandait à Ninh-Binh. Il est furieux, comme tous les officiers, contre M. Philastre; mais que faire ? M. Philastre est approuvé par l'amiral qui lui a confirmé les pouvoirs qu'il ne tenait que du commandant Testard du Cosquer.

Vers 7 heures du soir, M. Philastre réquisitionne le «Mang-Hâo» qui doit partir pour la résidence de Mgr Puginier, à Ké-So. M. Philastre commence-t-il à croire que ses amis vont trop loin dans leurs représailles contre nos amis, qui sont ceux de la France, ou plutôt craint-il pour sa responsabilité si les missionnaires français sont mis à mort? Il y a en ce moment six missionnaires français à Ké-So.

D'après les nouvelles reçues aujourd'hui, les missionnaires ne pourraient pas s'échapper; ils sont enveloppés de toutes parts et tous les villages voisins ont été incendiés. Il n'y a auprès d'eux que mes six Chinois et un Européen pour les protéger.

Les Cantonnais viennent me supplier d'aller à Saïgon dans l'intérêt de tous pour informer l'amiral de ce qui se passe au Tong-Kin et de la vraie situation du pays, et puis aussi pour demander justice dans l'affaire des jonques.

M. Philastre me raconte qu'hier M. Lasserre et M. Perrin ont été attaqués par des Annamites, près de la porte de l'Est, pour être sortis de la citadelle, contrairement à ses ordres. Pour se dégager, ils ont été obligés de tuer un homme. M. Philastre semble leur reprocher cette mort.

Voici ce qui s'est passé : Malgré la défense de M. Philastre, M. Lasserre et M. Perrin sont sortis de la citadelle pour acheter quelques objets près de la porte de l'Est. Ils ont été aussitôt enveloppés par une bande d'hommes de Hué, armés de bambous, qui poussaient des cris de mort contre eux. Pour s'ouvrir un passage, M. Lasserre a tué l'un d'eux d'un coup de revolver et blessé plusieurs autres. M. Perrin, aspirant de marine, n'avait pas d'armes sur lui.

Voilà où nous en sommes avec la politique de M. Philastre, qui transforme les soldats français en satellites des Annamites. Ces derniers se croient autorisés à insulter et même à attaquer les hommes qui ont fait partie de l'expédition Garnier, sachant que M. Philastre leur donnera raison. Aussi ne traitent-ils maintenant tous les hommes de l'expédition que de *forbans* et de *pirates*.

18 *Janvier*. — Le « Mang-Hâo » est parti à 8 heures du matin avec vingt-huit hommes et un officier, M. Laborde, pour la mission de Mgr Puginier. Il ramènera ici les six Chinois d'Han-Kéou et M. Brown. M. Laborde a pour instruction de garder seulement la résidence de Mgr Puginier, mais de ne pas tirer un coup de fusil pour protéger les maisons voisines, lors même qu'elles seraient sur la propriété de la mission.

Mgr Puginier a reçu une lettre ce soir qui lui annonce l'incendie de sept nouveaux villages chrétiens. On lui dit que la mission est cernée de tous les côtés et qu'il n'est plus possible de résister. Pourvu que le « Mang-Hâo » arrive à temps.

19 *Janvier*. — J'ai eu ce matin une forte discussion avec M. Philastre. Il m'a dit qu'il proposait à l'amiral l'évacuation même d'Hà-Noï, pour ne pas trop humilier les mandarins aux yeux de leur peuple. Ceux-ci sont tout prêts à signer le traité tel que l'amiral le désire ; mais il faut mettre les choses dans l'état où elles étaient avant l'arrivée de Garnier. Il me dit en colère que Garnier et moi nous nous sommes comportés en *forbans* et que c'est le moins qu'on puisse faire aujourd'hui de rendre les villes aux Annamites.

M. Philastre propose encore à l'amiral de ne laisser qu'une escorte de quinze hommes au résident français qui demeurera dans la ville marchande près du fleuve, en attendant la conclusion du traité qui doit se signer à Saïgon dans quinze ou vingt jours.

Mgr Puginier me dit que les mandarins font courir le bruit dans le Tong-Kin que les Français ont été chassés des citadelles qu'ils occupaient : ils font même des proclamations dans ce sens.

Deux sous-préfets, Bin-han et et Phû-sù, nommés par Garnier, qui attendaient leurs successeurs pour leur remettre le service, ont été assassinés avec leur famille.

« Le « Mang-Hâo » est arrivé ce soir vers 8 heures 30.

Hier, à 11 heures du matin, il trouvait les missionnaires au nombre de sept, qui avaient abandonné la résidence de Ké-So, et montaient vers Hâ-Noï avec les Chinois d'Han-Kéou et M. Brown, à bord de trois jonques. Cinq des missionnaires ont pris passage sur le « Mang-Hâo » pour retourner à Ké-so ; les deux autres ont descendu sur les jonques avec les Chinois et M. Brown. Un peu plus loin, le « Mang-Hâo » rencontrait les missionnaires espagnols et leur évêque qui montaient également à Hâ-Noï. A 5 heures 30 du soir, le « Mang-Hâo » arrivait à la résidence de Mgr Puginier. Il était temps, car les villages voisins de la mission commençaient à flamber et les bandits de Hué étaient déjà dans le clos de la mission ; mais, dès qu'ils ont aperçu le vapeur, ils se sont sauvés.

Je donne l'ordre au « Mang-Hâo » de faire son combustible pour aller porter le courrier en rade et les troupes de débarquement du « Décrès » que M. Philastre renvoie, avec M. Moty, administrateur. Francelli, qui revient de la citadelle, me dit que les troupes ne partiront que demain matin à 9 heures.

La canonnière l'« Espingole » est partie ce matin pour aller chercher son canot à vapeur qui, l'autre jour, a sombré au-dessous de Hong-Yên. M. Philastre lui a donné comme instructions de se défendre en cas d'attaque, mais lui a fait défense formelle d'intervenir en faveur de qui que ce soit, lors même qu'on verrait piller et brûler des villages sur le bord du fleuve. Elle ne doit recevoir personne à bord, excepté des missionnaires français dont la vie serait en danger.

20 *Janvier*. — Départ pour Saïgon.

CHAPITRE XIII

LA POLITIQUE DE L'AMIRAL DUPRÉ AU TONG-KIN

F. Garnier et M. Philastre représentent successivement la politique de l'amiral. — Le but de l'amiral est d'obtenir un traité des Annamites. — Dépêche de l'amiral au ministère. — Correspondance échangée entre la cour de Hué et l'amiral à mon sujet. — Les instructions de l'amiral à son envoyé. — L'amiral est décidé à intervenir au Tong-Kin. — Lettre de M. de Geofroy. — Dépêche de l'amiral aux vice-rois du Yûn-nán et des deux Kouang. — Départ de l'expédition Garnier. — Plaintes des Annamites. — Le ministre de la marine n'autorise pas l'occupation du Tong-Kin. — Proclamation de F. Garnier. — Ses lettres au maréchal Nguyen. — Protestation de la cour de Hué. — Réponses de l'amiral. — L'amiral propose F. Garnier pour le grade de capitaine de frégate. — Les ambassadeurs annamites envoyés à Saïgon se déclarent prêts à signer le traité, mais ils n'ont pas de pouvoirs. — M. Philastre est envoyé à Hué pour chercher les pouvoirs des ambassadeurs. — Des renforts sont expédiés à M. Garnier. — M. Philastre part pour le Tong-Kin à la prières des Annamites.

Comme on l'a vu aux chapitres précédents, de graves événements viennent de s'accomplir au Tong-Kin. Francis Garnier et M. Philastre y représentent tour à tour la politique du Gouverneur de la Cochinchine avec un contraste bien fait pour étonner l'opinion publique.

Francis Garnier a été désavoué; mais il faut savoir comment et pourquoi il l'a été.

Francis Garnier n'est plus là pour se défendre, mais aujourd'hui il m'appartient de faire la lumière sur une politique à laquelle j'ai servi d'instrument et dont les malheureux Tongkinois, la mémoire de Garnier et mon expédition ont payé les frais. J'écris de l'histoire ; je constate les faits, sans les discuter : le public appréciera.

Ainsi que je l'ai rappelé dans l'introduction de ce livre, le gouvernement de la Cochinchine sollicitait vainement depuis de longues années la conclusion d'un traité qui régularisât notre situation vis-à-vis de l'Annam. L'amiral Dupré, en arrivant au gouvernement de la colonie, reprit les pourparlers, mais, en juillet 1873, il n'était guère plus heureux que ses devanciers et la situation lui arrachait ces paroles :

« *Je considère comme un devoir de saisir toutes les occasions pour faire entendre la voix de la raison à ces vieux enfants obstinés, en m'armant de patience jusqu'à ce que le gouvernement français juge que sa dignité lui commande de mettre un terme à mes efforts si souvent répétés ».*

Déjà l'amiral entrevoyait le moyen d'atteindre son but, en intervenant au Tong-Kin. Ce qui le prouve, c'est la lettre qu'il écrivait en juin 1873 ; elle s'exprime ainsi :

« J'attends d'un jour à l'autre l'ambassade qui doit se rendre en France ; elle arrivera ici sur un vapeur annamite que l'on me prie de faire réparer dans notre arsenal. *C'est une première marque de confiance qui pourra avoir d'heureuses suites ».*

On doit se figurer dans quel état devaient être alors nos relations avec l'Annam, pour qu'un tel acte fût considéré comme une première marque de confiance.

L'amiral ajoutait :

« J'ai reçu coup sur coup deux lettres de Hué dans lesquelles on se plaint amèrement de M. Dupuis. Après avoir réussi dans sa première opération et fait arriver les armes dont il était chargé jusqu'au Yûn-Nân d'où il a rapporté du cuivre et de l'étain, il trouve la place bonne, fait acheter, me dit-on, de nouvelles armes à Hong-Kong, pour les expédier en Chine, avec du riz et du sel. Il se conduit au Tong-Kin comme en pays conquis et *il faut que le gouvernement annamite se trouve bien peu fort, pour me demander, comme il le fait, de le décider à vider les lieux. Si M. Dupuis les tient en échec avec les misérables forces dont il dispose, que nous en coûterait-il pour prendre pied dans le pays ? Je ne désespère pas d'y parvenir par les moyens de persuasion et de douceur, bien préférables à la violence à laquelle il ne faudra recourir qu'à la dernière extrémité ».*

Le commandant Senez avait déclaré au commissaire Ly,

« *qu'il était autorisé à lui dire que le gouvernement français verrait avec une vive satisfaction le gouvernement annamite m'accorder l'autorisation de me rendre au Yûn-Nân, afin d'y nouer et d'y établir de nouvelles relations commerciales ».*

La cour de Hué réclame contre cette intervention auprès de l'amiral, au mois de janvier 1873.

Bien entendu elle s'oppose à mon passage dans le Tong-Kin et ne reconnaît pas ma mission. Elle s'étonne que le gouverneur de la Cochinchine ne se soit pas adressé directement à Hué pour s'entendre à ce sujet au lieu de s'adresser aux autorités locales ; puis elle donne les raisons pour lesquelles cette autorisation ne pouvait m'être accordée : les cours d'eau ne sont pas navigables, il y a quantité de roches qui les obstruent et jamais aucune barque annamite n'a pu les remonter ; en second lieu, les rebelles chinois sont maîtres du cours supérieur du fleuve et ne permettraient pas à mes navires de passer, il pourrait m'arriver malheur et on ne manquerait pas d'en rendre les Annamites responsables ; il vaut donc mieux que ce voyage ne s'effectue pas. C'est pourquoi on m'a demandé à acheter les armes destinées aux mandarins du Yûn-nân ; mais ayant répondu qu'achetées par les autorités chinoises ces armes ne pouvaient être vendues aux autorités annamites, on ne m'a plus reparlé de cette affaire. Les mandarins doivent-ils employer la force pour me repousser et cette intention sera-t-elle bien interprétée par le gouverneur de la Cochinchine ?

Telle est la réclamation de la cour de Hué à laquelle le gouverneur répond en disant :

« Que mon entreprise n'est point officielle, que le gouvernement français n'est pour rien dans l'intervention du « Bourayne » et que mes actes bons ou mauvais sont entièrement soumis au contrôle du gouvernement annamite ».

Les Annamites, n'ayant pu nous *couper en tout petits morceaux*, écrivent alors au gouverneur de la Cochinchine, *coup sur coup*, deux lettres en date du 17 mai et du 8 juin, dans lesquelles *ils se plaignent amèrement de moi :* J'ai conduit au Yûn-nân les armes destinées au chef militaire de cette province, dit la lettre du 17 mai, et j'en ai rapporté du cuivre et de l'étain. Elle ajoute que je me prépare à remonter en Chine avec un chargement de riz et de sel.

Dans la lettre du 8 juin, la cour de Hué dit m'avoir communiqué la lettre de l'amiral avec les règlements du royaume ; mais je suis décidé, dit-elle, à ne tenir compte de rien, je me prépare à acheter de nouvelles armes à Hong-Kong et j'ai installé des canons à terre, afin de surveiller le voyage des barques dans le haut du fleuve.

Elle supplie le gouverneur de donner les ordres nécessaires pour me faire quitter le Tong-Kin.

Ce sont ces lettres qui inspiraient à l'amiral Dupré les paroles que j'ai rapportées plus haut :

« Il faut que le gouvernement annamite se trouve bien peu fort, etc. ».

Le 23 juin, le gouverneur écrit à la cour de Hué : qu'il a à cœur d'entretenir avec elle des sentiments d'amitié et que, dans ce but, il s'empresse de m'inviter à quitter le Tong-Kin. Si je refuse de tenir compte de cette invitation, il me prévient que les conséquences de mon refus retomberont sur moi et que je n'aurai à espérer aucune protection en cette affaire. Il prie la cour de Hué de me faire parvenir cet avis.

Le 18 Juin, la cour de Hué réclame de nouveau l'intervention de Saïgon.

Au lieu de tenter à concilier les choses, l'amiral les pousse plutôt à l'extrême, pour savoir si réellement les Annamites sont impuissants à me repousser. Il ne manque aucune occasion de les exciter contre moi. Il ne voit que son plan. Le 7 juillet 1873, il leur annonce qu'il m'a invité à me retirer ; mais que, si je refuse d'obéir à cette injonction, *le gouvernement annamite peut employer les moyens de rigueur pour m'y contraindre.*

A cette époque, le gouverneur écrit au ministre de la marine qu'il attend ses ordres pour faire succéder à *d'infructueuses démarches* une attitude et une conduite plus fermes. Il dit au ministre qu'un bataillon d'infanterie et une batterie d'artillerie de campagne avec trois avisos et quelques petites canonnières suffisaient pour occuper la capitale du Tong-Kin et tout le cours du fleuve. Cette occupation, selon lui, établira nos droits sur le Tong-Kin et forcera la cour de Hué à signer le traité qu'il réclame d'elle.

Le 18 juillet, mon agent, M. Millot, arrive à Saïgon et entretient l'amiral de la situation du Tong-Kin. Il lui parle dans le même sens qu'au comte de Chappelaine, consul de France à Canton, qui à ce sujet s'exprime ainsi dans un rapport adressé au Ministre des Affaires Etrangères le 8 juillet 1873 :

« ....

« M. Dupuis est resté à Hà-Noï et a envoyé à Hong-Kong MM. Millot et d'Argence. Ces messieurs, qui sont en ce moment chez moi à Canton, déclarent que le Tong-Kin ne demande qu'une occasion pour secouer le joug de Tu-Duc.

« Les mandarins annamites y sont abhorrés. Ce n'est pas deux mille hommes et quatre avisos, comme le dit M. Senez, mais un seul aviso, quelques-unes de ces petites canonnières qui sont désarmées à Saïgon, et un bataillon d'infanterie de marine qu'il faut envoyer à l'embouchure du Song-Koï, pour faire du Tong-Kin une colonie française. Six mille catholiques que Mgr Puginier se charge de trouver, dirigés par quelques instructeurs, suffiraient pour garder le pays contre les Annamites qui ne peuvent y pénétrer de Hué que par un seul passage de montagne facile à défendre avec une poignée d'hommes... »

Les renseignements fournis par M. Millot à l'amiral Dupré étaient de nature à enthousiasmer plus que jamais celui-ci. L'amiral pria M. Millot :

« *de me recommander d'user de toute mon influence pour arrêter tout mouvement insurrectionnel de la population tongkinoise, de me bien garder d'appeler les troupes chinoises au Tong-Kin, enfin de tenir le statu quo pendant trois mois pour lui permettre de choisir son heure* ».

Dès cet instant, l'amiral est décidé à intervenir au Tong-Kin. Le 22 juillet, il appelle Francis Garnier auprès de lui pour lui donner le commandement de l'expédition, puis, le 28 juillet, il insiste avec plus de force que jamais auprès du Ministre de la marine pour avoir son autorisation. Il lui dit que, s'il reste encore un doute dans son esprit, il est prêt à assumer toute la responsabilité des conséquences de l'expédition qu'il projette. Il demande qu'on le laisse agir, sauf à le désavouer si les résultats qu'il obtiendra ne sont pas ceux qu'il a fait entrevoir. Il a déjà tout son plan de tracé ; ce plan est facile à entrevoir :

Si les Annamites ont réellement la force de me chasser du Tong-Kin, il déclarera à la cour de Hué qu'ayant reçu de moi des rapports contredisant leurs assertions, il est obligé, pour s'éclairer, de faire une enquête sur les lieux. Une fois au Tong-Kin, il cherchera à y prendre pied.

Si les Annamites sont trop faibles, ils réclameront de nouveau son intervention, alors il représentera à la cour de Hué qu'ayant résisté à son invitation, il ne peut me contraindre à quitter le Tong-Kin qu'en envoyant dans ce pays une force suffisante pour assurer l'exécution de ses ordres. De toutes les manières mon expédition sera le prétexte qui lui ouvrira les portes du Tong-Kin.

Pendant que le gouverneur de la Cochinchine m'invite à quitter le Tong-Kin, le Ministre de France en Chine m'écrit la lettre qui suit :

« Tche-Fou, le 28 août 1873.

« J'ai reçu, Monsieur, la lettre que vous m'avez adressée, le 25 mai dernier, pour me faire connaître les détails de votre entreprise au Yûn-nân. *Je vous félicite du premier succès que vous avez obtenu.*

« J'apprécie comme vous, les résultats de la nouvelle voie commerciale, dont vous avez pratiquement démontré les avantages. J'espère qu'elle aura pour effet d'étendre notre influence dans des pays où elle n'a pas encore pénétré et qui semblent bien préparés à la recevoir.

« Recevez, Monsieur, l'assurance de ma parfaite considération.

« L. DE GEOFROY ».

Francis Garnier étant arrivé à Saïgon, le 27 août, l'amiral Dupré l'entretient immédiatement de l'expédition qu'il veut lui confier. Après quelques pourparlers, on abandonne l'idée d'envoyer un bataillon d'infanterie, comme l'amiral en avait l'intention. Francis Garnier emmènera avec lui, pour commencer, une soixantaine d'hommes bien choisis et il ira en marchant, autant que possible, d'accord avec le gouvernement annamite, examiner lui-même sur les lieux le différend qui nous divise, les Annamites et moi. Puis, comme il leur semble que la disparition du pouvoir annamite au Tong-Kin ferait également disparaître notre influence sur cette contrée, on pense qu'en faisant respecter les droits de Hué on se place sur un terrain diplomatique inattaquable. C'est l'avis qui prévaut. L'amiral dès lors s'occupe de négocier avec Pè-Kin pour demander le retrait des troupes chinoises, avec le Yûn-nân, pour garantir l'ouverture de la nouvelle route et discuter des tarifs douaniers équitables, et à Hué pour lui montrer les dangers qu'il court en s'obstinant à fermer le fleuve, les avantages qu'il recueillerait en laissant faire le commerce sous le bénéfice d'une administration douanière française analogue à celle qui fonctionne en Chine, — enfin la nécessité pour lui de recourir à notre médiation pour éviter que le Tong-Kin ne passe sous la domination des étrangers. C'est Garnier lui-même qui rédige toute la correspondance de l'amiral dans ce sens, à Paris, Pè-Kin, Canton, Yûn-nân et Hué.

Les lettres aux vice-rois du Yûn-nân et des deux Kouang sont très-curieuses ; en voici les termes :

« Saïgon, le 1er septembre 1873.

« *A Son Excellence le vice-roi du Yûn-Nân.*

« J'ai appris avec la joie la plus vive le succès de Votre Excellence sur les Mahométans rebelles, et je lui en adresse mes félicitations les plus sincères. Elle sait déjà sans doute tout l'intérêt que je porte à la belle province qu'elle gouverne.

« C'est avec mon assentiment que le commandant de navire Ngan (Garnier), qui a déjà visité le Yûn-nân, il y a cinq ans, comme envoyé du gouvernement français, lui avait offert son concours pour la prise de la ville de Taly, et j'étais disposé à aider son Excellence de toutes mes forces pour atteindre un but si désirable.

« Aujourd'hui, c'est avec une grande satisfaction que je vois des relations commerciales fructueuses sur le point de s'établir entre le Yûn-nân et l'empire d'Annam, dont une partie appartient à la France.

« J'ai appris que des difficultés s'étaient élevées entre le sieur Dupuis, Français au service de Votre Excellence, et le gouvernement annamite, et je vais immédiatement travailler à les aplanir.

« Il est inutile que Votre Excellence se préoccupe d'une question qu'il est de mon devoir de résoudre, ni qu'elle envoie des troupes pour soutenir le sieur Dupuis. J'envoie au Tong-Kin le même officier Ngan (Garnier), *pour faire rendre justice à vos envoyés* et en même temps pour rechercher les moyens d'établir sur le pied le plus équitable un commerce qui doit être si avantageux aux peuples dont le gouvernement nous est confié.

« Je prie Votre Excellence d'avoir égard à ce que lui communiquera cet officier. Je la prie de m'informer de tous ses désirs. Je suis prêt à m'entendre avec elle, tant pour les choses de commerce que pour les choses de guerre, si des gens pervers suscitaient encore dans le Yûn-nân de nouvelles rébellions.

« Que votre Excellence agrée l'assurance de ma haute considération.

« *Contre-amiral* DUPRÉ ».

« Saïgon, le 1er Septembre 1873.

« *A Son Excellence le vice-roi des deux Kouang, etc.*

« C'est avec une vive satisfaction et une profonde reconnaissance que j'ai appris les dispositions amicales de Votre Excellence pour un sujet français, le sieur Dupuis, qui est au service du gouvernement du Yûn-nân. Mon devoir est de remercier Votre Excellence pour la généreuse protection qu'elle lui a accordée et en même temps pour l'aide que les soldats du Kouang-Si ont donnée à un pays ami et voisin, l'Annam, pour la répression des rebelles. Les intérêts de la France sont, en effet, intimement liés à ceux de l'Annam, et qui tend la main à l'un mérite la reconnaissance de l'autre.

« J'ai accueilli aussi avec une grande joie qu'un Français avait trouvé une route avantageuse pour pénétrer dans le Yûn-nân et avait créé ainsi de nouvelles relations d'amitié et de commerce entre la France et l'empire du Ciel; mais il n'est pas juste que je laisse à Votre Excellence tout le fardeau de la protection des intérêts du commerce dans une région, le Tong-Kin, aussi voisine de Saïgon. L'amitié se prouve par des services réciproques, et à une main tendue une autre main doit répondre. J'ai donc résolu de m'entendre avec la cour de Hué, pour rétablir la paix dans ses provinces et pour rétablir sur un pied satisfaisant les relations commerciales entre le Tong-Kin et le Yûn-Nân. Dans ces conditions, comment la présence des soldats chinois dans l'Annam continuerait-elle à être nécessaire ? Les routes sont longues et difficiles, le pays malsain, les dépenses pour entretenir les troupes considérables. Le cœur de Votre Excellence ne peut pas ne pas souffrir de cet état de choses. Je lui offre donc de retirer ses troupes ainsi que celles qui pourraient encore venir du Yûn-nân, de leur épargner ainsi un exil pénible, un voyage fatigant et dangereux.

« Je me fais fort, d'accord avec le gouvernement annamite, de protéger d'une façon efficace le commerce, les intérêts chinois, qui sont aussi les intérêts français.

« De la sorte, il n'y aura pas de confusion possible, et une amitié sincère continuera à régner entre les deux royaumes.

« Je recevrai avec reconnaissance toutes les communications que Votre Excellence pourrait avoir à me faire au sujet des réclamations ou des besoins des sujets chinois qui font le commerce en Annam, et je saisis avec empressement cette occasion de renouveler à Votre Excellence l'assurance de mon amitié et du bon souvenir que je garde de ma visite à Canton il y a trente mois.

Le contre-amiral gouverneur et commandant en chef,
« Signé : *contre-amiral* J. DUPRÉ ».

Le 5 septembre l'amiral répond à une nouvelle demande pressante de la cour de Hué, en date du 6 août 1873, qu'il ne peut s'exposer à faire méconnaître son autorité en m'écrivant une seconde lettre qui ne serait pas plus respectée que la première. Dans cette situation, il ne voit d'autre moyen que d'envoyer un officier accompagné de quelques hommes à Hâ-Noï pour me signifier l'ordre de me retirer et pour le faire exécuter de force, si je refuse d'obéir de bonne grâce.

La résistance des Annamites à signer le traité que l'amiral demande engage celui-ci à persévérer plus que jamais dans ses projets. Les ambassadeurs que la cour de Hué envoie en France, sollicités par l'amiral, ne demandent rien moins, en effet, que la rétrocession des trois dernières provinces en échange de laquelle ils veulent bien reconnaître notre protectorat sur l'Annam.

Le 8 septembre, l'amiral reçoit un télégramme du Ministère de la marine, en réponse à sa lettre du 28 juillet, lui donnant *l'ordre de s'abstenir*. L'amiral répond immédiatement au Ministre qu'il *se conformera, autant que les évènements le permettront, aux ordres ministériels et qu'il a pleine conscience de sa responsabilité !*

De son côté la cour de Hué écrit à l'amiral pour lui demander quel moyen il compte employer pour me chasser. Il suffirait simplement, suivant elle, de donner l'ordre à mes bateaux de s'en aller au plus vite, ou d'envoyer un officier français avec *quelques hommes d'escorte seulement*, — ou enfin d'écrire aux chefs chinois de retirer leurs troupes ; mais *il n'est pas nécessaire d'envoyer de grandes forces pour cela.* Aussitôt l'amiral informe la cour de Hué qu'en raison des pourparlers qu'elle a entamés avec un fonctionnaire d'une puissance étrangère, il va envoyer un officier au Tong-Kin et que si cet officier est entravé dans sa mission par le gouvernement annamite, même indirectement, il en rendra celui-ci responsable et il faudra renoncer à toute espérance de paix.

Dans une lettre au Ministre de la marine, l'amiral annonce le départ de l'expédition sous le commandement de M. Garnier. Celui-ci a les instructions de s'établir solidement sur le point qu'il choisira comme le plus convenable pour remplir sa mission, — de faire choix d'un port pouvant au besoin servir plus tard de base d'opération, — puis d'ouvrir une enquête sur les faits qui me sont reprochés par le gouvernement annamite et sur mes réclamations. — M. Garnier devra exiger, si cela est absolument nécessaire pour la conclusion du traité, mon éloignement temporaire de la capitale du Tong-Kin, à moins, toutefois, que cette mesure ne soit trop contraire à nos intérêts, à cause de l'influence que je pourrais avoir sur la population tongkinoise et la colonie chinoise.

Comme on le voit, l'amiral laisse à Francis Garnier la plus grande liberté d'action. Il est juge de la situation une fois au Tong-Kin. C'est d'ailleurs ce qu'il écrit à son frère, le 8 octobre, en lui annonçant que son expédition est prête et qu'il va partir :

« Comme instructions : carte blanche. *L'amiral s'en rapporte à moi.* En avant donc pour cette vieille France ! »

En se rendant au Tong-Kin, Francis Garnier s'arrête, le 14 octobre, à Tourane, pour faire parvenir à Hué les dépêches dont il est porteur. Celles-ci font savoir à la cour de Hué :

« Que l'amiral-gouverneur de la Cochinchine envoie un officier au Tong-Kin pour examiner les plaintes des Annamites et mes réclamations, essayer d'aplanir ce différend, et pour conclure avec la cour de Hué un traité ouvrant le Tong-Kin au commerce et plaçant ce royaume sous la protection de la France qui garantira le territoire ; que cette dernière question ne doit admettre ni retard ni discussion ; que mon expédition a fait du bruit dans le monde entier ; que le gouvernement annamite ne peut plus ajourner l'ouverture du Tong-Kin et du fleuve Rouge jusqu'au Yûn-nân. Qu'en conséquence, la cour de Hué est invitée à adjoindre au lieutenant Garnier deux mandarins avec pleins pouvoirs pour traiter ces questions au Tong-Kin ; que M. Garnier a l'ordre de demeurer à Hâ-Noï jusqu'à ce que l'affaire de la navigation du fleuve Rouge soit réglée et aussi pour protéger les Annamites contre les troubles qui pourraient éclater dans le pays... »

Voyant l'officier français appuyé par des forces respectables, la cour de Hué se décide à détacher deux mandarins chargés de négocier au Tong-Kin; mais, d'un autre côté, elle donne l'ordre au maréchal Nguyen de ne pas reconnaître leurs pouvoirs.

Le 20 octobre, Francis Garnier quitte Tourane pour le Tong-Kin. Il arrive, le 23 octobre, au Cua-Cam, et, le 5 novembre, à Hâ-Noï.

Nous entrons dans la deuxième phase des négociations. Jusqu'ici les réclamations des Annamites ont porté sur mon expédition ; c'est le tour maintenant à l'envoyé du gouverneur d'être l'objet de leurs *plaintes amères*.

Le 23 octobre, la cour de Hué répond aux dépêches de l'amiral transmises par Francis Garnier à Tourane. Elle rend compte des mesures ordonnées par le roi pour faciliter l'envoyé de l'amiral dans sa mission, sans chercher à dissimuler qu'on eût préféré qu'il ne fût pas parti. Elle prie l'amiral de lui dire où sont les dangers contre lesquels il veut les protéger, et pourquoi il prend la peine d'écouter toutes sortes de bruits et de s'en inquiéter au lieu et place des Annamites. Elle reproche à l'amiral de se mêler de ce qui ne le regarde pas. Quant aux articles d'une convention commerciale, elle ne veut pas en entendre parler avant que le traité de paix soit fait. Avant tout, il faut que le gouvernement détruise la piraterie jusque dans ses racines et que les routes soient sûres. Ce n'est qu'après qu'on pourra progressivement prendre des décisions à ce sujet.

A cette lettre l'amiral Dupré répond en promettant d'inviter M. Garnier à ne pas insister pour la conclusion immédiate d'un arrangement provisoire, mais il déclare que *son envoyé ne pourra pas quitter le Tong-Kin avant que toutes les questions relatives au commerce et à l'ouverture des ports soient définitivement réglées.*

Le 9 novembre, il écrit au Ministre de la marine que *la présence de M. Garnier à Hâ-Noï est une garantie contre la mauvaise foi ou contre un retour en arrière de la cour de Hué.* Deux compagnies et quelques canonnières suffisent pour occuper la ville et pour commander toute la navigation du fleuve. Le jour où la cour de Hué serait trop lente à lui donner satisfaction et userait de mauvaise foi, il suffirait de déclarer que l'on maintient l'occupation de la capitale et du fleuve du Tong-Kin, que le transit est libre moyennant un droit de 5 0/0 à la remonte et à la descente sur toutes les marchandises qui prendront cette route.

Cependant le Ministre de la marine est toujours opposé à l'expédition du Tong-Kin. Le 20 novembre il lance à Saïgon un nouveau télégramme pour confirmer ses ordres antérieurs et défendre à l'amiral de prendre pied au Tong-Kin. Le Ministre comprend seulement qu'une mise en demeure énergique me soit adressée. Le gouverneur aura ainsi, sans engager l'avenir et les finances, rendu un service dont la cour de Hué ne saura manquer de se rendre reconnaissante, si l'on songe au prix qu'elle semble attacher à mon départ du Tong-Kin. Selon le Ministre, le gouverneur pourra alors profiter de cette circonstance pour obtenir l'accès facile du fleuve Rouge et des avantages particuliers. Si cependant cette expédition était partie, la volonté formelle du gouvernement est de n'exercer, en tout cas, qu'une action temporaire et limitée. *Sous aucun prétexte le gouverneur n'est autorisé à occuper un point du pays,* comme il le dit, encore moins à prévoir, dans le présent ou dans l'avenir, une occupation permanente. Dans le cas où le *protectorat* serait accepté et reconnu on ne doit pas penser à occuper le Tong-Kin. On ne doit exercer qu'une action exclusivement maritime.

Pendant ce temps Francis Garnier entame les négociations avec le maréchal Nguyen-tri-phuong, à Hâ-Noï; mais celui-ci se montre, dès le premier jour, rebelle à tout arrangement.

Dès son arrivée, Garnier proclame que

« les commerçants chinois qui sont venus le trouver ayant été molestés par les mandarins annamites et sa mission étant de protéger ces commerçants, puisque l'amiral est d'accord avec les vice-rois de Canton et du Yûn-nân, la France prend à partir de ce jour, sous sa protection, tous les commerçants chinois ou autres qui viendront faire du commerce au Tong-Kin. S'il se présentait quelque difficulté relative au commerce, on devra s'adresser exclusivement à lui-même à Hâ-Noï ; tout commerçant étranger qui ne se conformerait pas à cet ordre serait immédiatement expulsé du Tong-Kin. Si quelque commerçant commettait une infraction aux lois du pays, les autorités annamites lui en feront un rapport pour qu'il puisse examiner et juger l'affaire. Si quelque mandarin se permettait de pénétrer chez un commerçant pour l'arrêter ou pour faire une enquête sur un sujet quelconque, ce fonctionnaire sera mis en état d'arrestation et envoyé immédiatement à Saïgon.

Dans une autre proclamation il dit

« qu'envoyé par l'amiral au Tong-Kin pour discuter et décider les articles relatifs à l'ouverture du commerce, il a vu que le nombre des commerçants y était considérable, mais qu'ils étaient opprimés par les mandarins qui ne leur permettent pas de se livrer à leur négoce et qui prennent différents prétextes pour les en empêcher et se faire acheter. En conséquence il a décidé de demeurer longtemps au Tong-Kin pour y protéger les commerçants...... »

Le 12 novembre Garnier écrit au maréchal Nguyen :

« Je salue Votre Excellence et je l'informe que j'ai reçu la lettre qu'elle m'a adressée hier, mais qui ne répond pas à toutes les questions dont je l'ai entretenue dans mes lettres précédentes. Je reviendrai maintenant, encore une fois, sur toutes ces choses, pour les rendre plus claires. Pour l'affaire de M. Dupuis, Votre Excellence me dit de le chasser simplement et de me borner là. Elle pense qu'il est sans importance d'interroger des témoins et que cela est inutile, qu'il ne servira à rien de faire une enquête sur cette affaire, que M. Dupuis s'en aille et Votre Excellence sera satisfaite. Quant au gouverneur du Yûn-nân, elle ne veut le mêler en rien en cela et ne veut pas qu'il soit consulté à ce sujet.

« Pour l'ouverture du pays au commerce, elle ajoute que cette affaire ne pouvant se régler à Hà-Noï qu'en vertu de l'art. 6 de l'ancien traité, c'est à Hué que cela doit se faire. Toutes ces paroles sont peu précises. Si l'amiral avait pensé comme Votre Excellence il ne m'eût pas envoyé ici pour régler, après l'avoir examinée, l'affaire de Dupuis et pour conclure d'accord avec les autorités annamites une convention commerciale..

« Lorsque le gouvernement annamite a prié le gouverneur de la Cochinchine de chasser M. Dupuis, ce n'est pas par considération pour sa qualité de Français qu'il a agi ainsi, en ne voulant pas le renvoyer lui-même, mais bien parce qu'il était dans l'impossibilité de le faire. C'est pourquoi il s'est adressé à l'amiral pour lui demander secours. L'amiral demandant en retour quelques concessions, n'est-ce pas là une chose très-juste ? Le royaume d'Annam, en ouvrant le commerce, ne fait que lui payer sa dette de reconnaissance....................................

« Ensuite Votre Excellence dit que l'amiral m'a envoyé pour chasser Dupuis seulement et qu'il n'est pas utile pour cela d'examiner quelle a été sa conduite. Elle déclare qu'elle n'a pas les pouvoirs nécessaires pour s'occuper d'aucune autre affaire. Alors pourquoi votre gouvernement a-t-il détaché ici des délégués? Pourquoi, lorsque j'étais à Tourane et que j'ai envoyé à Hué la lettre de l'amiral parlant de toutes ces choses, la cour de Hué ne m'a-t-elle pas prévenu que le royaume d'Annam ne pouvait accepter son contenu ? Pourquoi a-t-elle envoyé deux mandarins pour m'accompagner ? Si votre gouvernement n'a rien dit et a agi de la sorte, il en résulte clairement que son intention était de se conformer aux demandes de l'amiral. Pourquoi me laisser monter à Hâ-Noï et occasionner ainsi des dépenses semblables ?..

« Il y a aujourd'hui vingt-cinq jours que votre gouvernement a reçu la lettre de l'amiral. Si votre Excellence n'a pas encore les pouvoirs suffisants pour pouvoir traiter de l'ouverture du commerce, j'en concluerai que votre gouvernement n'ayant rien dit et ayant consenti à me laisser venir ici, me permet de décider, tout seul, l'ouverture du pays au commerce....................................

« Votre Excellence dit aussi que l'établissement de tarifs douaniers est une chose de la dernière importance et que, d'après l'article 6 du traité, on ne peut s'occuper de cette affaire qu'à Hué. Mais une chose plus importante encore, c'est l'ouverture des voies de commerce et dans l'ancien traité on a déjà permis à tous les bâtiments européens d'entrer dans les ports de Tourane, de Balat et de Quang-Yên. Il reste encore à déterminer comment on doit s'y comporter........

« Les vice-rois de Canton et du Yûn-nân n'ont pas communiqué au gouvernement annamite les lettres dans lesquelles l'amiral leur promet d'ouvrir une route de commerce pour aller à la mer. Votre Excellence semble en être surprise. Je sais également que lorsque l'empereur de Chine a quelque chose à communiquer au roi d'Annam, le vice-roi de Canton écrit à ce sujet ; mais je ne pense pas que ce fonctionnaire lui transmette des renseignements sur toutes choses et prenne conseil de lui; car le royaume d'Annam est petit par rapport à la Chine. J'ai déjà parlé de ces choses à Votre Excellence avec sincérité. Je lui ai dit aussi comment les vice-rois de Canton du Yûn-nân désiraient que se fît l'ouverture du commerce...

« Pour toutes les raisons précédentes, votre Excellence doit voir clairement que *l'affaire de Dupuis et celle de l'ouverture du pays au commerce sont intimement liées ensemble et que la première ne pourra être réglée que lorsque la seconde aura été accordée. Je consens à donner l'ordre à M. Dupuis de partir, mais immédiatement après je déclarerai la liberté du commerce.*

« Ce n'est que dans le cas où Votre Excellence aurait les pouvoirs suffisants pour traiter avec moi que je pourrais y apporter quelque retard. Si elle ne veut pas que nous examinions ensemble l'affaire Dupuis, libre à elle ; mais je ne dois pas moins l'en entretenir pour qu'elle en soit informée................................

« Votre gouvernement ne permet pas aux gouverneurs chinois de délivrer des passe-ports. Si la province du Yûn-nân manque de sel ou de quelque autre produit, les autorités annamites n'en permettent pas le transit sur leur territoire et pensent que le gouverneur ne doive prendre aucune décision à ce sujet et qu'il doive s'incliner devant leur volonté sans demander aucune explication. Je suis très-étonné de la tranquillité de Votre Excellence. En dernier lieu, je pense qu'il convient de permettre à M. Dupuis de quitter Hâ-Noï et de remonter au Yûn-nân, province dans laquelle il est impatiemment attendu. Ce négociant est complètement libre de transporter les marchandises qui lui conviendront, à la seule condition d'acquitter les droits de douane. Je donnerai provisoirement l'autorisation de faire le commerce et le gouvernement français prendra immédiatement sous sa protection tous ceux qui voudront faire le commerce au Tong-Kin. Je me conformerai également aux ordres que m'a donnés l'amiral, de veiller à ce que les autorités annamites puissent administrer paisiblement toutes ces provinces. Je ne leur demande qu'une chose, c'est de ne faire aucune opposition aux mesures que je prendrai relativement au commerce. C'est Sa Majesté le roi d'Annam qui décidera si ce que je fais est bien et c'est l'amiral qui jugera ma conduite. Je n'ai pas la moindre intention de m'immiscer dans l'administration des populations. Je veux, au contraire, aider les autorités annamites dans l'accomplissement de ces fonctions, ainsi que dans la destruction des bandes rebelles. Mais si quelque mandarin veut s'opposer aux mesures que je prendrai pour le commerce, ou commet quelque acte qui me soit préjudiciable, je le considérerai comme un ennemi me faisant la guerre et je le traiterai comme tel. Enfin je prierai votre Excellence de me dire clairement : 1° si elle veut donner à M. Dupuis l'autorisation de remonter au Yûn-nân, ainsi que je l'ai dit plus haut ; 2° si votre Excellence a les pouvoirs nécessaires pour régler avec moi les affaires de commerce, sans quoi je les règlerai seul. J'attendrai sa réponse sur ces deux questions jusqu'au 19 du 9° mois.

« Je salue respectueusement votre Excellence.

« Francis GARNIER ».

Garnier écrit encore plusieurs lettres au maréchal dans le même sens, entre autres il lui adresse la lettre suivante :

« Monsieur le Maréchal,

« Dans une proclamation en date du 16 courant, le gouverneur d'Hà-Noï affirme que je ne suis venu au Tong-Kin que pour chasser M. Dupuis, que ma présence n'a pas d'autre objet : on m'avait promis que cette proclamation serait retirée : elle ne l'a pas été. Vos agents répandent contre moi des bruits faux, des accusations haineuses : vous défendez aux commerçants, aux chrétiens de venir me trouver, vous ordonnez que toute réclamation, toute plainte passe devant vous avant d'arriver à moi.

« Cela ne saurait être, Monsieur le Maréchal. Je ne suis point un serviteur du gouvernement annamite venu à Hà-Noï pour se faire l'exécuteur de sa justice. J'y suis venu représenter les intérêts de la civilisation et de la France, discuter librement, au nom du gouverneur de Saïgon, les mesures à prendre pour calmer l'effervescence des esprits, régulariser la situation commerciale, prévenir le retour de complications analogues à celles qu'a produites l'arrivée de M. Dupuis. Si la cour de Hué, impuissante à faire respecter son autorité au Tong-Kin, se refusait à admettre cette partie de ma mission, après avoir demandé le concours de l'amiral pour faire quitter Hà-Noï à M. Dupuis, elle pouvait me le faire dire à Tourane, où je me suis arrêté pour lui faire connaître les intentions du gouverneur. Elle m'a laissé venir jusqu'ici, j'y resterai. J'examinerai librement l'état des choses et j'arrêterai, avec vous ou sans vous, telles mesures qui me paraîtront nécessaires pour rendre à cette contrée la prospérité et la vie.

« Je déclarerai à tous que, contrairement à votre dire, ma mission ne consiste pas à punir M. Dupuis, mais à examiner sa conduite. Comme sujet français, il ne relève que du gouverneur de Saïgon et les tentatives d'assassinat et d'incendie dont son personnel et lui ont failli être victimes sont aussi misérables que coupables. Il a violé les traités, dites-vous, en résidant à Hâ-Noï. Que ne le laissiez-vous passer pour se rendre à destination, ou que ne lui déclariez-vous au début de son entreprise que vous vous opposiez ouvertement à son passage, au lieu de lui promettre une réponse de Hué, qui au bout d'un an n'est pas encore venue ?

« Je déclarerai aux commerçants que la protection de la France leur est assurée pour toujours, que sa main ne se retirera jamais d'eux, qu'elle veillera soigneusement à leurs intérêts, à la stricte observation des règlements et des tarifs que l'amiral aura établis.

« Je déclarerai aux habitants que leur indépendance et leurs droits trouveront en l'amiral un protecteur éclairé, que son vif désir est de les voir gouvernés suivant les règles de l'humanité et de la justice, et qu'ils peuvent librement lui adresser leurs plaintes et leurs vœux.

« Fidèle aux instructions que j'ai reçues de l'amiral, je suis résolu, Monsieur le Maréchal, à faire exécuter les traités, si de votre côté vous les exécutez loyalement. Je suis résolu aussi à ne pas tolérer plus longtemps les menaces dont je suis entouré, les terreurs que vous répandez dans les populations à mon sujet.

« J'honore votre grand âge et votre patriotisme, je déplore la haine aveugle contre les Français qui caractérise tous vos actes. Que la responsabilité de leurs conséquences retombe sur votre tête.

« *Le lieutenant de vaisseau, envoyé politique
et commandant militaire au Tong-Kin,*

« FRANCIS GARNIER ».

Le 24 novembre, l'amiral Dupré répond au télégramme du Ministre de la marine, du 20 novembre, en disant que M. Garnier est à Hâ-Noï « *sans opposition* et que sa présence au Tong-Kin donne à ses négociations un point d'appui excellent ». « *Aux demandes d'évacuation* », dit-il, « *je répondrai par une demande de conclusion du traité* ».

En attendant, la cour de Hué proteste toujours contre la présence de l'envoyé de l'amiral au Tong-Kin.

Le 22 novembre, elle écrit à l'amiral que maintes fois déjà elle l'a prié de me donner des ordres pour me retirer et que, malgré cela, je suis encore au Tong-Kin. Quant aux diverses questions relatives à une garnison, à la répression du brigandage et à la liberté du commerce, elle n'a voulu ni les examiner, ni les discuter. Pourquoi donc, à peine arrivé à Hâ-Noï, M. Garnier veut-il conclure au plus vite un traité de commerce et remettre à plus tard le règlement de mon affaire ? Tout cela diffère beaucoup de l'idée première de l'amiral et de la demande de la cour de Hué.

L'amiral ne parle que de trois navires pour régler mon affaire et véritablement il y en avait déjà de trop, dit-elle, mais voilà que de nouveaux navires sont encore arrivés. Si l'on dit que c'est pour m'en imposer, comment se fait-il que la puissante autorité de l'amiral et de son envoyé ne m'ait pas effrayé et ne m'ait pas contraint à me retirer, et pourquoi l'amiral envoie-t-il un nombre si considérable de bâtiments ?

Les populations du Tong-Kin sont depuis très-longtemps en paix et jouissent d'une grande tranquillité. Il n'y a eu aucun événement extraordinaire... Aussi la cour de Hué craint-elle que les populations ne soient effrayées et ne perdent leur tranquillité. En conséquence elle supplie instamment l'amiral d'envoyer sur le champ à M. Garnier l'ordre de terminer mon affaire et de se retirer.

Le 23 novembre, nouvelle protestation de la cour de Hué contre la présence de l'envoyé de l'amiral au Tong-Kin :

« J'ai déjà écrit maintes fois à Votre Excellence en la priant d'envoyer une dépêche à M. Garnier pour lui enjoindre de se borner à s'occuper de l'affaire Dupuis et de ne pas se mêler d'une manière si pressée de l'ouverture du commerce. Il n'en a rien été..... Je reçois à l'instant une lettre d'Hà-Noï disant que Garnier a répondu par une lettre où il expose que lorsque son bâtiment est arrivé à Tourane, notre royaume a envoyé des mandarins pour le conduire, que l'année précédente le commandant du « Bourayne » a conduit Dupuis au Tong-Kin et l'y a laissé, que maintenant il est nécessaire de régler au plus vite la question du commerce ; et, ajoute la lettre d'Hà-Noï, il a fait lui-même, seul et de son propre chef, une proclamation dans laquelle il décide et règle à l'avance tous les articles...

« Je considère que, le neuvième mois de l'année précédente, les bateaux de Dupuis (Dô Phoi) arrivèrent à l'entrée du Cua-Cam. Ils y rencontrèrent le bâtiment à vapeur le « Bourayne » qui se porta leur garant. Les mandarins du Tong-Kin adressèrent un rapport à Sa Majesté en demandant à notre gouvernement de s'opposer à l'entrée des bateaux de Dupuis qui refusa de se conformer au règlement et pénétra dans le fleuve. L'ancien ministre des affaires étrangères, Phan, écrivit à ce sujet à Votre Excellence qui répondit à cette époque que Dupuis était un simple commerçant et que cela ne regardait pas le Gouvernement français, qu'il ne fallait pas s'en rapporter à ce qu'avaient pu dire les personnes qui se trouvaient à bord du « Bourayne » et que cette affaire ne regardait que notre gouvernement auquel il appartenait de la régler. Les paroles de Votre Excellence étaient claires et précises..... Je ne me doutais pas que Dupuis se conduirait d'une semblable manière et se livrerait à de tels excès pour réaliser des bénéfices. Les mandarins du pays, par considération pour la nationalité de Dupuis, sujet du Noble Royaume, ne voulurent pas, pour une chose de peu d'importance, s'exposer à blesser les sentiments d'amitié et d'union qui nous lient. La personne que Votre Excellence envoyait au Tong-Kin devait se borner à donner l'ordre à Dupuis de se retirer et à le faire partir au plus vite. Nous n'avions pas demandé à Votre Excellence d'envoyer une grande quantité d'hommes et de bâtiments pour le chasser.

« Lorsque M. Garnier est venu à Tourane, il remit une lettre dans laquelle on priait notre gouvernement d'envoyer des mandarins pour l'accompagner. Sachant que l'intention de Votre Excellence était de chasser Dupuis, je m'adressai à Sa Majesté qui envoya deux Lang-truong pour l'accompagner et lui assurer en route une réception convenable. Ces deux envoyés s'efforcèrent de retenir M. Garnier à Tourane pour le recevoir; mais il voulut partir tout de suite et le bâtiment fit route vers le Tong-Kin. Ce n'est pas notre gouvernement qui a donné l'autorisation de s'occuper de l'ouverture du commerce ; c'est pourquoi à Tourane on ne s'est pas opposé au voyage de M. Garnier qui prend maintenant cette chose comme motif de discussion.

« Votre Excellence en envoyant ces hommes a réellement accompli un grand acte d'amitié et n'a pas compté avec les dépenses que cela occasionnerait. La perte du petit bâtiment « l'Arc » coulé en mer provient certainement du manque de vigilance des hommes du bord. On prend maintenant cet événement de peu d'importance comme sujet de plaintes interminables au Tong-Kin................

« Si réellement on veut chasser Dupuis, il faut lui donner l'ordre de quitter le fleuve, de sortir en mer et de s'en retourner de suite à Canton ou à Hong-Kong, se livrer à d'autres opérations commerciales. L'idée de M. Garnier est simplement de faire remonter Dupuis au Yûn-nân.

« Notre gouvernement a écrit aux deux Kouang. Cette affaire a été portée devant S. M. l'empereur de Chine, qui, parce que les munitions de guerre et les approvisionnements n'ont pas encore été complétés, a autorisé un voyage dans le haut du fleuve, mais un seul, sans qu'il soit permis de revenir. L'empire chinois ayant jugé cette chose de cette façon, il n'y a qu'à s'y conformer. Notre gouvernement a déjà permis de faire ce voyage dans le haut du fleuve à la condition de retourner ensuite à Canton ou à Hong-Kong. L'envoi de M. Garnier n'était plus nécessaire ....

« Je vois qu'il est dit dans toutes les lettres de Votre Excellence qu'elle se contente d'expédier un simple envoyé au Tong-Kin. Maintenant M. Garnier prend illégalement les titres de Délégué de son gouvernement, chargé de régler les affaires relatives au commerce, commandant supérieur des forces militaires. Il ne convient pas à un simple envoyé de se grandir ainsi. De plus, au début, il aspire à se rendre célèbre et à se faire un nom en chassant Dupuis; maintenant il n'en fait rien, il veut de sa propre autorité décider l'ouverture du commerce et s'intitule lui-même le protecteur du Tong-Kin. Il songe à usurper un territoire pour permettre aux commerçants de toutes les nations d'y venir et de s'installer dans les maisons des habitants auxquels il dit de trompeuses paroles. Il va jusqu'à faire aux gens une proclamation en dix articles, dans laquelle il se trouve des choses injustes, mensongères, contraires à la raison..

« On ne peut certainement pas permettre à un simple envoyé de se créer instantanément une idée et de la mettre à exécution de suite. Les ambassadeurs sont encore à Saïgon, je désire qu'ils s'entendent avec Votre Excellence pour examiner, discuter et décider les articles du traité de paix.

« Je n'ai pu me dispenser de communiquer à Votre Excellence toutes ces réflexions en la suppliant de remettre l'ouverture du commerce jusqu'au moment de la conclusion du traité. Je prie également Votre Excellence de faire rapidement parvenir une lettre à votre envoyé pour lui ordonner de s'en aller et de retourner à Saïgon......»

Survient la prise d'Hà-Noï. Le 26 Novembre, la cour de Hué témoigne sa stupéfaction de la prise de cette ville :

«...... Il y a maintenant plus de dix années, dit-elle, que nos deux royaumes sont unis entre eux par une paix profonde... Depuis que nos ambassadeurs sont à Saïgon, de part et d'autre, il n'y a jamais eu de soupçons ni de difficultés. Il n'y a que l'affaire relative à l'ouverture du commerce que Votre Excellence veut terminer au plus vite et pour laquelle nous ne trouvons pas encore que le moment soit opportun...

« Je ne sais quelle peut être la lettre que Votre Excellence dit avoir envoyée à M. Garnier, ni ce que signifient les paroles de M. Garnier qui prétend qu'il se conforme aux ordres de Votre Excellence. L'intention de Dupuis est certainement d'amener d'autres bâtiments pour continuer les affaires qu'il a commencées. M. Garnier voit maintenant les choses de ses propres yeux et ne fait absolument rien pour s'y opposer et régler tout cela. Comment Votre Excellence peut-elle consentir à garder le silence et à ne pas se montrer surprise ?... Je vous adresse cette lettre en vous priant d'envoyer au plus vite une lettre très-pressée à M. Garnier pour lui ordonner d'avouer ses torts, pour rappeler tous les bâtiments de guerre et faire donner des ordres à Dupuis ainsi qu'à tous les autres bateaux nouvellement arrivés de se retirer et de sortir en mer, en attendant qu'on soit d'accord et qu'on discute ensemble pour aviser. Si l'on se tait de nouveau en cherchant quelque raison pour en arriver à ne pas partir, ce serait certainement au grand détriment de l'alliance et de l'amitié de nos deux royaumes......»

Il est facile de voir l'esprit qui anime toutes ces lettres. Depuis longtemps la cour de Hué est en possession des lettres de l'amiral qui, au sujet de ses intentions, ne laissent aucun doute, mais elle semble paraître les ignorer. Adressant ses critiques à M. Garnier, elle atteint l'amiral sans qu'il puisse s'en fâcher. C'est de la diplomatie tout orientale.

L'amiral répond immédiatement à la cour de Hué que, malgré l'imprudence commise en laissant à la tête des affaires du Tong-Kin, au moment où des Français allaient y venir, un homme connu de tous pour être notre ennemi implacable, la cour de Hué était seule responsable de ce conflit. L'amiral ne parle pas de rendre la citadelle d'Hà-Noï; mais il dit que ce malheureux incident ne modifie en rien ses intentions et ne change rien aux conditions auxquelles il était prêt à traiter auparavant. *Cela doit faire désirer, au contraire, de conclure plus promptement un traité indispensable qui aplanira les difficultés présentes et préviendra les difficultés futures.* Il dit encore que la France n'a aucune prétention sur le Tong-Kin, qu'elle désire y faire régner la tranquillité, y voir fleurir l'agriculture et le commerce sous la domination de l'Annam. Il engage donc instamment le gouvernement à conclure ce traité, car la situation équivoque créée par les événements ne peut se prolonger sans danger pour son autorité. *M. Garnier, se trouvant momentanément forcé de prendre des mesures pour assurer la tranquillité du pays, il faut faire cesser le plut tôt possible cette nécessité; elle ne cessera que par le traité.*

« Si à mon grand regret », dit-il à la cour de Hué, « malgré mes plus grands efforts, mes plus instantes prières, le gouvernement reste sourd encore cette fois à ma voix, je serai obligé de prendre des mesures pour assurer l'indépendance du Tong-Kin ».

Voilà qui est concluant et qui démontre bien que Francis Garnier s'est conformé en toutes circonstances aux instructions de l'amiral.

Le 28 novembre, la cour de Hué écrit à l'amiral et se plaint plus amèrement que jamais de son envoyé, tout en consentant à lui envoyer des ambassadeurs pour traiter avec lui.

« Je ne savais pas », dit-elle, « que l'intention de M. Garnier fût d'agir si rapidement dans des questions sur lesquelles nous ne sommes véritablement pas encore d'accord... Quant à ses paroles au sujet de la remise immédiate de la citadelle et la discussion de toutes les choses relatives aux tarifs commerciaux faite avant d'arriver à une entente réciproque et à une convention qui satisfasse les lois des deux royaumes, il pourra s'entendre et délibérer avec notre délégué, notre envoyé et les nouveaux fonctionnaires de la province d'Hà-Noï, et je devrai être informé de ce que votre envoyé aura préparé par une réponse immédiate.....».

Dans son rapport au Ministre de la marine, l'amiral Dupré approuve, bien entendu, la prise d'Hà-Noï et la conduite de son envoyé. Il réclame pour lui le grade de capitaine de frégate.

« M. Garnier est arrivé au Tong-Kin le 1er novembre et à Hâ-Noï le 5; il y a été bien reçu par les autorités envoyées de Hué pour s'entendre avec lui; très-froidement au contraire, par le vieux maréchal Nguyen entre les mains duquel étaient concentrés tous les pouvoirs. Cet ennemi acharné des Français n'a pas tardé à révéler d'une manière de plus en plus apparente ses mauvais desseins. L'hostilité, sourde d'abord, est devenue manifeste; il a ordonné des levées d'hommes, les a appelées à Hâ-Noï, il a fait pousser avec la plus grande activité des travaux de fortifications entrepris à 4 kilom. de la citadelle, déclarant hautement qu'il était placé au-dessus des ordres du gouvernement et qu'il n'agirait qu'à sa guise.

« M. Garnier lui a fait et fait faire des représentations qui toutes sont restées vaines et qui semblaient exciter l'ardeur avec laquelle il poursuivait les préparatifs. Le « Scorpion » auquel, après avoir appris la perte de l'« Arc », j'avais donné l'ordre de se rendre de Hong-Kong au Tong-Kin, et l'« Espingole », sont arrivés fort à propos pour permettre à M. Garnier d'adresser à Nguyen une mise en demeure en règle, de suspendre ses préparatifs militaires et ses actes d'hostilité contre des Français venus en amis à la demande de son gouvernement.

« Cette démarche est restée sans effet comme les précédentes. Encore quelques jours et M. Garnier risquait d'être jeté dans le fleuve avec la poignée d'hommes qui l'accompagnait. Le seul moyen d'éviter ce danger imminent était de le prévenir. M. Garnier s'y est décidé à la dernière extrémité, sachant combien le gouvernement français était opposé à tout acte de violence de nature à compliquer ses rapports avec l'Annam. Il n'a cédé qu'à une absolue nécessité, j'en suis convaincu, en déclarant au maréchal que si le 19 toute manifestation hostile n'avait pas cessé, il attaquerait la citadelle le 20... (Suivent les détails de la prise d'Hâ-Noï.)

« Après ce coup de main, M. Garnier soutenu par une grande partie de la population, par les Chinois et par les chrétiens en masse, a pris les mesures nécessaires pour maintenir la tranquillité : il a fait répandre et afficher des proclamations expliquant la nécessité dans laquelle on l'avait placé; son acte de vigueur était un acte de légitime défense; il restait l'allié et l'ami du gouvernement annamite; il invitait toutes les autorités à attendre à leurs postes les ordres du gouvernement et les populations à l'obéissance............................ ».

Après cette lettre, l'amiral disait au Ministre qu'à l'heure où il écrivait, il ignorait encore les conséquences de cet événement sur la cour de Hué, mais que, si elle n'était pas encore disposée à signer son traité, il prendrait des mesures pour assurer l'indépendance du Tong-Kin. Ces mesures seraient la proclamation de la souveraineté d'un des membres de la famille Lê, dont le vice-roi de Canton désirait la restauration. Il dit qu'il a recommandé cette solution à M. Garnier.

Pendant ce temps, Francis Garnier conquiert les villes du Delta pour assurer ses communications avec la mer et détruire la résistance que cherchent à établir les partisans de Hué. C'était une conséquence forcée de la prise d'Hâ-Noï.

Le 7 Décembre, M. Bain, commandant militaire à Hâ-Noï, écrit à Garnier :

« ..... Dans la lettre que je vous ai expédiée hier soir, j'avais oublié de vous parler d'un très-important message reçu de Hué. La noble cour accepte le traité de commerce, mais vous prie de mettre à la raison les flibustiers qui se sont emparés de la citadelle. Elle vous envoie deux mandarins qui sont je ne sais où, pour traiter. Un autre paquet renferme votre correspondance avec Hué et enfin une lettre de l'amiral.

« ..... L'évêque a reçu une proclamation de Hué essayant de rallier les troupes chrétiennes à la cause des mandarins ».

On voit encore ici un exemple de cet esprit annamite que j'ai signalé plus haut. La cour de Hué prie M. Garnier de mettre à la raison les flibustiers qui se sont emparés de la citadelle ! C'est une manière d'appeler Garnier flibustier sans le lui dire directement.

Le 17 décembre, Garnier écrit de Ninh-Binh à M. Bain :

« Je suis parti hier de Nam-Dinh avec l'« Espingole » et je suis arrivé à temps ici pour recevoir Mgr Sohier. L'envoyé principal de Hué arrive aujourd'hui et je l'attends pour continuer ma route pour Hâ-Noï. La prise d'Hâ-Noï a fait expédier par Hué des pleins pouvoirs aux ambassadeurs de Saïgon (il le croyait). Le traité commercial et le protectorat sont admis en principe. Nous parviendrons donc, en peu de jours, je l'espère, à une solution pacifique et satisfaisante.

« Je désire que l'envoyé de Hué soit reçu à Hâ-Noï avec les plus grands honneurs. Un piquet de vingt hommes en armes le recevra au quai de débarquement. Un salut de sept coups de canon sera fait par la citadelle.....

« Faites faire une proclamation adressée non-seulement à la province d'Hâ-Noï, mais à tout le Tong-Kin et revêtue de mon cachet, annonçant l'arrivée des ambassadeurs de Hué munis de pleins pouvoirs et invitant tout le monde à rester en paix jusqu'à ce qu'un traité ait réglé toutes les questions pendantes. Vous ajouterez en même temps que toutes les mesures commerciales prises, tous les nouveaux administrateurs nommés seront maintenus et que *la protection de la France s'étendra à perpétuité sur les populations du Tong-Kin.*

« Agréez, etc. ».

Devant la ferme attitude de l'amiral, la cour de Hué n'est pas éloignée de signer le traité si vivement désiré ; mais elle désire avant tout que M. Garnier rende les citadelles.

Le 2 décembre, elle écrit à l'amiral Dupré :

« Je prie Votre Excellence d'envoyer rapidement à son envoyé l'ordre de se conformer à notre désir. Si on apportait un seul jour de retard et que votre envoyé continuât à occuper indûment la citadelle, je craindrais au fond de mon cœur que cela ne rende difficile la prompte conclusion du traité et qu'on ne puisse compter bientôt sur la réalisation des espérances déjà anciennes de Votre Excellence, ce qui ne manquerait pas de l'affliger profondément.....»

Les Annamites paraissent donc disposés à traiter. L'amiral dit aux ambassadeurs qui sont auprès de lui à Saïgon qu'une fois le traité signé il rétablira l'autorité de la cour de Hué au Tong-Kin.

Les ambassadeurs se déclarent prêts à signer le traité, mais on s'aperçoit, au dernier moment, qu'ils n'ont aucun pouvoir !... Il faut que l'un d'eux parte les chercher à Hué ; l'amiral consent à le faire accompagner par un de ses officiers pour rassurer le gouvernement annamite.

Nous arrivons ici à la pierre d'achoppement qui doit faire renverser tout cet édifice péniblement élevé ; nous voulons parler de l'apparition de M. Philastre sur la scène politique. Il fallait à l'amiral Dupré une personne sympathique aux Annamites pour aller à Hué. Cette personne était toute trouvée : c'était M. Philastre, lieutenant de vaisseau et inspecteur des affaires indigènes en Cochinchine, bien connu dans toute la colonie pour ses sentiments favorables aux Annamites.

L'amiral Dupré fait donc venir M. Philastre et lui explique ce qu'il attend de lui. Il devra rassurer la cour de Hué sur les intentions de l'amiral et sur la prise des villes du Tong-Kin par Garnier. L'amiral ne demande que son traité ; que la cour de Hué signe celui-ci et il rappellera Garnier. M. Philastre refuse cette mission. Il ne veut pas aller jouer un tel rôle auprès des Annamites et les endormir par des promesses pendant qu'on fait la conquête de leur pays.

Ici se place un incident des plus délicats que nous croyons devoir passer sous silence, quant à présent. Disons seulement que le 10 décembre, au matin, M. Philastre, accompagné du deuxième ambassadeur, quittait Saïgon, à bord de l' « Antilope », pour se rendre à Hué, et *seulement à Hué,* pour rassurer les Annamites et obtenir des pleins pouvoirs pour les ambassadeurs, bien convaincu que l'amiral n'avait jamais songé à prendre le Tong-Kin et que Garnier avait outrepassé ses pouvoirs.

Vingt-quatre heures après le départ de l'«Antilope», le 11 décembre, le « Décrès » quittait la rade pour le Tong-Kin, emportant tout ce que Garnier avait demandé à l'amiral pour assurer sa conquête : un administrateur des affaires indigènes, M. Moty, des fusils pour armer ses miliciens et cent cinq hommes.

M. Philastre est très-mal reçu à Hué par les Annamites auxquels il vient rendre compte du but de sa mission. « Vous êtes un traître », lui dit-on, « vous venez pour nous tromper en voulant nous faire croire que l'amiral est notre ami ». M. Philastre proteste en disant que Garnier a trompé l'amiral. Rien n'y fait. M. Philastre est menacé et on lui dit :

> « Puisque l'amiral ne demande que son traité, nous sommes prêts à le lui signer des deux mains ; mais nous ne pouvons pas signer un traité de paix et d'amitié pendant qu'on nous fait la guerre au Tong-Kin. Si nous donnons les pouvoirs que réclame l'amiral pour nos ambassadeurs, Garnier aura le temps de prendre tout notre pays pendant que ceux-ci se rendront à Saïgon, et alors à quoi servira le traité ? Ce qui presse le plus en ce moment, c'est d'aller arrêter Garnier qui nous prend tous les jours de nouvelles villes. Partez vous-même, puisque vous vous dites notre ami, allez remplir cette mission avec l'ambassadeur qui vous accompagne, ensuite on signera le traité que réclame l'amiral ».

Voilà comment M. Philastre partit directement pour le Tong-Kin, *envoyé en mission par la cour de Hué !*

Le « d'Estrées », venu de Hong-Kong pour remplacer l'« Antilope », était à sa disposition dans la baie de Tourane. M. Philastre donna ordre au commandant Didot de le conduire au Tong-Kin.

On sait maintenant qu'il y arriva au moment où Garnier venait d'être tué. On connaît sa politique et comment l'œuvre de Garnier a été détruite.

Une fois au Tong-Kin, M. Philastre n'eut rien de plus pressé que de relever lui-même, de sa propre main, sur les registres, toute la correspondance de Garnier et celle échangée avec Saïgon. Il vit alors que Garnier n'avait pas outrepassé ses pouvoirs.

CHAPITRE XIV.

Le traité. — Séquestration de mon expédition La voie du Fleuve Rouge est fermée au commerce. — Massacres au Tong-Kin.

J'engage Mgr Puginier à partir pour Saïgon pour arrêter l'évacuation. — Je pars pour Saïgon. — Ma réception par l'amiral Dupré. — Mes instructions à mes officiers. — Promesses de l'amiral Dupré. — Affaire des jonques. — Lettre du vice-roi de Canton. — Le colonel de Trentinian. — Nouvelle entrevue avec l'amiral : il croit à la bonne foi des Annamites, il me promet des compensations. — Mon expédition est séquestrée à Haï-Phong. — Convention entre M. Philastre et les Annamites. — L'amiral me propose de m'autoriser à commercer de suite avec le Yûn-Nân. — Le docteur Harmand. — M. Vinson. — L'amiral me fait proposer une nouvelle compensation. — Arrivée du « d'Estrées ». — Les lettrés appellent la population au massacre des chrétiens. — Lettre de Lieou-yuen-fou. — Les ambassadeurs refusent à l'amiral de m'indemniser. — Intervention de M. Macaire. — Concessions de l'amiral pour obtenir le traité. — J'écris à l'amiral. — Je vois l'amiral qui me sacrifie pour obtenir le traité. — Signature du traité. — Départ de l'amiral Dupré. — L'amiral Krantz. — Sa bonne volonté à mon égard. — Départ des ambassadeurs annamites. — Signature du traité de commerce. — L'amiral Krantz ne peut rien pour l'ouverture du fleuve Rouge. — Mon départ pour Canton. — Je rentre à Saïgon. — On débande mon personnel. — J'arrive à Haï-Phong le 20 octobre. — On m'empêche de remonter au Yûn-Nân. — L'amiral Duperré. — Ma lettre à l'amiral Duperré. — Réponse de l'amiral Duperré. — Les Lê, appelés aux armes par F. Garnier, sont traqués par les troupes françaises. — Situation du Tong-Kin en juin 1874. — Lettre de M. Lasserre. — L'article 2 du traité de Saïgon. — Le fleuve Rouge moins accessible que jamais. — L'influence française dans le royaume de Luang-Prabang. — Vœu du *Congrès international de Géographie commerciale*.

20 Janvier. — Je me rends ce matin chez Mgr Puginier pour l'engager à partir pour Saïgon afin d'empêcher l'amiral de suivre les conseils de M. Philastre qui ruine l'influence française au Tong-Kin. A tout prix il faut arrêter l'évacuation d'Hâ-Noï et obtenir la protection de tous les partisans de Garnier qui ne peuvent sans cela échapper au massacre. Je trouve Mgr Puginier accablé par la douleur, il vient de recevoir des nouvelles de l'intérieur qui sont de plus en plus désolantes ; il me dit qu'il lui est impossible de quitter ses chrétiens dans un tel moment ; on l'accuserait de les abandonner après les avoir compromis. Lorsque Garnier fit un appel à la population du Tong-Kin, lui

LES ÉVÉNEMENTS DU TONG-KIN.   279

promettant en retour la protection de la France, un grand nombre de chrétiens vinrent trouver Mgr Puginier pour lui demander s'ils pouvaient sans danger prêter leur concours à M. Garnier, et l'évêque français, sans les engager, leur répondit cependant qu'ils n'avaient rien à craindre en entrant au service de Garnier, puisque derrière Garnier il y avait la France.

On conçoit maintenant la situation de l'évêque vis-à-vis de ces Tongkinois que l'on pourchasse aujourd'hui partout comme des bêtes fauves, et l'idée que le peuple doit se faire de la France qui, par la bouche de ses représentants, l'assure de sa protection et l'abandonne ensuite après l'avoir compromis.

Il faut cependant que quelqu'un de nous se rende à Saïgon, auprès de l'amiral, pour lui faire connaître cette horrible situation. Puisque Mgr Puginier ne peut quitter le Tong-Kin, il faut que je laisse toutes mes affaires ici à la garde de Dieu, pour aller défendre à Saïgon les intérêts de tout un peuple qu'on égorge pour avoir eu confiance en nous : il est décidé que le P. Dumoulin m'accompagnera.

Je rentre promptement chez moi et fais prévenir le « Mang-Hâo » de retarder son départ pour nous attendre ; mes préparatifs sont bientôt faits, une petite valise pour contenir mon linge et un costume de rechange composent tout mon bagage. Je donne l'ordre à mes gens de garder le *statu quo* à Hâ-Noï jusqu'à mon retour, quoi que puisse faire ou dire M. Philastre, et nous nous embarquons à 11 heures du matin.

L'escorte que le maréchal Mâ, m'a donnée pour assurer la protection de la route vient me conduire jusqu'au fleuve, enseignes déployées. Les officiers et Ly-ta-laô-yé m'accompagnent jusqu'à bord du «Mang-Hâo».

Au moment où je mets le pied sur le pont, le « Hong-Kiang » fait un salut de trois coups de canon, comme il est d'usage en Chine.

Il y a, à bord, les soixante hommes de troupes de débarquement du « Décrès » et leurs officiers, MM. Hautefeuille et Perrin. Il s'y trouve aussi Mgr Sohier et son secrétaire, qui rentrent à Hué, M. Moty administrateur demandé par Garnier, qui retourne à Saïgon par ordre de M. Philastre, et M. Balézeau, qui va reprendre son commandement à bord du « Décrès ».

A 7 heures du soir, nous trouvons l' « Antilope » dans le Cua-Loc, à 4 ou 5 milles du fleuve, qui doit nous prendre pour nous conduire à la mer, pendant que le « Mang-Hâo » transbordera son chargement pour remonter à « Hâ-Noï ».

Vers 10 heures, arrive vers nous un missionnaire annamite, c'est le P. Six, plus mort que vif. Il vient du côté de Nam-Dinh et nous raconte que les populations qui se sont montrées sympathiques aux Français ne savent plus où se réfugier : les malheureux sont poursuivis, pillés et incendiés ; bien peu échappent au massacre. Il y a déjà plus de quatre-vingts villages de brûlés de ce côté.

21 Janvier. — A 10 heures du matin, le transbordement étant terminé, l' « Antilope » se met en route. Le pauvre missionnaire annamite, ne sachant où donner de la tête, descend le fleuve avec nous. A 4 h. 1/2 du soir, nous mouillons à la sortie du Thaï-Binh, pour passer la nuit. Un missionnaire espagnol vient à bord et nous apprend que cette partie de la province est tranquille en ce moment. Le missionnaire annamite, un peu rassuré, quitte notre navire pour se rendre à la résidence espagnole.

25 Janvier. — Après nous être embarqués le 22 janvier à 9 h. du soir sur le « d'Estrées », nous sommes venus mouiller le 24 au soir, dans la petite baie de Chou-May, qui se trouve entre Hué et Tourane. Mgr Sohier et son secrétaire nous quittent ici ce matin. Il leur reste à franchir une petite colline pour s'embarquer sur un lac qui les mènera à Hué avant la nuit.

27 Janvier. — A une heure du soir, le « d'Estrées » jette l'ancre devant Saïgon. Le commandant, M. Didot, descend immédiatement à terre pour aller prendre les instructions de l'amiral et nous prie d'attendre son retour. Un instant après, il revient pour nous dire que l'amiral nous attend, le P. Dumoulin et moi. Nous partons ensemble ; l'amiral s'avançant me tend la main et me reçoit très-bien, mais il n'en est pas de même pour le P. Dumoulin. Cela me fait beaucoup de peine, car je sais celui-ci très-timide. L'amiral lui dit des choses très-dures pour Mgr Puginier, auxquelles le P. Dumoulin, tout interdit, n'ose presque pas répondre. J'ai pris alors la parole pour défendre l'évêque, accusé par M. Philastre, sans aucun doute, d'avoir voulu faire de la politique en faveur de ses chrétiens : malgré tout ce que j'ai pu dire à l'amiral, des massacres des Tongkinois et de la politique malheureuse de M. Philastre, il ne veut rien entendre. L'amiral regrette les représailles dont les Tongkinois ont été victimes, mais tout est fini maintenant selon lui et les mandarins annamites prennent des mesures pour empêcher que ces représailles se poursuivent davantage ; quant à l'évacuation du Tong-Kin, il approuve ce qu'a fait M. Philastre et il est comme lui d'avis de rendre la ville d'Hâ-Noï.

« Les Annamites se mettent complétement dans nos mains, me dit l'amiral. Ils acceptent toutes les clauses du traité et mettent leur pays sous la protection de la France ; ils ouvrent leurs ports au commerce étranger et permettent la libre circulation sur le fleuve Rouge, de la mer au Yûn-Nân. Il ne faut pas trop les humilier aux yeux de leur peuple ».

J'ai dit à l'amiral qu'on le trompait et que les Annamites étaient de mauvaise foi, qu'ils n'exécuteraient jamais ce traité ; rien n'a fait. L'amiral tient la bonne foi des Annamites pour la meilleure du monde.

M. Philastre et le deuxième ambassadeur annamite doivent être ici dans vingt jours pour signer le traité.

31 *Janvier*. — Je déjeune aujourd'hui avec un membre influent de la colonie, M. Jouslain (1), procureur de la République. Il me dit que l'amiral ne veut écouter personne et qu'il paraît avoir pleine confiance dans M. Philastre et dans la bonne foi des Annamites.

Un bateau part demain pour le Tong-Kin ; mais il m'est impossible de quitter Saïgon, sans avoir obtenu une solution. J'écris à mes gens que je n'ai pu encore rien obtenir de l'amiral qui accepte tout ce qu'a fait M. Philastre et que, d'après lui, le traité doit être signé dans vingt jours au plus tard. Quoi qu'il arrive, et dans le cas où les Français évacueraient Hâ-Noï, je dis à mon personnel de rester à son poste. Il n'a d'ordre à recevoir que de moi et personne n'a le droit de nous faire quitter le pays où nous sommes légalement.

3 *Février*. — M. le colonel de Trentinian (2) me dit qu'il n'y a rien à faire pour détourner l'amiral Dupré de ses projets. Il semble croire à la bonne foi des Annamites, et, ce qu'il veut, c'est obtenir le traité qu'il désire.

6 *Février*. — J'ai vu aujourd'hui l'amiral Dupré ; il m'a très-bien reçu et m'a promis de faire son possible pour obtenir des compensations pour le préjudice que m'occasionnent les mesures prises par M. Phi-

---

(1) Aujourd'hui consul de France à Osa-Ka et Kobé (Japon).
(2) Aujourd'hui général commandant supérieur en Cochinchine.

lastre, en vue d'amener la signature d'un traité. Entre autres compensations, il parle d'obtenir pour moi le monopole du commerce avec le Yûn-Nân, pendant un certain laps de temps ; il ne doute pas un seul instant que les Annamites signent le traité tel qu'il l'a élaboré et qu'ils l'exécutent fidèlement, malgré tous les renseignements que j'ai pu lui donner sur leur compte.

13 *Février*. — Ouang-ce-yé, mon deuxième secrétaire, me dit qu'il est parvenu ici des plaintes de Hong-Kong, contre le commandant Didot, pour avoir brûlé des jonques au Tong-Kin (1). Une partie de ces jonques appartenaient au port de Macao. Les propriétaires font des

(1) Voici comment cette affaire s'est produite, suivant les officiers qui me l'ont racontée :

« Le 27 décembre 1873, vers deux ou trois heures du soir, le « d'Estrées » portant M. Philastre et l'ambassadeur annamite vint mouiller à la Cat-Ba, près du « Décrès », commandant Testard.

« Après une entrevue entre M. Philastre et le commandant Testard, le « d'Estrées », remontant le Cam, vint jeter l'ancre un peu au-dessous de Haï-Phong.

« Non loin de là étaient mouillées quantité de jonques chinoises, qui, à la nouvelle que le pays venait d'être ouvert par Garnier au commerce, étaient accourues charger du riz et diverses marchandises ; il y avait à bord environ deux cent cinquante hommes, matelots ou commerçants, tous préoccupés de leur service. Le restant des équipages était à terre.

— « Qu'est-ce que tous ces gens ? » demanda le commandant, par l'intermédiaire de M. Philastre.

« A cette question, l'ambassadeur annamite saisissant vivement l'occasion qui se présentait de nous brouiller avec la population, *répondit que ces gens étaient des pirates.*

« Convaincu qu'il avait à faire à des pirates, le commandant donna ordre aux embarcations de bord d'aller s'emparer des barques et de lui amener ceux qui les montaient.

« L'exécution suivit promptement l'ordre. On s'empara de ces malheureux ; trente-sept d'entre eux furent conduits à bord des embarcations et les autres, deux cents environ, furent entassés pêle-mêle sur la plus grande jonque et furent placés sous la surveillance et la conduite des embarcations qui devaient amener la jonque contre le « d'Estrées ».

« Il faisait déjà nuit quand cette opération fut terminée. Arrivée non loin du « d'Estrées » la jonque dut, sur un signe qu'on lui fit, s'apprêter à virer de bord pour venir s'amarrer à l'arrière. Pendant qu'elle accomplissait cette évolution, les embarcations qui l'escortaient rallièrent le « d'Estrées ».

« Cette retraite des officiers commandant les embarcations avait certainement pour but de favoriser la fuite de la jonque. Il répugnait à leur conscience de traiter en pirates de paisibles gens qui opposaient si peu de résistance à la violence qui leur était faite et qui commettaient l'invraisemblable imprudence

réclamations à l'amiral par l'intermédiaire de gens de Saïgon ; mais personne ici n'ose tenter une démarche auprès de l'administration dans la crainte de s'attirer des désagréments.

15 *Février*. — Je reçois aujourd'hui une réponse du vice-roi de Canton à la lettre que je lui ai adressée par l'entremise de M. Dabry de Thiersant, consul de France. Cette lettre est très-élogieuse pour moi. Le vice-roi de Canton ne comprend rien à la politique des Français au Tong-Kin. Il espère, du moins, que justice me sera rendue et que le fleuve Rouge sera bientôt ouvert au commerce.

16 *Février*. — M. le colonel de Trentinian me dit que l'amiral vient de recevoir une lettre de M. Philastre, par la voie annamite; il accepte toujours tout ce qui se fait au Tong-Kin. Cette lettre est datée de Hâ-Noï, 25 janvier. M. de Trentinian ne parle plus de rien à l'amiral ; car celui-ci s'emporte, en prétendant que tout le monde lui en veut et se met contre lui.

20 *Février*. — L'amiral m'a écrit pour me prier de passer chez lui à 3 heures. Je m'y rends accompagné de M. Millot. Il me parle de la

---

de venir ainsi exercer leurs prétendues rapines sous le canon des navires de guerre.

« La jonque manqua le « d'Estrées » dans son mouvement ; elle tirait une bordée, probablement pour revenir ensuite ; mais soit que le courant l'entraînât, soit qu'elle voulût effectivement s'échapper, on la vit s'éloigner insensiblement, à travers l'obscurité.

« Le commandant entra aussitôt dans une violente colère contre les officiers qui avaient abandonné la jonque, et pour ne pas laisser échapper ceux qu'il prenait pour des pirates, il prit un moyen tout simple ; il ordonna de charger les canons et de couler la jonque. Celle-ci s'éloignait toujours et la nuit devenue plus épaisse lui donnait l'aspect d'une vague forme noire flottant sur les eaux. Le feu des batteries fut dirigé sur cette masse sombre, et bientôt, aux bruits répétés des détonations répondirent d'épouvantables clameurs venues du fond des ténèbres. La fumée des canons acheva de voiler aux yeux cette lugubre scène et la jonque disparut dans l'obscurité. Que devint-elle ? Nul ne le sait. Fut-elle coulée ? Parvint-elle à fuir ? L'une et l'autre version compte des partisans parmi les officiers.

« Quant aux trente-sept malheureux amenés à bord des embarcations, ils furent tous pendus le lendemain. Un seul échappa et ne dut son salut qu'à la faveur d'un acquit de droit de port qu'il avait rapporté de Saïgon.

« Les jonques, au nombre de vingt-sept, furent prises et brûlées. Elles contenaient du riz, de l'opium et de la soie achetée au Tong-Kin ».

Voilà où nous conduisent les excès de zèle pour ces Annamites dont nous sommes maintenant les très-humbles serviteurs.

lettre que j'ai reçue du vice-roi de Canton et dont il a connaissance par le consul de France. Nous causons ensuite des affaires du Tong-Kin au point de vue général. Il est enthousiasmé plus que jamais de son traité et revient encore sur la bonne foi des Annamites ; il me dit que ceux-ci se reconnaissent impuissants et qu'ils se mettent dans nos mains, il répète toujours qu'il ne faut pas trop les humilier aux yeux de leur peuple. Quant à moi, selon lui, je ne perdrai rien ; dans quelques jours je pourrai reprendre mes affaires avec le Yûn-Nân sous la protection d'un traité, et en toute sécurité ; pour les indemnités qui me sont dues, je recevrai en compensation des priviléges et des monopoles très-étendus, dont je n'aurai pas à me plaindre bien certainement, et puis j'aurai tout naturellement les affaires de tout le pays des *peuples indépendants*.

21 *Février*. — A 9 heures du soir, le « Saltee », de la Compagnie Larrieu et Roque, arrive du Tong-Kin. M. Roque, qui est à bord, me remet une lettre de M. Dercour, mon fondé de pouvoirs au Tong-Kin en mon absence ; il me dit en parlant de mon personnel que tout le monde va bien, mais il évite de me donner le moindre renseignement sur ce qui se passe au Tong-Kin.

M. Dercour m'apprend une triste nouvelle : toute mon expédition est séquestrée à Haï-Phong sous la surveillance des troupes françaises. Il ne reste plus à Hâ-Noï que le « Hong-Kiang » et la jonque, qui attendent qu'il y ait assez d'eau pour redescendre.

M. Philastre a demandé que nous nous retirions avec les troupes françaises jusqu'à la signature du traité, en vertu d'une convention qu'il a passée avec les Annamites : il dit que dans vingt ou vingt-cinq jours nous pourrons circuler librement sous la protection d'un traité, mais que, pour le signer tel que le désire l'amiral, les Annamites demandent cette satisfaction. Si nous refusons de nous retirer avec les troupes françaises sur le bord de la mer, nous empêcherons la conclusion du traité, et dans ce cas M. Philastre ne sait pas comment l'amiral prendra la chose, et comment il accueillera dès lors les demandes d'indemnité que nous aurons à lui adresser contre les Annamites.

M. Dercour me dit qu'il a cru bien faire en obtempérant à la demande de M. Philastre, afin qu'on ne puisse nous adresser le reproche d'avoir entravé la signature d'un traité qui est avantageux, dit-on, pour la

France ; il m'adresse une copie de l'art. 14 de la convention signée entre M. Philastre et les Annamites.

Ce que je vois de plus clair dans tout cela, c'est que M. Philastre est complétement dans les mains des Annamites. Je n'approuve pas la conduite de M. Dercour ; j'aurais attendu qu'on employât la force pour nous chasser d'Hâ-Noï, et dans ce cas j'aurais remonté dans le haut du fleuve où les Annamites n'ont aucun accès.

Dans cette convention on trouve le passage suivant :

« Les Français s'établissent à Haï-Phong, afin de protéger le royaume annamite contre ceux qui voudraient pénétrer dans l'intérieur du pays contrairement aux lois du royaume, et pour forcer les navires d'un certain Dupuis à demeurer au port jusqu'à la conclusion du traité, *au cas qu'il y ait une stipulation autorisant les Européens à venir faire le commerce au Tong-Kin* ».

L'article 14 de cette convention est ainsi conçu :

« Le certain Dupuis, ainsi que les Français et les Chinois qui l'accompagnent, quitteront la ville de Hâ-Noï avant les troupes françaises, et se rendront à Haï-Phong, conduits par un officier français ; ils attendront là que le fleuve soit ouvert au commerce. Le navire de Dupuis, appelé « Hong-Kiang » et qui cale trop d'eau pour descendre le fleuve, demeurera provisoirement à Hâ-Noï, sous la garde du résident.

« Si Dupuis veut quitter le Tong-Kin et se rendre au Yûn-Nân en remontant le fleuve par Hung-Hôa, il priera le résident de demander pour lui l'autorisation aux mandarins de Hâ-Noï, déclarant au préalable le nombre de ses navires et des personnes qui les montent. Ces gens, tant Européens que Chinois, ne devront pas être plus de soixante-cinq, sans compter les annamites qui seraient employés à ramer ; le nombre des bateaux ne pourra pas dépasser dix. Dans ces conditions, les mandarins de Hâ-Noï délivreront un passeport pour le pays soumis à l'Annam : dans les lieux occupés par les rebelles où il n'y a pas de troupes annamites, Dupuis se tirera d'affaire comme il pourra. Il n'aura de munitions de guerre que pour sa défense personnelle, et ne devra pas en vendre ou en donner à qui que ce soit sur le territoire annamite. La quantité de ces munitions sera fixée par le résident, de concert avec les mandarins de Hâ-Noï. Une fois au Yûn-Nân, Dupuis ne reviendra plus au Tong-Kin avant l'ouverture du fleuve au commerce.

« Si au lieu d'aller au Yûn-Nân il se fixait en quelque endroit appartenant au royaume annamite sans en avoir l'autorisation, *les Français s'engagent à aller l'en chasser, et si c'est nécessaire, ils requerront le gouvernement annamite, qui de son côté enverra aussi des soldats* ». (6 Février 1874.)

Je donne cet article à méditer à tous ceux qui reprochent aux Français de ne pas avoir assez d'initiative dans les entreprises lointaines. Je ne puis en dire plus long ici.

22 *Février*. — Le P. Dumoulin a reçu des nouvelles du Tong-Kin par les missionnaires ; le collège n'a pas été incendié, mais, depuis notre départ, il y a eu un grand nombre de villages brûlés.

23 *Février*. — L'amiral m'écrit ce matin pour me prier de passer au cabinet du gouvernement vers 3 heures ; je m'y rends accompagné de M. Millot ; l'amiral me dit qu' « il n'est pas content des arrangements que M. Philastre a pris avec les Annamites, mais qu'il a pensé pour m'indemniser à une combinaison qui pourrait me convenir. Elle consisterait à obtenir des Annamites le pouvoir de faire le commerce avec le Yûn-Nân, en attendant l'ouverture officielle du fleuve Rouge qui n'aura peut-être lieu que dans huit mois ! Il retarderait autant qu'il pourrait cette ouverture pour que je puisse profiter le plus possible de ce privilége. De riches négociants chinois de Saïgon me paieraient assurément fort cher, pour faire passer, en mon nom, des marchandises par cette voie. Au besoin, je pourrais vendre ce monopole aux Chinois, qui feraient le commerce avec le Yûn-Nân en mon nom ».

Je réponds à l'amiral que cette combinaison vaut assurément quelque chose, mais pas autant qu'il le croit ; il me dit que les Annamites n'ont pas d'argent et qu'il sera bien difficile de me faire payer une indemnité en espèces. Je lui demande de me faire obtenir la concession de toutes les mines de Thaï-Nguyen pour une partie de ce que me doit le gouvernement annamite, ainsi que cela était déjà convenu avec F. Garnier. L'amiral me dit qu'il en causera avec l'ambassadeur et il me prie de lui remettre une note à ce sujet.

24 *Février*. — Je reçois la visite du docteur Harmand qui rentre en France. Ce dernier me dit que : « M. Philastre me ferait pendre, s'il le pouvait ». Il me dit encore qu' « aussitôt son arrivée en France, il fera connaître tout ce qui est arrivé au Tong-Kin et que rien au monde ne l'empêchera de dire la vérité ».

25 *Février*. — J'ai eu une longue conférence aujourd'hui, avec M. Vinson, avocat de l'administration, pour trouver une combinaison qui permette de m'indemniser d'une manière équitable. M. Vinson propose de retenir pendant dix ans 2 °/₀ sur le droit que prélèveront les Annamites sur le transit du Yûn-Nân ; il croit, comme l'amiral, que le

monopole du commerce jusqu'à l'ouverture officielle de la voie est une grosse affaire ; mais ces Messieurs ne se rendent pas compte du temps qu'il faut pour établir un courant d'affaires avec les entraves que les Annamites ne manqueront pas d'apporter.

26 *Février*. — Je suis souffrant depuis les dernières nouvelles du Tong-Kin. J'envoie M. Millot chez l'amiral pour lui demander s'il accepterait M. Vinson comme intermédiaire dans le règlement de mes affaires ; l'amiral accepte M. Vinson, tout en regrettant de ne pouvoir traiter avec moi directement. M. Millot étant entré dans quelques explications sur la situation actuelle, l'amiral lui reproche d'être un obstacle à un arrangement, en disant que sans lui il s'entendrait parfaitement avec moi.

27 *Février*. — Je vais voir M. Vinson pour lui fournir des explications sur la situation impossible qui m'est faite, par l'évacuation d'Hâ-Noï. Le soir, M. Vinson me dit qu'il a vu l'amiral et qu'il est assez content de son entretien ; il a parlé de me faire obtenir 120.000 piastres et 2 % pendant dix ans sur le transit avec le Yûn-Nân ; l'amiral a paru content de cette combinaison et a promis à M. Vinson de s'en occuper pour la faire accepter par les ambassadeurs annamites.

4 *Mars*. — Le « d'Estrées » est arrivé cette nuit venant du Tong-Kin. M. Lasserre qui était à bord est venu me voir avec un aspirant ; d'après ces Messieurs, l'émotion a été grande à Hâ-Noï quand on a vu mon personnel quitter la ville pour descendre à Haï-Phong.

M. Philastre et le deuxième ambassadeur, son ami, sont arrivés par le « d'Estrées ».

6 *Mars*. — La malle venant de France est arrivé à 5 heures du soir ; à bord se trouve l'amiral Krantz qui doit remplacer l'amiral Dupré, rappelé, dit-on, à cause des événements du Tong-Kin.

9 *Mars*. — On m'assure que le deuxième ambassadeur, Nguyen, l'ami de M. Philastre, ne veut pas signer le traité tel qu'il a été accepté par le premier ambassadeur Ly.

Mgr Charbonnier vient d'envoyer, par un de ses missionnaires, des proclamations affichées dans sa mission par ordre de la cour de Hué et qui engagent les lettrés à massacrer les chrétiens.

10 *Mars*. — « L'Antilope » arrive aujourd'hui du Tong-Kin ; le capitaine Georges m'écrit par ce bateau, pour me remettre une lettre en chinois de Lieou-yuen-fou. Ce bandit lui dit que :

« Les Chinois et les Annamites pourront remonter au Yûn-Nân, mais les Français, jamais, malgré le traité qu'ils signent en ce moment avec les Annamites. On peut signer tous les traités que l'on voudra pour commercer avec le Yûn-Nân, par le fleuve Rouge, mais lui, le grand homme Lieou, se charge de faire couper la tête à tous les Français qui voudront remonter au delà d'Hà-Noï ».

Ce bandit prend le titre de *Ti-teou-hien* qui équivaut au grade de général de division et que les Annamites lui ont conféré pour avoir assassiné Francis Garnier et quatre autres Français.

J'ai reçu ce soir une lettre de M. Vinson, qui me fait connaître la réponse de l'amiral au sujet des combinaisons qu'il avait tout d'abord approuvées. Les ambassadeurs annamites ne veulent entendre parler en aucune manière de mes affaires ; si l'amiral se figure que ceux-ci vont m'accorder quelque chose de bonne grâce, il se fait une grande illusion ; il paraît qu'ils disent qu'ils ont une lettre signée de moi qui prouve que je voulais prendre une partie du Tong-Kin, d'accord avec les rebelles chinois. Que signifie encore cette plaisanterie ?

11 Mars. — Je me rends chez M. Vinson et ne puis empêcher ma colère d'éclater au sujet de la réponse de l'amiral qu'il m'a transmise. Comment ! l'amiral ne peut rien faire pour moi, qui ai tout sacrifié à mon pays, parce qu'il veut avoir son traité et que les Annamites ne veulent pas entendre parler d'indemnités ?

M. Vinson est allé, avec M. Millot, voir M. Macaire, agent des Messageries maritimes et membre du Conseil privé. Celui-ci l'engage à voir l'amiral à 3 heures. Je remets à M. Vinson la copie de la lettre de Lieou-yuen-fou, celles du prince Hôang et de Ly, afin que l'amiral enfin apprenne à connaître les Annamites.

Je reçois la visite de M. Macaire qui me dit que les Annamites obtiennent de l'amiral ce qu'ils veulent.

12 Mars. — M. Vinson me dit aujourd'hui qu'il n'y a rien à faire, et que l'amiral aura de la peine à avoir son traité avant son départ fixé au 15 Mars ; il fait concessions sur concessions pour en finir. M. Vinson me conseille d'attendre le départ de l'amiral Dupré, pour voir l'amiral Krantz.

D'après ce que je vois, M. Vinson cherche à m'endormir.

Je suis tellement accablé de la situation qui m'est faite, que je ne puis prendre aucune nourriture de la journée.

J'écris une longue lettre à l'amiral pour le prémunir contre la mauvaise foi des Annamites, bien que cela soit bien inutile, puisqu'il ne veut écouter personne (1).

(1)   Saïgon, le 12 mars 1874.
    Monsieur le Gouverneur,

M. Vinson m'a transmis l'accusation portée contre moi par les ambassadeurs de la Cour de Hué, d'avoir proposé à des chefs de bandits de chasser les Annamites d'une partie du Tong-Kin pour nous emparer de concert de son territoire.

Je proteste formellement contre une pareille accusation, Monsieur le Gouverneur, et à mon tour j'accuse les ambassadeurs d'avoir porté contre moi une accusation calomnieuse, inspirée par l'intérêt que peut avoir le gouvernement de Hué d'opposer une fin de non-recevoir à mes justes et légitimes réclamations, inspirée par la malveillance et le désir de nuire en m'enlevant la protection de mon gouvernement.

Vous comprendrez, Monsieur le Gouverneur, qu'il ne m'est pas possible de rester sous le coup d'une pareille imputation dans les circonstances surtout où elle est produite, et quand la calomnie ou tout au moins l'imprudence vous en sera démontrée, j'ai la conviction que l'autorité française, sous le patronage de laquelle je me place, exigera, en même temps que la réparation de mes précédents griefs, une réparation de cette nouvelle et infâme injustice.

Je mets donc les ambassadeurs, je mets le gouvernement annamite au défi d'établir leur accusation et de produire aucun écrit de moi qui les autorise à la formuler.

Et j'attends de votre haute justice et de votre autorité, Monsieur le Gouverneur, que cette mise en demeure que je leur fais ici ne reste pas sans effets.

Vous me demandez des explications sur cette nouvelle accusation ; j'y oppose une dénégation absolue, entière, et n'ai donc pas à fournir d'explications.

Toutefois, je suis heureux d'avoir entre les mains des lettres authentiques de Ly, premier ambassadeur de Hué auprès de vous, et du prince Hôang, commandant en chef des forces annamites dans le Tong-Kin, qui établissent d'une manière péremptoire que mon action dans le Tong-Kin a été sans cesse dirigée, et quelquefois non sans succès, à débarasser le territoire du Tong-Kin des rebelles que les Annamites avaient été impuissants à repousser par la force.

Mon action, Monsieur le Gouverneur, j'en ai les preuves en mains, a toujours été conforme à l'intérêt et aux vœux de la France, dont je me suis constamment efforcé de servir la politique. M. Garnier le savait bien et je puis m'appuyer sur son témoignage.

Ce que j'ai voulu, tout ce que j'ai voulu c'est le droit de passage dans le Tong-Kin, pour me rendre dans le Yûn-Nân, et je n'avais rien à faire du Tong-Kin ou dans le Tong-Kin.

Voilà les explications que je puis vous donner, en vous en affirmant la parfaite sincérité.

Je ne veux pas clore cette lettre sans vous dénoncer, Monsieur le Gouverneur,

14 Mars. — J'ai vu aujourd'hui l'amiral Dupré. Toujours de bonnes promesses. Il n'a rien pu obtenir des Annamites, parce que je voulais prendre, paraît-il, leur territoire ; ils ont des lettres de moi qui le prouvent, par conséquent tout ce qu'ils ont fait contre moi était de légitime défense. Je reconnais bien là les Annamites. Mais comment admettre un tel argument, puisqu'il est trop évident que ceux-ci m'ont entravé au lendemain de la convention Senez, dès les premiers pas que j'ai fait au Tong-Kin. L'amiral me répond qu'il croit parfaitement mon dire, mais qu'il a été obligé d'accorder aux Annamites le temps nécessaire pour prouver ce qu'ils avancent ; que je serai en droit de leur deman-

que vous êtes trompé, non-seulement en ce qui me concerne, mais en ce qui vous concerne vous-même. Les Annamites du Tong-Kin (mais pas les Tongkinois) vous regardent, et avec vous tous nos compatriotes, comme des ennemis exécrables et exécrés, et tandis que les ambassadeurs négocient avec vous un traité de commerce et d'amitié, leux principaux chefs autorisés ne prennent pas la peine seulement de dissimuler l'exécration dans laquelle ils nous tiennent, nous Français, et ces Tongkinois qui nous ont témoigné leurs sympathies. Vous seriez seul à ignorer, Monsieur le Gouverneur, que tous ceux qui ont fait cortége à M. Garnier ou lui ont témoigné leurs sympathies sont voués à une persécution dont un grand nombre a déjà été victime.

L'expérience que j'ai de ce pays, les relations qui m'en arrivent, plus sincères que celles qu'on laisse parvenir jusqu'à vous, révèlent de la part des autorités annamites, dans le Tong-Kin, une attitude et des vues qui font que vos efforts pour croire à leur amitié jurent contre l'exécration dans laquelle ils tiennent tout ce qui touche à la France et à vous-même.

J'ai ici les mains pleines des preuves de ce que j'avance ; j'en ai une surtout dont je vous ai transmis la copie hier par M. Vinson. C'est une lettre de Lieou-yuen-fou, chef de bandits, condamné à mort en Chine, l'assassin de M. Garnier, l'envoyé de la France au Tong-Kin, et qui, en récompense sans doute de son crime, a été faite par le gouvernement annamite, au moment même où il signe le traité d'amitié, général de division, par la grâce de ses crimes envers des Français. Il est dit, dans cette lettre, que malgré le traité que les Français supplient la cour de Hué de leur accorder, pas un Français ne remontera dans le Yûn-Nân.

Je me devais, Monsieur le Gouverneur, je devais à la confiance que vous m'avez toujours témoignée, de vous dire toutes ces choses, au risque de me trouver en contradiction formelle avec ceux-là mêmes qui, par leur position officielle et par votre confiance envers eux, auraient dû vous les faire connaître.

Veuillez agréer, etc.,

Signé : **J. DUPUIS.**

der une nouvelle indemnité pour avoir ajourné le règlement de mes affaires après le traité, s'ils ne parviennent pas à faire la preuve dont il s'agit. Son traité sera signé demain et il s'embarquera après-demain pour la France. Une fois à Paris, il s'occupera de moi au ministère, et l'amiral Krantz fera ici de son côté tout ce qu'il pourra ; il le priera d'intervenir auprès des Annamites pour que je puisse reprendre mes affaires avec le Yûn-nân sans attendre la ratification du traité qui, d'ailleurs, aura lieu dans quarante ou quarante-cinq jours. L'amiral Krantz en sera avisé par télégramme, afin de lever les difficultés, au cas où les Annamites s'opposeraient à me laisser librement circuler sur le fleuve Rouge avant la ratification. Enfin l'amiral termine en m'assurant que mes intérêts ne souffriront pas de cette situation et que mon patriotisme sera largement récompensé dans l'avenir. Il me doit son traité et il ne l'oubliera pas.

Tout ce que je vois de plus clair dans tout cela, c'est que je suis sacrifié.

15 *Mars*. — M. Jouslain vient déjeuner avec nous et me dit que le traité sera signé ce soir, à cinq heures, en présence du Conseil privé ; l'amiral a été obligé de faire de nombreuses concessions, afin d'avoir son traité pour le départ de la malle ; car il ne peut rester plus longtemps à Saïgon où son successeur est arrivé depuis huit jours. Ce matin il s'est emporté contre les Annamites, et, après une dernière concession, on l'a entendu dire :

« C'est assez, je n'irai pas plus loin, signez, ou demain je pars non pour la France, mais pour le Tong-Kin, et nous verrons si vous vous moquerez de moi ! ».

A 5 heures 30 du soir, le canon gronde pour annoncer la signature du traité.

16 *Mars*. — La malle part à 2 heures 30, emportant l'amiral Dupré et son fameux traité.

Je me rends à la mission pour connaître les clauses du traité. Je trouve là M. Jouslain qui m'annonce que l'amiral Dupré a chargé son ami, M. Macaire, de me dire qu'il s'occuperait sérieusement de moi à Paris et qu'il m'avait chaudement recommmandé à l'amiral Krantz qui fera, pour m'obtenir des indemnités ou des compensations des Annamites, ce qu'il aurait fait lui-même s'il était resté.

Je me rends chez M. Macaire pour savoir exactement ce que l'amiral Dupré lui a dit, et je le trouve qui se préparait à venir chez moi pour cette même affaire ; il me raconte qu'il a demandé à l'amiral en prenant congé de lui dans sa cabine :

« Maintenant que vous avez votre traité, qu'allez-vous faire des Garnier et des Dupuis ? — Mon cher Macaire, lui a répondu l'amiral, ne m'en parlez pas, je ne les oublierai pas, soyez-en certain ».

C'est alors qu'il a chargé M. Macaire de me répéter ce que M. Jouslain m'a raconté il y a un instant. Une dernière fois l'amiral lui a dit : « Je compte sur vous pour rassurer Dupuis ».

Enfin l'amiral navigue pour la France avec son traité, et moi je reste ici pour obtenir l'élargissement de mon personnel séquestré à Haï-Phong et la libre circulation sur le fleuve Rouge.

24 Mars. — L'amiral Dupré n'a pas eu le temps de signer le traité de commerce qui est à peine ébauché ; mais il est parti si précipitamment qu'il a oublié de transmettre ses pouvoirs à l'amiral Krantz, chargé de continuer les négociations.

Je vais voir l'amiral Krantz, accompagné de M. Millot ; l'amiral dit qu'il fera tout son possible pour que je puisse reprendre mes affaires avec le Yûn-nân, sans attendre la ratification du traité. Il n'approuve pas l'intervention de l'amiral Dupré, qui n'avait pas d'instructions pour aller au Tong-Kin et de prendre parti pour ou contre nous. Nous étions dans ce pays à nos risques et périls ; si nous n'étions pas les plus forts tant pis pour nous, mais ce n'est pas lui qui serait venu nous troubler : il serait resté bien tranquille à Saïgon à attendre les Annamites. (L'amiral Krantz était chef de cabinet de l'amiral Pothuau au début de mon expédition.)

27 Mars. — Deux missionnaires de Mgr Gauthier sont arrivés ici en barque avec quatre-vingts chrétiens, après avoir échappé aux massacres ; ils ont quitté la province de Nghé-An, le 13 mars ; ils disent qu'à cette date il y avait dans cette mission dix mille chrétiens de massacrés (je crois ce chiffre exagéré), et que les massacres continuaient. On répandait le bruit qu'il en serait ainsi tout le long de la côte, jusqu'à Saïgon. Cependant on ne signale encore rien dans la mission de Mgr Sohier.

2 Avril. — L'amiral Krantz me fait mander pour m'entretenir de mes affaires. Il me dit que les Annamites ne veulent rien accorder en dehors de la convention passée avec M. Philastre. Cependant il tentera encore un dernier effort pour que je puisse remonter au Yûn-nân avec vingt barques et deux vapeurs.

6 *Avril.* — L'amiral Krantz n'ayant pas les pouvoirs nécessaires pour signer le traité de commerce, les ambassadeurs annamites quittent aujourd'hui Saïgon, à bord du « Montcalm », pour rentrer à Hué. L'ouverture au commerce se trouve indéfiniment retardée. Pendant ce temps, j'envoie jusqu'à ma dernière piastre pour soutenir mon personnel.

J'arrête ici mon journal pour résumer la suite des événements. Dans un second volume, en préparation, j'exposerai ceux-ci avec plus de détails.

. . . .

Je continuai à voir l'amiral Krantz et à l'entretenir de la situation qui m'était faite. L'amiral entama des pourparlers avec les ambassadeurs annamites quand ceux-ci étaient encore à Saïgon ; mais ils répondirent qu'ils ne pouvaient rien discuter en dehors des articles du traité et qu'il fallait s'adresser à Hué. L'amiral les pria d'appuyer sa demande à la cour, en cherchant à leur faire comprendre que, puisque paix était faite maintenant, il fallait montrer du bon vouloir de part et d'autre.

La cour de Hué répondit à la demande de l'amiral qu'elle ne comprenait pas qu'il osât demander pareille chose, surtout pour moi : et qu'on n'accorderait rien en dehors du traité.

L'amiral, en me faisant connaître cette réponse, me disait qu'il avait les mains liées par le traité et qu'il ne pouvait rien faire sans des ordres du Ministère, pas plus pour contraindre les Annamites que pour me rendre ma liberté. Il ajoutait qu'il subissait une situation qu'il n'avait pas créée, mais qu'il était obligé de respecter le traité, tel qu'il était, jusqu'à nouvel ordre. Quant au séquestre de mon expédition, à Haï-Phong, jusqu'à l'ouverture du Tong-Kin au commerce étranger, il ne pouvait non plus faire disparaître cet état de choses, sans le consentement des Annamites.

J'ai réclamé à grands cris la production de ces fameuses lettres qui ont empêché le règlement de mes indemnités au moment de la signature du traité. L'amiral Krantz a promis d'inviter les Annamites à les produire; mais ceux-ci n'ont rien produit, parce qu'ils n'avaient rien de semblable entre les mains. Je crois que l'amiral Krantz était au courant de ce stratagème de la cour de Hué, qui avait permis à l'amiral Dupré d'ajourner mes affaires après son départ et d'acheter ainsi son traité avec mon argent.

L'amiral Krantz ayant appris, vers la fin du mois de mai, par une dépêche du Ministère, qu'on lui adressait les pouvoirs nécessaires pour signer le traité de commerce, en avisa la cour de Hué, en lui fixant la date à laquelle ces pouvoirs seraient en sa possession, pour que les ambassadeurs arrivassent à la même époque à Saïgon. Il s'offrait, au cas où ces derniers n'auraient pas de bateau, à les envoyer chercher par un navire français. La cour de Hué remercia l'amiral en annonçant que les ambassadeurs partiraient sur un de ses navires. L'époque fixée pour le départ étant arrivée, les Annamites promettaient de venir, de dix jours en dix jours, lorsqu'ils prévinrent tout à coup qu'ils n'avaient pas de navire à leur disposition et qu'il fallait leur en envoyer un : c'était une manière comme une autre de gagner du temps.

« L'Antilope » partit donc, le 16 juillet, pour aller chercher les ambassadeurs et ne fut de retour à Saïgon que le 8 août ; ayant été obligée d'aller prendre ceux-ci dans le Tong-Kin méridional.

Le traité de commerce ne fut signé que le 31 août ; mais ce n'est qu'avec beaucoup de peine et en menaçant les Annamites que l'amiral Krantz l'obtint.

J'étais toujours en attendant la ratification du traité, que l'amiral me faisait espérer d'un moment à l'autre. Il me disait avoir demandé des instructions au Ministère relativement au séquestre de mon expédition et à ma situation financière, mais le Ministère ne lui avait jamais répondu et il ne pouvait rien faire pour moi sans ordres.

D'un côté, l'amiral Krantz me tenait ce langage :

« Je n'ai reçu aucune instruction du gouvernement à votre sujet, j'ai trouvé une convention passée entre le gouvernement annamite et le gouvernement français et je me tiens dans les clauses de cette convention. Adressez-vous en France à l'amiral Dupré, c'est lui qui vous a fait cette position ; moi je n'y suis pour rien ».

De l'autre, l'amiral Dupré répondait :

« Adressez-vous à Saïgon. Il n'y a que là où l'on puisse faire quelque chose »,

Sur ces entrefaites, je tombai gravement malade et je fus obligé de partir pour Canton où je restai quelque temps entre la vie et la mort et où je reçus pendant deux mois la plus gracieuse hospitalité de notre consul, M. Dabry de Tiersant, aujourd'hui consul général et chargé d'affaires de France au Guatémala.

Lorsque je revins à Saïgon, l'amiral Duperré avait succédé à l'amiral Krantz dans le gouvernement de la colonie. Dès la première entrevue, il me prévint qu'il ne tiendrait aucun compte de tout ce qu'on m'avait dit ou promis, mais seulement des pièces officielles.

Je passe rapidement ici sur les événements de cette époque, j'y reviendrai plus tard.

En attendant l'ouverture du commerce, on cherchait par tous les moyens à débander mon personnel pour le jour de l'ouverture. On disait à mes gens qu'ils perdaient leur temps en restant à mon service et qu'ils ne seraient jamais payés. Aux uns, on proposait des places dans la douane, aux autres des places de pilote. On voulait faire en sorte que je trouve mes navires sans équipage, et que je sois sans argent pour les conduire.

L'ouverture du Tong-Kin au commerce ayant été fixée au 15 septembre 1875, je rejoignis mon expédition, à Haï-Phong, le 20 octobre ; mais il me fut interdit de remonter au Yûn-Nân.

Désespéré, je revins à Saïgon et j'écrivis la lettre suivante au gouvernement :

Saïgon, 10 janvier 1876.

Amiral,

A l'occasion du départ du *Duchaffaut* pour le Tong-Kin, permettez-moi de vous exposer succinctement les derniers événements de ce malheureux pays et la situation qui m'est faite au moment où je me croyais arrivé au terme des persécutions dont je suis depuis longtemps la victime.

« Le 15 septembre dernier, à l'annonce de l'ouverture au commerce de deux ports du Tong-Kin et de son fleuve, je me rendais à Haï-Phong, espérant que le séquestre qui, depuis vingt mois, pesait sur mon matériel et mon personnel, à cause des négociations d'un traité, n'ayant plus sa raison d'être, j'allais rentrer immédiatement en possession de mes navires et de leur armement et pouvoir remonter au Yûn-Nân.

« Mais j'avais, paraît-il, compté sans la mauvaise foi des Annamites et la faiblesse des autorités françaises à leur égard. Le commerce est ouvert aux étrangers théoriquement, mais pratiquement il est plus fermé que jamais.

« Le consul de France à Haï-Phong n'a pas daigné me protéger ; bien mieux, il m'a refusé tout moyen de me protéger moi-même et de me rendre un seul de mes bateaux armés avec lequel j'eusse pu remonter le fleuve à mes risques et périls, et repousser les attaques des brigands aux « Pavillons Noirs », à la solde du gouvernement annamite.

« D'un autre côté, sous le prétexte que le commerce et la circulation étaient déclarés libres, il coupait net les vivres à mon personnel.

« Mis au désespoir par cette situation impossible, le consul faisait bientôt comprendre à mes hommes réduits aux abois qu'il leur restait un moyen de ne pas mourir de faim, celui de lui livrer mes navires en-échange desquels il leur donnerait les moyens d'existence. (Preuve qu'il fallait anéantir Dupuis par tous les moyens.)

« Je proteste énergiquement, Amiral, contre les agissements du consul de France à Haï-Phong, à l'égard de mon personnel.

« 1° Il ne devait pas lui couper les vivres sans m'accorder un délai moral et me laisser les moyens d'aller jusqu'à Hâ-Noï, où j'aurais pu trouver secours ;

« 2° Les Annamites refusant d'exécuter le traité, il n'était plus obligé de retenir les armes de mes hommes en vertu de ce même traité ;

« 3° Mes soldats appartiennent à la province de Yûn-Nân ; ils ont quitté la capitale avec armes et bagages pour me servir d'escorte ; ils devraient être rendus à leur nation avec leurs armes ;

« 4° M. Turc ne devait pas exciter mon personnel contre moi et le pousser à me réclamer immédiatement un salaire qu'il me savait dans l'impossibilité de payer.

« Aujourd'hui, mes équipages mangent mes navires, mais mes soldats et mes employés chinois n'ayant pas de bâtiments à faire hypothéquer, sont abandonnés à terre sans aucun moyen d'existence, peut-être même poussés à tous les excès possibles.

« Je viens vous prier, Amiral, de vouloir bien donner des ordres pour que mes soldats soient rapatriés le plus promptement possible, ainsi que le personnel qui est à terre sans moyens d'existence. Pour les soldats du Yûn-Nân, je ne vois qu'une solution pratique, c'est de les transporter à Canton et de les faire remettre par le consul de France de cette ville entre les mains du vice-roi des deux Kouang, qui les ferait reconduire au Yûn-Nân, en prévenant les autorités supérieures de cette province.

« J'ai l'honneur d'être, avec respect, Amiral, votre très-humble et obéissant serviteur.

« J. DUPUIS ».

Voici la réponse que l'amiral fit à cette lettre :

« Saïgon, le 10 Janvier 1876.

« Monsieur,

« Le gouverneur me charge de vous renvoyer votre lettre dont il a pris connaissance. Il me charge en même temps de vous dire que M. le Consul de France à Haï-Phong n'a agi que d'après ses ordres formels. C'est donc à lui-même que s'adressent vos critiques et vos protestations.

« Elles sont conçues dans des termes tels qu'il lui serait impossible, si le même fait se reproduisait une seconde fois, de ne pas réunir le Conseil privé pour lui soumettre l'examen de vos procédés, et le consulter sur les mesures à prendre.

« Veuillez agréer, Monsieur, l'assurance de ma considération.

« *Le Chef du cabinet du Gouverneur,*
« CONNEAU ».

Pour terminer, il me reste à résumer les événements du Tong-Kin, après l'évacuation des citadelles par les Français.

On a vu comment on avait abandonné à la merci des Annamites les malheureux Tongkinois qui avaient prêté leur concours à Garnier. Les chefs firent à plusieurs reprises des démarches auprès du résident français pour réclamer sa protection.

« Nous ne pouvons plus », disaient-ils, « rentrer dans nos villages où nous serions massacrés : nos hommes sont pourchassés partout et condamnés à mourir de faim. Nous irions rejoindre les Lê pour continuer la lutte contre nos ennemis, mais si vous devez venir avec les mandarins contre nous, nous n'irons pas ».

A ce douloureux et humble discours, M. Rheinart (1), agent politique, successeur de M. Philastre, répondit aux chefs tongkinois qu'ils pouvaient aller rejoindre les Lê pour continuer la lutte comme ils l'entendaient, que les Français garderaient la neutralité.

Forts de cette promesse, les partisans de Garnier allèrent grossir le camp des Lê; ceux-ci, ainsi renforcés, firent de rapides progrès dans le pays ; ils s'emparèrent successivement d'une partie des provinces de Bac-Ninh et de Haï-Dzuong, sans prendre toutefois les villes murées.

La lettre suivante, écrite du Tong-Kin à cette époque, donne une idée exacte de la situation. Elle m'a été communiquée par M. Lasserre.

« Hà-Noï, le 24 Juillet 1874.

« ...... Par ici règne un calme plat ; le peuple semble désirer qu'il finisse par une tempête, n'importe s'il y a des vitres brisées. Il est fatigué de cet état lan-

---

(1) Rheinart (Pierre-Paul) capitaine d'infanterie de marine, chevalier de la Légion d'honneur, inspecteur des affaires indigènes.

guissant ; le commerce tombe peu à peu, tout semble enfin aller à reculons ; c'est un mal auquel il faut un prompt remède.

« Une chose extraordinaire, c'est que si vous annoncez à quelqu'un que des vapeurs montent ou bien que les partisans des Lê ont battu les mandarins, vous voyez tout de suite la figure de votre homme s'épanouir. Mais, si vous lui dites que les Lê sont vaincus, que la paix va se rétablir, etc., alors il ne vous répond rien, et vous voyez sa figure s'attrister aussitôt ».

Les Lê vinrent mettre un jour le siége devant Haï-Dzuong, capitale de la province de ce nom ; après Hâ-Noï, c'est une des citadelles les plus importantes du Tong-Kin. La possession de cette place, située sur le Thaï-Binh à peu de distance de la mer, leur donnait un avantage considérable sous tous les rapports ; elle leur permettait la libre circulation sur le fleuve et leur assurait, en cas de retraite, un poste inexpugnable.

Les Lê employaient à l'attaque de cette place dix mille hommes et une trentaine de jonques armées en guerre et portant des canons, enlevées aux Annamites ; ils voyaient leurs forces s'accroître de jour en jour et nul doute qu'une fois maître de la citadelle, la population tongkinoise tout entière ne se fût soulevée.

Le siége durait depuis un mois et Haï-Dzuong était à la veille d'être pris, lorsque les Annamites firent des démarches auprès du commandant Dujardin.

Jusque-là les Français s'étaient contentés d'envoyer une canonnière à Haï-Dzuong pour voir ce qui se passait. Les chefs Lê venaient à bord rendre visite aux officiers français qu'ils considéraient comme des amis secrets.

Des trois canonnières, le « Scorpion », l' « Aspic » et l' « Espingole », qui étaient à Haï-Phong, deux remontèrent le Cam jusqu'au Thaï-Binh, pendant que l'autre venait, en remontant ce dernier cours d'eau, se placer au-dessous de la ville. Les Lê mitraillés par les boulets français durent lever le siége. Toutefois, ne pouvant se résoudre à abandonner le siége d'une place dont la possession pour eux était si importante, ils revinrent de nouveau investir la ville, mais une seconde intervention du commandant Dujardin leur fit définitivement abandonner la place.

Une lettre que je recevais du Tong-Kin, à cette époque, de M. Lasserre, secrétaire de Garnier, s'exprimait ainsi sur ces événements :

« Mon cher Monsieur Dupuis,

« Je vous avais promis de vous tenir au courant des événements du Tong-Kin, et vous devez être désireux aussi de savoir ce que deviennent les partisans des Lê, depuis que nous les avons abandonnés et surtout depuis que nous payons les services qu'ils ont rendus à la cause française par des coups de canon.

« Ma dernière lettre les laissait au deuxième engagement avec les troupes françaises, à la suite duquel ils ont dû chercher un refuge dans les montagnes de la Cat-Ba.

« Ces jours derniers, un fait très-curieux vient de se passer.....

« Mgr Colomer (évêque espagnol, qui dirige le collège dominicain situé près de Haï-Dzuong), touché de compassion pour le sort de ces malheureux, est venu trouver le commandant Dujardin et lui a demandé de mettre fin à ces massacres : « Les Annamites », lui a-t-il dit, « veulent les exterminer parce qu'ils ont aidé les « Français ; ces malheureux ne combattent aujourd'hui que parce qu'on les traque « comme des bêtes fauves, est-ce une raison pour que les Français aident les Anna- « mites à les massacrer?... » L'évêque a assuré le commandant qu'il se faisait fort d'obtenir la soumission des Lê, à condition, toutefois, que celui-ci les prit sous sa protection, pour les soustraire à la haine des mandarins. « Cette soumission », lui disait-il, « aurait non-seulement pour résultat de ramener la tranquillité dans le « pays qui en est privé depuis si longtemps, mais il aurait aussi l'avantage de « montrer à la population que les circonstances seules sont causes des malheurs « arrivés aux Lê, malheurs qu'ils nous attribuent à juste titre et qu'ils nous « reprochent ».

« L'évêque a demandé en raison de l'engagement qu'il prenait, inspiré par le devoir, la promesse que les Lê seraient respectés par les mandarins et qu'ils seraient placés sous la protection du pavillon français. Il a ajouté que le meilleur moyen encore serait une fois la soumission faite, d'envoyer la plus grande partie de ces gens à Saïgon.

« Le commandant Dujardin a promis à Mgr Colomer de prendre tous les Lê sous sa protection, d'empêcher les représailles des mandarins et d'écrire à Saïgon, si les Lê déposaient les armes et faisaient sincèrement leur soumission.

« Ces faits se passaient à Haï-Phong.

« Pendant que Mgr Colomer rentrait à sa mission et envoyait un prêtre annamite aux Lê pour leur porter les idées de paix, les mandarins trouvaient le moyen d'insinuer au commandant Dujardin que les propositions de l'évêque étaient dangereuses, que ces gens étaient des rebelles et qu'il était préférable de les exterminer tous, car, à Saïgon, ils attireraient de graves désagréments au gouverneur de la colonie, etc. Ils obtinrent que le commandant les seconderait avec les deux canonnières l'« Aspic » et l'« Espingole », pendant qu'ils iraient, avec des jonques protégées par le pavillon français, attaquer les Lê.

« Jugez, mon cher Monsieur, le déplorable résultat de la démarche de Mgr Colomer et les suites fâcheuses qu'elle pouvait avoir pour lui.

« Les Lê croyaient à la bonne foi des promesses qui leur étaient faites ; ils se préparaient à descendre au rivage lorsqu'ils aperçurent la fumée des vapeurs, pensant qu'on venait les chercher pour les conduire à Haï-Phong, quand des coups de canon leur ont montré l'odieux de la situation. Heureusement pour eux, la position qu'ils occupaient les a un peu abrités des boulets français, et ils ont pu, sans perdre beaucoup de monde, se retirer derrière les montagnes où les soldats annamites, trop peu courageux, n'ont osé aller les attaquer. L'expédition est donc revenue *bredouille*.

« Pendant ce temps le missionnaire essuyait la colère des Lê indignés de cette trahison et revenait avec bien des difficultés à la mission rapporter la réponse à Mgr Colomer pour être transmise au commandant Dujardin. Les Lê répondaient *qu'ils ne feraient leur soumission en aucune façon et qu'ils aimeraient mieux mourir que de se fier encore une fois aux promesses trompeuses des Français;* que seul un homme, M. Dupuis, pouvait, s'il venait les trouver, les faire changer de résolution.

« Voilà, mon cher Monsieur, le fait que je tenais à vous apprendre. Votre nom cité d'une manière si flatteuse par les Lê est déjà l'objet de tous les commentaires.

« Veuillez agréer, etc. LASSERRE ».

Chaque fois que l'occasion s'en présenta, les Français envoyèrent des canonnières à la poursuite des Lê. Tous ceux qui ont échappé à la mort se sont peu à peu dispersés ; mais les familles qui comptent des victimes dans leur sein ont voué un éternel ressentiment aux auteurs de ces massacres.

. . . .

En vertu de l'article 2 du traité, *nous avons promis aide et assistance au roi d'Annam, et nous nous sommes engagés à lui donner, sur sa demande, et gratuitement, l'appui nécessaire pour maintenir dans ses Etats l'ordre et la tranquillité.*

Cette clause qui vise plus particulièrement les Tongkinois, est souverainement impolitique. Il n'est pas possible que la France continue à faire cause commune avec les mandarins annamites pour tenir sous le joug du plus affreux despotisme un peuple qui a souffert pour nous et qui nous est sympathique.

Sans entrer ici dans la discussion du traité, on peut dire cependant qu'une des plus importantes conquêtes que la négociation du traité du 15 mars semblait avoir obtenue des Annamites était l'*ouverture du fleuve Rouge au commerce ;* — c'était le but principal de l'expédition Garnier au Tong-Kin, — mais jamais cette voie de communication n'a été moins accessible que depuis la signature du traité. Les Annamites entretiennent les *Pavillons Noirs* à leur solde, dans le haut du fleuve, pour empêcher toute communication avec la Chine.

Il serait si facile cependant de mettre tous ces bandits à la raison que l'on ne comprend guère que l'on n'occupe pas Lâo-Kaï par un poste français — cinquante hommes aidés par les Montagnards — qui suffirait à maintenir la libre circulation sur le fleuve Rouge. On rendrait ainsi la prospérité et la vie à cette magnifique région qui s'étend de Kouen-Ce aux frontières du Yûn-Nân et qui a échappé jusqu'ici à la domination de l'Annam. Une fois la route ouverte, et la sécurité établie, les Chinois du Yûn-Nân et des provinces voisines viendraient en foule dans la vallée du fleuve Rouge et un immense courant d'affaires s'établirait.

C'est par le fleuve Rouge et le Tong-Kin que notre influence pourra pénétrer au sein des nombreuses tribus laotiennes qui s'étendent de cette dernière contrée aux rives du Meï-Khong et qui paraissent flotter indécises entre la domination siamoise et celle de la cour de Hué. Sur le versant opposé se trouve le royaume de Luang-Prabang dont Francis Garnier nous a signalé l'importance au point de vue des intérêts français.

« Il y a à Luang-Prabang, dit-il, un premier et un second roi.

« Ce royaume se trouve le centre laotien le plus considérable de toute l'Indo-Chine, le lieu de refuge et le point d'appui naturel de toutes les populations de l'intérieur qui veulent fuir le despotisme des Siamois et des Birmans..... »

« L'Angleterre se trouve appelée à succéder à la domination chinoise dans le Nord de l'Indo-Chine...... .

« Mais c'est à Luang-Prabang que doivent s'arrêter les progrès de l'influence anglaise, si nous voulons tenir la balance égale et occuper dans la péninsule le rang que les intérêts de notre politique et de notre commerce nous invitent à y prendre. La France ne peut pas abdiquer le rôle moral et civilisateur qui lui incombe dans cette émancipation graduelle des populations si intéressantes de l'intérieur de l'Indo-Chine.....

« Il serait facile de faire comprendre au roi de Luang-Prabang que nous pourrions un jour nous substituer aux droits exercés sur sa principauté par la cour de Hué devenue aujourd'hui notre vassale et qu'il devrait dès à présent essayer de s'appuyer sur l'influence française pour résister aux prétentions des pays voisins et faire cesser cette fatigante recherche d'équilibre qu'il s'efforce de maintenir entre elles.

« Il serait facile de lui faire comprendre que de notre côté seulement son indépendance ne court aucun danger et que son rôle politique peut grandir. Trop éloigné de nous pour avoir jamais à craindre une sujétion directe qui n'est point d'ailleurs nécessaire à la réalisation de nos vues, il pourrait refléter, pour ainsi dire, notre impuissance et remplacer tant de gênantes tutelles par une protection efficace et sans exigences. Nous ne lui demanderions en effet que de favoriser le développement du commerce, vers la partie méridionale de la péninsule, de nous aider à faire disparaître les entraves fixales, d'améliorer les routes dans cette direction.... ».

Au moment où il devient si important d'ouvrir de nouveaux débouchés à notre commerce, c'est sur le Tong-Kin qu'il faut jeter nos regards. Il y a de ce côté un immense marché à conquérir; mais il faut se hâter, si nous ne voulons voir les Anglais détourner à leur profit le courant commercial du S.-O. de la Chine. Il faut craindre que ceux-ci ne s'emparent à bref délai de la Birmanie et n'étendent leur protectorat sur tout le Laos. Une fois aux portes du Yûn-Nân, le projet d'ouvrir une route de l'Iraouaddy à Tali entrerait dans le domaine de la réalité, malgré les énormes difficultés d'exécution qu'il présente.

Aujourd'hui tous les yeux sont tournés vers le fleuve Rouge et le gouvernement français ne peut plus ajourner la solution de ce grand problème.

Déjà la question a été portée devant le *Congrès International de Géographie Commerciale,* qui, sous le patronage du Gouvernement, a été réuni avec tant de succès, pendant l'Exposition universelle, par M. le marquis de Croizier, aux palais des Tuileries et du Trocadéro. Ce Congrès, inauguré par M. le ministre de l'Agriculture et du Commerce, le 23 septembre 1878, avait pour président M. Meurand, Ministre plénipotentiaire, Directeur des Consulats et des Affaires Commerciales au Ministère des Affaires Etrangères, président honoraire de la Société de Géographie de France, président de la Société de Géographie Commerciale de Paris; pour commissaire général et seul organisateur, M. le marquis de Croizier, président de cette Société Académique Indo-Chinoise qui rend de si réels services à l'étude scientifique et économique de l'Inde-Transgangétique et pour vice-présidents, MM. Emile Levasseur, de l'Institut, et Eug. Cortambert, Directeur de la section géographique à la Bibliothèque nationale.

Une foule de savants et de notabilités de tous pays avaient répondu à l'appel de l'honorable marquis de Croizier, qui avait obtenu l'envoi de délégués officiels de tous les gouvernements et des principales sociétés savantes de tous pays. Dans la première séance du Congrès, M. Léon Feer, membre du conseil et délégué de la Société Académique Indo-Chinoise, demandait au Congrès de mettre à l'ordre du jour de ses travaux l'étude de la question du fleuve Rouge.

La question fut portée devant la première section du Congrès par M. Georges Renaud, et donna lieu à un examen des plus attentifs, et le Congrès, dans son assemblée générale du 28 septembre, émit à l'unanimité le vœu suivant :

CONSIDÉRANT QUE LA VOIE DU TONG-KIN, DÉCOUVERTE PAR M. DUPUIS, EST LA VOIE LA PLUS COURTE ET LA PLUS FACILEMENT ACCESSIBLE POUR PÉNÉTRER DANS LES PROVINCES DU S.-O. DE LA CHINE ET QU'UN TRAITÉ DU 15 MARS 1874, CONCLU ENTRE LA FRANCE ET L'ANNAM, OUVRE CETTE VOIE AU COMMERCE DE TOUTES LES NATIONS,

LE CONGRÈS ÉMET LE VŒU :

1° QUE CETTE VOIE SOIT SIGNALÉE A L'ATTENTION DU COMMERCE INTERNATIONAL;

2° QUE LA FRANCE PRENNE DES MESURES POUR ASSURER L'EXÉCUTION DUDIT TRAITÉ.

(*Journal Officiel*, 10 octobre 1878, p. 9673.)

ANNEXE I

Traité conclu à Saïgon, le 15 mars 1874, entre la France
et le royaume d'Annam.

Son Excellence le Président de la République française et Sa Majesté le roi de l'Annam, voulant unir leurs deux pays par les liens d'une amitié durable, ont résolu de conclure un traité de paix et d'alliance, remplaçant celui du 5 juin 1862, et ils ont, en conséquence, nommé leurs plénipotentiaires à cet effet, savoir :
Son Excellence le Président de la République française :
Le contre-amiral Dupré, gouverneur et commandant en chef de la Basse-Cochinchine, grand officier de l'ordre national de la Légion d'honneur, officier de l'instruction publique, etc.
Et Sa Majesté le roi de l'Annam :
Lê-tuần, ministre de la justice, premier ambassadeur, et Nguyên-van-tuóng, premier conseiller du ministre des rites, deuxième ambassadeur, qui, après communication de leurs pouvoirs respectifs, trouvés en bonne et due forme, sont convenus des articles suivants :
ARTICLE PREMIER. — Il y aura paix, amitié et alliance perpétuelles entre la France et le royaume d'Annam.
ART. 2. — Son Excellence le Président de la République française, reconnaissant la souveraineté du roi de l'Annam, et son entière indépendance vis-à-vis de toute puissance étrangère, quelle qu'elle soit, lui promet aide et assistance, et s'engage à lui donner, sur sa demande, et gratuitement, l'appui nécessaire pour maintenir dans ses Etats l'ordre et la tranquillité, pour le défendre contre toute attaque, et pour détruire la piraterie qui désole une partie des côtes du royaume.
ART. 3. — En reconnaissance de cette protection, sa Majesté le roi de l'Annam s'engage à conformer sa politique extérieure à celle de la France, et à ne rien changer à ses relations diplomatiques actuelles.
Cet engagement politique ne s'étend pas aux traités de commerce. Mais, dans aucun cas, sa Majesté le roi d'Annam ne pourra faire avec une nation, quelle qu'elle soit, un traité de commerce en désaccord avec celui conclu entre la France et le royaume d'Annam, et sans en avoir préalablement informé le gouvernement français.
Son Excellence le Président de la République s'engage à faire à sa Majesté le roi de l'Annam don gratuit :
1° De cinq bâtiments à vapeur d'une force réunie de cinq cents chevaux, en parfait état, ainsi que leurs chaudières et machines, armés et équipés, conformément aux prescriptions du règlement d'armement ;
2° De cent canons de sept à seize centimètres de diamètre, approvisionnés à deux cents coups par pièce ;
3° De mille fusils à tabatière et de cinq cent mille cartouches.
Ces bâtiments et armes seront rendus en Cochinchine et livrés dans le délai maximum d'un an, à partir de la date de l'échange des ratifications.
ART. 4. — Son Excellence le Président de la République française promet en outre de mettre à la disposition du roi des instructeurs militaires et marins en nombre suffisant pour reconstituer son armée et sa flotte ; des ingénieurs et chefs d'ateliers capables de diriger les

travaux qu'il plaira à sa Majesté de faire entreprendre ; des hommes experts en matière de finances pour organiser le service des impôts et des douanes dans le royaume ; des professeurs pour fonder un collège à Hué. Il promet en outre de fournir au roi les bâtiments de guerre, les armes et les munitions que sa Majesté jugera nécessaires à son service.

La rémunération équitable des services ainsi rendus sera fixée d'un commun accord entre les hautes parties contractantes.

ART. 5. — Sa Majesté le roi de l'Annam reconnaît la pleine et entière souveraineté de la France sur tout le territoire actuellement occupé par elle, et compris entre les frontières suivantes :

A l'est, la mer de Chine et le royaume d'Annam (province de Binh-Thuân) ;
A l'ouest, le golfe de Siam ;
Au sud, la mer de Chine ;
Au nord, le royaume du Cambodge et le royaume d'Annam (province de Binh-Thuân).

Les onze tombeaux de la famille Pham, situés sur le territoire des villages de Tannien-Dong et de Tanquan-Dong (province de Saïgon), et les trois tombes de la famille Hô, situées sur les territoires des villages de Lin-Chun-Tay et de Tan-May (province de Bien-Hoà), ne pourront être ouverts, creusés, violés ni détruits.

Il sera assigné un lot de terrain de cent maos d'étendue aux tombes de la famille Pham, et un lot d'égale étendue à celles de la famille Hô. Les revenus de ces terres seront consacrés à l'entretien des tombes et à la subsistance des familles chargées de leur conservation. Les terres seront exemptes d'impôts et les hommes de ces familles seront également exempts des impôts personnels, du service militaire et des corvées.

ART. 6. — Il est fait remise au roi, par la France, de tout ce qui lui reste dû de l'ancienne indemnité de guerre.

ART. 7. — Sa Majesté s'engage formellement à rembourser, par l'entremise du gouvernement français, le restant d'indemnité due à l'Espagne, s'élevant à un million de dollars (à 0,62 de taël le dollar), et à affecter à ce remboursement la moitié du revenu net des douanes des ports ouverts au commerce européen et américain, quel qu'en soit d'ailleurs le produit.

Le montant en sera versé, chaque année, au trésor public de Saïgon, chargé d'en faire la remise au gouvernement espagnol, d'en tirer reçu et de transmettre ce reçu au gouvernement annamite.

ART. 8. — Son Excellence le Président de la République française et sa Majesté le roi accordent une amnistie générale, pleine et entière avec levée de tous séquestres mis sur les biens, à ceux de leurs sujets respectifs qui jusqu'à la conclusion du traité et auparavant, se sont compromis pour le service de l'autre partie contractante.

ART. 9. — Sa Majesté le roi d'Annam, reconnaissant que la religion catholique enseigne aux hommes à faire le bien, révoque et annule toutes les prohibitions portées contre cette religion, et accorde à tous ses sujets la permission de l'embrasser et de la pratiquer librement.

En conséquence, les chrétiens du royaume d'Annam pourront se réunir dans les églises en nombre illimité pour les exercices de leur culte. Ils ne seront plus obligés, sous aucun prétexte, à des actes contraires à leur religion, ni soumis à des recensements particuliers. Ils seront admis à tous les concours et aux emplois publics sans être tenus pour cela à aucun acte prohibé par la religion.

Sa Majesté s'engage à faire détruire les registres de dénombrement des chrétiens faits depuis quinze ans, et à les traiter, quant aux recensements et impôts, exactement comme tous ses autres sujets. Elle s'engage en outre à renouveler la défense si sagement portée par elle, d'employer, dans le langage ou dans les écrits, des termes injurieux pour la religion, et à faire corriger les articles du Tháp-Dieu, dans lesquels de semblables termes sont employés.

Les évêques et missionnaires pourront librement entrer dans le royaume, et circuler dans leurs diocèses avec un passe-port du gouvernement de la Cochinchine, visé par le ministre des rites ou par le gouverneur de la province. Ils pourront prêcher en tous lieux la doctrine catholique. Ils ne seront plus tenus de déclarer aux mandarins ni leur arrivée, ni leur présence, ni leur départ.

Les prêtres annamites exerceront librement, comme les missionnaires, leur ministère. Si leur conduite est répréhensible, et si, aux termes de la loi, la faute par eux commise est passible de la peine du bâton ou du rotin, cette peine sera commuée en une punition équivalente.

Les évêques, les missionnaires et les prêtres annamites auront le droit d'acheter et de louer des terres et des maisons, de bâtir des églises, hôpitaux, écoles, orphelinats et tous les autres édifices destinés au service de leur culte.

Les biens, enlevés aux chrétiens pour fait de religion, qui se trouvent encore sous séquestre, leur seront restitués.

Toutes les dispositions précédentes, sans exception, s'appliquent aux missionnaires espagnols aussi bien qu'aux français.

Un édit royal, publié aussitôt après l'échange des ratifications, proclamera, dans toutes les communes, la liberté accordée par sa Majesté aux chrétiens de son royaume.

Art. 10. — Le gouvernement annamite aura la faculté d'ouvrir à Saïgon un collège placé sous la surveillance du directeur de l'intérieur, et dans lequel rien de contraire à la morale et à l'exercice de l'autorité française ne pourra être enseigné. Le culte y sera entièrement libre.

En cas de contravention, le professeur qui aura enfreint ces prescriptions sera renvoyé dans son pays, et même, si la gravité du cas l'exige, le collège pourra être fermé.

Art. 11. — Le gouvernement annamite s'engage à ouvrir au commerce les ports de Thin-Naï, dans la province de Binh-Dinh, de Ninh-Haï, dans la province de Haï-Dzuong, la ville de Há-Noï et le passage par le fleuve du Nhi-Há, depuis la mer jusqu'au Yûn-Nân.

Une convention additionnelle au traité, ayant même force que lui, fixera les conditions auxquelles ce commerce pourra être exercé.

Le port de Ninh-Haï, celui de Há-Noï et le transit par le fleuve, seront ouverts aussitôt après l'échange des ratifications, et même plus tôt si faire se peut ; celui de Thin-Naï, un an après.

D'autres ports ou rivières pourront être ultérieurement ouverts au commerce si le nombre et l'importance des relations établies montrent l'utilité de cette mesure.

Art. 12. — Les sujets français ou annamites de la France et les étrangers en général pourront, en respectant les lois du pays, s'établir, posséder et se livrer librement à toutes opérations commerciales et industrielles dans les villes ci-dessus désignées. Le gouvernement de sa Majesté mettra à leur disposition les terrains nécessaires à leur établissement.

Ils pourront de même naviguer et commercer entre la mer et la province de Yûn-Nân par la voie du Nhi-Há, moyennant l'acquittement des droits fixés, et à la condition de s'interdire tout trafic sur les rives du fleuve entre la mer et Há-Noï, et entre Há-Noï et la frontière de la Chine.

Ils pourront librement choisir et engager à leur service des compradors, interprètes, écrivains, ouvriers, bateliers et domestiques.

Art. 13. — La France nommera, dans chacun des ports ouverts au commerce, un consul ou agent assisté d'une force suffisante, dont le chiffre ne devra pas dépasser le nombre de deux cents hommes, pour assurer sa sécurité et faire respecter son autorité, pour faire la police des étrangers jusqu'à ce que toute crainte à ce sujet soit dissipée par l'établissement des bons rapports que ne peut manquer de faire naître la loyale exécution du traité.

Art. 14. — Les sujets du roi pourront, de leur côté, librement voyager, résider, posséder et commercer en France et dans les colonies françaises, en se conformant aux lois. Pour assurer leur protection, sa Majesté aura la faculté de faire résider des agents dans les ports ou villes dont elle fera choix.

Art. 15. — Lorsque les sujets français, européens ou cochinchinois, ou d'autres étrangers désireront s'établir dans un des lieux ci-dessus spécifiés, ils devront se faire inscrire chez le résident français qui en avisera l'autorité locale.

Les sujets annamites voulant s'établir en territoire français seront soumis aux mêmes dispositions.

Les Français ou étrangers qui voudront voyager dans l'intérieur du pays ne pourront le faire que s'ils sont munis d'un passe-port délivré par un agent français et avec le consentement et le visa des autorités annamites. Tout commerce leur sera interdit sous peine de confiscation de leurs marchandises.

Cette faculté de voyager pouvant présenter des dangers dans l'état actuel du pays, les étrangers n'en jouiront qu'après que le gouvernement annamite, d'accord avec le représentant de la France à Hué, jugera le pays suffisamment calmé.

Si les voyageurs français doivent parcourir le pays en qualité de savants, déclaration en sera également faite ; ils jouiront à ce titre de la protection du gouvernement, qui leur délivrera les passe-ports nécessaires, les aidera dans l'accomplissement de leur mission et facilitera leurs études.

ART. 16. — Toutes contestations entre Français, ou entre Français et étrangers, seront jugées par le résident français.

Lorsque des sujets français ou étrangers auront quelque contestation avec les Annamites, ou quelque plainte ou réclamation à formuler, ils devront d'abord exposer l'affaire au résident, qui s'efforcera de l'arranger à l'amiable.

Si l'arrangement est impossible, le résident requerra l'assistance d'un juge annamite commissionné à cet effet, et tous deux, après avoir examiné l'affaire conjointement, statueront d'après les règles de l'équité.

Il en sera de même en cas de contestation d'un Annamite avec un Français ou un étranger : le premier s'adressera au magistrat, qui, s'il ne peut concilier les parties, requerra l'assistance du résident français et jugera avec lui.

Mais toutes les contestations entre Français ou entre Français et étrangers, seront jugées par le résident français seul.

ART. 17. — Les crimes et délits commis par les Français ou des étrangers sur le territoire de l'Annam, seront connus et jugés à Saïgon par les tribunaux compétents. Sur la réquisition du résident français, les autorités locales feront tous leurs efforts pour arrêter le ou les coupables et les lui livrer.

Si un crime ou délit est commis sur le territoire français par un sujet de sa Majesté, le consul ou agent de sa Majesté devra être officiellement informé des poursuites dirigées contre l'accusé et mis en mesure de s'assurer que toutes les formes légales sont bien observées.

ART. 18. — Si quelque malfaiteur, coupable de désordres ou brigandages sur le territoire français, se réfugie sur le territoire annamite, l'autorité locale s'efforcera, dès qu'il lui en aura été donné avis, de s'emparer du fugitif et de le rendre aux autorités françaises.

Il en sera de même des voleurs, pirates ou criminels quelconques, sujets du roi, se réfugient sur le territoire français ; ils devront être poursuivis aussitôt qu'avis en sera donné et, si faire se peut, arrêtés et livrés aux autorités de leur pays.

ART. 19. — En cas de décès d'un sujet français ou étranger sur le territoire annamite, ou d'un sujet annamite sur le territoire français, les biens du décédé seront remis à ses héritiers ; en leur absence, ou à leur défaut, au résident, qui sera chargé de les faire parvenir aux ayants-droit.

ART. 20. — Pour assurer et faciliter l'exécution des clauses et stipulations du présent traité, un an après sa signature, Son Excellence le Président de la République française nommera un résident ayant le rang de ministre auprès de Sa Majesté le roi de l'Annam. Le résident sera chargé de maintenir les relations amicales entre les hautes parties contractantes, et de veiller à la consciencieuse exécution des articles du traité.

Le rang de cet envoyé, les honneurs et prérogatives auxquels il aura droit seront ultérieurement réglés d'un commun accord et sur le pied d'une parfaite réciprocité entre les hautes parties contractantes.

Sa Majesté le Roi de l'Annam aura la faculté de nommer des résidents à Paris et à Saïgon.

Les dépenses de toute espèce, occasionnées par le séjour de ces résidents auprès du gouvernement allié, seront supportées par le gouvernement de chacun d'eux.

ART. 21. — Ce traité remplace le traité de 1862, et le gouvernement français se charge d'obtenir l'assentiment du gouvernement espagnol. Dans le cas où l'Espagne n'accepterait pas ces modifications au traité de 1862, le présent traité n'aurait d'effet qu'entre la France et l'Annam, et les anciennes stipulations concernant l'Espagne continueraient à être exécutoires. La France, dans ce cas, se chargerait du remboursement de l'indemnité espagnole, et se substituerait à l'Espagne comme créancière de l'Annam pour être remboursée conformément aux dispositions de l'article 7 du présent traité.

ART. 22. — Le présent traité est fait à perpétuité. Il sera ratifié, et les ratifications en seront échangées à Hué dans le délai d'un an, et moins, si faire se peut. Il sera publié et mis en vigueur aussitôt que cet échange aura eu lieu.

En foi de quoi, les plénipotentiaires respectifs ont signé le présent traité, et y ont apposé leurs cachets.

Fait à Saïgon, au palais du gouvernement de la Cochinchine française, en quatre expéditions, le dimanche, quinzième jour du mois de mars de l'an de grâce 1874, correspondant au vingt-septième jour du premier mois de la vingt-septième année de Tu-Duc.

Signé : Contre-amiral DUPRÉ.

Signé : LÊ-TUAN et NGUYEN-VAN-TUONG.

ANNEXE II

Traité de commerce entre la France et le royaume d'Annam.

Son Excellence le Président de la République française et Sa Majesté le Roi de l'Annam, animés du désir de resserrer les liens qui unissent les deux nations et d'augmenter leur prospérité par la facilité donnée au commerce, ont nommé dans ce but pour leurs plénipotentiaires, savoir :
Son Excellence le Président de la République française :
Le contre-amiral Krantz, commandant en chef la division navale des mers de Chine et du Japon, gouverneur p. i. et commandant en chef en Cochinchine, commandeur de l'ordre national de la Légion d'honneur, etc,
Sa Majesté le Roi de l'Annam, les hauts fonctionnaires :
Nguyen-van-tuong, ministre de la justice, décoré du titre de Ki-vi-ba, premier ambassadeur,
Et
Nguyen-tang-doan, thi-lang du ministère de l'intérieur, deuxième ambassadeur ; lesquels, après communication de leurs pouvoirs respectifs, trouvés en bonne et due forme, sont convenus des articles suivants :

ART. PREMIER. — Conformément aux stipulations de l'article 11 du traité du 15 mars, le Roi de l'Annam ouvre au commerce étranger, sans distinction de pavillon ou de nationalité, ses ports de Thi-Naï, dans la province de Binh-Dinh ; de Ninh-Haï, dans la province de Haï-Dzuong ; la ville de Hâ-Noï et le fleuve de Nhi-Hâ, depuis la mer jusqu'à la frontière chinoise.

ART. 2. — Dans les ports ouverts, le commerce sera libre après l'acquittement d'une taxe de cinq pour cent de la valeur des marchandises à leur entrée ou à leur sortie. Ce droit sera de dix pour cent sur le sel.

Cependant les armes et les munitions de guerre ne pourront être ni importées ni exportées par le commerce. Le commerce de l'opium reste assujetti à sa réglementation spéciale établie par le gouvernement annamite.

L'importation des grains sera toujours permise moyennant un droit de cinq pour cent.

L'exportation des grains ne pourra avoir lieu qu'en vertu d'une autorisation temporaire du gouvernement de l'Annam, autorisation dont il sera donné connaissance au résident français à Hué. Les grains seront, dans ce cas, frappés d'un droit de sortie de dix pour cent.

L'importation de la soie et du *go-liem* sera toujours permise.

L'exportation de la soie et du bois dit *go-liem* ne sera permise chaque année qu'après que les villages, qui payent leurs impôts avec ces deux denrées, auront totalement acquitté cet impôt en nature, et que le gouvernement annamite en aura acheté les quantités indispensables à son propre usage.

Le tarif d'entrée ou de sortie sur ces matières sera, comme pour toutes les autres marchandises, de cinq pour cent.

Lorsque le gouvernement annamite aura l'intention de profiter de ce droit de suspendre l'exportation de la soie et du bois *go-liem*, il en préviendra, au moins un mois à l'avance, le résident français à Hué ; il lui fera également connaître, un mois à l'avance, l'époque à laquelle l'exportation de ces denrées redeviendra libre.

Toutes les interdictions, à l'exception de celles qui concernent les armes et les munitions, qui ne peuvent être transportées sans une autorisation spéciale du gouvernement annamite, ne s'appliquent pas aux marchandises en transit pour le Yûn-nân, ou venant du Yûn-nân; mais le gouvernement annamite pourra prendre des mesures de précaution pour empêcher que les objets prohibés soient débarqués sur son territoire.

Les marchandises transitant pour le Yûn-nân n'acquitteront le droit de douane qu'à leur entrée sur le territoire annamite, qu'elles y arrivent par la mer ou par la frontière de Chine (province du Yûn-nân).

Aucun autre droit accessoire ou supplémentaire ne pourra être établi sur les marchandises régulièrement introduites à leur passage d'une province ou d'une ville à une autre.

Il est entendu que les marchandises importées de l'étranger dans les ports ouverts, ou exportées des ports ouverts à l'étranger par des bâtiments chinois, ou appartenant à l'Annam, seront soumises aux mêmes interdictions et aux mêmes droits que celles importées de l'étranger ou exportées à l'étranger sous tout autre pavillon ; et que ces droits seront perçus par les mêmes employés et versés dans les mêmes caisses que ceux perçus sur les marchandises importées de l'étranger ou exportées à l'étranger sous les pavillons dits étrangers.

Art. 3. — Les droits de phare et d'ancrage sont fixés à trois dixièmes de taël par tonneau de jauge pour les navires entrant et sortant avec un chargement, et à quinze centièmes de taël par tonneau pour les navires entrant sur lest et sortant chargés, ou entrant chargés et sortant sur lest.

Sont considérés comme étant sur lest les navires dont la cargaison est inférieure au vingtième de leur jauge en encombrement, et à cinq francs par tonneau en valeur.

Les navires, entrant sur lest et partant sur lest, ne payent aucun droit de phare et d'ancrage.

Art. 4. — Les marchandises expédiées de Saïgon pour un des ports ouverts du royaume d'Annam, ou à destination de la province du Yûn-nân en transit par le Nhi-Hà et celles qui sont expédiées de l'un de ces ports ou de la province du Yûn-nân pour Saïgon, ne seront soumises qu'à la moitié des droits frappant les marchandises de toute autre provenance ou ayant une autre destination.

Pour éviter toute fraude et constater qu'ils viennent bien de Saïgon, ces bâtiments y feront viser leurs papiers par le capitaine du port de commerce et les y feront timbrer par le consul d'Annam.

La douane pourra exiger des bâtiments, à leur départ pour Saïgon, caution pour la moitié des droits auxquels ils ne sont pas soumis en vertu du § 1er du présent article, et si la caution ne paraît pas valable, la douane pourra exiger le versement en dépôt de cette moitié de droits, qui sera restituée après justification.

Art. 5. — Le commerce par terre entre la province de Biên-Hoá et celle de Binh-Thuan restera provisoirement dans les conditions où il est en ce moment, c'est-à-dire qu'il ne pourra être établi de nouveaux droits, ni apporté aucune modification aux droits existants.

Dans l'année qui suivra l'échange des ratifications du présent traité, une convention supplémentaire réglera les conditions auxquelles sera soumis ce commerce par terre.

En tous les cas, l'exportation des chevaux de l'empire d'Annam, à destination de la province de Biên-Hoá, ne pourra être assujettie à des droits plus forts que ceux qui sont payés actuellement.

Art. 6. — Pour assurer la perception des droits, et afin d'éviter les conflits qui pourraient naître entre les étrangers et les autorités annamites, le gouvernement français mettra à la disposition du gouvernement annamite les fonctionnaires nécessaires pour diriger le service des douanes, sous la surveillance et l'autorité du ministre chargé de cette partie du service public. Il aidera également le gouvernement annamite à organiser sur les côtes un service de surveillance efficace pour protéger le commerce.

Aucun Européen non français ne pourra être employé dans les douanes des ports ouverts, sans l'agrément du consul de France ou du résident français, près la cour de Hué, avant le payement intégral de l'indemnité espagnole.

Ce payement terminé, si le gouvernement annamite juge que ses fonctionnaires employés dans les douanes peuvent se passer du concours des fonctionnaires français, les deux gouvernements s'entendront au sujet des modifications que cette détermination rendra nécessaires.

ART. 7. — Les douanes des ports ouverts au commerce étranger devant être dirigées par un fonctionnaire annamite, résidant à Ninh-Haï, un fonctionnaire français, mis à la disposition du gouvernement annamite et portant le titre de chef du service européen, résidera dans le même port, afin de se concerter avec lui sur toutes les mesures de détail, ayant pour but la bonne organisation du service.

Tous les Européens employés dans les douanes relèveront directement du chef du service européen. Il aura le droit de correspondre pour les affaires de douane et de commerce avec le consul français et avec le résident français à Hué.

Le chef du service européen et le chef du service annamite s'entendront pour les rapports à adresser au ministre des finances. En cas de dissentiment, chacun d'eux pourra s'adresser directement à ce haut fonctionnaire.

ART. 8. — Les rangs du personnel mis au service de Sa Majesté, ses rapports officiels avec les autorités du pays, ainsi que ses émoluments, seront réglés d'un commun accord entre les gouvernements.

ART. 9. — La comptabilité des douanes sera tenue en double dans les bureaux du service européen et dans les établissements financiers désignés par le gouvernement annamite pour encaisser le montant des droits.

Les ordres de recette des droits devront porter le visa du fonctionnaire français et celui du fonctionnaire annamite. Les mêmes formalités seront observées lorsque l'argent devra être extrait des caisses de la douane pour être versé dans celles de l'Etat.

Les pièces de comptabilité et les registres seront comparés tous les mois.

ART. 10. — Seront prélevés sur le produit des droits de phare et d'ancrage, et, en cas d'insuffisance, sur le produit des droits de douane, sans que jamais le prélèvement puisse dépasser la moitié du revenu brut de ce dernier et dans l'ordre suivant :

1° La solde du personnel européen employé au service des douanes des ports ouverts de l'Annam ; celle des employés annamites ou autres du même service ;

2° La construction et l'entretien des bureaux de la douane ;

3° La construction et l'entretien des phares, bateaux-feu, balises ;

4° Les travaux de curage et les sondages ;

Enfin toutes les dépenses reconnues nécessaires pour faciliter et activer le développement du mouvement commercial.

ART. 11. — Le tarif de droits établi par la présente convention sera applicable pendant dix ans, à dater de l'échange des ratifications ; pendant cette période, il ne pourra être modifié que du commun consentement des deux hautes parties contractantes, et un an au moins après que la proposition en aura été faite par l'une d'elles.

ART. 12. — Toutes les contestations entre les étrangers et le personnel des douanes au sujet de l'application des règlements douaniers seront jugés par le consul et un magistrat annamite.

ART. 13. — Lorsqu'un bâtiment français ou étranger arrivera dans les eaux de l'un des ports ouverts au commerce étranger, il aura la faculté d'engager tel pilote qui lui conviendra pour se faire conduire immédiatement dans le port, et de même, quand, après avoir acquitté toutes les charges légales, il sera prêt à mettre à la voile, on ne pourra pas lui refuser des pilotes pour le sortir du port sans retard ni délai.

Tout individu qui voudra exercer la profession de pilote pour les bâtiments étrangers, pourra, sur la présentation de trois certificats de capitaines de navires, être commissionné par le consul de France et le capitaine du port.

La rétribution payée aux pilotes sera réglée selon l'équité, pour chaque port en particulier, par le consul ou agent consulaire et le capitaine de port, en raison de la distance et des difficultés de la navigation.

ART. 14. — Dès que le pilote aura introduit un navire de commerce étranger dans le port, le chef de la douane déléguera un ou deux préposés pour surveiller le navire et empêcher qu'il ne se pratique aucune fraude. Ces préposés pourront, selon leurs convenances, rester dans leurs propres bateaux ou se tenir à bord du bâtiment.

Les frais de leur solde, de leur nourriture et de leur entretien seront à la charge de la douane, et ils ne pourront exiger aucune indemnité ou rétribution quelconque des capitaines ou des consignataires. Toute contravention à cette disposition entraînera une punition proportionnelle au montant de l'exaction, laquelle sera, en outre, intégralement restituée.

ART. 15. — Dans les vingt-quatre heures qui suivront l'arrivée d'un navire de commerce étranger, dans l'un des ports ouverts au commerce étranger, le capitaine, s'il n'est dûment empêché, et, à son défaut, le subrécargue ou le consignataire devra se rendre au consulat de France et remettra entre les mains du consul les papiers de bord, les connaissements et le manifeste. Dans les vingt-quatre heures suivantes, le consul enverra au chef de la douane un extrait du rôle d'équipage et une note détaillée indiquant le nom du navire, le tonnage légal du bâtiment et la nature de son chargement. Si, par suite de la négligence du capitaine, cette dernière formalité n'avait pu être accomplie dans les quarante-huit heures qui suivront l'arrivée du navire, le capitaine sera passible d'une amende de cinquante piastres par jour de retard au profit de la caisse des douanes ; ladite amende, toutefois, ne pourra dépasser la somme de deux cents piastres.

Aussitôt après la réception de la note transmise par le consulat, le chef de la douane délivrera le permis d'ouvrir la cale. Si le capitaine, avant d'avoir reçu le permis précité avait ouvert la cale et commencé à décharger, il pourrait être condamné à une amende de cinq cents piastres au plus, et les marchandises débarquées pourraient être saisies, le tout au profit de la caisse des douanes.

Les armes et les munitions de guerre que les bâtiments de commerce pourraient avoir à bord pour leur propre sûreté devront être énumérées sur les papiers de bord et déclarées en même temps que la composition de la cargaison à leur arrivée au port ou à la douane.

Si les fonctionnaires du gouvernement annamite le jugent nécessaire, ces armes seront mises en dépôt à terre entre les mains du capitaine du port et du consul, ou dans le poste frontière pour n'être rendues qu'au départ du bâtiment, soit qu'il prenne la mer, soit qu'il pénètre sur le territoire chinois. Dans ce dernier cas, la quantité de munitions et d'armes sera déterminée par le consul et le chef de la douane, en raison des circonstances. Les contraventions seront punies de la confiscation des armes au profit du gouvernement annamite, et en outre d'une amende qui ne pourra excéder cinq cents piastres.

Si un bâtiment a débarqué clandestinement des armes ou des munitions sur le territoire annamite, ces armes, si elles sont en petit nombre, seront confisquées, et les contrevenants seront en outre punis d'une amende de cinq cents piastres au plus ; mais si la quantité d'armes ou de munitions de guerre ainsi débarquées est considérable et constitue un danger, le bâtiment pourra être saisi et confisqué ainsi que tout ou partie du chargement.

La confiscation d'un bâtiment européen ou américain ne pourra être prononcée que par les deux gouvernements.

ART. 16. — Les capitaines et négociants étrangers pourront louer telles espèces d'allèges et d'embarcations qu'il leur plaira pour transporter des marchandises et des passagers, et la rétribution à payer pour ces allèges sera réglée de gré à gré par les parties intéressées, sans l'intervention de l'autorité annamite et par conséquent sans sa garantie en cas d'accident, de fraude et de disparition desdites allèges. Le nombre n'en sera pas limité et le monopole n'en pourra être concédé à qui que ce soit, non plus que celui de transport par portefaix des marchandises à embarquer ou à débarquer.

ART. 17. — Toutes les fois qu'un négociant étranger aura des marchandises à embarquer ou à débarquer, il devra d'abord remettre la note détaillée au consul ou agent consulaire qui en donnera communication au chef de la douane. Celui-ci délivrera sur-le-champ un permis d'embarquement ou de débarquement. Il sera alors procédé à la vérification des marchandises dans la forme la plus convenable pour qu'il n'y ait chance de perte pour aucune des parties.

Le négociant devra se faire représenter sur le lieu de la vérification (s'il ne préfère y assister lui-même) par une personne réunissant les qualités requises, à l'effet de veiller à ses intérêts au moment où il sera procédé à cette vérification pour la liquidation des droits ; faute de quoi, toute réclamation ultérieure restera nulle et non avenue.

Si le négociant ne peut tomber d'accord avec l'employé annamite sur la valeur à fixer, chaque partie appellera deux ou trois négociants chargés d'examiner les marchandises, et le prix le plus élevé qui sera offert par l'un d'eux sera réputé constituer la valeur desdites marchandises.

Les droits seront prélevés sur le poids net ; on déduira, en conséquence, le poids des emballages et contenants. Si le négociant ne peut s'entendre avec l'employé annamite sur la fixation de la tare, chaque partie choisira un certain nombre de caisses et de ballots parmi les colis objets du litige ; ils seront d'abord pesés bruts, puis tarés ensuite, et la tare moyenne des colis pesés servira de tare pour tous les autres.

Si pendant le cours de la vérification il s'élève quelque difficulté qui ne puisse être résolue, le négociant pourra réclamer l'intervention du consul, lequel portera, sur-le-champ, l'objet de la contestation au chef des douanes, et tous deux s'efforceront d'arriver à un arrangement amiable ; mais la réclamation devra avoir lieu dans les vingt-quatre heures, sinon il n'y sera pas donné suite. Tant que le résultat de la contestation restera pendant, le chef de la douane n'en portera pas l'objet sur les livres laissant ainsi toute latitude pour l'examen et la solution de la difficulté.

Les marchandises qui auraient éprouvé des avaries jouiront d'une réduction de droits proportionnée à leur dépréciation. Celle-ci sera déterminée équitablement, et, s'il le faut, par expertise contradictoire, ainsi qu'il a été stipulé plus haut.

ART. 18. — Tout bâtiment entré dans l'un des ports ouverts de l'Annam et qui n'a point encore levé le permis de débarquement mentionné dans l'article précédent, pourra, dans les deux jours de son arrivée, quitter le port et se rendre dans un autre port sans avoir à payer ni droits d'ancrage, ni droits de douane, attendu qu'il les acquittera ultérieurement dans le port où il effectuera la vente de ses marchandises.

ART. 19. — Les droits d'importation seront acquittés par les capitaines ou négociants au fur et à mesure du débarquement des marchandises et après leur vérification.

Les droits d'exportation le seront de la même manière lors de l'embarquement.

Lorsque les droits de tonnage et de douane dus par un bâtiment étranger auront été intégralement acquittés, le chef de la douane délivrera une quittance générale, sur l'exhibition de laquelle le consul rendra ses papiers de bord au capitaine et lui permettra de partir.

Toutefois, si le capitaine y consent, il sera loisible à l'administration des douanes (afin de faciliter les opérations du commerce), de percevoir les droits d'après les papiers du bord, sans qu'on soit obligé de décharger les marchandises pour en constater la valeur et la quantité.

ART. 20. — Après l'expiration des deux jours mentionnés dans l'article 18 et avant de procéder au déchargement, chaque bâtiment de commerce acquittera intégralement les droits de phare et d'ancrage, fixés par l'article 3. Aucun autre droit, rétribution ou surcharge, ne pourra être exigé sous aucun prétexte.

Lors du paiement du droit précité, le chef de la douane délivrera, au capitaine ou au consignataire, un reçu en forme de certificat constatant que les droits de phare et d'ancrage ont été intégralement acquittés, et sur l'exhibition de ce certificat au chef de la douane ou de tout autre port où il lui conviendrait de se rendre le capitaine sera dispensé de payer de nouveau ces droits pour son bâtiment, tout navire étranger ne devant en être passible qu'une seule fois à chacun de ses voyages d'un pays étranger en Annam.

ART. 21. — Tout navire étranger entré dans l'un des ports ouverts au commerce, et qui n'y voudra décharger qu'une partie de ses marchandises, ne payera les débits de douane que pour la partie débarquée ; il pourra transporter le reste de sa cargaison dans un autre port et l'y vendre. — Les droits seront alors acquittés.

Dans le cas où des étrangers, après avoir acquitté dans un port les droits sur des marchandises, voudraient les réexporter et aller les vendre dans un autre port, ils en préviendraient le consul ou agent consulaire ; celui-ci, de son côté, informera le chef de la douane, lequel, après avoir constaté l'identité de la marchandise et la parfaite intégrité des colis, remettra aux réclamants une déclaration attestant que les droits afférents auxdites marchandises ont été effectivement acquittés.

Munis de cette déclaration, les négociants étrangers n'auront, à leur arrivée dans l'autre port, qu'à la présenter par l'entremise du consul au chef de la douane, qui délivrera, pour cette partie de la cargaison, sans retard et sans frais, un permis de débarquement en franchise de droits ; mais si l'autorité découvrait de la fraude ou de la contrebande parmi ces marchandises ainsi réexportées, celles-ci seraient, après vérification, confisquées au profit de la caisse des douanes.

ART. 22. — Aucun transbordement de marchandises ne pourra avoir lieu que sur permis spécial et dans un cas d'urgence. S'il devient indispensable d'effectuer cette opération, il devra en être référé au consul qui délivrera un certificat, sur le vu duquel le transbordement sera autorisé par le chef de la douane. Celui-ci pourra toujours déléguer un employé de son administration pour y assister.

Tout transbordement non autorisé, sauf le cas de péril en la demeure, entraînera la confiscation au profit de la caisse des douanes, de la totalité des marchandises illicitement transbordées.

ART. 23. — Dans chacun des ports ouverts au commerce étranger, le chef de la douane recevra pour lui-même, et déposera au consulat français, des balances légales pour les marchandises et pour l'argent, ainsi que des poids et mesures exactement conformes aux poids et aux mesures en usage dans l'Annam et revêtus d'une estampille et d'un cachet constatant cette conformité. Ces étalons seront la base de toutes liquidations de droits et de paiements à faire. On y aura recours en cas de contestation sur le poids et la mesure des marchandises, et il sera statué d'après les résultats qu'ils auront donnés.

ART. 24. — Toute marchandise introduite ou exportée en contrebande, par des navires ou par des négociants étrangers, dans les ports, quelles que soient d'ailleurs sa valeur et sa nature, comme aussi toute denrée prohibée débarquée frauduleusement, sera saisie par l'autorité locale et confisquée. — En outre le gouvernement annamite pourra, si bon lui semble, interdire l'entrée de ses ports au bâtiment surpris en contravention et le contraindre à partir aussitôt après l'apuration de ses comptes. Si quelque navire étranger se couvrait frauduleusement d'un pavillon qui ne serait pas le sien, l'autorité française prendrait les mesures nécessaires pour la répression de cet abus.

La totalité des sommes provenant de la vente des objets confisqués sera versée à la caisse de la douane. Le produit des amendes pour contravention aux règlements des douanes, dans les ports ouverts, sera également versé à cette caisse.

ART. 25. — Son Excellence le Président de la République française pourra faire stationner un bâtiment de guerre dans les ports ouverts de l'empire, où sa présence sera jugée nécessaire pour maintenir le bon ordre et la discipline parmi les équipages des navires marchands et faciliter l'exercice de l'autorité consulaire. Toutes les mesures nécessaires seront prises pour que la présence de ces navires de guerre n'entraîne aucun inconvénient. Les bâtiments de guerre ne seront assujettis à aucun droit.

ART. 26. — Tout bâtiment de guerre français croisant pour la protection du commerce sera reçu en ami et traité comme tel dans tous les ports de l'Annam où il se présentera. Ces bâtiments pourront s'y procurer les divers objets de rechange et de ravitaillement dont ils auraient besoin, et, s'ils ont fait des avaries, les réparer et acheter dans ce but les matériaux nécessaires, le tout sans la moindre opposition.

Il en sera de même à l'égard des navires de commerce français ou étrangers qui, par suite d'avaries majeures ou pour tout autre cause, seraient contraints de chercher refuge dans un port quelconque de l'Annam. Mais ces navires devront également n'y séjourner que momentanément, et aussitôt que la cause de leur relâche aura cessé, ils devront appareiller, sans pouvoir y prolonger leur séjour et sans pouvoir y commercer.

Si quelqu'un de ces bâtiments venait à se perdre sur la côte, l'autorité la plus proche, dès qu'elle en serait informée, porterait sur-le-champ assistance à l'équipage, pourvoierait à ses premiers besoins et prendrait les mesures d'urgence nécessaires pour le sauvetage du navire et la préservation des marchandises. Puis elle porterait le tout à la connaissance du consul ou agent consulaire le plus à portée du sinistre, pour que celui-ci, de concert avec l'autorité compétente, pût aviser aux moyens de rapatrier l'équipage et de sauver les débris du navire et de la cargaison.

Le port de Thûan-An, à cause de sa situation dans une rivière qui conduit à la capitale et de sa proximité de cette capitale, fera exception, et aucun bâtiment étranger de guerre ou du commerce ne pourra y pénétrer.

Cependant si un bâtiment de guerre français était chargé d'une mission pressée pour le gouvernement de Hué ou pour le résident français, il pourrait franchir la barre après en avoir demandé et obtenu l'autorisation expresse du gouvernement annamite.

ART. 27. — Les navires de commerce annamites qui se rendront dans tous les ports de France ou des six provinces françaises de la Basse-Cochinchine pour y commercer, y seront traités au point de vue des droits de toute nature comme la nation la plus favorisée.

ART. 28. — Le gouvernement français renouvelle la promesse faite au gouvernement annamite à l'article 2 du traité du 15 mars, de faire tous ses efforts pour détruire les pirates de terre et de mer, particulièrement dans le voisinage des villes et ports ouverts au commerce européen, de façon à rendre les opérations du commerce aussi sûres que possible.

ART. 29. — La présente convention aura la même force que le traité du 15 mars 1874 auquel elle restera attachée ; elle sera mise en vigueur aussitôt après l'échange des ratifications qui aura lieu en même temps que celui du traité du 15 mars 1874 si c'est possible, et en tous les cas avant le 15 mars 1875.

En foi de quoi les plénipotentiaires respectifs l'ont signée et y ont apposé leurs sceaux.

Fait à Saïgon, au palais du Gouvernement, en deux expéditions en chaque langue, comparées et conformes entre elles, le trente et un août mil huit cent soixante-quatorze.

Signé : Contre-amiral KRANTZ.

Signé : NGUYEN-VAN-TUONG et NGUYEN-TANG-DOAN.

Afin d'éviter des difficultés dans l'interprétation de quelques passages des nouveaux traités, les plénipotentaires des deux hautes parties contractantes sont convenus d'ajouter au présent traité un article additionnel qui sera considéré comme en faisant partie intégrante.

ARTICLE ADDITIONNEL. — Il est entendu que la ville même de Hà-Noï est ouverte au commerce étranger et qu'il y aura dans cette ville un consul avec son escorte, une douane, et que les Européens pourront y avoir des magasins et des maisons d'habitation, aussi bien qu'à Ninh-Haï et à Thi-Naï.

Si, par la suite, on reconnaissait que la douane de Hà-Noï est inutile et que celle de Ninh-Haï suffit, la douane de Hà-Noï pourrait être supprimée : mais il y aurait toujours dans cette ville un consul et son escorte, et les Européens continueraient à y avoir des magasins et des maisons d'habitation.

Les terrains nécessaires pour bâtir les habitations des consuls et de leurs escortes seront cédés gratuitement au gouvernement français par le gouvernement annamite. L'étendue de ces terrains sera, dans chacune des villes ou ports ouverts, de cinq maus, mesure annamite (environ deux hectares et demi). Les terrains nécessaires aux Européens pour y élever leurs maisons d'habitation ou leurs magasins seront achetés par eux aux propriétaires ; les consuls et les autorités annamites interviendront dans ces achats de façon à ce que tout se passe avec équité. Les magasins et les habitations des commerçants seront aussi rapprochés que possible de la demeure des consuls.

A Ninh-Haï le consul et son escorte continueront à occuper les forts tant que cela sera jugé nécessaire pour assurer la police et la sécurité du commerce. Il habitera plus tard sur le terrain de cinq maus qui lui aura été concédé.

On respectera les pagodes et les sépultures, et les Européens ne pourront acheter les terrains sur lesquels il existe des habitations qu'avec le consentement des propriétaires et en payant une juste indemnité.

Les commerçants européens paieront l'impôt foncier d'après les tarifs en usage dans la localité où ils habiteront; mais ils ne paieront aucun autre impôt.

A Saïgon, le trente et un août mil huit cent soixante-quatorze.

Signé : Contre-amiral KRANTZ.

Signé : NGUYEN-VAN-TUONG et NGUYEN-TANG-DOAN.

FIN.

TABLE DES MATIÈRES

Préface.. I

INTRODUCTION

Mes efforts pour trouver une voie commerciale sur le S.-E. de la Chine. — Importance de la voie du Fleuve Rouge. — Mission Delaporte. — Mon voyage au Yûn-nân en 1868-69. — Ma visite aux industries minières et mon exploration du Fleuve Rouge en 1870-71. — Politique annamite. — Nos relations avec la cour de Hué. — Vassalité de l'Annam par rapport à la cour de Pé-Kin. — Mon voyage en France, 1872. — Reconnaissance du *Bourayne*. — Mes rapports avec le ministère de la marine. — Un navire de guerre est mis à ma disposition. — Entrevues avec le gouverneur de Cochinchine. — Départ de Saïgon.   1

CHAPITRE I
De Hong-Kong à Hâ-noï
26 octobre-22 décembre 1872

Départ de Hong-Kong. — Baie de Saint-John. — Haïnan. — Arrivée au Tong-Kin. — Rencontre du *Bourayne*. — Recherche des passes du fleuve Rouge. — Réception du commissaire Ly à bord du *Bourayne* devant Haï-Phong. — Intervention du commandant Senez. — Départ du *Bourayne*. — Ma visite au commissaire Ly à Quang-yen. — Mon voyage à Haï-dzuong et réception par le vice-roi. — Etablissement de barrages par les Annamites. — Réception du vice-roi à bord du *Son-tay*. — Incident de Tchèn. — Départ de Haï-Phong. — Démonstrations par les troupes annamites. — Mouillage dans le Thaï-Binh. — Reconnaissance du canal Song-ki. — Attitude de la population. — Reconnaissance du Thaï-Binh. — Faux bruits. — Reconnaissance du Cua-loc. — Dao-son. — Ninh-dzuong. — Milices annamites. — Entrée dans le fleuve Rouge. — Flottille annamite. — Démonstrations par les troupes d'Haï-dzuong. — Hong-yen. — Arrivée à Hâ-noï.   11

CHAPITRE II
Premier séjour à Hâ-noï
22 décembre 1872-17 janvier 1873

Réception par la communauté cantonnaise. — Attitude de la population. — Les mandarins font faire le vide autour de nous. — Exploration du fleuve en amont d'Hâ-noï. — Le commissaire Ly invoque un défaut de forme dans la notification de mes pouvoirs. — Entrevue avec les autorité d'Hâ-noï. — Arrivée de Mgr Puginier. — Je me réserve de demander des indemnités. — Visite des mandarins à bord. — La citadelle. — Les troupes chinoises en garnison au Tong-Kin. — Le général chinois somme les mandarins de me laisser partir. — Les Pavillons Noirs. — Les Pavillons Jaunes. — Perplexités du vice-roi. — Préparatifs de départ.   29

CHAPITRE III
NAVIGATION DU FLEUVE ROUGE
De Hâ-noï à Mang-hâo
18 janvier-4 mars 1873

Départ pour le Yûn-nân. — Intervention du vice-roi de Son-tay. — Démonstration de la population de Son-tay. — Rivière Claire. — Les mandarins défendent aux riverains de nous assister. — Tchang-Hô. — La chaloupe redescend à Hâ-noï — Hung-hoâ. — Les Pavillons Noirs. — Mê-y — Cultures. — Jour de l'an chinois. — Yuen-tsen-tan. — Les Pavillons Jaunes. — Kin-tchi-hien. — Forêts. — Kouen-ce. — Le camp du général Ong. — Le chef des Pavillons Noirs m'envoie des présents. — Barrages. — Rencontre de jonques de guerre. — Rapides. — Rivière du Ouéi-chi-hô. — Sauvages. — Pagode de Vatdin. — Minerai de cuivre. — Poudre d'or. — Minerai de fer. — Premier poste des Pavillons Jaunes. — Marbre blanc. — Touen-hia. — Réception au camp des Pavillons Jaunes. — Mines d'or. — Eléphants. — Charbon de terre. — Camp des Pavillons Noirs. — Tigres. — Lâo-kaï. — Aspect de la contrée. — Plomb, argent, fer. — Mines de cuivre. — Chefs montagnards. — Rivière de Pa-châ-hô. — Pa-châ-koï. — Mines de fer. — Le chef des Yaô-jin. — Frontière chinoise. — Transbordement des marchandises. — Mines d'or. — Réception par Yang-Ming. — Rencontre du mandarin envoyé par le Titaï du Yûn-nân. — Rochers de fonte pure. — Rivière de Mang-tang-hô. — Arrivée à Mang-hâo. 43

CHAPITRE IV
De Mang-hâo à Yûn-nân-sèn — Séjour à Yûn-nân-sèn
4 mars-28 mai 1873

Mang-hâo. — Renseignements sur les mines. — Départ pour Yûn-nân-sèn. — Chouïe-tien. Mon-tze. — Etat de la contrée. — Enthousiasme soulevé par l'ouverture du fleuve Rouge. — Koué-kiéou. — Mines d'étain, de cuivre et d'argent. — Sa-tien. — Démonstration à l'occasion de l'ouverture du fleuve. — Mien-Tien. — Mines de charbon. — Paï-châ-pou. — Rencontre des fonctionnaires envoyés au-devant de moi par le Titaï. — Kouang-y. — Nien-kin-pou. — Tong-haï. — Tong-kéou. — Hô-si. — Tâ-in. — Fonderies. — Kouên-yang. — Navigation du lac. — Arrivée à Yûn-nân-sèn. — Accueil que me font les autorités. — Le Titaï veut faire occuper le fleuve par dix mille hommes. — Dépêche du vice-roi de Canton. — Le Titaï me donne cent cinquante hommes de sa garde. — Des mandarins sont attachés à mon expédition. — Le vice-roi me donne des lettres pour les autorités annamites. — Départ de Yûn-nân-sèn. 63

CHAPITRE V
De Yun-nân-sèn à Hâ-noï
29 mars — 30 avril 1873

Navigation sur le lac de Yûn-nân-sèn à Kouên-yang. — Tâ-in. — La-Kia-in. — Les chefs veulent s'associer à mes affaires. — Tong-haï. — Commerce de fruits. — Yang-tien-pou. — Paï-châ-pou. — Mien-tien. — Rizières. — Sa-tien. — Ta-Tchouang. — Mâ-tsong-tong, chef de Ta-Tchouang. — Assassinat de Liang-ce-meï. — Mon-tze. — Mon contrat avec Tchang-lâo-pan. — Mines de cuivre de Sin-chan. — Mon contrat avec Lou-ta-jèn. — Les femmes Long-jèn. — Projet d'association pour l'exploitation des mines d'étain. — Mon contrat avec Ly-tsen-kon. — Hâ-chan-tchaï. — Ya-tô. — Mang-hâo. — Embarquement du cuivre et de l'étain. — Mon contrat avec le chef de la maison Tchong-Hô. — Association des négociants de Mang-hâo qui traitent avec moi. — Charbon pour les vapeurs. — Départ de Mang-hâo. — Rapide de Lô-pô-y. — Fonte de fer. — Sin-Kaï. — Long-Pô. — Mines de cuivre. — Pa-châ-kaï. — Cristal de roche. — Nouvelles d'Hâ-noï. — Les Pavillons Noirs. — Lâo-kaï. — Les Pavillons Jaunes. — Entrevue avec des chefs montagnards. — Touèn-hia. — Mines d'or et mines d'argent. — Le Cû-nân. — Kouen-ce. — Barrage. — Camps annamites. — Pavillons Noirs. — Rebelles et miliciens. — Arrivée à Hâ-noï. 78

CHAPITRE VI

LUTTES AVEC LES ANNAMITES (Première phase)

De mon retour du Yûn-nân jusqu'au départ de mon mandataire pour Saïgon

1er mai-15 juin 1873

Remise aux autorités annamites des dépêches du Yûn-nân. — Sévices exercés contre les indigènes qui m'ont assisté. — Les mandarins écrivent au Fou-taï du Kouang-Si. — Je réclame les indigènes arrêtés à cause de moi. — Installation à terre. — J'arrête le chef de la police. — Je débarque deux canons pour aller chercher les prisonniers. — Les prisonniers me sont remis. — Je rends le chef de la police. — J'indemnise les prisonniers. — Ma proclamation. — Remerciements du commissaire Ly. — Duplicité des Annamites. — Lettre du prince Hóang. — Défenses au peuple de m'assister. — Je prends, d'accord avec les armateurs, douze jonques chargées. — Dépêche du vice-roi. — J'userai de représailles. — Entrevue avec les mandarins. — On me menace des *Pavillons Noirs*. — Arrivée et proclamation du maréchal Nguyen. — La proclamation est enlevée par mes officiers. — Enthousiasme, puis panique des Tongkinois. — Dépêche du vice-roi. — Le maréchal tergiverse. — J'affiche ma réponse au vice-roi. — Guet-apens. — Départ de mon courrier de Chine. — Les Annamites arrêtent mes hommes. — Je m'empare du nouveau chef de la police. — Le pavillon français est arboré. — Jonques de guerres. — J'envoie huit jonques chargées de sel au Yûn-Nân. — Dépêche du Fou-taï du Kouang-si. — Je fais partir M. Millot pour Saïgon ; il fera connaître la situation au gouverneur et demandera les intentions de la France. — J'accompagne le Lâo-Kaï et la jonque jusqu'au Thaï-binh. — Je reconnais l'embouchure du Thaï-binh. — Retour à Hâ-noï.   92

CHAPITRE VI

LUTTES AVEC LES ANNAMITES (Deuxième phase)

Du départ de mon mandataire pour Saïgon à la première intervention de l'amiral Dupré

15 juin-19 juillet 1873

Mes jonques ont été attaquées et sont revenues. — Dépêche du vice-roi. — Nouvelle proclamation des mandarins. — Deux de mes matelots sont arrêtés. — Emprisonnement des indigènes qui m'ont assisté. — Capture d'un mandarin qui faisait bâtonner mes hommes. — Des prisonniers me sont rendus. — Je rends le mandarin. — Le chef des Cantonnais est bâtonné à cause de nous. — Représailles contre un mandarin. — Mes soldats sont attaqués. — Mon interprète est assailli. — Capture d'une jonque. — La belle-mère de mon interprète est arrêtée. — Un de mes hommes meurt de ses blessures. — Je refuse une dépêche du vice-roi. — Entrevue avec le sous-préfet. — Les troupes du Kouang-Si se mettent à ma disposition. — Je réponds que je ne veux pas attaquer les Annamites et j'accepte seulement cent hommes. — Le fleuve grossit. — La garnison d'Hâ-noï est renforcée. — Des troupes occupent les environs. — Les *Pavillons Noirs* arrivent. — Massacre de deux de mes hommes. — Ma dépêche au vice-roi. — Escarmouche. — Proclamation de Nguyen. — Mécontentement du peuple contre les Annamites. — Désertions. — Craintes d'insurrections. — Offres de services que me font les chefs tongkinois. — Dépêche de l'amiral Dupré. — Enrôlement des *Pavillons Noirs*. — Redoublement de jactance de la part des mandarins. — Je réclame une indemnité de 200.000 taëls. — Ma dépêche à l'amiral Dupré.   111

CHAPITRE VIII

LUTTES AVEC LES ANNAMITES (Troisième phase)

De la première intervention de l'amiral Dupré au retour de mes navires

20 juillet-21 septembre 1873

Lettre de Mgr Gauthier. — Inondation. — Un chef Lê m'offre 3.000 hommes et trente jonques. — Barrage dans le Cua-Loc. — Fuite du maréchal Nguyen. — Lettre de Mgr Puginier. — Excursion au canal Song-Ki. — Retour du maréchal Nguyen. — Les mandarins menacent le peuple d'une invasion française. — Nouvelles arrestations de Tongkinois. — Agression contre mes soldats. — Escarmouches. — Nous faisons des prisonniers. — Capture de jonques. — Les Lê se soulèvent. — Le fleuve descend. — Barrages. — Nouvelles de Canton et de Saïgon. — Nouvelle excursion au canal Song-Ki. — Promenades militaires. — On me rend des prisonniers. — Je restitue les jonques capturées. — Lettre du vice-roi. — Je reçois des renforts. — Sortie du maréchal Nguyen. — Déroute des troupes du maréchal. — Radeaux incendiaires. — Mes navires sont signalés. — Ma proclamation. Arrivée de mes navires au Dao-Son.   130

CHAPITRE IX

LUTTES AVEC LES ANNAMITES (Quatrième phase)

Du retour de mes navires à l'intervention française. — Nouvelle expédition au Yûn-nân.

22 septembre-27 octobre 1873

Remise des dépêches du vice-roi de Canton. — Voyage à Ké-So. — Voyage du Cua-Loc. — Barrages. — Conditions auxquelles on veut me laisser remonter au Yûn-nân. — On arrête les ouvriers qui travaillent pour moi. — Les instructions de l'amiral Dupré me font patienter. — Je demande la mise en liberté des prisonniers faits à cause de moi. — Mon ultimatum au sous-préfet. — Un navire français est arrivé à Hué. — Lettre de Mgr Puginier. — Arrestation du sous-préfet. — Destruction de la sous-préfecture. — Arrivée de Mgr Puginier. — Entrevue avec le trésorier. — L'évêque est menacé. — Entrevue à bord avec les mandarins. — Convention. — Mise en liberté de prisonniers. — Menaces aux Cantonnais. — Départ pour le Yûn-nân avec 15 jonques. — Nous trouvons 4.000 radeaux incendiaires. — Forts et retranchements annamites. — Préservatifs de défense. — Déroute des soldats annamites. — On tire sur nous. — Nous prenons un fort. — J'établis un camp et un fort au pied du premier rapide. — Les jonques partent pour le Yûn-nân. — Je redescends le fleuve. — Nous détruisons les engins de guerre annamites. — Arrivée à Hâ-Noï. — J'apprends que des navires de guerre sont au Cua-Cam. — Lettres du maréchal Nguyen.   147

CHAPITRE X

MISSION DE FRANCIS GARNIER. — INTERVENTION FRANÇAISE

De l'arrivée de l'expédition envoyée par l'amiral Dupré, à la mort de Francis Garnier

28 octobre-21 décembre 1873

Lettre de Francis Garnier. — Ma réponse. — Installation. — Lettre du commandant Didot. — Rencontre avec Francis Garnier. — Arrivée de l'expédition française à Hâ-Noï. — Dépêche du vice-roi. — Réception de mes officiers par Francis Garnier. — Incendies. — Les Lê. — Je remets à Francis Garnier l'état de mes réclamations s'élevant à 250.000 dollars au 4 mars. — Proclamation. — Le Mang-Hâo va chercher des renforts. — Proclamation du vice-roi. — Mgr Puginier. — Arrestation d'un incendiaire. — Arrivée de MM. Bain, Perrin et Hautefeuille, de l'*Espingole*, et du *Scorpion*. — Francis Garnier s'engage à m'indemniser. — Proclamation de l'ouverture du fleuve Rouge par Francis

Garnier. — Je remets à Francis Garnier le complément de mes demandes d'indemnités s'élevant à 500.000 taëls. — Francis Garnier se charge de faire payer 35.000 taëls aux indigènes inquiétés à cause de moi. — La prise de la citadelle est résolue entre M. Garnier et moi. — Prise de la citadelle. — J'enlève la demi-lune de la porte de l'Est dont je m'empare. — Nouvelle proclamation de Francis Garnier. — Je suis chargé de la police de la ville marchande. — Départ du *Décrès* pour Saïgon. — Demandes adressées par Francis Garnier à l'amiral Dupré. — Le vice-roi est pris par mes officiers. — Fête populaire à cause de la prise de la citadelle. — M. Garnier m'achète deux canonnières au prix de 65.000 dollars. — Arrangement pour le paiement des 920.000 dollars qui me sont dûs. — Soumission des provinces. — Rapport de Francis Garnier à l'amiral. — Départ de M. de la Haille. — Je conseille de prendre Son-Tay. — Opérations militaires. — Affaire d'Ya-Lam. — M. Bain me demande mon concours. — Mon traité avec les négociants de Hâ-Noï. — Traité pour le sel. — Je remonte jusqu'à la rivière Claire. — Francis Garnier inspecte les provinces. — Retour de Francis Garnier avec Mgr Sohier. — On débarque des canons. — Mort du maréchal Nguyen. — Incident du Lâo-Kaï. — Je conseille une expédition contre les *Pavillons Noirs*. — Réponse de l'amiral Dupré aux réclamations de Hué. — Francis Garnier me demande de faire une traduction en annamite. — Je le vois chez Mgr Puginier. — On m'annonce que les *Pavillons Noirs* approchent. — J'envoie un de mes officiers en reconnaissance. — Je pars pour la citadelle. — J'apprends que Francis Garnier a fait une sortie. — Je cours prendre quarante hommes. — Je cours à la fusillade et je poursuis les Annamites. — La nuit arrive. — J'apprends la mort de Francis Garnier. — M. Bain veut évacuer la citadelle. — Je fais la garde de la citadelle. — Détails sur la mort de Francis Garnier. 164

CHAPITRE XI
CONQUÊTE DU DELTA
M. Hautefeuille à Ninh-Binh.

M. Hautefeuille à Ninh-Binh. — L'*Espingole* à Phu-Ly et à Hong-Yen. — Mission de M. Balny. — Mission de M. Hautefeuille. — Destruction d'un barrage. — Prise de Ninh-Binh. — La citadelle. — Organisation de la province. — Le P. Gélot. — Proclamation. — Visite de la ville. — La province de Ninh-Binh. — Les Muongs. — Arrivée de F. Garnier. — Affaire du *Scorpion*. — Exécution de brigands. — Reconnaissance de la contrée. — Levée de boucliers des lettrés. — Levée de troupes. — Engagements. — Expédition à Yen-Hoa et à Nhoquan. — Evacuation.

M. de Trentinian à Haï-Dzuong

M. de Trentinian à Haï-Dzuong. — Affaire d'Hong-Yen. — Affaire de Phu-Ly. — Ké-So. — Prise d'Haï-Dzuong. — La citadelle. — Instructions de F. Garnier. — Travaux de défense. — Organisation de la province. — La mort de F. Garnier ne change pas l'attitude de M. de Trentinian. — Arrivée de MM. Philastre et Balézeau et du deuxième ambassadeur annamite. — Evacuation. — M. de Trentinian est envoyé à Haï-Phong.

M. Harmand à Nam-Dinh.

M. Harmand à Nam-Dinh. — Prise de Nam-Dinh. — Le P. Paulus Trinh. — Organisation de la province. — Expédition de Mi-Loc. — Affaire de Bro-Dong. — Occupation de Chan-Dinh. — Avantages sur les Annamites de Ngo-Xa et de Quan-Xan. — Proclamations. — Arrivée de l'*Espingole*. — Nouveaux avantages. — Affaire de Chan-Dinh. — Evacuation. 205

CHAPITRE XII
M. Philastre au Tong-Kin
28 décembre 1873-19 janvier 1874

Enterrement de F. Garnier. — Arrestation d'un *Pavillon Noir*. — Mes hommes gardent la citadelle. — Arrivée du *Scorpion*. — Ma dépêche à M. de Montjon. — Lettre de M. Philastre. — Ordres de M. Philastre. — Blessés et médecins. — Nouvelles des *Pavillons Noirs*. — Les Français brûlent les jonques marchandes. — Le *Mang-Hâo* apporte des fusils et des munitions. — Les Annamites promènent la tête de Balny et la montrent comme la mienne. — Arrivée de MM. Philastre, Balézeau et Testard du Cosquer. — Attitude de M. Philastre. — On évacue les citadelles. — Les milices sont licenciées. — Le commandant Didot fait brûler des jonques marchandes. — Mon entretien avec M. Philastre. — M. Philastre m'écrit. — Proclamation des Annamites. — Les Tongkinois m'offrent 20.000 hommes. — Je reçois la visite de M. Bain et du docteur Harmand. — Attitude de ce dernier. — Affiches de M. Balézeau annonçant la reddition de la citadelle d'Há-Noï. — Le pavillon français est insulté. — Massacres. — M. Balézeau. — Communication de M. Philastre. — Il m'invite à remonter au Yûn-Nán sans mes hommes et sans armes. — Mon entretien avec M. Philastre. — Attitude de M. Hautefeuille. — Massacres et incendies. — Les Cantonnais m'engagent à me rendre à Saïgon pour éclairer l'amiral. — Affaire de MM. Lasserre et Perrin. — M. Philastre se décide à faire garder Ké-So. — M. Philastre m'annonce l'évacuation d'Há-Noï. — Assassinat de fonctionnaires nommés par F. Garnier. — Je me prépare à partir pour Saïgon pour arrêter l'évacuation. 235

CHAPITRE XIII
La politique de l'amiral Dupré au Tong-Kin.

F. Garnier et M. Philastre représentent successivement la politique de l'amiral. — Le but de l'amiral est d'obtenir un traité des Annamites. — Dépêche de l'amiral au ministère. — Correspondance échangée entre la cour de Hué et l'amiral à mon sujet. — Les instructions de l'amiral à son envoyé. — L'amiral est décidé à intervenir au Tong-Kin. — Lettre de M. de Geofroy. — Dépêche de l'amiral aux vice-rois du Yûn-Nán et des deux Kouang. — Départ de l'expédition Garnier. — Plaintes des Annamites. — Le ministre de la marine n'autorise pas l'occupation du Tong-Kin. — Proclamation de F. Garnier. — Ses lettres au maréchal Nguyen. — Protestation de la cour de Hué. — Réponses de l'amiral. — L'amiral propose F. Garnier pour le grade de capitaine de frégate. — Les ambassadeurs annamites envoyés à Saïgon se déclarent prêts à signer le traité, mais ils n'ont pas de pouvoirs. — M. Philastre est envoyé à Hué pour chercher les pouvoirs des ambassadeurs. — Des renforts sont expédiés à M. Garnier. — M. Philastre part pour le Tong-Kin à la prières des Annamites. 255

CHAPITRE XIV

Le traité. — Séquestration de mon expédition. — La voie du Fleuve Rouge est fermée au commerce. — Massacres au Tong-Kin.

J'engage Mgr Puginier à partir pour Saïgon pour arrêter l'évacuation. — Je pars pour Saïgon. — Ma réception par l'amiral Dupré. — Mes instructions à mes officiers. — Promesses de l'amiral Dupré. — Affaire des jonques. — Lettre du vice-roi de Canton. — Le colonel de Trentinian. — Nouvelle entrevue avec l'amiral : il croit à la bonne foi des Annamites, il me promet des compensations. — Mon expédition est séquestrée à Haï-Phong. — Convention entre M. Philastre et les Annamites. — L'amiral me propose de m'autoriser de suite avec le Yûn-Nán. — Le docteur Harmand. — M. Vinson. — L'amiral me fait proposer une nouvelle compensation. — Arrivée du d'*Estrées*. — Les lettrés appellent la population au massacre des chrétiens. — Lettre de Lieou-yuen-fou. — Les ambassadeurs refusent à l'amiral de m'indemniser. — Intervention de M. Macaire. — Concessions de l'amiral pour obtenir le traité. — J'écris à l'amiral. — Je vois l'amiral qui me sacrifie pour obtenir le traité. — Signature du traité. — Départ de l'amiral Dupré. — L'amiral Krantz. — Sa bonne volonté à mon égard. — Départ des ambassadeurs annamites. — Signature du traité de commerce. — L'amiral Krantz ne peut rien pour l'ouverture du fleuve Rouge. — Mon départ pour Canton. — Je rentre à Saïgon. — On débande mon personnel. — J'arrive à Haï-Phong le 20 octobre. — On m'empêche de remonter au Yûn-Nán. — L'amiral Duperré. — Ma lettre à l'amiral Duperré. — Réponse de l'amiral Duperré. — Les Lê, appelés aux armes par F. Garnier, sont traqués par les troupes françaises. — Situation du Tong-Kin en juin 1874. — Lettre de M. Lasserre. — L'article 2 du traité de Saïgon. — Le fleuve Rouge moins accessible que jamais. — L'influence française dans le royaume de Luang-Prabang. — Vœu du *Congrès international de Géographie commerciale*. 278

ANNEXE I. — Traité conclu à Saïgon, le 15 mars 1874, entre la France et le royaume d'Annam.. 305

ANNEXE II. — Traité de commerce entre la France et le royaume d'Annam. 310

www.ingramcontent.com/pod-product-compliance
Lightning Source LLC
Chambersburg PA
CBHW072018150426
43194CB00008B/1159